中国创世神话母题（W1）数据目录

A Motif Catalogue of China's Creation Myths

王宪昭　著

中国社会科学出版社

图书在版编目(CIP)数据

中国创世神话母题(W1)数据目录/王宪昭著.—北京:中国社会科学出版社,2017.9
ISBN 978-7-5203-0861-8

Ⅰ.①中…　Ⅱ.①王…　Ⅲ.①神话—研究—中国—目录　Ⅳ.①B932.2

中国版本图书馆 CIP 数据核字(2017)第 210412 号

出 版 人	赵剑英
责任编辑	史慕鸿
责任校对	王　京
责任印制	戴　宽

出　　版	中国社会科学出版社
社　　址	北京鼓楼西大街甲 158 号
邮　　编	100720
网　　址	http://www.csspw.cn
发 行 部	010-84083685
门 市 部	010-84029450
经　　销	新华书店及其他书店

印刷装订	北京君升印刷有限公司
版　　次	2017 年 9 月第 1 版
印　　次	2017 年 9 月第 1 次印刷

开　　本	787×1092　1/16
印　　张	41.75
字　　数	902 千字
定　　价	178.00 元

总　目　录

1. 世界与自然物
（代码 W1000 ~ W1999）

说　明

为读者更全面了解《中国创世神话母题（W1）数据目录》有关问题，特作如下说明。

一　概说

1. 本书描述

《中国创世神话母题（W1）数据目录》是在王宪昭《中国神话母题 W 编目》（中国社会科学出版社 2013 年版）基础上形成的创世神话类型母题数据目录。该目录对应的是《中国神话母题 W 编目》中的"W1. 世界与自然物"，并由原来的 3 级母题升级为 5 级母题，数量由原来的 4607 个扩展为 12583 个。

2. 适用范围

本书适用于神话学研究、母题学研究、文学研究、宗教学研究、民族学研究、民俗学研究以及人文学科数据库建设中的有关创世问题研究。

3. 使用价值

神话是人类漫长的发展历程中积淀出的不可再生的文化遗产，也是人类历史文化信息的重要载体，其中创世神话在各民族神话类型中的地位尤为突出。以《中国创世神话母题（W1）数据目录》为线索，可以对这一类型进行深入细致的研究。

（1）有利于神话比较研究。"母题"作为神话的分析元素，一方面有其自身所具有的典型含义，另一方面也具有结构功能的相对稳定性。在研究过程中把"母题"作为神话的基本分析单位，即从作品基本元素或叙事单元入手进行梳理识别，不仅具有较为成熟的理论基础，而且会使各民族神话的比较更为直接便利。

（2）有利于神话系统性研究。本目录对进一步梳理创世神话的内容与体系具有重要作用。通过目录中预设的创世神话母题，可以从不同角度建构出神话叙事体系，进而寻找创世神话叙事的逻辑规则。

（3）有利于神话的类型学分析。针对类型学研究而言，母题的提取与表述表象上看带有随意性，但其本质却体现出神话包括叙事文学的内在类型结构。通过本目录的母题层级类型体例设计，读者可以进一步探讨该神话类型的组合规律，同时对进一步了解和使用阿尔奈－汤普森的 AT 民间故事分类、艾伯华的中国民间故事类型、丁乃通的中国民间故事类型乃至阿尔奈－汤普森－乌特的 ATU 民间故事分类等，都将起到重要作用。

（4）有利于深入解析神话叙事结构。本目录表明，众多母题可以组合成不同的神话叙事类型，即具有普遍性分析意义的"神话叙事结构模型"，依据这些模型，理论上可以对任何一篇神话进行量化分析、定性分析或比较研究。如①链条式叙事结构；②发散式叙事结构；③嵌入式叙事结构；④平行式叙事结构；⑤复合式叙事结构；⑥其他形式叙事结构模型，等。

（5）有利于神话数据库建设。目前，信息传媒与网络新技术的迅猛发展导致社会科学研究方法的根本性变革，在神话数据的梳理与神话数据的检索方面，系统的母题目录可以提供最直接的技术支持。

4. 其他

与本目录对应的出版物是《中国创世神话母题（W1）编目实例与索引》。该出版物将呈现创世神话母题（W1）数据目录所列举的母题的原文本概述、流传地区、详细出处等信息。

二　母题的查找

为帮助读者迅速查找所需要的母题，需要说明如下两个方面。

1. 本书的主要构成

本书正文为"母题编目图表"，包括中国创世神话母题的"W 编码"、"母题描述"和"关联项"三个方面。

（1）"母题描述"的 5 个层级采用小数点标示的方法。

（2）"参照项"包括与"W 母题"相对应的"汤普森母题编码"、母题实例的民族归属、W 母题其他类型中与之相联系的母题编码及描述。

2. 查找母题的方法

本书为方便使用者检索母题，共设置了 5 种检索方式。

（1）通过本书的"总目"，可以了解全书基本母题类型及结构。

（2）通过"基本母题检索表"，可以查阅到本书第一层级或相当于基本母题的所有以自然数为代码的母题。

（3）通过正文"关联项"中的"【汤普森】"项，可以将 W 母题与斯蒂·汤普森《世界民间故事母题索引》[①] 中的世界民间叙事母题进行关联。

（4）通过"正文［关联项］"中的"民族"与其他项，可以发现该母题的民族归属与相关性母题。

（5）通过"附录 1.《中国神话母题 W 编目》10 大类型简目"，可以引导读者实现《中国神话母题 W 编目》10 大类型母题的跨类型检索。

使用者可以根据实际需要，选择使用相应的检索方式。

三　母题目录的特点

《中国创世神话母题（W1）数据目录》，基于作者对中国各民族 26000 余篇神话文本的分析。这些母题在中国创世神话叙事中具有较强的涵盖性，能够基本上满足分析任何一篇创世神话以及与创世有关的其他文类。

1. 母题目录具有包容性

本目录关注神话母题共性与个性的有机结合，无论是母题编码还是表述均讲求最大程度的包容性，以便于神话研究者和爱好者各取所需。

2. 母题编目的开放性

本书中的母题目录是一个开放性的母题体系。虽然针对中国各民族创世神话母题进行了系统性编排，母题代码具有稳定性，但这个体系不是封闭的，可以在使用中实现进一步的修补和完善。本书在母题编码过程中以开放式为前提，为今后母题的增加保留了空间。每一个神话研究者可以根据自己的经验或判断将新发现的母题增加到合适的位置，以便使中国神话母题变得更为丰富和合理。

[①]　Stith Thompson, *Motif-index of Folk-literature：A Classification of Narrative Elements in Folktales，Ballads，Myths，Fables，Mediaeval Romances，Exempla，Fabliaux，Jestbooks，and Local Legends*（V1 – 6），Bloomington, Indiana Universty Press, 1989.

3. 母题设定的个性化

由于母题分析和母题产生的背景在不同的研究者那里存在很大差异，在母题的选择与使用方面会产生一定的差别。本目录虽然在母题提取方法上带有个人经验或主观因素，但在表述与展示特定的母题时，尽可能以神话文本的客观表述为依据。

四　母题目录资料来源

因为神话母题会发生在各种文类中，故神话母题析出的文本并不完全局限于它是不是一个真正的"神话文本"。本书涉及的资料主要来源如下。

（1）公开出版的民间文学类丛书。如中国民间文学集成全国编辑委员会编《中国民间故事集成》（中国 ISBN 中心出版，各省卷本）。

（2）神话作品结集或集成类出版物。如陶阳、钟秀编《中国神话》（商务印书馆 2008 年版）。

（3）与神话有关的工具书。如吕大吉、何耀华主编《中国各民族原始宗教资料集成》（中国社会科学出版社，分民族卷本）。

（4）与神话有关的学术著作。如马昌仪编《中国神话学文论选萃》（中国广播电视台出版社 1994 年版）。

（5）中国少数民族文学史。如马学良、梁庭望、张公瑾主编《中国少数民族文学史》（中央民族大学出版社 2001 年版）。

（6）未公开出版地方性出版物。如各省（市、州、县、区）三套集成办公室或领导小组收集整理的《中国民间故事集成》（县、市、区卷本）。

（7）学术期刊、报纸。如《民族文学研究》、《山茶》。

（8）个人田野调研搜集的神话材料。包括本人 20 世纪 80 年代末开始在民族地区采集的各类神话故事。

（9）网络资料。如中国知网、读秀网、中国民族文学网。

（10）其他介质中的神话母题素材。

五　目录生成方法

本书列举的中国创世神话母题（W1）的数据目录只是常见的典型母题，并非完全归纳。

1. 母题提取方法

在母题选择、提取与生成中，主要运用直观—演绎法。母题提取过程中的"直观"不是感性经验意义上的直观而是理性直观，而是从神话文本的复杂的现象中通过知识经验抽取出具有符号性的叙事元素，同时还可以通过设定的母题进一步推论演绎出其他一系列母题。

2. 目录生成方法

先从复杂神话文本中分析出最简单母题项，然后对若干母题进行类型归纳，进而确立各类型母题项间的逻辑关系。神话母题的演绎推论中涉及的母题顺序是先验的，这种"先验"会努力考虑到各类型母题特别是同一类型母题间的环环相扣和时空逻辑关系。

从母题文本研究与最终形成母题目录是一个复杂而艰辛的过程。一方面要准确记忆与反复论证，另一方面要积极应用现代技术手段。整个过程大致可以分解为以下几个相互交织的环节。

（1）采集神话或相关文本。包括古代文献文本与田野调查采录整理的文本。

（2）文本数字化。借助计算机技术，将神话文本转化为便于检索与摘录的电子文本，在计算机上形成自己的神话文本数据库。

（3）提取核心母题或基础性母题。在神话文本阅读基础上，以文本的主题为导向首先选择一定数量的重点母题，作为母题类型的基础。

（4）利用数理方法建构母题体系。如利用微积分、拓扑学知识对母题排列进行预测，利用统计学方法对母题概率进行统计等。

（5）将中国神话母题与斯蒂·汤普森《世界民间故事母题索引》对照。通过对照，对已产生的母题查遗补缺，调整或修正母题类型与母题描述。

（6）母题顺序编排。使用"Microsoft Excel 工作表"对各类型已有的母题进行自然排序与编码，同时通过观察与分析进一步修正与调整。

（7）目录格式转化。将"Microsoft Excel 工作表"转化为便于操作的"word 文档"格式。在"word 文档"格式下，每一个大类下面的母题按照一定的逻辑关系进行 5 级划分，同时对一些关联项做出必要的标记，以免某些母题在不同的类型中反复出现或重复编码。

（8）母题目录呈现。通过设置计算机模块检索改进母题类型编排与表述，注重母题呈现的规范性、系统性、直观性和科学性。

（9）母题增补。根据神话文本的发现，对原母题目录进行动态性增补。

六　母题目录的编排

本书作为中国神话研究中带有通约性的学术成果和工具书，在体例编排方面采用国际通行的数表形式，力求简便易行，适合广大读者和研究者快速检索。

1. 母题目录表述规则

为展现《中国创世神话母题（W1）数据目录》的逻辑性、直观性、检索便捷性以及便于对照，本目录在形式上采取了表格与注释相结合的表述方式。

2. 母题目录表述构成

（1）目录宏观编排结构。母题编目的主体由"类型说明"、"母题图表"和"注释"三个部分构成。

（2）具体母题表述。一个具体母题一般包括"W 编码"、"母题描述"、"关联项"与"注释"4 个部分。各部分均表达与该母题相关的信息。

3. 母题表述方法

神话母题由小到大可以划分为名称性母题、情景母题和情节母题等三种情形，尽管许多母题很难使用同一种句式结构程式进行概括，本目录在尽可能避免因文害意的前提下，照顾到如下几个方面的通约性。

（1）母题一般为一个名词、名词性词组或名词性短语。

（2）同类母题表述为名词性词组时，采用相同的语法结构。

（3）同类母题表述为名词性短语时，尽量采用主谓语法结构，保持所有母题表述的一致性。

4. 本类神话母题的编排

在创世神话（世界与自然物的产生）这个类型中，母题目录的排列注重叙事内在的逻辑关系。如，"造物"类，其包含的母题一般可以依次表述为：

（1）造物的原因；

（2）造物的时间；

（3）造物者；

（4）造物的材料；

（5）造物的方法；

（6）造物的结果；

（7）与造物有关的其他母题。

上述表述程式对于形成母题目录的体系规范具有重要作用。

5. 母题编码编排中的其他问题

（1）编码空号现象。在母题编码中，根据实际情况或因为母题调整，会出现极少数母题的空号。

（2）关联项与脚注。一些不便于在表格中呈现的其他内容，在本页采用了"关联项"与页码"脚注"的形式。其中，关于民族排序采用民族汉语名称的音序排序法。

（3）增补新母题编码的编排。本书对《中国神话母题 W 编目》（2013 年版）中的创世神话母题做了大量扩充，同时为未来的母题编码增补也预设了接口，新增母题代码置入的具体方法如下：

①使用原来的 W 编目中预留的编码。

②在原编目的并列母题的母题代码后加"a、b、c……"。

③在原编目的序列母题代码之前加".0"，或代码之后加小数点。

七　本目录与汤普森母题索引

《中国创世神话母题（W1）数据目录》全部母题，与目前国际通行的汤普森"民间文学母题索引"中的民间文学母题索引中的神话母题和相关非神话母题做出一一对照，并在目录表中对应列出，使用者据此可以进行中外创世神话母题的比较。

1. 汤普森制定的母题类型

参见本书"附录 2. 汤普森母题类型表"。

2. 本目录对汤普森母题索引的改进

W 编目并没有采用汤普森母题索引的母题类型代码与母题编码，并对汤普森索引中的母题做出如下几个方面的修正与改进。

（1）增加神话母题数量。根据中国各民族神话母题的实际情况，增加了大量的复合中国神话特点的母题，并作出相对概括的母题描述和数字代码，本目录提取的创世神话母题数量为汤普森该类母题总数的 12 倍。

（2）合理界定神话母题范围。根据神话叙事与母题分析的需要，将汤普森索引中一些非神话母题调整为神话母题，或者将汤普森索引中神话母题中的一些非神话母题剔除。

（3）调整神话母题排序。通过对"母题"识别、类型结构的系统建构建立新的排序，进一步增强了中国神话母题间的时空逻辑和形式逻辑。

八　创新与局限

《中国创世神话母题（W1）数据目录》属于《中国神话母题 W 编目》范畴。在此一并介绍。

1. W 编目创新之处

（1）《中国神话母题 W 编目》是国内外第一部系统的中国神话母题的表述、编码与检索。

（2）本编目正文的表述采取了直观的图表形式。不同层次的母题序列能展示出各类母题的层级关系，增强了母题外在表现形式的逻辑性和系统性。

（3）本编目设置了与汤普森全部民间文学母题对照项，便于国际叙事文学的关联性研究。

（4）本编目目录图表对一些母题附加了注释，丰富了母题的内涵与外延。

（5）《中国神话母题 W 编目》的所有母题均为王宪昭个人对中国各民族神话母题的提取和归纳。

2. W 编目的局限

（1）本母题体系在采集过程中，涉及的文本非常复杂。由于我国民族成分自身的多样性，一个民族之中可能流传一些截然不同的观念或母题，或者由于神话传说作品搜集时间、采录背景、翻译等方面的原因，有时对每种图书观点的可信度进行鉴定比较困难，对此，作者采取了客观辑录的方式。有些母题可能不会准确地反映一个民族的神话传说母题传承的主流，这类情况将根据使用过程中的发现或信息反馈做出及时更正。

（2）中国各民族神话情形非常复杂。本编目建立在作者个人的神话资料积累基础上，在母题提取、表述及结构编排方面主要依赖于个人主观理解，难免有其他不完善之处。

（3）本编目尽管容纳了数以万计的母题，但有些层级母题的列举只能是有选择的例证，难以完全归纳。对此本编目设定了相应的开放式表述结构，读者可以据此进行必要的修订或增补。

九　其他说明

1. 著作版权

《中国神话母题 W 编目》及其 10 大类母题的分类型"数据目录"和"实例与索引"系列的中的全部母题代码、母题描述、关联项设定、实例表述、图表设计、编排体例、出版版式等均为王宪昭研究成果，适用《中华人民共和国著作权法》保护。该成果所有内容未经作者本人授权，任何单位和个人不得擅自修改、翻译和应用于商业用途的变相传播。

2. 使用授权

《中国神话母题 W 编目》以及相关系列的中所有内容凡经正式出版发行，读者即获得正式出版物的所有权利，包括各种形式的引用、批评等。

3. 解释与修订

本书所有母题编码及其表述具有代码的唯一性和永久性，作者对本书具有最终解释权和补充修订的权利。

作者

2017 年 3 月　北京

凡　　例

为读者更好使用《中国创世神话母题（W1）数据目录》，本书设计了"母题检索凡例"和"正文凡例"两部分内容。在此简单介绍。

特作如下凡例。

一　母题检索

本书母题检索设定了三种形式：（1）目录检索；（2）关联项检索；（3）页眉标注检索。

1. 目录检索

本目录主要适用于母题类型的检索，对于具体母题的检索需要与其他检索形式结合使用。

目录检索包括"（1）总目"和"（2）基本母题检索目录"。

（1）总目。标注了9大类创世神话母题和这些大类下的所有2级母题类型。

（2）基本母题检索目录。通过此目录可以查阅到本书第一层级或相当于基本母题的所有以自然数为代码的母题。具体表意如下。

例1　"1.1　世界（宇宙）起源概说"

其中，"1.1"前面的"1"表示的是本目录属于《中国神话母题W编目》10大母题类型中的"W1. 世界与万物"，类型总代码为"1"。

"1.1"后面的".1"表示"世界（宇宙）起源概说"属于"W1. 世界与万物"下面的第一级母题类型。

例2　"1.1.1世界的产生"

表示此项为"1.1　世界（宇宙）起源概说"下面的第一级母题类型。

例3　"＊W1000 世界的产生（宇宙的产生）"、"W1001 世界自然产生"
表示的是可以作为母题检索引导的基本母题。

2. 关联项检索

通过"关联项"可以检索到与该母题相关的其他母题。据此可以建立母题的立体性关联。

例　"W1103.3　女神造天地"的关联项是：

①［W068.1］创世女神；②［W1150.8］女神吹气形成天

读者可以进入《中国神话母题 W 编目》中的"W0 神与神性人物"类型，通过查阅"［W068.1］创世女神"项，进一步了解"女神"的产生、特征、职能等母题信息，全面分析"W1103.3 女神造天地"扩大知识视野。

3. 页眉检索

为方便读者查找具体母题，在每页页眉处设置了相应的母题提示。

例　66　‖ W1110.1.1 ～ W1110.6.2 ‖　1.2.1 天地的产生与特征

表示第 66 页的母题目录属于"1.2.1 天地的产生与特征"母题类型，本页的母题代码范围从"W1110.1.1"到"W1110.6.2"。

二　目录正文

目录正文共划分为"W 编码"、"母题描述"、"关联项"3 个栏目。

1. W 编码

"W 编码"具有界定母题类型和母题排序 2 方面作用。

（1）母题编码的表示

《中国神话母题 W 编目》各类型采取了统一的编码方式。

例　W1068.1.3.2　最早的世界是白色混沌

W1086.11.3　动物是去阴间的领路者

W1103.10.3a　4 个仙子开天辟地

母题编码包含如下信息。

❶ "W"为王宪昭中国神话母题编码标志。

❷数字代码为该母题唯一代码，小数点表示同类型母题的层级关系。数字中的"a"是新增加母题代码的一种方式。

（2）母题代码的编排

本目录共划分出 5 个层级的母题。每一个层级母题的上一级母题均可以视为该母题的类型。

> **例** W1023　动物是创世者
>
> W1023.1　哺乳动物是创世者
>
> W1023.1.1 猿猴是创世者
>
> W1023.1.1.1 猴子是创世者

上述四个层级的母题中上一级母题对下一级母题具有包含关系。

2. 母题描述

母题的汉字表述以判断句为主。同类母题会尽量使用相同名词、动词和相同语法结构。

> **例** 参见"1. W 编码"中的"（1）母题编码的表示"。

3. 关联项

"关联项"是与"W 编码"、"母题描述"具有实质关联的内容。包括汤普森母题、民族属性、关联母题 3 种情形。

（1）汤普森母题

> **例** "W1001 世界自然产生"关联项中：
>
> 【汤普森】A620

表示"W1001"与斯蒂·汤普森《世界民间故事母题索引》中的"A620"是对应母题。

（2）民族属性

> **例** "W1053 最早的世界是水"关联项中：
>
> 汉族、基诺族、柯尔克孜族、黎族、珞巴族、满族、土族、藏族

表示"W1053"母题来源的文本涉及"汉族、基诺族、柯尔克孜族……"等民族。

出现多个民族时，名称按汉语拼音音序排列。

（3）关联母题

> **例** "W1057.6.1 最早的世界是旋转的"关联项中：
>
> ①［W1036.10.1］天地是个旋转的三个蛋黄；②［W1041.1.1］世界最早只有旋转的云雾

表示［W1036.10.1］［W1041.1.1］母题与"W1057.6.1"有叙事内容上的关联，读者可以据此考察神话创作规则，扩大神话研究视野。

出现多个关联性母题时，按母题代码大小顺序排列。

三　目录中常见符号示例

本书在表述过程中使用了一些特殊符号。示例如下表。

编码	符号	标记位置	举例	表意与特点
1	W	母题数字前	W1039 最早的世界是影子；W1002.1.2 世界是天神创造的	①王宪昭设计的中国神话母题编码的标志。②以示与汤普森分类和其他一些母题分类代码的区别。
2	◎	"W 编码"栏	◎［与创世者有关的其他事项］	①标志性符号。②表示其后的文字是提示性文字，不设母题代码。
3	✿	母题代码前	✿W7760　婚前难题的形式	①母题层次标志。②表示该母题下面的其他编号母题均归属于此母题。
4	✳	母题代码前	✳W1000 世界的产生（宇宙的产生）	①母题层次标志。②属于✿标记母题之后的层级母题。
5	【汤普森】	关联项	【汤普森】A620	①代指符号。②表示"A620"是与 W 母题代码相对应的"汤普森"母题代码。
6	≈	【汤普森】母题代码之前	【汤普森】≈A13.1	①标志性符号。②表述此项汤普森母题与 W 代码具有一定相似性。
7	*	关联项	A620；*［W1101.0］；A623；*基诺族*［W1041］	不同关联项之间的间隔符号。
8	【民族】	脚注	【民族】汉族、回族	①提示性符号。②表述对应母题析出文本的民族归属。
9	【关联】	脚注	【关联】①［W1022.1］父子是创世者；②［W1022.2］一对夫妻是创世者；③……	①提示性符号。②为节约排版空间，一个母题超过 3 个以上关联母题时，采取脚注的方式。

续表

编码	符号	标记位置	举例	表意与特点
10	【民族，关联】	关联项	【民族，关联】①	①提示性符号。 ②参见本表8、9项。
11	［ ］	全文	［W0154］神的妻子； ［W1020.5］众神是创世者	①标示性符号。 ②对W母题代码的提示性标注。
12	（ ）	全文	高山族（雅美）； ［W2755.1］产生第一个母亲（人类之母）	①标示性符号。 ②用于对前面的内容的补充说明或同类项。
13	a，b，c……	母题代码	W1104.1.0a W1104.1.0b……	①标示性符号。 ②表示该母题是原母题编码基础上的新添加母题。

基本母题检索表①

---

① 本书为方便使用者检索母题，共设置了4种不同类型的检索方式，即❶总目；❷基本母题检索表；❸正文［汤普森］项；❹正文［关联项］。（1）通过"❶总目"，可以了解全书母题类型的宏观结构。（2）通过"❷基本母题检索表"，可以查阅到本书第一层级或相当于基本母题的所有以自然数为代码的母题。（3）通过"❸正文［汤普森］项"可以将带有标示的母题与汤普森《世界民间故事母题索引》中的世界性民间叙事母题进行关联。（4）通过"❹正文［关联项］"可以实现标示母题与其他相关母题的迅速关联。使用者可以根据研究需要，选择使用相关检索方式。

1 世界与自然物
（代码：W1000～W1999）

类型说明

"1. 世界与自然物" 属于《中国神话母题 W 编目》10 大类型母题中的第 2 个类型，类型代码为 "W1"。其主体是创世神话的基本内容，故本书命名为《中国创世神话母题（W1）数据目录》。

一 关于"世界"母题

神话具有认知与解释"世界"的重要功能。"世界"作为一个神话术语含义非常复杂。从目前研究结果看，研究者对创世的"世"也说法不一。如典籍中说的"古往今来曰世，上下四方曰界"，后来的"世界"是全部时间与空间的总称。"世界"有时又称之为"宇宙"，虽然"世界"与"宇宙"这两个概念在学科界定方面存在区别，但在神话叙事中，由于人类认知的限制，对这两个概念并没有严格的区分，在此类母题编目中可以统称为"世界"。这类母题是人们一般认为的"创世神话"的主体或核心。

本书对"创造世界"的一些母题采取了宏观阐释的处理方式。主要在"1.1 世界（宇宙）起源概说（W1000～W1099）"类型下的母题中加以描述。

二　关于"自然物"母题

"自然物"也可以称之为"万物"。世界中的自然物林林总总，许许多多自然物会出现在内容丰富的神话叙事中。考虑到神话母题编目的实用性与适用性，我们并不能把每一个自然物都提取为相应的母题，只能选择具有代表性或能体现规则性的母题作为母题编目线索，为读者的神话学或母题学研究提供必要的素材。

本目录关于自然物的母题设置了如下类型单元：

1.2　天地（W1090～W1099）

1.3　万物（W1500～W1539）

1.4　日月（W1540～W1699）

1.5　星辰（W1700～W1779）

1.6　天上其他诸物（W1780～W1799）

1.7　山石（W1800～W1869）

1.8　江河湖海（水）（W1870～W1979）

1.9　其他物质与生物（W1980～W1999）

上述各类型单元的母题在创世神话叙事中往往同时出现或存在某种联系，读者可以根据需要通览研读。

同时，另外设有与本类型密切关联的两个母题类型，（1）W3 动物与植物（代码 W3000～W3999）；（2）W4 自然现象与自然秩序（代码 W4000～W4999）。

1.1 世界（宇宙）^① 起源概说
【W1000～W1099】

1.1.1 世界的产生
【W1000～W1009】

W 编码	母题描述	关联项
✳ **W1000**	**世界的产生（宇宙的产生）**	
W1001	**世界自然产生**	【汤普森】A620； ＊［W1101.0］天地自然存在（天地自然产生）
W1001.1	世界自然存在	彝族
W1001.1.1	出现天地后形成世界	藏族
W1002	**世界是创造产生的**	［W1015］创世者（造物主）
W1002.1	世界是神或神性人物创造的	［W1020］神或神性人物是创世者（神是创世者）
W1002.1.0	世界是神创造的	鄂温克族、汉族
W1002.1.1	世界是创世者创造的	【汤普森】①A610；②A618； ＊［W1020.0]创世神创世（创世主创世）
W1002.1.1.1	创世者吐出世界（天体）	【汤普森】A700.1； ＊［W1175.2.5]天神吐出地球

---

① 世界（宇宙），神话中关于"世界"的概念难以统一界定，在不同的神话文本中可能叙述为"世界"、"宇宙"、"天地"等，这类神话涉及的是"世界"的本源、特征等问题，多数观点将其归属于创世神话。具体表述方面的区别可参见《中国创世神话母题（W1）实例与索引》。

W 编码	母题描述	关联项
W1002.1.2	世界是天神创造的	傣族 ＊ ① ［W1020.3］天神是创世者；② ［W1504.1.2］天神创造万物
W1002.1.2.1	世界是天帝创造的	柯尔克孜族
W1002.1.3	世界是女神创造的	① ［W068.1］创世女神；② ［W1020.3.1］女天神是创世者
W1002.1.3.1	世界是女天神创造的	① ［W0191.2］女天神；② ［W1020.3.1］女天神是创世者
W1002.1.3.2	女神用神鼓创造世界	满族
W1002.1.3a	世界是男神创造的	
W1002.1.3b	世界是山神创造的	［W0395］山神的职能
W1002.1.3b.1	世界是 9 个山神创造的	藏族
W1002.1.4	世界是动物神创造的	哈尼族 ＊ ① ［W1002.3］世界是动物创造的；② ［W1020.8.1］动物神是创世者
W1002.1.5	世界是众神创造的	【汤普森】A2；＊ 满族　＊ ［W1020.5］众神是创世者
W1002.1.6	世界是神与神性人物合作创造的	
W1002.1.6.1	天神与佛祖共同创世	裕固族
W1002.1.7	世界是真主创造的	回族、柯尔克孜族、塔吉克族　＊ ［W1021.3］真主是创世者
W1002.1.8	世界是佛创造的	
W1002.1.8.1	天神让释迦牟尼造世界	蒙古族
W1002.1.9	与神或神性人物创造世界有关的其他母题	［W0161.1］神创造世界时的伙伴
W1002.1.9.1	世界是老君创造的	汉族
W1002.2	世界是特定的人创造的	［W1015］创世者（造物主）
W1002.2.1	世界是父子创造的	汉族 ＊ ［W1022.1］父子是创世者

W 编码	母题描述	关联项
W1002.2.2	世界是一对夫妻创造的	［W1022.2］一对夫妻是创世者
W1002.2.2.1	布陀西和密洛陀夫妻创世	瑶族
W1002.2.2.2	最初的一对夫妻创造世界	【汤普森】A2.2；＊［W2022.1.1］世上最早只有 1 对夫妻
W1002.2.3	世界是两兄妹创造的	汉族、拉祜族、羌族 ＊［W1022.3］两兄妹是创世者
W1002.2.4	世界是两兄弟创造的	【汤普森】A15.2；＊ 汉族 ＊［W1022.4］两兄弟是创世者
W1002.2.5	世界是工匠创造的	【汤普森】A15.4
W1002.2.5.1	陶工创造世界	【汤普森】A15.4.1
W1002.2.6	世界是多个人（神）创造的	【汤普森】A2；＊ 汉族、彝族 ＊［W1002.2.6］多个人（神）是创世者
W1002.2.7	世界是其他特定的人创造的	
W1002.3	世界是动物创造的	【关联】①
W1002.3.1	世界是牛创造的	
W1002.3.2	拱屎虫推动世界的产生	汉族 ＊［W1106.5.2］蜈蚣子造天，拱屎虫造地
W1002.4	世界是其他特定的人物创造的	①［W1024］植物是创世者；②［W1025］无生命物是创世者
W1003	**世界是生育产生的**	【汤普森】A615；＊［W1510］万物是生育产生的（生万物）
W1003.1	世界生于无	藏族
W1003.1.1	虚廓生宇宙	汉族 ＊［W1039］最早的世界是影子
W1003.2	真空孕育世界	傣族
W1003.3	世界是婚生的	【汤普森】A615.2

① 【关联】❶［W1023］动物是创世者；❷［W1023.1］哺乳动物是创世者；❸［W1023.2］鸟类是创世者；❹［W1023.3］水中动物是创世者；❺［W1023.4］昆虫是创世者；❻［W1023.5］爬行动物是创世者

W 编码	母题描述	关联项
W1003.3.1	天父地母婚生世界	【汤普森】A625；【关联】①
W1003.3.2	两性交配生世界	汉族
W1003.4	世界是卵生的（卵生世界）	【汤普森】A641；＊ 珞巴族 ＊［W1036］世界卵（宇宙卵）
W1003.4.1	蛋中生出天地万物	【汤普森】A641.2；＊ ①［W1115］卵生天地；②［W1517］卵生万物
W1003.4.2	神蛋生世界	珞巴族
W1003.5	与生育世界有关的其他母题	
W1003.5.1	地球之母	【汤普森】A401；＊［W0238］地母
W1003.5.2	神生世界	［W1112］神生天地
W1003.5.2.1	女天神生世界	满族
W1003.5.3	树生世界	［W1514.2］柳树生万物
W1003.5.3.1	树上长出世界	
W1004	**世界是变化产生**	
W1004.1	原始的元素变化成世界（天体）	【汤普森】≈A654；＊ 藏族
W1004.2	某些器物变化成世界（天体）	【汤普森】A617；＊［W1122］无生命物变成天地
W1004.3	投到天空的某种物质变成世界（天体）	【汤普森】A700.1
W1004.4	世界（天体）源于凝结的气体	【汤普森】A621；＊［W1122.5］气变成天地
W1004.5	与变化产生世界有关的其他母题	
W1004.5.1	阴阳混合形成世界（天体）	汉族
W1004.5.2	气体、烟雾、狂风合成世界	傣族 ＊［W1056.9］最早的世界是气体、烟雾和狂风

---

① 【关联】❶［W0142.2］天父地母；❷［W7159.3］人模仿天父与地母总是趴在一块学会性交；
❸［W7532］天地婚

W 编码	母题描述	关联项
W1004.5.3	混沌中凿出世界	
W1004.5.3.1	混沌被朋友凿死后产生世界	汉族 * ［W1123.2］混沌经多次演化生出天地
W1005	**世界是演化而成的**	【汤普森】①A620.1；②A645
W1006	**世界产生的其他方式**	【汤普森】A640
W1006.1	世界源于火	【汤普森】A622
W1006.2	世界源于冰与雾	【汤普森】A623； * 基诺族 * ［W1041］最早的世界是雾露
W1006.3	风、火、水导致世界的产生	藏族
W1006.3.1	最早世界只有火、水、风、土	哈萨克族
W1007	**与世界产生有关的其他母题**	［W1090.2］世界经历其他特定的阶段
W1007.1	世界是偶然创造出来的	
W1007.1.1	神在争斗中创造了世界	蒙古族、汉族
W1007.1.2	神魔争斗中创世	满族 * ［W8792.1］善的创世者与恶的创世者之争
W1007.2	自然力量相互作用创世	蒙古族
W1007.3	世界创造后被破坏	
W1007.3.1	创世的破坏者	【汤普森】A60；【民族，关联】①
W1007.3.1.1	恶神是创世的破坏者	满族 * ［W0126］恶神
W1007.3.1.2	火神是创世的破坏者	柯尔克孜族 * ［W0466］火神
W1007.3.1.3	黑须老人是创世的破坏者	怒族
W1007.3.1.4	太阳九姊妹和月亮十弟兄是创世的破坏者	布朗族 * ［W1649.1］太阳9姐妹
W1007.3.1.5	妖魔是创世的破坏者	彝族 * ［W0830］妖魔
W1007.3.1.6	破坏者与造物主同时产生	景颇族
W1007.3.2	魔鬼破坏创世	【汤普森】A63

① 【民族】汉族、回族。【关联】❶ ［W1107b］造天地的破坏者；❷ ［W1178a.2.1］造地时的干扰者

W 编码	母题描述	关联项
W1007.4	第 2 次创世	哈萨克族 ＊ ［W1124.4］第 2 次产生天地
W1007.4.1	重造世界	侗族 ＊ ① ［W1124.4］第 2 次产生天地（再造天地）；② ［W1543.5.11］重造日月
W1007.5	不成功的创世	
W1007.5.1	造出的天地植物不生	苗族 ＊ ［W1110.4］造天地不成功
W1007.6	创世的几个阶段	
W1007.7	外部世界的形成	
W1007.7.1	外相世界由三坛而定	蒙古族

1.1.2 世界的创造①与创世者② 【W1010～W1034】

W 编码	母题描述	关联项
✿ **W1010**	**世界（宇宙）的创造**	【汤普森】A600； ＊ ［W1002］世界是创造产生的
✱ **W1011**	**创造世界的原因（创世的原因）**	【汤普森】A5
W1011.1	创世者因为孤独创造了世界	【汤普森】A73； ＊ 汉族、苗族
W1011.1.1	神因孤独创造世界	
	两位男神感到孤独创造世界	门巴族
W1011.1.2	神性人物因孤独造地球	

---

① 世界的创造，神话中所叙述的"世界"一般不是今天关于世界的严格说法。所以此处的"世界"一般是指天地宇宙，有时也可以指"世界万物"或一些具体的物质。根据神话叙事的这种特殊性，下面编目中"万物的产生"类母题涉及"世界万物"的部分是否与"世界的创造"采取母题互文的方式，将视具体情况设定。

② 创造者，从性质上属于神或神性人物，他所创造的对象一般指整个世界。有时也可以特指那些创造出世界上某些特定事物的人物。

W 编码	母题描述	关联项
W1011.2	为了有个歇脚的地方创造世界	【汤普森】A5.1
W1011.3	创世者奉命创世	［W1015］创世者（造物主）
W1011.4	创世者得到劝告后创世	【汤普森】A40；＊ 苗族
W1011.5	世界产生于特定时间和指令	【汤普森】A601
W1011.5.1	世界产生于创世者的指令	【汤普森】A611；＊ 傣族、哈尼族
W1011.6	与创造世界原因有关的其他母题	
W1011.6.1	被惩罚造世界	［W9906］惩罚
W1011.6.1.1	红君、绿鸭道人打架被罚造天地	汉族
W1011.6.2	因大地光秃创造世界	鄂伦春族
W1012	**创造世界的时间**	［W1110.1］造天地的时间
W1012.1	6 天造出了世界	【汤普森】A601.1
W1012.2	7 天创造出世界	回族 ＊ ①［W1186.3.1］造地用了 7 天；②［W1509.2.2］7 天造出万物
✿ **W1015**	**创世者（造物主）**	［W1175.1］创世者造地球
✳ **W1016**	**创世者的产生**	【汤普森】A20
W1017	**创世者来于某个地方**	
W1017.1	创世者从天上来	【汤普森】A21；＊ 回族、汉族
W1017.2	创世者从地下来	【汤普森】A25
W1017.3	创世者从湖中来	【汤普森】A25.1
W1017.4	创世者源于混沌	【汤普森】A22；＊ 藏族
W1017.5	创世者源于某个特定方位	【汤普森】A26
W1017.5.1	创世者源于东方	【汤普森】A26.1
W1018	**创世者是生育产生的（生育创世者）**	
W1018.1	天地婚生创世者	［W7532］天地婚

W 编码	母题描述	关联项
W1018.2	卵生创世者	【汤普森】A27；＊ 汉族、苗族、藏族 ＊ ［W033］卵生神
W1018.2.1	巨卵孕育创世的大鹏	藏族 ＊ ［W1023.2.1］大鹏是创世者
W1018.3	特定的物生创世者	瑶族
W1019	**创世者产生的其他方式**	［W0426.2］人因功被封为凡间造物主
W1019.1	创世者是变化产生的	【汤普森】A72
W1019.1.1	阴阳变化生创世者	【汤普森】A23；＊ 汉族
◎	**［各种创世者①］**	
W1020	**神或神性人物是创世者（神是创世者）**	
W1020.0	创世神创世（创世主创世）	哈萨克族、汉族 ＊ ［W1996.5.1.5］世界最早只有创世主
W1020.1	创世女神是创世者	【汤普森】A3；＊ ［W1002.1.3］世界是女神创造的
W1020.1.1	特定的女神是创世者	
W1020.1.1.1	女神阿布凯赫赫是创世者	满族
W1020.2	世界之父是创世者	【汤普森】A1.2；＊ 蒙古族
W1020.3	天神是创世者	柯尔克孜族、怒族、彝族 ＊ ［W1002.1.2］世界是天神创造的
W1020.3.0	天神腾格里是创世者	哈萨克族
W1020.3.1	女天神是创世者	维吾尔族 ＊ ［W0191.2］女天神
W1020.3.2	天神的侍从是创世者	门巴族 ＊ ［W0202.4］天神的侍从
W1020.3.3	最高天神是创世者	傣族（水傣）
W1020.4	太阳神是创世者	【汤普森】A1.1；＊ ［W0271］太阳神（日神）

① 各种创世者，在汤普森母题索引中强调的是创世者的身份，本母题编目根据中国神话中创世的具体叙事，兼顾了汤普森母题表述与叙事性描述两个方面。

W 编码	母题描述	关联项
W1020.5	众神是创世者	汉族、满族 ＊ ［W1002.1.5］世界是众神创造的
W1020.6	天使是创世者	【汤普森】A17； ＊ ［W0210］天使
W1020.7	祖先是创世者	瑶族
W1020.8	其他神或神性人物是创世者	
W1020.8.1	动物神是创世者	［W0500］动物神
W1020.8.2	神鸟是创世者	【关联】①
W1020.8.2.1	神鸟嘎下凡创世	蒙古族
W1020.8.3	真主是创世者（真主是创世主）	撒拉族 ＊ ［W0793］真主
W1020.8.4	夫妻神是创世者	傣族 ＊ ［W1103.5.6］夫妻神开天辟地
W1020.8.5	巨灵是创世者	鄂伦春族
W1020.8.6	与神或神性人物创世有关的其他母题	
W1020.8.6.1	神用神力创世	傣族（水傣）
W1021	**特定的神或神性人物是创世者**	
W1021.1	盘古是创世者	汉族 ＊ ［W0720］盘古
W1021.2	佛祖（佛）是创世者	【汤普森】A1.4； ＊ 蒙古族
W1021.2.1	喇嘛是创世者	蒙古族 ＊ ① ［W1134.3］喇嘛造天；② ［W1175.17］喇嘛造地
W1021.3	真主是创世者	回族、柯尔克孜 ＊ ［W1002.1.7］世界是真主创造的
W1021.4	其他特定的神或神性人物是创世者（其他神性人物是创世者）	

---

① 【关联】❶ ［W1002.1.4］世界是动物神创造的；❷ ［W1020.8.2］鸟是创世者；❸ ［W1996.2.5］世界最早产生的是鸟

W 编码	母题描述	关联项
W1021.4.1	老君是创世者	汉族
W1022	**人是创世者**	【汤普森】A15；　＊　汉族、苗族
W1022.1	父子是创世者	汉族　＊　［W1002.2.1］世界是父子创造的
W1022.2	一对夫妻是创世者	①［W1002.2.2］世界是1对夫妻创造的；②［W1002.2.2.1］布陀西和密洛陀夫妻创世
W1022.3	两兄妹是创世者	汉族、拉祜族、羌族　＊　［W1002.2.3］世界是两兄妹创造的
W1022.4	两兄弟是创世者	［W1002.2.4］世界是两兄弟创造的
W1022.5	工匠是创世者	［W1002.2.5.1］世界是陶工创造的
W1022.6	其他特定的人是创世者	汉族、彝族　＊　［W1002.2.6］世界是多个人（神）创造的
W1023	**动物是创世者**	【汤普森】A13
W1023.1	哺乳动物是创世者	【汤普森】≈A13.1
W1023.1.1	猿猴是创世者	
W1023.1.1.1	猴子是创世者	门巴族
W1023.1.2	母牛是创世者	【汤普森】A13.1.1；　＊　［W1002.3.1］世界是牛创造的
W1023.2	鸟类是创世者	【汤普森】A13.2
W1023.2.1	大鹏是创世者	［W3394］鹏（大鹏）
W1023.2.1.1	大鹏鸟是世界创造者	藏族
W1023.2.2	其他特定的鸟是创世者	
W1023.2.2.1	神鸟嘎下凡创世	蒙古族
W1023.3	水中动物是创世者	
W1023.4	昆虫是创世者	【汤普森】A13.3；　＊　壮族　＊　［W1023.4］昆虫是创世者
W1023.4.1	甲虫是创世者	【汤普森】A13.3.2

W 编码	母题描述	关联项
W1023.4.2	蚂蚁是创世者	藏族 ＊ ①［W1807.5.4］蚂蚁造山；②［W1916.5］蚂蚁造江河
W1023.4.3	蜘蛛是创世者	【汤普森】A13.3.1；＊［W1177.4.1］蜘蛛在水上结网形成地
W1023.5	爬行动物是创世者	【汤普森】A13.4
W1023.5.1	蛇是创世者	【汤普森】A13.4.1 ＊ 汉族 ＊［W1996.2.7.1］世界最早产生的是蛇
W1023.5.2	龟是创世者	藏族 ＊ ①［W1285.2］龟鳖撑开天地；②［W3505］龟（乌龟、鳖）
W1023.6	其他动物是创世者①	
W1023.6.1	龙是创世者	汉族 ＊［W3550］龙
W1024	**植物是创世者**	［W1002.4.1］树上长出世界
W1025	**无生命物是创世者**	
W1025.1	日月（神）是创世者	【汤普森】A19.1
W1026	**混杂型创世者**	
W1026.1	天神与佛祖共同创世	裕固族 ＊ ①［W0181］天神；②［W0787］佛（佛祖）
W1026.2	神与人共同创世	
W1026.3	神与动物共同创世	哈尼族、拉祜族
W1027	**创世者的数量**	
W1027.1	1 个创世者	汉族、傈僳族、满族
W1027.1.1	孤独的创世者	【汤普森】A73；＊［W1011.1］创世者因为孤独创造世界
W1027.2	2 个创世者	【关联】②

---

① 其他动物是创世者，包括两栖动物、想象中的动物、合体动物等。
② 【关联】❶［W1022.1］父子是创世者；❷［W1022.2］一对夫妻是创世者；❸［W1022.3］两兄妹是创世者；❹［W1022.4］兄弟是创世者

W 编码	母题描述	关联项
W1027.2.1	天神与地神创世	汉族 ＊ ① ［W0181］天神； ② ［W0230］地神
W1027.3	3 个创世者	【汤普森】A2.1； ＊ 汉族、羌族
W1027.4	多个创世者	【汤普森】A2；① ［W1002.2.6］世界是多个人（神）创造的； ② ［W1020.5］众神是创世者
W1028	**创世者的特征**	【汤普森】A10
W1028.1	创世者的外貌	【汤普森】A18
W1028.1.1	创世者长着龙头	【汤普森】A18.1；［W0633.4］龙头人身之神
W1028.1.2	创世者头上有两个角	【汤普森】A18.2
W1028.1.3	创世者很矮小	【汤普森】A18.3； ＊ ［W2572.11］第一代人是小人（第一代人是矮人）
W1028.1.4	创世者有其他特殊的外貌	【汤普森】≈A19.2
W1028.2	创世者是隐形的	【汤普森】A11
W1028.3	创世者雌雄同体	【汤普森】A12
W1028.4	与创世者特征有关的其他母题	汉族 ＊ ［W0722］盘古的特征
W1028.4.1	创世者降妖驱疫	藏族
W1028.4.2	创世者与毁灭者合体	
W1028.4.2.1	斑纹犀龟是创造者与毁灭者的合体	藏族
W1028.4.3	创世者很勤劳	彝族
W1028.4.4	创世者身穿兽皮	【汤普森】A18.4； ＊ ［W6133.4.1］兽皮为衣
W1028.4.5	力不从心的创世者	【汤普森】≈A74
W1028.4.6	创世者会占卜	【汤普森】A611.1
◎	［与创世者有关的其他事项］	

W 编码	母题描述	关联项
W1029	**创世者的工具**	
W1029.1	创世者手持斧子和凿子	【汤普森】A18.5； ＊ 汉族
W1029.2	创世者手拿日月	【汤普森】A18.6
W1029.3	与创世者的工具有关的其他母题	
W1030	**创世者的家庭**	【汤普森】A32
W1030.1	创世者的祖先	【汤普森】≈A31； ＊ ［W0640］祖先
W1030.2	创世者的妻子	【汤普森】A32.3； ＊ ［W0154］神的妻子
W1030.3	创世者的后代	【汤普森】A7
W1030.3.1	创世者的儿子	【汤普森】①A32.1；②≈A7.1； ＊ 汉族、藏族 ＊ ［W1680.2.3］太阳是创世者的儿子
W1030.3.2	创世者的女儿	【汤普森】A32.2； ＊ 汉族
W1030.4	与创世者家庭有关的其他母题	
W1031	**创世者的助手（伙伴）**	【汤普森】①A30；②A33
W1031.1	神是创世者的助手	
W1031.2	神性人物是创世者的助手	
W1031.3	动物是创世者的助手	壮族
W1031.3.1	狗是创世者的助手	【汤普森】A33.1.1
W1031.3.2	蜘蛛是创世者的助手	［W1023.4.3］蜘蛛是创世者
W1031.3.3	蚂蚁是创世者的助手	［W1023.4.2］蚂蚁是创世者
W1031.3.4	金龟是创世者的助手	蒙古族
W1031.3.5	老鼠是创世者的助手	满族
W1031.3.6	独角兽、凤凰、乌龟等帮助创世者	【汤普森】A36
W1031.3.7	猪是创世的帮助者	彝族 ＊ ［W3261］猪的产生

W 编码	母题描述	关联项
W1031.4	与创世者的助手有关的其他母题	
W1031.4.1	日月星辰等是创世者的伙伴（助手）	【汤普森】 ≈ A38
W1031.4.1.1	星星是创世者的帮助者	白族
W1032	**创世者的出谋划策者**	【汤普森】 A40
W1032.1	魔鬼为创世者出谋划策	【汤普森】 A43； * ［W0830］妖魔
W1032.2	灵魂为创世者出谋划策	【汤普森】 A45
W1033	**与创世者有关的其他母题**	
W1033.1	创世者是天地之祖	【汤普森】 A75
W1033.2	创世者为生存而忙碌	【汤普森】 A77
W1033.3	创世者的食物	［W6141］人类食物的产生
W1033.3.1	创世者的奇特食物	藏族 * ［W6159.1.1］给力的食物
W1033.4	创世者的死亡	【汤普森】 A76； * 汉族
W1033.4.1	创世者完成任务后死亡	黎族
W1033.5	创世者最后回到空中（天堂）	【汤普森】 A81
W1033.5.1	创世者完成任务后回到天上	傣族
W1033.6	特定名称的创世者	
W1033.6.1	"帕"与"匹"是造物之神	佤族
W1033.7	世界的创造者与毁灭者合为一体	藏族
W1033.8	创世者吃掉自己的儿子	【汤普森】 A71
W1034	**创世的方法**	
W1034.1	自力更生创世	彝族（罗罗泼）

1.1.3　世界最早的情形 【W1035 ~ W1059】

W 编码	母题描述	关联项
＊ **W1035**	世界最早的情形	
W1036	世界卵（宇宙卵、天地卵）	【汤普森】A641；＊ 侗族 ＊［W1062.3］世界是圆的
W1036.1	世界卵自然存在	
W1036.2	最早的世界是卵	汉族
W1036.2.1	最早的世界像卵	汉族
W1036.2.1.1	最早的世界像鸡卵	汉族
W1036.2.2	最早的世界是一个石球	汉族
W1036.2.3	最早的世界是一个石鼓	汉族
W1036.2.4	最早的世界只有两个卵	珞巴族
W1036.2.5	螟蛉子钻开宇宙卵	壮族
W1036.3	孕生宇宙卵	土家族
W1036.3.1	天上的女鬼生世界卵	珞巴族
W1036.4	世界卵是五行之精华	藏族
W1036.4a	气形成世界卵	汉族
W1036.5	世界卵有云包着	苗族、土家族
W1036.6	宇宙卵有三个蛋黄	壮族
W1036.7	世界卵的孵化	
W1036.7.1	云孵宇宙卵	苗族
W1036.8	世界卵没有壳	
W1036.8.1	世界卵没有硬壳	珞巴族
W1036.9	世界卵会发光	
W1036.9.1	世界卵会发金光	珞巴族

W 编码	母题描述	关联项
W1036.10	世界卵会滚动	珞巴族
W1036.10.1	天地是个旋转的 3 个蛋黄	壮族 ＊ ［W1057.6］最早的世界是旋转的
W1036.10.2	天地原来是一个三黄蛋	壮族 ＊ ［W1128.3.1］天地混沌如鸡子
W1036.11	天地卵分三重	汉族
W1037	**最早的世界在一个大卵里**	
W1037.1	宇宙像个鸡蛋	毛南族
W1038	**最早的世界什么都没有**	侗族、珞巴族、满族、蒙古族、苗族、彝族、藏族
W1038.1	最早的世界是空的	汉族、藏族
W1038.1.1	远古的天空茫茫一片（宇宙茫茫）	傣族
W1038.1.2	最早的世界空空荡荡	拉祜族
W1038.2	最早的世界是荒凉的	侗族、鄂温克族、汉族 ＊ ① ［W1235.18.1］远古时的大地是荒凉的森林；② ［W1503a.1］因为世界荒凉造万物
W1038.2.1	最早的大地寒冷荒凉	侗族
W1038.3	几亿亿年前没有一切	傣族
W1038.4	宇宙卵的三界中什么也没有	壮族
W1038.5	以前天地间什么也没有	哈尼族
W1039	**最早的世界是影子**	纳西族 ＊ ① ［W1518.1］万物源于影子；② ［W1546.3］日月产生前先产生影子
W1039.1	世界最早出现 3 样影子	纳西族
W1039.2	最早的世界虚无缥缈	阿昌族

W 编码	母题描述	关联项
W1040	**最早的世界是混沌**	【汤普森】A605；【民族，关联】①
W1040.0	最早的世界是天地不分的混沌	汉族、满族、怒族 ＊ ①［W1272.1］以前天地不分；②［W1275］天地的分开
W1040.0.1	天地未开时是混沌	汉族
W1040.1	最早的世界阴阳混合	藏族 ＊ ①［W1545.7.2］阴阳二气化生日月；②［W4756］阴阳自然存在
W1040.2	最早的世界像一团稀泥汤	苗族
W1040.2.1	最早的世界水和泥巴、土和石头分不清楚	德昂族
W1040.2.2	最早的世界是一堆泥	汉族
W1040.2.3	最早的世界全是尘土	汉族
W1040.3	最早的世界是黑暗的混沌	白族、哈尼族（僾尼、卡多）、汉族、彝族、藏族 ＊［W1091.4.1］世界经历黑暗时代
W1040.4	最早的世界是火、水、风、土构成的混沌	哈萨克族
W1040.5	最早的世界是云雾笼罩的混沌	苗族 ＊［W1041.1］最早的世界是云雾
W1040.6	最早的世界是云彩和雾露混合成的混沌	彝族 ＊［W1041］最早的世界是雾露
W1040.7	世界最早是看不到边的混沌	拉祜族（苦聪）
W1041	**最早的世界是雾露**	
W1041.0	最早的世界是白色雾露	哈尼族
W1041.1	最早的世界是云雾	布朗族、毛南族、苗族 ＊［W1040.5］最早的世界是云雾笼罩的混沌

---

① 【民族】阿昌族、白族、布依族、朝鲜族、傣族、德昂族、侗族、哈萨克族、汉族、回族、景颇族、黎族、纳西族、门巴族、撒拉族、土家族、彝族、彝族（罗罗泼）、藏族。【关联】❶［W1057.1］混沌（混沌卵）；❷［W1068.1.3.2］最早的世界是白色混沌；❸［W1127.0］最初天地混沌

W 编码	母题描述	关联项
W1041.1.1	世界最早只有旋转的云雾	景颇族 ＊ ［W1197.16.3］旋转的云雾变成地球
W1041.1.2	世界最早只有云彩和雾露	彝族
W1041.1.3	最早的世界是飘荡的云雾	布朗族
W1041.1.4	最早的世界是云雾水气	哈尼族
W1041.2	最早的世界是雾	彝族
W1041.2.1	最早的世界是分分合合的雾	拉祜族
W1041.2.2	最早的世界是黑雾	布朗族 ＊ ［W1050］最早的世界是黑暗的
W1041.2.3	最早的世界是混沌的雾	哈尼族 ＊ ［W1040］最早的世界是混沌
W1041.2.4	最早的世界是烟雾	傣族
W1041.2.5	最早世界是一团雾气	汉族
W1041.3	最早的混沌世界是变化的雾露	彝族
W1042	**最早的世界动荡多变**	傣族
W1042.1	最早的天地飘浮动荡	傣族 ＊ ① ［W1376］地的稳固；② ［W1474］天梯飘摇不定
W1043	**最早的世界天地相抱**	汉族 ＊ ① ［W1057.1］混沌（混沌卵）；② ［W1272.1］以前天地不分（天地合一）
W1043a	**最早的世界是 2 块合在一起的物体**	① ［W1127.7］天地最初是 2 个薄片；② ［W1272.4］天地叠在一起；③ ［W1272.8］天地是合在一起的 2 块石头
W1043a.1	世界最早是两块薄板	苗族 ＊ ［W1197.5］一块板子变成地
W1044	**最早的世界像个盒子**	藏族
W1045	**最早的世界像网**	拉祜族

W 编码	母题描述	关联项
W1046	以前的世界气温变化无常	侗族、汉族
W1046.1	最早的世界忽冷忽热	
W1046.2	最早的世界白天很热晚上很冷	
W1046.2.1	最早的世界白天热死人，晚上冻死人	珞巴族
W1047	最早的世界是炎热的	侗族、苗族
W1047.1	天地刚分开时天气很热	壮族
W1048	最早的世界是冰冷的	【汤普森】A605.2；＊哈萨克族、傈僳族、苗族
W1048.1	最早的世界到处是冰雪	侗族 ＊［W1235.7.1］最早的大地像一包冰块
W1049	最早的世界很闷	
W1050	最早的世界是黑暗的	①【汤普森】A605.1；②F965；【民族，关联】①
W1050.1	以前地上是黑暗的	【民族，关联】②
W1050.1.1	以前因没有日月大地寒冷黑暗	苗族 ＊［W1540.1］以前没有日月
W1050.1.2	地刚出现时充满黑暗	
W1050.2	最早的世界是灰蒙蒙的	景颇族、土家族
W1050.2.1	以前宇宙灰蒙蒙	彝族
W1050.3	最早时天昏地暗（最早时天地昏暗）	汉族、拉祜族、苗族
W1050.3.1	很早以前因太阳小造成天昏地暗	白族

---

① 【民族】布依族、哈萨克族、汉族、拉祜族、珞巴族、苗族、羌族、撒拉族、水族、土家族、彝族、藏族。【关联】❶［W1040.3］最早的世界是黑暗的混沌；❷［W1051.1.2］最早的世界是黑暗的气；❸［W1056.6］最早的世界黑暗寒冷；❹［W1091.6］以前有个黑洞时代

② 【民族】汉族、回族、拉祜族、普米族、畲族、彝族。【关联】❶［W1040.3］最早的世界是黑暗的混沌；❷［W1091.4.1］世界经历黑暗时代；❸［W1235.9］以前大地黑暗

W 编码	母题描述	关联项
W1050.4	最早时天地黑暗	傣族、哈萨克族、满族、彝族 * ［W1110.4.3］造出的天地很黑暗
W1050.4.1	太古时天地黑得像锅底	彝族
W1050.4.2	远古时天地黑暗	珞巴族、苗族
W1050.4.3	最古时混沌的天地是黑暗的	彝族
W1050.5	以前的天地间歇式黑暗	
W1050.5.1	远古时的天地 7 天不黑，7 天不亮	彝族
W1050.6	远古时天地相连一片黑暗	水族 * ［W1270］天地相连
W1050.7	古时天地相连浑浑噩噩	傈僳族
W1051	**最早的世界是气**	【民族，关联】①
W1051.1	天地之初是一团气	汉族
W1051.1.1	最早的世界是混沌的气	汉族 * ［W1040］最早的世界是混沌
W1051.1.2	最早的世界是黑暗的气	汉族 * ［W1050］最早的世界是黑暗的
W1051.1.3	最早世界是 1 个大气团	汉族 * ［W1041.2.5］最早世界是一团雾气
W1051.2	最早的世界是清气和浊气	彝族
W1051.3	最早的宇宙是女天神吐出的气	维吾尔族
W1051.4	最早的世界是绿气	纳西族
W1052	**最早的世界是风**	傈僳族、彝族
W1053	**最早的世界是水**	【汤普森】A810 * 汉族、基诺族、柯尔克孜族、黎族、珞巴族、满族、土族、藏族

---

① 【民族】汉族、纳西族、维吾尔族。【关联】❶［W1056.4］世界最早出现声音和气；❷［W1127.2］最初的天地是气；❸［W1994.3］气变成生命

W 编码	母题描述	关联项
W1053.0	最早地球上都是水	汉族、土族 * ［W1235.5］以前的地上都是水
W1053.0.1	最早大地上都是水漂浮着雪的水	傣族
W1053.1	最早的陆地是海洋	［W1957.7］世界上最早产生的是海
W1053.1.1	某个地方以前是一片汪洋	白族
W1053.1.2	世界最早只有海水	哈尼族
W1053.2	最早的世界水天相连	白族、满族 * ［W1437.3a］通过水上天
W1053.2.1	最早时天和地是水塘	哈尼族
W1053.3	最早的世界是一个大海子	藏族
W1053.4	最早的世界只有天堂和大海	裕固族
W1053.5	最早的世界只有光秃秃的土地和茫茫无际的海水	傣族
W1053.6	最早的世界是空气和水	蒙古族
W1053.7	混沌初开的世界一片大水	珞巴族
W1053.7.1	天地初开时遍地洪水	满族 * ［W1091.2.2.1］洪水淹天的时代
W1053.8	天地以前是大水塘	哈尼族（僾尼）
W1053.9	与最早的世界是水有关的其他母题	
W1053.9.1	以前的世界很潮湿	［W1235.6］以前的地是湿的
W1053.9.2	最早的世界像水泡	
W1054	**最早的世界是火**	珞巴族
W1054.1	世界最早出现的是一个大火球	
W1054.2	最早的世界只有风吹火焰	傣族
W1055	**最早的世界是山**	藏族 * ①［W1036.2.3］最早的世界是一个石鼓；②［W1823.5.2］世界最早只有 1 座山

W 编码	母题描述	关联项
W1055.1	最早的世界只有一个长翅膀的大石空中飞	普米族
W1056	**最早的世界有多种特征**	
W1056.1	最早的世界是空气和水	蒙古族 ＊［W1041.1.4］最早的世界是云雾水气
W1056.6.1	最早的世界只有水和气	傣族
W1056.2	最早的世界是天堂和大海	裕固族
W1056.3	最早世界是风和火焰	傣族
W1056.4	最早世界是声音和气	纳西族
W1056.5	最早世界是山和水	傣族、黎族、纳西族（摩梭）
W1056.5.1	世界最早只有 1 座山 1 个海	纳西族
W1056.6	最早的世界黑暗寒冷	哈萨克族、苗族、瑶族 ＊［W1050.1.1］以前因没有日月大地寒冷黑暗
W1056.6.1	寒冷的世界	白族 ＊［W1048］最早的世界是冰冷的
W1056.6.2	刚生出的天地黑暗寒冷	侗族、满族
W1056.6.3	刚造出的天地黑暗寒冷	瑶族
W1056.7	最早的一片大水到处漆黑	满族
W1056.8	最早的天地是黑暗和混沌	汉族
W1056.9	最早的世界是气体、烟雾和狂风	
W1056.9.1	最早的世界只有烟雾和气浪	傣族
W1056.10	最早的世界是水、雾和风	【民族，关联】①
W1056.11	最早的天地黑暗压抑	彝族 ＊［W1049］最早的世界很闷
W1056.12	最早的世界只有太阳和大水	基诺族

① 【民族】傣族。　【关联】❶［W1041.2］最早的世界是雾；❷［W1052］最早的世界是风；❸［W1053］最早的世界是水

W 编码	母题描述	关联项
W1057	**与世界最早情形有关的其他母题**	[W1068.1.3.1] 最早的世界是白色的
W1057.1	混沌（浑沌、昆屯、混沌卵）	
W1057.1.0	混沌的产生	[W1996.0] 世界最早产生的生命是混沌
W1057.1.0.1	泥形成混沌	苗族
W1057.1.0.2	盘状物演变成混沌卵	苗族
W1057.1.1	风分开混沌	水族
W1057.1.2	混沌是第一代神	毛南族
W1057.1.3	混沌鱼	
W1057.1.3a	混沌兽	汉族
W1057.1.4	混沌的周期	
W1057.1.4.1	混沌一次 1 千年	汉族
W1057.1.4.2	混沌一次是 1 万 8 千年	汉族
W1057.1.5	混沌结束的方式	
W1057.1.5.1	混沌之死	汉族
W1057.1.5.1.1	混沌凿七窍后死亡	汉族 ＊ [W1104.1.8] 盘古从混沌中凿出天地
W1057.1.5.2	盘古打碎混沌	汉族
W1057.1.5.3	混沌被分成两半	汉族
W1057.1.6	与混沌有关的其他母题	① [W1043] 最早的世界天地相抱；② [W1979.1.5] 混沌是沼泽
W1057.1.6.1	混沌是沼泽	汉族
W1057.1.6.2	混沌是太一	汉族
W1057.1.6.3	混沌的眼睛	
W1057.1.6.4	玉帝改变世间的混沌	
W1057.1.6.5	混沌像浮云	蒙古族
W1057.1.6.6	混沌像气团	汉族

W 编码	母题描述	关联项
W1057.1.6.7	混沌是世界的影子	彝族
W1057.1.6.8	昏暗的混沌	汉族 ＊［W1050］最早的世界是黑暗的
W1057.2	最早的世界很小	鄂温克族、哈萨克族
W1057.2.1	最早世界小得没有火石大	藏族
W1057.3	最早的世界很美好	藏族 ＊［W1793.3］天堂很美好
W1057.3.1	以前的世界阳光灿烂风光秀美	彝族
W1057.3.2	以前的世界风调雨顺	汉族
W1057.3.3	以前的世界一团和气	苗族
W1057.4	最早的世界是红色的	彝族
W1057.5	最早的世界全是尘土	汉族
W1057.6	最早的世界不稳定	
W1057.6.1	最早的世界是旋转的	苗族 ＊ ①［W1036.10.1］天地是个旋转的三个蛋黄；②［W1041.1.1］世界最早只有旋转的云雾
W1057.6.2	最早的世界被风吹得晃晃荡荡	哈尼族
W1057.6.3	以前日月和大地都在动荡	纳西族
W1057.6.4	最早的世界是旋转的黑团	德昂族
W1057.7	最早的世界没有水	［W1053］最早的世界是水
W1057.7.1	混沌初开时地上没有水	珞巴族
W1057.8	最早的世界是软的	侗族
W1057.9	最早的世界没有生命	藏族 ＊［W1990a］以前没有生命（以前没有生物）
W1057.10	最早的世界上雾笼罩的无声世界	拉祜族 ＊［W1068.8］无声的世界
W1057.11	最早的世界只有雷吼风呼	德昂族
W1057.12	最早的世界朦朦胧胧	藏族

W 编码	母题描述	关联项
W1057.12.1	开天辟地出现万物后世界仍朦朦胧胧	汉族

1.1.4 世界的特征【W1060 ~ W1069】

W 编码	母题描述	关联项
W1060	**世界特征的产生**	［W1000］世界的产生
W1060.1	世界特征自然存在	
W1060.2	神规定世界的特征	
W1060.3	世界的特征是变化产生的	
W1060.4	与世界特征的产生有关的其他母题	
◎	〖世界的常见特征〗	
W1061	**世界的大小（宇宙的大小）**	【汤普森】A658； ＊ ［W1057.2］最早的世界很小
W1062	**世界的形状**	
W1062.1	世界有 4 个角	
W1062.1.1	世界的 4 个角的确定	【汤普森】A1182； ＊ ［W1204］地是方的
W1062.2	世界（宇宙）是一个整体	【汤普森】A650
W1062.3	世界是圆的	【汤普森】A655； ＊ 汉族、塔吉克族 ＊ ［W1036］世界卵（宇宙卵）
W1062.4	世界像蜘蛛网	拉祜族
W1063	**世界的中心（天地的中心）**	【汤普森】H618.3；【关联】①

---

① 【关联】❶ ［W1164］天的中心；❷ ［W1236］地的中心（地心）；❸ ［W1477.2］天梯在天地中央

W 编码	母题描述	关联项
W1063.1	世界中心的确定	【汤普森】A1181
W1063.2	某个特定地点是世界的中心（某个特定地点是天地的中心）	
W1063.2.1	特定的湖在世界的中央	藏族
W1063.2.2	都广之野是天地的中心	汉族 ＊ ［W1448.5.1］都广的建木是天梯
W1063.2.3	杞县是天地的中心	汉族
W1063.3	天地的中心没有影子	汉族
W1064	**世界的错乱（颠倒的世界）**	
W1064.1	以前的世界与现在相反	【汤普森】A633 彝族
W1064.2	恶神制造颠倒的世界	阿昌族
W1064.3	与颠倒的世界有关的奇特母题	［W1896.2.8］以前水会往高处流
W1064.3.1	修复颠倒的世界	［W1396］与天地的修整有关的其他母题
W1064.3.1.1	天公修复颠倒的世界	阿昌族
W1065	**世界是完美的（美好的世界）**	哈萨克族、彝族 ＊ ［W1057.3］最早的世界很美好
W1065.1	美好的另一个世界	鄂温克族
W1065.1.1	玉龙雪山第三国	纳西族
W1065.2	美丽的世界	彝族
W1065a	**世界是悲惨的**	
W1065a.1	以前的世界是悲惨的	
W1065a.1.1	以前的世界充满各种灾难	布依族 ＊ ［W8000］世界灾难
W1066	**世界的数量**	① ［W1067.1］地球有地上、地下两个世界；② ［W1070］三界
W1066.1	有 1 个世界	汉族

W 编码	母题描述	关联项
W1066.1a	有 2 个世界	① ［W1065.1］美好的另一个世界；② ［W1070.4.4］地的下面是另一个世界
W1066.2	有多个世界	［W1096.0.1］十万乾坤
W1066.2.0	3 个世界	［W1070］三界
W1066.2.0.1	神造天空、大地和海洋三个世界	哈尼族
W1066.2.1	9 个世界	【汤普森】A651.0.1
W1066.2.2	地上有 18 万个世界	柯尔克孜族
W1066.2.3	与多个世界有关的其他母题	
W1066.2.3.1	世界之外还有世界	壮族
W1067	**世界的层级（世界的层数）**	【汤普森】A651
W1067.1	地球有地上、地下两个世界	高山族
W1067.2	世界分 3 层（宇宙分 3 层）	【民族，关联】①
W1067.2.0	世界分天、地、地下 3 层	满族、苗族
W1067.2.1	宇宙上层是天，中间是地，最下层是地下	毛南族
W1067.2.1.1	宇宙的上层叫天上	苗族
W1067.2.1.2	宇宙的中层叫地上	苗族
W1067.2.1.3	宇宙的下层叫地下	苗族
W1067.2.2	世界分为上、中、下 3 层世界	达斡尔族
W1067.2.3	世界分地下层、地面层和天空层	哈萨克族
W1067.2.4	世界卵分蛋黄、蛋清、蛋壳 3 层	汉族

---

① 【民族】布朗族。【关联】❶ ［W1070］三界；❷ ［W1077.2］地界是宇宙下三层；❸ ［W1163］天地的层数

W 编码	母题描述	关联项
W1067.3	世界有 7 层	撒拉族
W1067.4	世界有 9 层	满族 ＊〔W1163.9〕天有 9 层（九重天）
W1067.4.1	宇宙分 9 层	满族
W1067.5	与世界的层级有关的其他母题	
W1067.5.1	宇宙分 17 层	满族
W1067.5.2	宇宙分 33 层	满族
W1067.5.3	宇宙最高层是天界河火界	满族
W1067.5.4	宇宙最上层是天界	满族
W1067a	**世界的构成**	
W1067a.1	土界、水界、火界和风界构成世界	藏族
W1068	**与世界特征有关的其他母题**	
W1068.1	世界的颜色	
W1068.1.1	每个世界都有一个不同的颜色	【汤普森】A659
W1068.1.2	无色的世界	汉族
W1068.1.3	白色的世界	纳西族 ＊〔W1041.0〕最早的世界是白色雾露
W1068.1.3.1	最早的世界是白色的	布依族
W1068.1.3.2	最早的世界是白色混沌	哈尼族 ＊〔W1040〕最早的世界是混沌
W1068.1.4	黑色的世界	纳西族
W1068.1.5	红色的世界	彝族
W1068.2	世界特征的变化	
W1068.2.1	神使世界变化	蒙古族
W1068.2.2	神性人物使世界变化	
W1068.2.3	其他特定人物使世界变化	

W 编码	母题描述	关联项
W1068.3	世界有天国与地国	苗族
W1068.4	宇宙有四方	① ［W1166］天边（天的边际）； ② ［W4700］方位
W1068.4.1	宇宙的四方相互连接	彝族
W1068.4.2	宇宙四方的守卫者	
W1068.4.2.1	尧派羲仲、羲叔、和仲、和叔两对兄弟守宇宙四方	汉族
W1068.5	人界和世界交界处	羌族
W1068.6	极乐世界	汉族、藏族
W1068.6.1	开启极乐世界大门的钥匙	珞巴族
W1068.7	神秘力量控制着世界	怒族
W1068.8	无声的世界	拉祜族
W1068.8.1	最早的世界因为没有生命静悄悄	布依族

1.1.5　三界及相关母题【W1070～W1089】

W 编码	母题描述	关联项
✿ **W1070**	**三界**	［W1066.2.0］3 个世界
W1070.1	世界分上、中、下三界（天地分三界）	【民族，关联】①
W1070.1.0	三界是上界、中界和下界	
W1070.1.0.1	上界是天上面，中界是地上面，下界是地下面	

① 【民族】汉族、满族、壮族。　　　【关联】❶ ［W1067.2.2］世界分为上、中、下三层世界；
❷ ［W1070.4.1］三界分玉清、上清和太清；❸ ［W1070.4.2］三界分色界、无色界和欲界

W 编码	母题描述	关联项
W1070.1.1	世界分为天上、地上、地下三界	朝鲜族、达斡尔族
W1070.1.2	宇宙的上层叫天上，中层叫地上，下层叫地下	苗族
W1070.1.3	上界是天堂，中界是人间，下界是地狱	赫哲族
W1070.1.4	上界是天上，中界是人间，下界是龙宫	布依族
W1070.1.5	三界是人界、鬼界和神界	彝族
W1070.1.6	三界是天界、地界和水界	汉族
W1070.2	三界相连	【汤普森】A657
W1070.2.1	三界相通	［W1270］天地相连
W1070.2.1.1	三界互不相通	壮族
W1070.2.2	地上地下通	
W1070.2.2.1	盘古时人间与地下通	汉族
W1070.2.2.2	人到地下的通道	汉族
W1070.2.2.2.1	地上与地下由山洞相通	苗族
W1070.2.2.2.2	地上与地下由地洞相通	苗族
W1070.2.2.2.3	通过人梯从地下回到地上	苗族
W1070.2.2.3	绝地上地下通	
W1070.2.2.3.1	堵住山洞绝地上地下通	汉族
W1070.3	三界的形成（三界的产生）	
W1070.3.1	自然形成三界	
W1070.3.2	神确定三界	
W1070.3.3	神性人物确定三界	
W1070.3.3.1	盘古造上、中、下三界	汉族 ＊［W0720］盘古
W1070.3.3.1.1	盘古三斧子开辟三界	布依族
W1070.3.3.2	创世主迦萨甘把天地做成三层	哈萨克族

W 编码	母题描述	关联项
W1070.3.3.3	萨满确立三界	满族　＊〔W9146〕萨满
W1070.3.3.4	格萨尔安置三界	藏族　＊〔W0684〕格萨尔
W1070.3.3.5	三王安置三界	壮族
W1070.3.4	特定的物分出三界	
W1070.3.4.1	三黄神蛋分成天界、地界和水域	壮族
W1070.3.5	三界（上界、地球和下界）同时造出	【汤普森】A610.2；　＊〔W1070〕三界
W1070.4	与三界有关的其他母题	
W1070.4.0	三界的特征	①〔W1038.4〕宇宙卵的三界中什么也没有；②〔W1070.2〕三界相连
W1070.4.0.1	以前三界距离很近	壮族
W1070.4.0.2	上界和中界隔一层云	壮族　＊〔W1083.2.1〕下界和中界隔着一层地皮
W1070.4.0.3	以前三界是黑暗的	布依族
W1070.4.1	三界分玉清、上清和太清	汉族
W1070.4.2	三界分色界、无色界和欲界	蒙古族
W1070.4.3	穿越三界	
W1070.4.3.1	从洞中到了另一个世界	白族
W1070.4.4	地的下面有另一个世界	高山族、塔吉克族　＊〔W1078〕下界
W1070.4.5	地的下面是海	塔塔尔族　＊〔W1963.0〕海的特定位置
W1070.4.5.1	地的下面是水	汉族、壮族
W1070.4.5.2	地球的下面是水	维吾尔族
W1070.4.5.3	地球的下面是海水	珞巴族
W1070.4.6	空界	
W1070.4.6.1	神造空界	藏族
＊**W1071**	**上界（天堂、天界）**	〔W1793〕天堂

W 编码	母题描述	关联项
W1072	**上界的产生**	【汤普森】 ≈ A660
W1072.1	上界（天堂）自然存在	
W1072.2	上界是造出来的（天堂是造出来的）	【汤普森】 F793
W1072.2.1	真主造天堂	回族
W1072.3	与上界的产生有关的其他母题	
W1072.3.1	轻气上浮为天	汉族
W1072.3.2	特定的物上浮形成上界	蒙古族 * ［W1072.3.1］轻气上浮为天
W1073	**上界的特征（天堂的特征）**	
W1073.1	上界是极乐世界（天堂是极乐世界）	【汤普森】 A661
W1073.1.1	天界很美好	
W1073.1.1.1	人在天界衣食无忧	蒙古族（布里亚特）
W1073.1.2	天堂很美好	
W1073.1.2.1	天国里金花银果，河中流奶	纳西族
W1073.1.2.2	天堂圣洁	达斡尔族
W1073.1.2.3	天国里没有害虫	纳西族
W1073.1.2.4	天堂里风和日丽	德昂族
W1073.1.3	基督的伊甸园	【汤普森】 A694
W1073.2	上界是金银宝殿（天堂是金银宝殿）	撒拉族
W1073.3	上界在山的上面（天堂在山的上面）	【汤普森】 A662
W1073.4	天上的事物与地上一样	鄂温克族
W1073.4.1	天上地上生活相同	锡伯族

W 编码	母题描述	关联项
W1073.5	上界是天堂	赫哲族 * ［W1163.15.3.4］天堂是世界的最上层
W1073.6	上界的层数（天堂的层数）	【汤普森】A651.1；* ［W1163］天的层数
W1073.6.1	上界有 3 层（天界分 3 层）	【汤普森】A651.1.1；* 满族 * ［W1163.3］天有 3 层
W1073.6.2	上界有 9 层（天界分 9 层）	【汤普森】A651.1.6；* ［W1163.9］天有 9 层（九重天）
W1073.6.3	上界有很多层（天堂有很多层）	［W1163.1］天有许多层
W1073.6.3.1	上界有 4 层（天堂有 4 层）	【汤普森】A651.1.2
W1073.6.3.2	上界有 5 层（天堂有 5 层）	【汤普森】A651.1.3
W1073.6.3.3	上界有 6 层（天堂有 6 层）	［W1163.6］天有 6 层
W1073.6.3.4	上界有 7 层（天堂有 7 层）	【汤普森】A651.1.4
W1073.6.3.5	上界有 8 层（天堂有 8 层）	【汤普森】A651.1.5
W1073.6.3.6	上界有 10 层（天堂有 10 层）	【汤普森】A651.1.7
W1073.6.3.7	33 天界	彝族（撒尼）
W1074	**与上界有关的其他母题**	［W1789.3.4］天河是天界
W1074.0	以前天界与人间不分	［W1270］天地相连
W1074.0.1	以前天上是人间，人间是天上	汉族 * ［W1064.1］以前的世界与现在相反
W1074.0a	上界的位置（天界的位置）	
W1074.0a.1	天界在宇宙最上层	满族 * ［W1067.5.4］宇宙最上层是天界
W1074.0a.2	天国在特定山上	
W1074.0a.2.1	玉龙雪山上有一个自由的天国	纳西族 * ［W1065.1.1］玉龙雪山第三国

W 编码	母题描述	关联项
W1074.1	上界之旅	【汤普森】①F10；②F11；【关联】①
W1074.1.1	遨游天国	【汤普森】F11
W1074.1.2	神带人到天界	【汤普森】F63； ＊ 藏族
W1074.1.3	鸟驮人到天界	【汤普森】F62.1； ＊ 黎族、满族、纳西族
W1074.1.4	骑马游天界	【汤普森】F66； ＊ 纳西族
W1074.1.4a	到天界需要打通云墙	纳西族（摩梭）
W1074.1.5	到天界需要的时间	【汤普森】F76
W1074.1.6	上界的人造访地球	【汤普森】F30； ＊ 彝族 ＊［W1792.5］天宫的造访者
W1074.2	上界的居住者（天堂的居住者）	回族
W1074.2.1	上界有诸神居住（天堂有诸神居住）	［W095］神的居所
W1074.2.2	宇宙上方住着四大使者	彝族
W1074.2.3	天界的日月星辰很拥挤	白族
W1074.3	上界的使者（天堂的使者）	【汤普森】A661.0.1.5； ＊ 朝鲜族 ＊［W0171］神的使者
W1074.3.1	鸟是上界和人间的使者	
W1074.3a	天界的看守	
W1074.3a.1	真主造人看守天堂	回族
W1074.4	上界和中界隔着一层白云	壮族 ＊［W1074.1.4a］到天界需要打通云墙
W1074.5	连接上界和中界的路	
W1074.5.1	去上界的通道	【汤普森】F50； ＊［W1434.3］通过绳子上天
W1074.5.1.1	到上界有 8 个阶梯的天梯	

---

① 【关联】❶［W1436］通过魔法上天；❷［W1438.1］上天的路

W 编码	母题描述	关联项
W1074.5.2	通往天堂的路	
W1074.5.2.1	南天门出现的 3 条路只有 1 条通往天堂	白族
W1074.6	上界之门（天堂之门）	①【汤普森】A661.0.1；②F59.3
W1074.6.1	太阳门是天堂之门	景颇族
W1074.7	上界（天堂）的窗子	【汤普森】A661.0.6
W1074.8	上界（天堂）的幻象	【汤普森】V511.1
W1074.9	仙界	【汤普森】F210；＊［W0800］仙人
W1074.9.1	仙界在小山之上	瑶族 ＊［TPS：F211］仙界在小山之下
W1074.9.2	仙界在水下	【汤普森】F212；＊哈萨克族
W1074.9.3	仙界在岛上	【汤普森】F213
W1074.9.4	遨游仙境	汉族
W1074.9.5	仙带人去仙界	【汤普森】F320；＊［W1074.9.4］遨游仙境
W1074.10	进入天堂的条件	
W1074.11	天界有地上所有的事物	鄂温克族
＊**W1075**	**人界（人世、人间、阳世、阳间、地界、中界）**	
W1076	**人界的产生（人间的产生）**	
W1076.1	人界自然产生（人间自然产生）	
W1076.1.1	人间在动物身上形成	［W1196.5.1］神仙在大鳖身上创造了阳世
W1076.1.1.1	阳世在金蛤蟆的怀里形成	土族

W 编码	母题描述	关联项
W1076.2	人界是造出来的（人间是造出来的）	
W1076.2.1	神造人世	
W1076.2.2	天皇、地皇和人皇造人世	汉族
W1076.2.3	神仙造阳世	土族
W1076.2.4	神的侍从造人间	
W1076.2.5	其他特定人物造人间	壮族
W1076.3	人世产生的其他方式	
W1077	**与人间有关的其他母题**	【关联】①
W1077.1	返回人间	［W1074.5］连接上界和中界的路
W1077.1.1	通过动物返回人间	
W1077.1.1.1	通过梅花鹿的顶天角回到人间	达斡尔族
W1077.2	地界是宇宙下三层	满族
W1077.2a	中界分 3 层	满族 ＊ ［W1073.6.1］上界有 3 层（天界分 3 层）
W1077.3	凡尘	
W1077.3.1	凡尘只有浊气	布依族
W1077.4	人间最美的地方	
W1077.4.1	特定的山是人间最美的地方	彝族
W1077.4a	宇宙中层是人与动物居住之所	满族 ＊ ［W1070］三界
W1077.5	残酷的人世	珞巴族 ＊ ［W1065a］世界是悲惨的
W1077.6	进入人界之门	［W1084.1］阴界与阳界的分界线
W1077.6.1	宝塔是进入人界之门	景颇族
W1077.7	东方日出处为阳间	赫哲族

---

① 【关联】❶ ［W0107］神造访人间；❷ ［W1067.1］地球有地上、地下两个世界；❸ ［W2903.8.3］天女飞到人间

W 编码	母题描述	关联项
※ **W1078**	下界（阴间、地狱、鬼界）①	【汤普森】≈F721；＊［W1066.1a］地下还有 1 个世界
W1079	下界的产生（地狱的产生、阴间的产生）	【汤普森】A670.0.2；＊满族、藏族 ＊［W1079.2］创世者造阴间（地狱）
W1079.1	为什么有地府	【汤普森】F251.4
W1079.2	创世者造阴间（地狱）	［W1015］创世者（造物主）
W1079.3	东岳大帝造地狱	汉族 ＊［W1851.1］泰山（东岳）
W1080	下界的特征（阴间的特征）	【汤普森】A689
W1080.1	下界无生无死（阴间无生无死）	【汤普森】F172
W1080.2	下界的颜色（阴间的颜色）	【汤普森】F178；＊［W1068.1］世界的颜色
W1080.3	人被捉到冥界赴死（人被捉到地狱赴死）	【汤普森】≈F182；＊［W2970］人的死亡
W1080.4	下界是地狱	赫哲族 ＊［W1083.2］冥界在地下（地狱在地下）
W1080.5	下界的层数（阴间的层数）	【汤普森】A651.2
W1080.5.1	下界有 2 层（阴间有 2 层）	【汤普森】A651.2.1；＊［W1080.6.2］地狱的第 2 层是火狱
W1080.5.1.1	阴间第 2 层有巨龙	柯尔克孜族 ＊［W3550］龙
W1080.5.2	下界有 3 层（阴间有 3 层）	【汤普森】A651.2.2；＊满族 ＊［W1080.6.3］地狱的第 3 层是焦油狱

① 下界，有时又可以称为"冥界"、"阴间"、"地狱"、"地府"等，这些不同的概念往往因不同的神话文本而不同，含义上一般大同小异。在本类母题中根据不同的情况选择适当的语词表示方式，舍去概念形式的简单罗列。具体情况参见《中国创世神话母题（W1）实例与索引》。

W 编码	母题描述	关联项
W1080.5.3	下界（阴间）有 7 层	【汤普森】A651.2.3；＊蒙古族
W1080.5.3.1	7 层地府	柯尔克孜族
W1080.5.4	下界有 8 层（阴间有 8 层）	满族
W1080.5.5	18 层地狱	汉族 ＊［W1163.14］天有 18 层
W1080.5.5.1	18 层地狱层层有阎王	汉族
W1080.5.6	下界的其他层数（阴间的其他层数）	
W1080.6	各层地狱的特征	
W1080.6.1	地狱的第 1 层是冷狱	蒙古族 ＊［W1082.1.3］人在地狱受冻
W1080.6.2	地狱的第 2 层是火狱	蒙古族 ＊［W1082.1.2］人在地狱被火烤
W1080.6.3	地狱的第 3 层是焦油狱	蒙古族
W1080.6.4	地狱的第 4 层是虱子狱	蒙古族
W1080.6.5	地狱的第 5 层是甲虫狱	蒙古族
W1080.6.6	地狱的第 6 层是蛇狱	蒙古族 ＊［W1082.4.1］地狱（阴间）的蛇
W1080.6.7	地狱的第 7 层是蚂蚁狱	蒙古族
W1080.6.8	与各层地狱的特征有关的其他母题	
W1080.7	下界最早时像游鱼在水	蒙古族
W1080.8	地下的世界情形与地上一样	苗族
W1080.8.1	下界与人界只有人不相同（阴间与阳间只有人不相同）	苗族
W1080.9	阴间与阳间事情相反	［W1064.1］以前的世界与现在相反
W1080.9.1	阳间缺损的东西到了阴间会完整	鄂伦春族
W1080.10	与下界特征有关的其他母题	

W 编码	母题描述	关联项
W1080.10.1	阴间各层有洞相通	柯尔克孜族 ＊ ① ［W1070.2.2.2.2］地上与地下由地洞相通；② ［W1977.2.2］潭与海底相通
W1080.11	地下是三山六水一分田	汉族
W1081	**下界的人物**	
W1081.1	冥界之王（下界的主宰者、阴间的主宰者、地狱的统治者）	【汤普森】①F167.12；②F184；＊【民族，关联】①
W1081.1.1	特定的神管冥界（阴间）	
W1081.1.1.1	许多宁崩鬼掌管着地宫（阴间）	珞巴族
W1081.1.1.2	凶魂是下界的主宰者	古突厥、蒙古族（布里亚特）
W1081.1.2	特定出生的人管冥界	汉族
W1081.1.3	地狱主宰者的部下	
W1081.1.3.1	地狱主宰者的司书员	蒙古族（布里亚特、古突厥）
W1081.1.4	冥界之王的服饰	［W6111］服饰
W1081.1.4.1	阴间管理者乘黑色马黑色车	蒙古族（布里亚特）
W1081.2	下界中的人（阴间的人）	［W2995.6］下界的人
W1081.2.1	地狱中的判官（阴间的判官）	【汤普森】A675
W1081.2.1.1	阴间判官查生死簿	纳西族
W1081.2.1.2	特定人物是地狱里的判官	蒙古族（布里亚特）
W1081.2.2	地狱中的奴仆（阴间的奴仆、阴差）	【汤普森】≈A677
W1081.2.3	地狱中的工匠（阴间的工匠）	【汤普森】A677.1
W1081.3	冥界的鬼使神差（地府的鬼使神差）	土家族
W1081.3.1	地狱中的鬼（阴间的鬼）	【民族，关联】②

① 【民族】珞巴族、蒙古族。【关联】❶ ［W0242］阎王；❷ ［W4868.1］龙王管下界；❸ ［W5861］国王
② 【民族【赫哲族。【关联】❶ ［W0870］灵魂（鬼）；❷ ［W0907.11］饿死鬼

W 编码	母题描述	关联项
W1081.3.2	阴差是牛头马面	汉族
W1081.3.3	阴间的索命鬼	纳西族
W1081.3.4	地狱的巡捕	蒙古族（布里亚特）
W1081.4	下界中的帮凶（阴间的帮凶）	【汤普森】A673；＊【民族，关联】①
W1081.5	冥界的居民	【汤普森】F167；＊满族
W1081.5.1	地狱居民的情形（阴间居民的情形）	【汤普森】F108
W1081.5.1.1	神鬼共居的阴间世界	彝族
W1081.5.2	冥界的人不死	【汤普森】≈F167.9
W1081.6	与下界的人物有关的其他母题	
W1081.6.1	死人王国的主宰	蒙古族（布里亚特）
W1082	**下界的景象（阴间的景象）**	【汤普森】①A671.2；②F160；③ ≈ V511.2
W1082.0	下界是一片汪洋	白族
W1082.0.1	最早下界是大水	傣族
W1082.1	地狱中的惩罚	【汤普森】Q560；＊鄂温克族、哈萨克族、回族　＊［W9906］惩罚
W1082.1.1	地狱中适罪量刑	【汤普森】①Q563；②Q580
W1082.1.2	人在地狱被火烤	【汤普森】Q566；＊蒙古族
W1082.1.3	人在地狱受冻	【汤普森】Q567；＊蒙古族
W1082.1.4	地狱中的其他惩罚	【汤普森】Q569；＊（塞种人）
W1082.1.4.1	地狱中有各种刑罚	鄂伦春族、汉族
W1082.1.4.2	地狱中的分尸	鄂伦春族
W1082.1.4.3	地狱中被铡	汉族、瑶族
W1082.2	下界充满痛苦（阴间充满痛苦）	【汤普森】A671；＊拉祜族

① 【民族】满族。【关联】❶［W0242.4］阎王有 9 兄弟；❷［W5893］国王的辅佐者中的公鸡是帮凶；❸［W9994.3］帮凶

W 编码	母题描述	关联项
W1082.2.1	阴间的衣食住行都很艰难	壮族
W1082.3	下界的天气（阴间不寻常的天气）	【汤普森】F161
W1082.3.1	地狱很寒冷（阴间很寒冷）	【汤普森】A671.3.1； ＊ 傈僳族 ＊［W1082.9.4］下界景象凄凉
W1082.3.2	地狱忽冷忽热（阴间忽冷忽热）	【汤普森】A671.3.3
W1082.3.3	阴间一直下雨（阴间没有晴天）	傈僳族
W1082.4	冥界的动物	【汤普森】F167.1
W1082.4.1	地狱的蛇（阴间的蛇）	【汤普森】A671.2.1； ＊ 满族
W1082.4.2	地狱中的狼（阴间的狼）	【汤普森】A671.2.6
W1082.4.3	地狱中的驴（阴间的驴）	汉族
W1082.4.4	地狱中的狮子（阴间的狮子）	【汤普森】A671.2.12
W1082.4.5	地狱中的其他动物（阴间的其他动物）	
W1082.5	下界的植物（阴间的植物）	
W1082.6	下界中的自然物（阴间的自然物）	
W1082.6.1	地狱的太阳（阴间的太阳）	【汤普森】A681
W1082.6.2	冥河	【汤普森】A672
W1082.6.3	地狱的河（阴间的河）	【汤普森】≈A671.2.2
W1082.6.4	地狱之火（阴间之火）	【汤普森】A671.0.2.1
W1082.6.5	地狱的海（阴间的海）	
W1082.6.5.1	地狱的火海（阴间的火海）	【汤普森】①A671.2.3；②V511.2.1
W1082.6.5.2	阴间的血海	纳西族
W1082.6.5.3	阴间的毒海	纳西族 ＊［W1964.4.9.1］毒海
W1082.6.6	地狱的冰山（阴间的冰山）	【汤普森】A671.3.2

W 编码	母题描述	关联项
W1082.7	下界的建筑（阴间的建筑）	【汤普森】F163
W1082.7.1	下界的磨房（阴间的磨房）	【汤普森】F163.4 汉族
W1082.7.2	阎王殿	［W0245］冥神的住所
W1082.7.2.1	阎王殿有小鬼把守	鄂伦春族
W1082.7.3	阴间有新旧不同的房子	［W6208.5］特定的建筑物
W1082.7.3.1	阴间的旧房是祖房	彝族 ＊ ［W0656.1］祖先住天上
W1082.8	下界的居所（阴间的居所）	【汤普森】F164
W1082.8.1	下界居所的特点（阴间居所的特点）	【汤普森】F165
W1082.8.2	地狱只作为死者居所	蒙古族（布里亚特）
W1082.8.3	阴间是祖先最早居住地	怒族
W1082.9	下界的其他景象（阴间的其他景象）	【汤普森】F169； ＊ 汉族、蒙古族
W1082.9.1	地狱里的小鬼	汉族
W1082.9.2	冥府有 88 座监狱	蒙古族
W1082.9.3	下界有地上所有的事物	鄂温克族 ＊ ［W1080.8］地下的世界情形与地上一样
W1082.9.4	下界景象凄凉	高山族
W1082.9.5	阴间的人物与阳间不同	［W1080.9］阴间与阳间事情相反
W1082.9.5.1	阴间的人只是影子	达斡尔族、鄂伦春族、鄂温克族、满族
W1082.9.5.2	阴间的动物很大	傈僳族 ＊ ［W3047.7］巨大的动物
W1082.9.6	阴间的景象与人间一样	锡伯族 ＊ ［W1080.8］地下的世界情形与地上一样
W1083	**冥界的位置（下界的位置、地狱的位置）**	【汤普森】F136
W1083.1	冥界在特定方位（地狱在特定方位）	

W 编码	母题描述	关联项
W1083.1.1	冥界在北方（地狱在北方）	【汤普森】A671.0.1
W1083.1.1.1	阴界在北方或东北方的一个地方	蒙古族
W1083.1.2	冥界在东方（地狱在东方）	蒙古族（布里亚特）
W1083.2	冥界在地下（地狱在地下）	珞巴族　＊［W1080.4］下界是地狱
W1083.2.1	下界和中界隔着一层地皮	壮族　＊［W1070.4.0.2］上界和中界隔一层云
W1083.2.2	地狱是八层地下国	满族　＊［W5931］地下国
W1083.2a	冥界在地上（地狱在地上）	蒙古族
W1083.2a.1	阴间在地上的北方或东北方	蒙古族（布里亚特）
W1083.2a.2	阴间在勒拿河东方或东北方	蒙古族　＊［W1084.1.1.1］勒拿河的东边是阴间
W1083.3	冥界在山洞（地狱在山洞）	【汤普森】F131
W1083.4	冥界在高山上（地狱在高山上）	【汤普森】F132
W1083.5	冥界在水下（地狱在水下）	【汤普森】F133
W1083.6	冥界在井底（地狱在井底）	【汤普森】F133.5；　＊汉族
W1083.7	冥界在岛上（地狱在岛上）	【汤普森】F134
W1083.8	冥界在其他特定的地方（地狱在其他特定的地方）	
W1083.8.1	地府在12层海	布依族　＊［W1963.2］海有12层（12层海）
W1083.8.2	阴曹地府在丰都	汉族
W1083.9	鬼界在人界之外	壮族　＊［W6183］人与神（鬼）分开居住
W1084	**冥界的边界**	【汤普森】F140
W1084.1	阴界与阳界的分界线	①［W1068.5］人界和世界交界处；②［W1077.6］进入人界之门

W 编码	母题描述	关联项
W1084.1.1	特定的河是阴界与阳界的分界线	蒙古族、蒙古族（布里亚特）
W1084.1.1.1	勒拿河的东边是阴间	蒙古族
W1084.1.2	人间与地府交界处	［W1087.1］下界之门（阴间之门、地狱之门）
W1084.1.2.1	山脚的石洞是人间与地府交界处	柯尔克孜族
W1084.2	冥界四周环水	【汤普森】F141
W1084.3	冥界有火环绕	【汤普森】F142
W1084.4	冥界四周环山	【汤普森】F145
W1084.5	冥界四周有墙	【汤普森】F148
W1084.5.1	阴间的院落有 3 层铁壁	鄂温克族
W1084.6	地狱无底	鄂伦春族
W1084.7	与冥界的边界有关的其他母题	
W1084.7.1	人与鬼的分界线（人与妖魔的分界线）	鄂伦春族
W1084.7.2	人神交界的地方	
W1084.7.2.1	特定的山是人神交界的地方	羌族
W1084.7.3	阴间和阳间一纸之隔	锡伯族
W1085	**冥界之旅**	【汤普森】①F0；②F80；③F110
W1085.1	梦游冥府	【汤普森】F1
W1085.2	生者入冥府	【汤普森】F2； ＊ 珞巴族 ＊ ［W1082.8.2］地狱只作为死者居所
W1085.3	偶然进入冥界	【汤普森】F102
W1085.4	冥界返回	【汤普森】F101； ＊ 满族、苗族
W1085.5	潜入水中到冥府	【汤普森】F153
W1085.5.1	水鸭带人到水中的精灵家中	珞巴族
W1085.6	通过动物到冥界	【汤普森】F98； ＊ 汉族

W 编码	母题描述	关联项
W1086	**通往下界的路（通往阴间的路）**	【汤普森】①F90；②F151；* 【民族，关联】①
W1086.0	通往下界的路的产生	
W1086.0.1	祖先开辟去阴间的路	彝族
W1086.1	河是通地狱的路	汉族
W1086.2	通过水进入下界（通过水进入阴间）	【汤普森】F93
W1086.2.1	到阴间要经过白水、黑水、黄水 3 条水	彝族
W1086.3	通往下界的阶梯（通往阴间的阶梯）	【汤普森】F94
W1086.4	通过一条小路通往下界（通过一条小路通往阴间）	【汤普森】F95；* 怒族
W1086.4.1	特定的山下的一条甬道通往阴间	汉族
W1086.5	通往下界的绳子（通往下界阴间的绳子）	【汤普森】F96
W1086.6	通往下界的桥（通往下界阴间的桥）	【汤普森】F152；* 塔吉克族
W1086.7	通往下界的洞（通往阴间的洞）	【汤普森】①A682；②F158；* 珞巴族、蒙古族
W1086.7.1	有条地洞通往下界	苗族
W1086.7.2	地上与下界有隧道连接	高山族
W1086.8	其他通往下界的路（其他通往阴间的路）	【汤普森】F159

---

① 【民族】高山族、珞巴族。【关联】❶［W1400～W1424］天地通；❷［W6224］与道路有关的其他母题

W 编码	母题描述	关联项
W1086.8.1	挖井可通往下界	高山族 ＊ ［W1978.5］ 与井有关的其他母题
W1086.8.2	特定的树通往下界	
W1086.8.2.1	人通过马桑树到地下	土家族 ＊ ［W1483.2］ 马桑树是通天树
W1086.8.2.2	顺着核桃树根可以到地下	珞巴族
W1086.8.3	特定颜色的路是通往阴间的路	
W1086.8.3.1	白色的路是通往阴间的路	彝族 ＊ ［W6224］ 与道路有关的其他母题
W1086.8.4	通往阴间的路有 3 条	
W1086.8.4.1	通往阴间的 3 条路只能走中间那条	白族（那马）
W1086.8.4.2	去阴间有白路、黑路、黄路 3 条路	彝族
W1086.8.5	通往阴间的路有 12 条	
W1086.8.5.1	去阴间有 12 条路，不同的人要走不同的路	彝族 ＊ ［W2987.6］ 人死后要到阴间
W1086.9	通往下界的路的消失（通往阴间的路的消失）	
W1086.9.1	地下的人堵死通往地上的路	怒族 ＊ ［W1415］ 绝地天通
W1086.10	到下界的入口	［W1438.5］上天的门
W1086.10.1	到下界只有 1 个入口	高山族
W1086.10.2	通过井底进入下界	哈萨克族 ＊ ① ［W1083.6］ 冥界在井底（地狱在井底）；② ［W1086.8.1］ 挖井可通往下界
W1086.11	去下界的引领者（去阴间的带路者）	
W1086.11.1	神是去阴间的领路者	

W 编码	母题描述	关联项
W1086.11.1.1	夏坦是去下界的引领者	蒙古族（布里亚特）
W1086.11.1.2	鹰神带萨满去阴间	赫哲族　*〔W9146〕萨满
W1086.11.2	特定的人是去阴间的领路者	
W1086.11.2.1	是去阴间的领路者	彝族
W1086.11.2.2	始祖做的小人是去阴间的领路者	瑶族　*〔W2060〕祖先造人
W1086.11.3	动物是去阴间的领路者	
W1086.11.3.1	母鸡是死者到阴间的引路者	瑶族（布努）　*〔W3349〕鸡的特征
W1086.11.3.2	公鸡是死者到阴间的引路者	彝族（腊罗、纳苏、给尼、葛泼）
W1086.12	通往阴间路途坎坷	壮族
W1086.12.1	到阴间需要过大山	达斡尔族、鄂伦春族、鄂温克族、满族
W1086.12.2	到阴间需要过江河	鄂伦春族、满族
W1086.12.3	到阴间需要过特定的桥	汉族　*〔W6226.2〕特定的桥
W1086.12.4	到阴间需要过几道关口	达斡尔族、鄂伦春族、鄂温克族、满族
W1086.12.4.1	阴间的鬼门关	赫哲族
W1086.12.4.2	到阴间需要过迷魂汤关	鄂伦春族
W1086.13	去阴间的时间	〔W6544〕特定时间的禁忌
W1086.13.1	月落日出时去阴间	黎族
W1086.13.2	夜间去阴间	赫哲族
W1086.13.3	去阴间需要3天时间	达斡尔族、鄂温克族、满族
W1086.13.3.1	萨满去一趟阴间需要3天	鄂伦春族
W1086.13.4	去阴间需要9天时间	鄂伦春族
W1087	**与下界有关的其他母题（与阴间有关的其他母题）**	〔W1972.5〕黄泉
W1087.0	地狱的护城河	

W 编码	母题描述	关联项
W1087.0.1	奈河是阴间地府的护城河	汉族
W1087.1	下界之门（阴间之门、地狱之门）	【汤普森】①F91；②F156；③F165.1；④V511.2.2；＊【民族，关联】①
W1087.1.1	下界之门在特定的地方（阴间之门在特定的地方）	蒙古族
W1087.1.2	地狱之门是洞（阴间之门是洞）	【汤普森】①A671.0.3；②F92
W1087.1.2.1	地府大门是山脚下一个大石洞	柯尔克孜族
W1087.1.3	地狱的守门人（阴间的守门人）	【汤普森】A671.1；＊蒙古族
W1087.1.3.1	鬼是地狱的守护者	汉族
W1087.1.3.2	大鹏是地府的守护者	柯尔克孜族
W1087.1.4	生死之门在特定的地方	①［W1086］通往下界（阴间）的路；②［W1087.1.6.1.1］死亡之门在特定的地方
W1087.1.4.1	生死之门在埃尔莱恩汗所居之地	蒙古族
W1087.1.5	下界有特定数量的门（地狱有特定数量的门）	
W1087.1.5.1	地府有十二道森严的大门	彝族
W1087.1.6	与下界之门有关的其他母题	
W1087.1.6.1	死亡之门	
W1087.1.6.1.1	死亡之门在特定的地方	蒙古族（布里亚特）＊［W1087.1.4］生死之门在特定的地方
W1087.1.6.1.2	到地狱时要通过死亡之门	蒙古族（布里亚特）

---

① 【民族】鄂伦春族、鄂温克族。【关联】❶［W1168.21］天门；❷［W1237b］地门

W 编码	母题描述	关联项
W1087.1.6.1.3	地狱之门的钥匙	哈萨克族
W1087.1.6.1.4	地狱的出口	
W1087.1.6.1.4.1	特定人物才能打开地狱出口	满族
W1087.1.6.1.5	阴间之门有路通向地心	柯尔克孜族
W1087.2	水下的世界	【汤普森】F725
W1087.3	干坏事会下地狱	回族、蒙古族 ＊ ［W9415］恶有恶报
W1087.4	阴间的人很小	苗族
W1087.5	冥界象征物	［W9240］象征物
W1087.5.1	蛇是冥界的象征	柯尔克孜族 ＊ ［W9243］动物作为象征
W1087.6	下界的毁灭	
W1087.6.1	天地第九代时下界遭毁灭	彝族

1.1.6　与世界有关的其他母题【W1090～W1099】

W 编码	母题描述	关联项
＊ **W1090**	**世界的分期**	［W4635］时间的产生
W1090.1	世界分三个阶段	
W1090.2	世界经历其他特定的阶段	
W1090.2.1	世界分金银铜铁四个阶段	［W1980］金属的产生（获得）
W1091	**世界经历特殊的时代**	
W1091.0	世界的混沌时代	［W1057.1］混沌（混沌卵）
W1091.0.1	混沌未分的时代	彝族
W1091.0.2	世界混沌时代没有万物	拉祜族 ＊ ［W1040］最早的世界是混沌

W 编码	母题描述	关联项
W1091.1	世界经历洪荒时代	【民族，关联】①
W1091.1.1	洪荒年代人、鬼、神不分	哈尼族　＊［W6182］人神杂居（人鬼杂居）
W1091.1.2	洪荒经历 3 个时代	傈僳族
W1091.2	世界经历水的时代	
W1091.2.1	天地分开后世界进入水时代	佤族　＊［W1275］天地的分开
W1091.2.2	地球经历洪水时代	彝族
W1091.2.2.1	洪水淹天的时代	彝族　＊［W8100］洪水
W1091.3	世界经历火的时代	珞巴族
W1091.4	世界经历没有日月的时代	满族、蒙古族
W1091.4.1	世界经历黑暗时代	【民族，关联】②
W1091.4a	世界经历日月分家的时代	纳西族
W1091.4a.1	以前有个山和谷分家的时代	纳西族
W1091.5	世界有一个不死不生的创世时代	纳西族　＊［W2941］人原来不死
W1091.6	以前有个石头会滴水的时代	普米族
W1091.7	以前有个黑洞时代	仡佬族
W1091.8	世界经历的其他时代	
W1091.8.1	以前有个河水会说话，大山会走路的时代	纳西族　＊①［W1244.2b.1］会移动的洲；②［W1828.1］以前山会行走的
W1091.8.2	世界经历一个会笑的时代	纳西族
W1091.8.3	神以前的时代	满族
W1092	**地上最早的居住者**	［W1996.1］世界最早产生的是人
W1092.1	神是地上最早的居住者	【汤普森】A1205；＊哈萨克族

---

① 【民族】傈僳族。【关联】❶［W1057.1］混沌（混沌卵）；❷［W1540.1.0.1］洪荒时代没有日月；❸［W1990a.2］洪荒时代没有生命

② 【民族】傣族。【关联】❶［W1050.1］以前地上是黑暗的；❷［W1040.3］最早的世界是黑暗的混沌；❸［W1235.9］黑暗之地

W 编码	母题描述	关联项
W1092.2	动物地上最早的居住者	汉族 ＊ ［W3001］动物的产生
W1092.3	地上最早的其他居住者	珞巴族
W1092.3.1	世界造出后仙人和人类居住下来	哈萨克族
W1093	**虚幻世界**	藏族
W1093.1	虚幻世界的主宰	藏族
W1093.2	世界的影子	
W1094	**来世（未来的世界）**	
W1094.1	来世在一个岛上	【汤普森】F134
W1094.2	月亮是人类的下一个世界	【汤普森】A695；＊［W1580］月亮
W1094.3	来世无生无死	【汤普森】F172
W1094.4	佛教中的来世	【汤普森】A697
W1094.5	来世之旅	
W1094.5.1	可怕的来世之旅	【汤普森】F110
W1095	**世界的支撑者**	① ［W1319］天的支撑； ② ［W1340］地的支撑
W1095.1	特定的神支撑着世界	
W1095.2	特定动物支撑世界	
W1095.2.1	牛顶着世界	撒拉族 ＊［W1324.1］牛角支撑天
W1095.2.2	鳌鱼在天上和地下支撑世界	白族 ＊［W3505］龟（乌龟、鳖）
W1095.3	世界的其他支撑者	
W1095.4	与世界支撑者有关的其他母题	
W1095.4.1	世界支撑者的看守	
W1095.4.1.1	蛇看守着世界支撑者	撒拉族 ＊［W3534.9］蛇是神的看家者
W1096	**与世界有关的其他母题**	【关联】①

---

① 【关联】❶ ［W1396.1］天地的测量（丈量世界）；❷ ［W4625］世界秩序的建立；❸ ［W4625.1］神安排世界（宇宙、天体）的秩序；❹ ［W8670～W8674］世界末日

W 编码	母题描述	关联项
W1096.0	乾坤	
W1096.0.1	十万乾坤	
W1096.0.1.1	神扭转十万乾坤	傣族　∗〔W0130〕神的能力
W1096.1	世界的原本物质	
W1096.1.1	木、火、土、铁、水是世界的原本物质	藏族
W1096.2	世界树	【汤普森】A652；　∗〔W1482〕通天树（特定的天梯通天树）
W1096.3	世界上的霸王	藏族
W1096.4	三千色世界	蒙古族
W1096.5	魔鬼的世界（魔界）	珞巴族　∗〔W0839.3〕妖魔的居所
W1096.6	世界上的奇特地方	
W1096.6.1	黑白交界处景象奇特	纳西族

1.2 天地^①【W1100～W1499】

1.2.1 天地的产生与特征【W1100～W1129】

W 编码	母题描述	关联项
◎	〚天（天体）地（地球）〛	
✿ **W1100**	**天地的产生**	① ［W1130］天的产生；② ［W1170］地的产生
W1100.1	以前没有天地	布朗族、侗族、汉族、景颇族、拉祜族、苗族、普米族、土族、瑶族、彝族、彝族（罗罗泼）、藏族
W1100.1.1	远古时没有天地	阿昌族、仡佬族、哈萨克族、哈尼族、基诺族、拉祜族、傈僳族、苗族、羌族、彝族、彝族（阿细）
W1100.1.2	最古时没有天地只有光	傣族
W1101	**天地来源于某个地方或自然产生**	
W1101.0	天地自然存在（天地自然产生）	满族、苗族、纳西族
W1101.1	天地始于"一"	汉族
W1101.2	混沌中产生天地	【关联】②

---

① 天地，在神话叙事中，"天"与"地"的产生与特征等母题一般是同时产生的，根据神话研究中细分的需要，在此把"天"与"地"的产生作为一种情况对待。关于"天"与"地"的具体产生，本编目另设相应的母题。

② 【关联】❶ ［W1057.1］混沌（混沌卵）；❷ ［W1115］卵生天地；❸ ［W1123.1］卵变化成天地（卵变成天地）；❹ ［W1277.2］混沌中分开天地

W 编码	母题描述	关联项
W1101.2.1	天地源于大鸡蛋中	汉族、苗族
W1101.2.2	混沌初开产生天地	傣族
W1101.3	清浊之气自然分离形成天地	土族
W1101.3.1	阳清为天，阴浊为地	朝鲜族、蒙古族、苗族、土族
W1101.4	气体中产生天地	
W1101.5	与天地自然存在或源于某个地方有关的其他母题	
W1101.5.0	天地藏在雾露中	【民族，关联】①
W1101.5.1	从魔鬼那里要来天地	珞巴族
W1101.5.2	毕摩扫除宇宙孽障后露出天地	彝族 ＊ ［W9147］毕摩
W1101.5.3	盘古之前曾经有天地	白族
✤ **W1102**	**天地是创造产生的 (造天地)**②	
W1102.1	造天地的原因	［W1174］造地的原因
W1102.1.1	天神为扩大地盘开天辟地	哈尼族
W1102.1.2	为使万物生长开天辟地	藏族
W1102.1.3	神为了好玩造天地	哈尼族
W1102.1.4	为避免动物相食造天地	［W8955］动物与动物之争
W1102.1.4.1	海龙王为避免动物相食造天地	哈尼族
W1102.1.5	为落脚造天地	［W1174.2］为有落脚点造地
W1102.1.5.1	巨人为落脚造天地	傣族
W1102.1.6	因为世界混沌造天地	［W1040］最早的世界是混沌
W1102.1.6.1	天神厄莎见世界混沌造天地	拉祜族

---

① 【民族】彝族。【关联】❶［W1040.6］最早的世界是云彩和雾露混合成的混沌；❷［W1041］最早的世界是雾露；❸［W1041.1.2］世界最早只有云彩和雾露；❹［W1041.3］最早的混沌世界是变化的雾露；❺［W1131.3.2］扫除海上面的雾露露出天

② 天地是创造产生的，又称为"造天地"、在一些神话表述为"开天辟地"、"造天造地"或"制天制地"等，在母题表述中统一为"造天地"、"造天"、"造地"等简单说法。

W 编码	母题描述	关联项
W1102.1.7	受特定神的指派造天地	
W1102.1.7.1	波俄郎受女天神指派造天地	哈尼族
W1103	**神或神性人物造天地**	
W1103.1	造物主造天地	景颇族 ＊〔W1015〕创世者（造物主）
W1103.1.1	创世主迦萨甘造天地	哈萨克族
W1103.2	天神造天地	傣族、哈尼族、傈僳族、纳西族、怒族
W1103.2.1	天神凭意愿造天地	怒族
W1103.2.2	天神格尔美造天地	纳西族（摩梭）
W1103.2.3	天神开天辟地	彝族
W1103.2.4	天神恩体古兹造天地	彝族
W1103.3	女神造天地	水族 ＊ ①〔W068.1〕创世女神；②〔W1150.8〕女神吹气形成天
W1103.4	2 个神分别造天地	傣族、仫佬族、哈尼族、苗族
W1103.4.1	神的 2 个儿子分别造天地	珞巴族
W1103.4.2	创世神和铁匠神分别造天地	彝族 ＊〔W0459.3〕铁匠神
W1103.4.3	两位大神分别造天地	藏族
W1103.4.4	天神造天，地神造地	哈尼族、汉族 ＊〔W1361.2.0.2〕天神造的天小，地神造的地大
W1103.4a	2 个神仙造天地	汉族
W1103.5	男女 2 神造天地	藏族
W1103.5.1	男女 2 神开天辟地	傈僳族
W1103.5.2	女神造天，男神造地	哈尼族、拉祜族（苦聪）、苗族
W1103.5.3	男神造天，女神造地	羌族、畲族、彝族（罗鲁泼）、藏族
W1103.5.4	天公造天，地母织地（阿帕麻造天，遮米麻造地）	阿昌族
W1103.5.5	天爷和天母一起造天地	羌族

W 编码	母题描述	关联项
W1103.5.6	夫妻神开天辟地（夫妻神造天地）	傣族
W1103.5.6.1	夫妻神布洛陀与姆洛甲分别造天地	壮族 ＊［W1103.9.5］男始祖布洛陀造天地
W1103.5.6.2	天下翁和天下婆造天地	汉族 ＊ ①［W1124.1.3.1］天地产生前有天下翁和天下婆两位老人；②［W1361.2.8］天下翁和天下婆分别造天地时没有量好尺寸造成天小地大
W1103.5.7	菠媄造天，佑聪造地	苗族 ＊［W1361.2.9］女神菠补造天，男神佑聪造地，因造的时间不同造成天小地大
W1103.5.8	混沌中生出的一公一婆造天地	汉族
W1103.6	两兄妹神造天地	阿昌族、纳西族、苗族
W1103.6a	两兄弟神造天地	［W1103.10.2.1］神的 2 个儿子造天地
W1103.6a.1	两兄弟神哥哥造天，弟弟造地	珞巴族
W1103.7	众神造天地	哈尼族、拉祜族、彝族、壮族 ＊［1104.1.5］盘、古兄妹和他们的神祖神孙开天地
W1103.7.1	神与子女开天辟地	布朗族
W1103.7.1a	神与助手造天地	瑶族
W1103.7.2	兄弟姊妹神造天地	纳西族
W1103.7.2.1	兄弟神开天，姊妹神辟地	纳西族 ＊［W1361.2.4］盘神 9 兄弟偷懒把天造小，禅神 7 姐妹勤快把地造大
W1103.7.3	男神女神开天辟地	羌族、彝族（俚颇）
W1103.7.3.1	9 个男神开天，7 个女神辟地	纳西族
W1103.7.3.1a	9 个盘神造天，7 个禅神造地	纳西族

W 编码	母题描述	关联项
W1103.7.3.2	天神的 5 个儿子造天，4 个女儿造地	彝族
W1103.7.3.3	3 个神造天，9 个神造地	哈尼族
W1103.7.4	父子神造天地	
W1103.7.4.1	神巨人和他的孩子开天辟地	布朗族
W1103.7.5	众神灵开天辟地	纳西族
W1103.7.6	众神分工造天地	哈尼族
W1103.7.6a	众神仙开天辟地各有分工	彝族
W1103.7.7	3 个大神造天，9 个大神造地	哈尼族
W1103.7.8	7 个神仙造天，9 个神仙造地	怒族
W1103.8	巨人开辟天地（巨人造天地）	哈尼族、汉族 ＊ ①［W0660］巨人；②［W1138.14a.2］巨人哈气造天
W1103.8.1	半人半兽的巨人开天辟地	苗族
W1103.8.2	神造的巨人开天辟地	普米族
W1103.8.3	1 对巨人兄妹造天地	哈尼族
W1103.9	祖先造天地	纳西族、瑶族、壮族 ＊［W1543.1.8］祖先造日月
W1103.9.1	男女始祖开天辟地	纳西族 ＊［W0143］始祖对偶神
W1103.9.1.1	男女始祖劳谷和劳泰开天辟地	白族
W1103.9.2	8 个祖先开创天地	佤族
W1103.9.3	人类的母亲开天辟地	纳西族
W1103.9.4	葫芦生的祖先开天辟地	布依族
W1103.9.5	男始祖造天地	
W1103.9.5.1	男始祖布洛陀造天地	壮族 ＊ ①［W1103.5.6.1］夫妻神布洛陀与姆洛甲分别造天地；②［W1124.2.2.2］布洛陀先造天，后造地

W 编码	母题描述	关联项
W1103.9.6	女始祖造天地	［W1124.4.5］女始祖重造天地
W1103.9.6.1	女始祖掰开天地	水族
W1103.9.6.2	女始祖密洛陀造天地	瑶族（布努）　＊［W0704］密洛陀
W1103.9.6.3	女始祖姆六甲造天地	壮族　＊［W0705］姆六甲
W1103.10	其他神或神性人物造天地	傈僳族
W1103.10.1	女天神派神造天地	哈尼族
W1103.10.2	神的儿子开天辟地	纳西族
W1103.10.2.1	神的 2 个儿子造天地	珞巴族
W1103.10.3	4 个人神开天辟地	彝族
W1103.10.3a	4 个仙子开天辟地	彝族
W1103.10.4	天女开天辟地	羌族　＊［W0215］天女
W1103.10.5	天神九弟兄和虎女七姐妹开天辟地	纳西族
W1103.10.6	神人造天地	土家族　＊［W0768.5］神人
W1103.10.7	年老的神造天地	苗族
W1103.10.8	大神造天地	傈僳族
W1103.10.8.1	大神英叭造天地	傣族
W1103.10.9	小神造天地	
W1103.10.9.1	5 个小神造天地	傈僳族
W1104	**特定的神或神性人物造天地**	
W1104.1	盘古造天地（盘古开天辟地）	【民族，关联】①
W1104.1.0	盘古王开天辟地	布依族、汉族
W1104.1.0a	盘古公公辟开天地	苗族

---

① 【民族】白族、布依族、侗族、汉族、黎族、畲族、壮族。　【关联】❶［W0720］盘古；
❷［W1107.3.1］盘古请日月开天辟地；❸［W1124.2.3.4］盘古先造地，后造天；❹［W1162.2.1］
盘古开天时形成 32 个天；❺［W1283.1］盘古分开天地；❻［W1295.1.2.1］盘古用大斧分开天地；
❼［W1295.1.2.2］盘古用神斧分开天地；❽［W1295.4.1］盘古王用锤、凿开天地；
❾［W1401.2］盘古开天辟地时天地相连

W 编码	母题描述	关联项
W1104.1.0b	盘古氏辟开天地	汉族
W1104.1.1	盘果王开天辟地	布依族 ＊［W1541.3.1.1］盘果王分开天地后出现日月星辰
W1104.1.2	盘古氏盘生氏开天辟地	白族
W1104.1.3	扁鼓王开天辟地	汉族
W1104.1.4	盘古兄妹开天辟地	汉族 ＊［W0725.2］盘古的兄妹
W1104.1.5	盘、古兄妹和他们的神祖神孙开天地	毛南族 ＊［W1103.7］众神造天地
W1104.1.6	盘古在黑暗混沌中开出天地	汉族
W1104.1.7	盘古用神力开天辟地	汉族
W1104.1.8	盘古从混沌中凿出天地	汉族 ＊ ①［W1004.5.3］混沌中凿出世界；②［W1057.1.5.1.1］混沌凿七窍后死亡
W1104.1.9	天神盘颇造天地	彝族（俚颇）
W1104.2	女娲造天地	汉族 ＊ ①［W0710］女娲；②［W1119.5］女娲垂死化生天地
W1104.3	佛祖造天地	傣族 ＊［W0787］佛（佛祖）
W1104.4	真主造天地	回族 ＊［W0793］真主
W1104.4.1	真主将卵分成天地	塔吉克族
W1104.5	道教人物造天地	汉族
W1104.6	其他特定的神或神性人物造天地	
W1104.6.1	张果老造天，李果老造地	土家族
W1104.6.1.1	张果老开天辟地	苗族
W1104.6.2	张古老造天，李古老造地	土家族 ＊ ①［W1124.4.4.1］张古老和李古老重造天地；②［W1160.5.2］张古老用五彩石造天形成五彩缤纷的天

W 编码	母题描述	关联项
W1104.6.3	布什格造天，布比密造地	仡佬族
W1104.6.4	半神半人的姜央造天地	苗族
W1104.6.5	创天公与创地婆造天地	傣族
W1104a	**与神或神性人物造天地有关的其他母题**	
W1104a.1	上帝的意志产生天地	【民族，关联】①
W1105	**人造天地**	［W1176.2］两兄弟造地
W1105.1	最早出现的人开天辟地	彝族
W1105.1.1	最早的兄妹俩开天辟地	阿昌族
W1105.2	一对兄妹开辟天地	怒族、瑶族
W1105.2.1	哥哥造天，妹妹造地	彝族、藏族
W1105.2.2	混沌中卵生的一对兄妹造天地	彝族（罗罗泼）
W1105.3	其他特定的人开辟天地	布依族
W1105.3.1	姑侄造天地	瑶族 ＊ ［W2447］姑侄婚生人
W1105.3.2	9 人造天，3 人造地	哈尼族
W1105.3.3	1 对老人造天地	汉族
W1105.3.3.1	阿公造天，阿婆造地	汉族
W1106	**动物造天地**	
W1106.1	龙开天辟地（龙造天地）	土家族
W1106.1.1	张龙王造天，李龙王造地	仡佬族、仫佬族
W1106.1.2	老龙俄谷造天地	彝族
W1106.1.3	海龙王造天地	哈尼族 ＊ ［W1102.1.4.1］海龙王为避免动物相食造天地
W1106.2	青蛙造天地	哈尼族、怒族 ＊ ① ［W1136.2］青蛙造天；② ［W1177.3］青蛙造地
W1106.2.1	青蛙兄妹造天地	哈尼族

---

① 【民族】哈萨克族、维吾尔族。【关联】❶ ［W1179.8.7］凭意念造出地；❷ ［W1251.1］神的意志产生土；❸ ［W1995.5.0b］生命源于神的意愿

W 编码	母题描述	关联项
W1106.2.2	海龙王让青蛙造天地	哈尼族
W1106.3	蜘蛛造天地	彝族 ＊ ① ［W1023.4.3］蜘蛛是创世者；② ［W1996.2.6.4］世界最早产生 1 只蜘蛛
W1106.4	其他动物造天地	
W1106.4.1	蛇开天辟地	仡佬族
W1106.4.2	鱼造天地	哈尼族 ＊ ［W6311］鱼图腾
W1106.4.3	蟋蟀开辟天地	佤族
W1106.4.4	大鹏开辟天地	藏族 ＊ ① ［W1023.2.1］大鹏是创世者；② ［W1285.3］大鹏分开天地
W1106.5	多个动物造天地	
W1106.5.1	野猪和大象造天地	彝族
W1106.5.2	螟蛉子造天，拱屎虫造地	【民族，关联】①
W1107	**其他造天地者**	
W1107.1	合作造天地	
W1107.2	神与铁匠神人开天地	彝族 ＊ ① ［W0459.3］铁匠神；② ［W1103.4.2］创世神和铁匠神分别造天地
W1107.3	日月开天辟地	
W1107.3.1	盘古请日月开天辟地	汉族 ＊ ［W0720］盘古
W1107.4	云彩造天地	彝族
W1107a	**造天地的帮助者**	
W1107a.1	特定的神帮助造天地	苗族
W1107a.1.1	铁匠神帮助开天辟地	彝族
W1107a.2	狗帮助造天地	普米族 ＊ ［W9990］动物作为帮助者

---

① 【民族】汉族、壮族。【关联】❶ ［W1036.2.5］螟蛉子钻开宇宙卵；❷ ［W1136.6.2］螟蛉子造天（螺蠃造天）；❸ ［W1177.5.2］螟蛉子造地

W 编码	母题描述	关联项
W1107a.3	神的徒弟是造天地的帮助者	满族
W1107b	**造天地的破坏者**	① ［W1007.3.1］创世的破坏者； ② ［W1178a.2.1］造地时的干扰者
W1107b.1	魔王是造天地的破坏者	傈僳族
W1107c	**与造天地者有关的其他母题**	
W1107c.1	造天地者完成任务后死去	白族
W1108	**造天地的材料**	［W1508］造万物的材料
W1108.1	用动物造天地	
W1108.1.1	用龙牛造天地	哈尼族
W1108.1.2	神巨人用犀牛皮做成天	布朗族
W1108.2	用泥土造天地	苗族　＊［W1123.2］天帝的唾液化生天地
W1108.2.1	用口水和泥土造天地	苗族
W1108.3	用沙造天地	汉族
W1108.4	用清浊二气造天地	布依族　＊［W4573］与气有关的其他母题
W1108.5	用其他材料造天地	
W1108.5.1	青蛙吐出的沫变成造天地的材料	哈尼族
W1108.6	不成功的铺天盖地的材料	
W1108.6.1	用鹰的翅膀和毛铺天盖地不成功	彝族（俚颇）
W1108.7	与造天地的材料有关的其他母题	
W1108.7.1	寻找造天地的材料	
W1109	**造天地的方法**	
W1109.1	创世者从神那里获得造天地方法	裕固族

W 编码	母题描述	关联项
W1109.2	施法术造天地	哈尼族　＊　［W9174］与巫术有关的其他母题
W1109.2.1	神用仙气吹出天地	布依族
W1109.2.2	祖先吹气成风造出天地	布依族
W1109.3	用锅冶炼天地	苗族　＊　［W6108.2］冶炼
W1109.4	用斧子造天地	布依族　＊　［W6089.2.3］开天斧
W1109.4.1	用开天斧、辟地斧开天辟地	纳西族
W1109.5	编织天地	
W1109.5.1	盘古、盘生一人编天，一人编地	白族　＊　［W1119.2.1.1］哥哥盘古变天，弟弟盘生变地
W1109.6	造天地以网为底	
W1109.6.1	众神以网为底造天地	彝族
W1109.6.1.1	众神以蜘蛛网为底造天地	彝族　＊　［W3478.1］蜘蛛结网
W1109a	**造天地的工具**	［W1295］分开天地的工具
W1109a.1	坐着神车造天地	
W1109a.1.1	天神坐着神车造天地	傣族
W1110	**与造天地有关的其他母题**	彝族　＊　①［W1124.4.2］重新开天辟地；②［W1275］天地的分开
W1110.0	造天地前的准备	［W1509.1］造万物的准备
W1110.0.1	众人商议开天辟地	彝族　＊　［W0983］神的聚会
W1110.0.2	天神与众神仙商议开天辟地	彝族
W1110.0.3	巨人造天地前先造水	傣族
W1110.0.4	造天地时搭天架	哈尼族
W1110.0.5	造天地前先造日月	彝族
W1110.1	造天地的时间	［W1124.1］天地产生的时间
W1110.1.0	造天地开始的时间	
W1110.1.0.1	第一代神时造天地	哈尼族

W 编码	母题描述	关联项
W1110.1.1	6 天造天 7 天造地	哈萨克族 ＊ ［W1139.3］造天使用的时间
W1110.1.2	造天地用了 3 个月	傈僳族
W1110.1.3	造天地用了 9 年	拉祜族
W1110.1.4	造天地用了 99999 天	汉族
W1110.1.5	开天辟地各用 10 亿年	傣族
W1110.1.6	造天地不知用了多少时间	彝族
W1110.2	造天造地时展开比赛	［W9620］竞赛（比赛）
W1110.3	检验造天地的效果	彝族 ＊ ［W1186.6］检验造地结果
W1110.3.1	用打雷测试造天的效果	彝族
W1110.3.2	用地震测试造地的效果	彝族
W1110.4	造天地不成功	［W1186.7］造地失败（造地不成功）
W1110.4.1	鸡开天辟地不成功	纳西族
W1110.4.2	神最早开辟的天地不成功	哈尼族、纳西族 ＊ ［W1235.11.3.1］地神造出的地松软湿烂
W1110.4.3	造出的天地很黑暗	苗族 ＊ ［W1050.4］最早时天地黑暗
W1110.5	造出的天地不完美	白族、苗族
W1110.5.1	造的天边罩不住地缘	［W1361.3］天小地大造成天地不吻合
W1110.5.2	最早造出的天地不稳固	【民族，关联】①
W1110.5.3	最早造出的天地天歪地斜	【民族，关联】②
W1110.6	造天地很艰难	彝族（罗罗泼）
W1110.6.1	开天辟地屡受挫折	
W1110.6.2	持续造天地	景颇族

---

① 【民族】彝族。 【关联】❶ ［W1057.6］最早的世界不稳定；❷ ［W1376.0］地以前不稳固；
❸ ［W1383.0.1］天不稳固

② 【民族】哈尼族。【关联】❶ ［W1129.8］歪斜的天地；❷ ［W1158a］天的倾斜；❸ ［W1368］天地歪斜；❹ ［W1391.3］地的倾斜

W 编码	母题描述	关联项
W1110.6.3	造天地任务繁重	哈尼族
✻ **W1111**	**天地是生育产生的（生天地）**	
W1112	**神生天地**	
W1112.1	女神生天地	侗族 ✻ ［W2137］女神生人
W1112.2	神婆生天地	侗族
W1112.3	天地是神生的卵	汉族
W1112.4	巨人生天地	彝族
W1113	**特定的神或神性人物生天地**	① ［W1544.1］神或神性人物生日月；② ［W1790a.3.1］女始祖为生天地造天宫
W1114	**人生天地**	
W1115	**卵生天地**	【汤普森】A641.1；✻【民族，关联】①
W1115.1	盘古的卵生天地	彝族
W1115.1.1	盘古的妻子的卵生天地	汉族 ✻ ［W0725.4］盘古的妻子
W1115.2	其他神或神性人物的卵生天地	
W1115.2.1	修狃老公公生的卵生天地	苗族
W1115.2.2	黑埃罗波赛神生的卵生天地	彝族
W1115.3	白卵生天地	纳西族
W1115.4	2 个卵分别生出天地	珞巴族
W1115.4.1	最早的 2 个大卵相撞生出天地	珞巴族
W1115.5	与卵生天地有关的其他母题	哈尼族、苗族 ✻ ① ［W1128.3.1］天地混沌如鸡子；② ［W1036.10.2］天地是一个三黄蛋

---

① 【民族】哈尼族、纳西族。【关联】❶ ［W1101.2］混沌中产生天地；❷ ［W1272.7］天地像蛋壳一样扣在一起

W 编码	母题描述	关联项
W1115.5.1	一个大鸡蛋里生出天地	汉族
W1116	**动物生天地**	［W1544.3］动物生日月
W1116.1	鱼生天地	① ［W1513.2］鱼生万物； ② ［W1996.2.1］世界最早产生的是鱼
W1116.1.1	祖先鱼生天地	哈尼族
W1116.2	龙生天地	哈尼族
W1116.3	蜘蛛生天地	侗族 ＊ ① ［W1168.8.2］蜘蛛织天网；② ［W1513.4.2］蜘蛛生万物
W1117	**与生育天地有关的其他母题**	
W1117.1	云生天地	彝族（阿细）＊ ［W1191.4］云生地
W1117.2	婚生天地	［W1516］婚生万物
W1117.2.1	恒和汉婚生天地	彝族
W1117.2.2	两种巨鸟婚生天地	苗族
W1117.2.3	神与气合生天地	彝族
W1117.3	阴阳生天地	藏族 ＊ ［W1494.5.1］阴阳是天地的母亲
※ **W1118**	**天地是变化产生的**	
W1119	**神或神性人物变成天地**	［W9591.1］垂死化生
W1119.1	神的肢体变成天地	汉族、瑶族
W1119.1.1	神的头变天，心变地	彝族
W1119.2	盘古垂死化生天地	【民族，关联】①
W1119.2.1	盘古、盘生变天地	白族
W1119.2.1.1	哥哥盘古变天，弟弟盘生变地	白族

---

① 【民族】汉族。【关联】❶ ［W0720］盘古；❷ ［W1250.2.2］盘古死后肉变成泥土；❸ ［W1521.1］盘古化生万物

W 编码	母题描述	关联项
W1119.3	怪物的尸体变成天地	基诺族、珞巴族、土族
W1119.4	怪物的头变成天，皮变成地	纳西族
W1119.5	女娲垂死化生天地	汉族　*　① ［W0710］女娲； ② ［W1104.2］女娲造天地
W1120	**动物变成天地**	
W1120.1	鱼的肢体变成天地	
W1120.1.1	鱼的右鳍变成天，左鳍变成地	哈尼族
W1120.2	鹿的肢体变成天地	
W1120.2.1	鹿头变天，鹿皮变大地	普米族
W1120.3	牛的肢体变成天地	
W1120.3.1	宰牛后放不同地方形成天地	藏族
W1121	**植物变成天地**	① ［W1148.1］树倒后树皮变天空； ② ［W1524］植物变化为万物
W1121.1	荷花变成天地	［W3839.1］莲花（荷花）
W1121.1.1	天神撒种的荷花变成天地	傣族
W1121.1.2	天神撒种荷花，其中一朵变成天，四朵铺成地	傣族
W1122	**无生命物变成天地**	
W1122.1	被子变成天地	［W1138.15.1］神用蓝被铺天
W1122.1.1	鸟举到天上的被子变成天	藏族
W1122.1.2	被子顶在天柱上造出天	哈尼族
W1122.2	云变成天地	［W1150a］云变成天
W1122.2.1	轻云变成天，重云变成地	彝族
W1122.2.2	云彩积聚成为天地	彝族
W1122.3	云雾变成稀泥后产生天地	景颇族　*　［W1041.2］最早的世界是雾
W1122.3a	光和雾变成天地	
W1122.3a.1	清光变成天，浊雾变成地	满族

W 编码	母题描述	关联项
W1122.4	上半片气包形成天，下半片形成地	汉族
W1122.5	气变成天地	［W1127.2］最初的天地是气
W1122.5.1	混沌中青气变成天，赤气变成地	彝族
W1122.5.2	阳气变成天，阴气变成地	汉族
W1122.6	水塘的水气升高变成天，剩下的变成地	哈尼族
W1122.7	世界燃烧的火烟变成天，烟灰铺成地	拉祜族
W1122.8	石变成天地	①［W1151.8］岩石变成天；②［W1197.13.2］下降的岩石变成地
W1122.8.1	分开的巨石成为天地	壮族
W1123	**与变化产生天地有关的其他母题**	［W1272.9.1］天地像合在一起的 2 块板子由薄变厚
W1123.1	卵变化成天地（卵变成天地）	［W1115］卵生天地
W1123.1.1	五色气体形成的三黄神蛋炸开成为天界、地界和水域	壮族
W1123.1.2	混沌卵轻的变成天，重的变成地	汉族、蒙古族
W1123.1.2a	混沌卵的上半为天下半为地	汉族 ＊［W1197.1.7］盘古把生育自己的泥团砍出天地
W1123.1.2b	巨卵破后轻者上升为天，重者下沉为地	苗族
W1123.1.3	混沌卵的清气变成天，浊气变成地	汉族 ＊ ①［W1051.2］最早的世界是清气和浊气；②［W1124.2.1.1］轻的天先形成，重的地后形成

W 编码	母题描述	关联项
W1123.1.4	混沌卵的蛋清变成天，蛋黄变成地	汉族 ＊ ［W1191.1］卵生地
W1123.1.4a	大鸡蛋的蛋清变成天，蛋黄变成地	汉族
W1123.1.5	蛋皮变成天，蛋黄变成地	彝族
W1123.2	混沌经多次演化生出天地	
W1123.2.1	混沌的黑暗生出黄与黑、阴与阳、红与绿、雾与气，然后产生天地	彝族
W1123.3	特定人物的分泌物化为天地	
W1123.3.1	天帝的唾液化生天地	苗族 ＊ ［W1196.3］吐在水中的唾液变成地
W1123.4	口袋变成天地	满族 ＊ ［W1127.1.1.1］口袋变成小天地
W1124	**与天地产生有关的其他母题**	
W1124.1	天地产生的时间	【关联】①
W1124.1.1	第一天造出天地	回族
W1124.1.2	先有日月星辰和雾露后出现天地	土族、彝族 ＊ ［W1541.3］天地分开时出现日月
W1124.1.3	先有人（神）后有天地	汉族 ＊ ［W1103］神或神性人物造天地
W1124.1.3.1	天地产生前有天下翁和天下婆2位老人	汉族 ＊ ［W1904.1.3.1.1］天下婆的眼泪变成江河湖海
W1124.1.3a	先有动物后有天地	
W1124.1.3a.1	雁产生后才出生天地	彝族

---

① 【关联】❶ ［W1139.3］造天使用的时间；❷ ［W1152.3a］天产生的时间；❸ ［W1199.0］地产生的时间

W 编码	母题描述	关联项
W1124.1.4	洪水后造天地	布依族、瑶族 * ［W1124.1］天地产生的时间
W1124.1.4.1	青蛙吸干洪水后出现天地	普米族
W1124.1.5	造天地经历很长时间	土家族
W1124.1.6	冬天造天，春天造地	纳西族 * ［W4770］季节
W1124.1.7	鼠年产生天，牛年产生地	白族
W1124.1.8	特定人物出现是天地起始	
W1124.1.8.1	盘古是天地起始的时代	彝族
W1124.2	天地出现的顺序（天地产生的顺序）	［W1527.2］万物产生的顺序
W1124.2.0	天地同时产生	汉族 * ［W1498.5.5］天地同时增长
W1124.2.0.1	同时造天地	壮族
W1124.2.1	先出现天，后出现地（先有天，后有地）	侗族、哈尼族、景颇族、纳西族、羌族
W1124.2.1.1	轻的天先形成，重的地后形成	汉族
W1124.2.1.2	天产生 3 年后产生地	彝族
W1124.2.2	先造天，后造地	侗族、景颇族
W1124.2.2.1	男神女神先造天再造地	羌族 * ［W1103.5］男女 2 神造天地
W1124.2.2.2	布洛陀先造天，后造地	壮族
W1124.2.2.3	大神英叭先造天，后造地	傣族 * ［W1103.10.8.1］大神英叭造天地
W1124.2.2.4	女神密洛陀先造天，后造地	瑶族
W1124.2.2.5	造物主能贯娃先造天，后造地	景颇族
W1124.2.3	先造地，后造天	德昂族、哈尼族、汉族、壮族
W1124.2.3.1	真主先造地和万物	柯尔克孜族
W1124.2.3.2	巨人英叭先造地，后造天	傣族

W 编码	母题描述	关联项
W1124.2.3.3	神王英叭先造地，后造天	傣族
W1124.2.3.4	盘古先造地，后造天	汉族 ＊ ［W1104.1］盘古造天地（盘古开天辟地）
W1124.3	天地产生的根基	
W1124.3.1	神鸟蛋是天地产生的根基	藏族 ＊ ［W1115］卵生天地
W1124.4	第 2 次产生天地（再造天地、重造天地）	① ［W1509.8］再造万物；② ［W1543.5.11］重造日月
W1124.4.1	天地第 2 次产生的原因	
W1124.4.1.1	世界因人不善良被毁灭	白族、汉族、苗族、彝族、壮族
W1124.4.1.2	洪水后重造天地	土家族
W1124.4.2	重新开天辟地	傣族、佤族 ＊ ［W1502.2］万物自然再生
W1124.4.2.1	男女祖先重新开天辟地	纳西族
W1124.4.3	姑侄重造天地	瑶族
W1124.4.4	两个神人重造天地	
W1124.4.4.1	张古老和李古老重造天地	土家族 ＊ ［W1104.6.2］张古老造天，李古老造地
W1124.4.5	女始祖重造天地	壮族 ＊ ［W1103.9.6］女始祖造天地
W1124.4.6	观音重造天地	彝族
W1124.5	三次创造天地	
W1124.5.1	神三次创造天地	傣族
W1124.6	日月是造天地时的破坏者	布朗族 ＊ ［W1007.3.1］创世的破坏者
W1124.7	先有人（神）后有天	
W1124.8	天地产生的见证者	
W1124.8.1	特定的动物是天地产生的见证者	藏族

W 编码	母题描述	关联项
W1124.9	以前天地时有时无	汉族
W1124.10	以前只有天没有地	傣族、傈僳族、苗族、裕固族
W1124.10.1	以前只有天和水	满族
W1124.10.2	很早以前只有天	维吾尔族
W1124.10a	以前只有地	鄂温克族
W1124.11	天地最早产生的是影子	彝族 ＊ ① ［W1039］最早的世界是影子；② ［W1057.1.6.7］混沌是世界的影子
W1124.12	天地最早时是雾	彝族 ＊ ［W1041.2］最早的世界是雾
❀ **W1125**	**天地的特征**	
W1126	**天地的性别**	
W1126.1	天地一阴一阳	汉族 ＊ ［W4755］阴阳的产生
W1126.1.1	天地有阴的一面和阳的一面	藏族
W1126.2	天是公的，地是母的（天是男的，地是女的；天为雄，地为雌）	傈僳族、珞巴族
W1126.2.1	天是公的叫天公，地是母的叫地母	汉族 ＊ ［W0142］天公地母
W1127	**天地的雏形**	［W1035］世界最早的情形
W1127.0	最初天地混沌	【民族，关联】①
W1127.0.1	天是一团混沌，地是一堆泥巴	汉族
W1127.0.2	天地再次混沌	彝族
W1127.0.3	天地混沌无间	侗族、珞巴族
W1127.0.4	天地一片混浊	汉族

---

① 【民族】哈尼族、汉族、彝族。【关联】❶ ［W1040］最早的世界是混沌；❷ ［W1036.10.2］天地原来是一个三黄蛋；❸ ［W1040］最早的世界是混沌；❹ ［W1057.1］混沌（混沌卵）；❺ ［W1128.3.1］天地混沌如鸡子

W 编码	母题描述	关联项
W1127.0a	天地无定形	汉族
W1127.1	最初天地很小（以前天地很小）	【民族，关联】①
W1127.1.1	小天地	
W1127.1.1.1	口袋变成小天地	满族　*［W1123.4］口袋变成天地
W1127.1.2	以前天地小得神难以安身	满族
W1127.1.3	最初天帽子大，地巴掌宽	苗族
W1127.1.4	最初的天圆镜大，地像马蹄一样小	哈萨克族
W1127.2	最初的天地是气	【民族，关联】②
W1127.3	以前的天地像蛛网	拉祜族
W1127.3.1	天经地纬像蜘蛛网	苗族
W1127.4	天地最初巨大无边	苗族　*　①［W1157］天的大小；②［W1219］地的大小
W1127.5	最初天地不平	【民族，关联】③
W1127.6	最早的天地不光滑	苗族
W1127.7	天地最初是 2 个薄片	苗族
W1128	**天地的形状**	［W1272.1.1］天地像一块糍粑
W1128.0	天地是圆的	
W1128.0.1	燕子鸟雀补天地时把天地踩圆	拉祜族　*［W1381.2］燕子补天地
W1128.0.2	巨神把天地煮圆	苗族
W1128.1	天地像个大桃子	苗族
W1128.2	天地像个橄榄	汉族
W1128.3	天地像蛋	汉族　*［W1057.1］混沌（混沌卵）

① 【民族】哈萨克族。　【关联】❶［W1057.2］最早的世界很小；❷［W1157.0.1］以前天很小；❸［W1220］原来的地很小

② 【民族】壮族。【关联】❶［W1051］最早的世界是气；❷［W1122.5］气变成天地；❸［W1525.2］气体演变成万物

③ 【民族】哈尼族。　　【关联】❶［W1129.8］歪斜的天地；❷［W1159.3］以前的天不平；❸［W1217.0］以前地不平

W 编码	母题描述	关联项
W1128.3.1	天地混沌如鸡子	汉族 ＊ ① ［W1127.0］最初天地混沌；② ［W1036.10.2］天地是一个三黄蛋
W1128.4	天是白泥，地是黑泥	苗族 ＊ ［W1184.6a］用白泥造地
W1128.5	天像篾帽，地像簸箕	彝族 ＊ ① ［W1159.8］天像篾帽；② ［W1209］地像簸箕
W1128.6	天像斗篷，地像荞粑	苗族
W1128.7	天圆地方	汉族 ＊ ① ［W1159.2］天是圆的（天是圆形的）；② ［W1204］地是方的
W1128.8	天地一样大小	苗族 ＊ ① ［W1361］天小地大（地大天小）；② ［W1362］天大地小（地小天大）
W1129	**与天地特征有关的其他母题**	［W1035］世界最早的情形
W1129.1	以前天和地都是黑的	彝族 ＊ ［W1050］最早的世界是黑暗的
W1129.2	以前天是黄的，地是白的	① ［W1160.4b.1］以前天是黄的；② ［W1232.1］地以前是白的（白色的地）
W1129.2.1	天地初开时天是黄的，地是白的	满族
W1129.3	天地共 3 层	［W1067.2］世界分 3 层（宇宙分 3 层）
W1129.3.1	天地分地下层、地面层和天空层	哈萨克族
W1129.4	天地的层数相同	
W1129.4.1	天 3 层，地 3 层	哈萨克族、塔吉克族
W1129.4.2	天 7 层，地 7 层	哈萨克族 ＊ ① ［W1163.7］天有 7 层；② ［W1228］地有 7 层

W 编码	母题描述	关联项
W1129.4.3	天 16 层，地 16 层	傣族
W1129.4.3.1	最早的 16 层天 16 层地是神的世界	傣族（水傣）
W1129.5	天地的层数不同	
W1129.5.1	天 9 层，地 7 层	怒族
W1129.5.2	天 17 层，地 9 层	满族
W1129.6	天地的重量	壮族 ＊［W6984］度量的产生（测量的产生）
W1129.6.1	天地重量相同	
W1129.6.1.1	天和地都是有 9 个 9 的重量	哈尼族
W1129.7	天地的寿命	［W1545.7.5.1］地死后眼睛变成日月
W1129.7.1	天神造的天地寿命不长	哈尼族
W1129.8	歪斜的天地	汉族 ＊［W1360］天地的缺陷（修整天地的原因）
W1129.8a	天地悬在空中	彝族
W1129.9	天地是特定的神的居所	哈尼族 ＊［W095］神的居所
W1129.10	天地的成长	
W1129.10.1	天地每天长 1 丈	汉族 ＊［W1313.11］天每天升高一定高度
W1129.10.2	天地自然长大	哈萨克族
W1129.11	天地的喂养	苗族
W1129.12	天地怀孕	
W1129.12.1	天和地吃了怀胎水后怀孕	哈尼族 ＊［W1897.1.7］怀胎水
W1129.13	天地的伤疤	
W1129.13.1	天地的伤疤是特定动物踢出来的	
W1129.13.1.1	天地的伤疤是猛马踢出来的	苗族

1.2.2　天的产生与特征【W1130～W1169】

W 编码	母题描述	关联项
✿ **W1130**	**天的产生**①	【汤普森】①≈A700；②A701
W1130a	**天产生的原因**	
W1130a.1	以前没有天	
W1130a.1.1	太古时没有天	彝族
W1131	**天来源于某个地方或自然存在**	
W1131.1	天自然产生	珞巴族　*［W1171］地自然产生
W1131.1.1	水中造地后，土地把水和天隔开出现了天	藏族
W1131.2	混沌中产生天	［W1072.3.1］轻气上浮为天
W1131.2.1	混沌中的一部分形成天	蒙古族
W1131.3	与天自然存在有关的其他母题	
W1131.3.1	青蛙吸干洪水后出现天	普米族
W1131.3.2	扫除海上面的雾露露出天	哈尼族
✳ **W1132**	**天是造出来的（造天）**	【汤普森】A701
W1132a	**造天的原因**	
W1132a.1	神为找落脚点造天	彝族
W1133	**神或神性人物造天**	［W1163.12.1］神造16层天
W1133.1	天神造天	仡佬族、汉族、苗族、羌族、彝族
W1133.1.1	特定名称的天神造天	
W1133.1.1a	天神格兹造天	彝族
W1133.1.2	天神的儿子造天	彝族　*［W0202.2.1］天神的儿子

① 天的产生，在神话叙事中有时"天（天体）"与"世界、宇宙"的概念相互混杂，是相同或相近的概念。具体区别可参见"世界（宇宙）的产生"与《中国创世神话母题（W1）实例与索引》。

W 编码	母题描述	关联项
W1133.1.3	天神九弟兄开天	纳西族 ＊［W0202.3］天神的兄弟
W1133.1.3a	天神九弟兄中的 5 个去造天	彝族
W1133.1.4	上界的天神造天	藏族
W1133.2	天王造天	蒙古族、壮族 ＊［W0204］天帝（天王、天皇、天君）
W1133.3	众神造天	怒族
W1133.3.1	3 个大神造天	哈尼族
W1133.3.1a	3 个神人造天	哈尼族
W1133.3.2	众男神造天	纳西族
W1133.3.3	9 个同名的神造天	壮族 ＊［W6870］神或神性人物的命名
W1133.3.4	天神的 5 个儿子造天	彝族
W1133.4	神仙造天	汉族、怒族
W1133.5	祖先造天	苗族
W1133.6	其他神或神性人物造天	
W1133.6.1	雾神造天	汉族 ＊［W0372］雾神
W1133.6.1.1	雾神吐雾造天	汉族
W1133.6.2	男神开天	纳西族
W1133.6.3	万能之神开天	德昂族 ＊［W0497.3］万能神
W1133.6.4	创世主造天	哈萨克族 ＊［W1175.1.1］创世主造地
W1133.6.5	大神用手撑出天	傈僳族
W1133.6.6	造人之神的女儿造天	彝族
W1133.6.7	天神的女侍从和女萨满造天	满族 ＊ ①［W0202.4］天神的侍从；②［W9146］萨满
W1133.6.8	巨人造天	傣族 ＊ ①［W1138.2.1］神巨人用犀牛皮造天；②［W1138.14a.2］巨人哈气造天

W 编码	母题描述	关联项
W1134	**特定的神或神性人物造天**	
W1134.1	盘古造天	汉族
W1134.1.1	巨人盘古开天	苗族［W1162.2.1］盘古开天时形成32个天
W1134.1.2	盘古劈雾造天	布依族
W1134.1.3	盘古的子女造天	［W0725.5］盘古的后代
W1134.1.3.1	盘颇的9个儿子造天	彝族（俚颇）
W1134.2	女娲造天	汉族 * ［W1386.2］女娲补天
W1134.3	喇嘛造天	蒙古族
W1134.4	真主造天	塔吉克族
W1134.4.1	安拉创造天空	塔吉克族
W1134.5	老子造天	汉族 * ［W0789］老子
W1134.6	其他特定的神或神性人物造天	哈尼族、苗族、水族
W1134.6.1	天狼大王开天	普米族
W1134.6.2	盘神九兄弟开天	纳西族
W1134.6.3	观音菩萨造天	彝族 * ［W1138.2a.1］观音用牛皮造天
W1135	**人造天**	
W1135.1	最早出现的一个人造天	
W1135.2	洪水后幸存的人造天	瑶族
W1135.3	其他特定的人造天	汉族、畲族
W1135.3.1	沙罗阿龙造天	哈尼族
W1136	**动物造天**	
W1136.1	龙造天	［W3579］龙的能力（职能）
W1136.1.1	龙王造天	仡佬族
W1136.1.2	阳龙造天	土家族
W1136.2	青蛙造天	［W1106.2］青蛙造天地

W 编码	母题描述	关联项
W1136.2.1	海龙王派青蛙造天	哈尼族
W1136.3	屎壳郎造天	壮族
W1136.4	鸟造天	傈僳族
W1136.4.1	天鹅造天	傈僳族 ＊［W3362.1］天鹅造天地
W1136.4.2	天是鸟顶出来的	藏族
W1136.4.3	鸟煽动左翅形成天	藏族
W1136.4.4	天鸟啄开天	满族
W1136.5	蜘蛛造天	［W1023.4.3］蜘蛛是创世者
W1136.5.1	蜘蛛吐丝织天	彝族 ＊［W1168.8.2］蜘蛛织天网
W1136.6	其他动物造天	
W1136.6.1	巨鸭啄开天	满族 ＊［W1996.2.3］世界最早产生的是鸭
W1136.6.2	螟蛉子造天（蜾蠃造天）	壮族 ＊［W1106.5.2］螟蛉子造天，拱屎虫造地
W1137	**其他造天者**	
W1137.1	月亮兄弟造天	傈僳族
W1137.2	不同身份的人物合作造天	
W1137.2.1	盘古夫妻和牛共同顶出天	①［W0725.4］盘古的妻子；②［W1115.1.1］盘古的妻子的卵生天地
W1137a	**与造天者有关的其他母题**	
W1137a.1	造天的负责人	
W1137a.1.1	磨天之神负责磨天	佤族
W1138	**造天的材料**	
W1138.1	用巨兽皮造天	苗族 ＊［W3047.7.2］巨兽
W1138.2	用犀牛皮造天	布朗族
W1138.2.1	神巨人用犀牛皮造天	布朗族 ＊［W1133.6.8］巨人造天

W 编码	母题描述	关联项
W1138.2a	用牛皮造天	① ［W1382.5.1］用神牛补天地； ② ［W1977.3.3］用牛肚造龙潭
W1138.2a.1	观音用牛皮造天	彝族 ＊［W0790.4］观音菩萨
W1138.3	用动物牙齿造天	
W1138.3.1	用马的牙齿造天	哈尼族 ＊［W3183］马的牙齿
W1138.4	用羽毛造天	傈僳族
W1138.5	用金银造天	哈尼族 ＊［W1543.5.3.1］用金银造日月
W1138.6	用珍珠玛瑙造天	阿昌族 ＊［W1168.13.3.1］用珍珠造东方的天
W1138.7	用玉石翡翠造天	阿昌族
W1138.7.1	用翡翠做北边的天	阿昌族 ＊［W1866.4a］翡翠
W1138.8	用青石板造天	羌族
W1138.8.1	女娲用 3330 万块青石板造天	汉族
W1138.9	用石头造天	拉祜族（苦聪）
W1138.9.1	用绿石头造天	哈尼族 ＊［W1138.15.5］用绿松石铺天
W1138.9.2	用无色岩石造天	土家族
W1138.9.3	用 3 颗马牙石造天	哈尼族 ＊［W1867.4.8a］马牙石
W1138.10	炼石拼合后成为造天	
W1138.11	用布料造天	哈尼族 ＊［W6122］织布的产生
W1138.12	用帽子造天	
W1138.12.1	女始祖用师傅的雨帽造天	瑶族 ＊［W1159.8.2］天像雨帽
W1138.13	用体液或排泄物造天	哈尼族、苗族
W1138.14	用混沌物造天	侗族
W1138.14.1	用混沌的上截造天	拉祜族 ＊［W1057.1］混沌（浑沌、昆屯、混沌卵）
W1138.14a	用气造天	［W4570］气的产生（空气的产生）

W 编码	母题描述	关联项
W1138.14a.1	神汇集动物吐出的气造天	哈尼族
W1138.14a.2	巨人哈气造天	傣族 ＊［W1103.8］巨人开辟天地（巨人造天地）
W1138.15	造天的其他材料	彝族
W1138.15.1	神用蓝被铺天	哈尼族 ＊［W1122.1］被子变成天地
W1138.15.2	动物破碎的肢体拼凑成天	基诺族
W1138.15.3	神用马鹿的头做天	普米族 ＊ ①［1147.1.1］马鹿的头变天；②［W1572.2.8.4］马鹿的左眼变成太阳
W1138.15.4	用树藤铺天	彝族（罗鲁泼）
W1138.15.5	用绿松石铺天	纳西族 ＊［W1864.4］绿石（碧石、绿松石）
W1138.15.6	用铺天石铺天	哈尼族
W1138.15.7	用粪便铺天	
W1138.15.7.1	青蛙的屎铺成天	哈尼族
W1138.15.8	用多种物质造天	
W1138.15.8.1	天神用岩石和地筋造天	彝族（俚颇）
W1139	**与造天有关的其他母题**	
W1139.0	造天的方法	［W1109］造天地的方法
W1139.0.1	造天方法的获得	
W1139.0.1.1	仿照蜘蛛织网造天	彝族（罗罗泼）
W1139.0.1.2	神商议造天方法	哈尼族 ＊［W1110.0.1］众人商议开天辟地
W1139.1	造天的模子	
W1139.1.1	按照地的大小造天	汉族
W1139.1.2	用伞做造天的模子	彝族

W 编码	母题描述	关联项
W1139.1.3	仿照棚子造天	苗族 * ［W1159.10］天像帐篷
W1139.1.4	仿照篾帽造天	彝族 * ［W1159.8］天像帽子
W1139.2	神吐雾造天	［W1151.4a］雾变成天
W1139.3	造天使用的时间	
W1139.3.0	造天很快完成	壮族
W1139.3.1	造天用了 6 天	哈萨克族、柯尔克孜族、彝族
W1139.3.2	造天用了 9 天	傈僳族
W1139.3.2a	造天用了 9 天 9 夜	苗族
W1139.3.3	造天用了 99 天	怒族、彝族（俚颇）
W1139.3.4	造天用了 999 天	哈尼族
W1139.3.5	造天地用了 9 年	拉祜族
W1139.3.6	造天用了 999 年	哈尼族
W1139.3.7	造天用了 9999 年	哈尼族 * ［W1186.3.4a］造地用了 9999 年
W1139.3.8	造天用了 1 万年	
W1139.4	造天开始的特定时间	［W4635］时间的产生
W1139.4.1	龙日造天	哈尼族
W1139.4.2	几万年前造天	瑶族
W1139.5	造天时的装饰物	
W1139.5.1	造天用绿石装饰	哈尼族 * ［W1864.4］绿石（碧石、绿松石）
W1139.5a	造天的衍生品	
W1139.5a.1	造天时造出日月星辰	侗族
W1139.6	造天不成功	
W1139.6.1	刚造出的天飘荡不定	哈尼族 * ［W1383.0.1］天不稳固
✤ **W1140**	**天是生育产生的**	
W1141	**神或神性人物生天**	
W1141.1	天是最高神王的女儿	哈尼族 * ［W0122］至高无上的神

W 编码	母题描述	关联项
W1141.2	鬼姐弟婚生天	景颇族
W1141.3	女神生天	［W1112.1］女神生天地
W1141.3.1	女神菠补生天	苗族
W1142	**人生天**	
W1143	**动物生天**	［W6290］动物图腾
W1143.1	鸟生天	
W1143.2	鱼生天	哈尼族
W1144	**与生育产生天有关的其他母题**	
W1144.1	卵生天	
W1144.1.1	混沌卵中出现天	蒙古族 ＊ ①［W1057.1］混沌（混沌卵）；②［W1191.1.2］混沌卵中生出地
W1144.1.2	以前天是一个白鸡蛋	羌族
W1144.1.3	浮在水中的卵生天	【汤普森】A701.1
W1144.2	婚生天	景颇族 ＊［W1152.7.1］雾露和云团夫妻孕育野天
W1144.3	云生天	彝族（阿细） ＊［W1117.1］云生天地
＊ **W1145**	**天是变化产生的**	
W1146	**神或神性人物变成天**	
W1146.1	怪物身体变成天	基诺族
W1146.2	怪物的头变成天	纳西族
W1146.3	盘古变成天	白族、彝族
W1146.4	其他神或神性人物变成天	
W1146.4.1	神树变成天	彝族
W1147	**动物变成天**	

W 编码	母题描述	关联项
W1147.1	动物的头变成天	
W1147.1.1	马鹿的头变天	普米族
W1147.2	动物的皮变成天	
W1147.2.1	牛皮变成天	
W1147.2.1.1	龙牛皮化为天	哈尼族
W1147.3	鱼鳍变成天	哈尼族 ＊［W1194.5.2］鱼鳍变成地
W1147.3.1	大鱼的右鳍变成天	哈尼族
W1148	**植物变成天**	
W1148.1	树皮变成天空	珞巴族
W1148.1.1	水中一棵大树的树皮变成天空	珞巴族
W1149	**卵变成天**	
W1149.1	蛋壳变成天	汉族、彝族
W1149.1.1	神蛋的蛋壳变成天	彝族 ＊［W0926.5］神蛋
W1149.2	蛋黄变成天	彝族
W1149.3	蛋清变成天	汉族
W1149.4	蛋的一片变成天	
W1149.4.1	蛋爆开后飞到上面的一片变成天	汉族
W1150	**气变成天（气变化成天）**	【关联】①
W1150.1	清气变成天	彝族 ＊［W1161.11a］天空是清气
W1150.1.1	祖先使清气变成天	布依族
W1150.1.2	清气上升变成天	彝族
W1150.2	三种气体合成天	傣族

---

① 【关联】❶［W1122.5］混沌中青气变成天，赤气变成地；❷［W1138.14a］用气造天；❸［W1160.3a.2］清气变成蓝天

W 编码	母题描述	关联项
W1150.3	青气上飘变成天	
W1150.4	清阳之气变成天	汉族、蒙古族
W1150.5	蒸汽变成天	［W1196.8］水上的蒸汽凝结成地
W1150.5.1	两块石头中间冒出的蒸汽变成天	彝族 ＊ ［W1122.2］轻云变成天，重云变成地
W1150.6	热气变成天	
W1150.6.1	以前的天是笼罩世界的热气	苗族
W1150.7	蛋中冒出的气变成天	
W1150.7.1	圆球中冒出的气上升成为天	汉族
W1150.7.2	像鸡蛋样的东西上升的气成为天	汉族
W1150.8	女神吹气形成天	壮族 ＊ ① ［W068.1］创世女神；② ［W1103.3］女神造天地
W1150.9	水气挂在石头顶上变成天	哈尼族
W1150.9.1	水汽落在巨石上形成天	哈尼族（僾尼）
W1150.10	与气变成天有关的其他母题	
W1150.10.1	以前的天是混沌的气	苗族 ＊ ［W1127.0］最初天地混沌
W1150.10.2	以前的天是混沌的热气	苗族
W1150a	**云变成天**	彝族 ＊ ［W1159.13］天像一块云彩
W1150a.1	轻云上升变成天	彝族 ＊ ［W1122.2］轻云变成天，重云变成地
W1150a.2	彩云上浮变成天	苗族
W1150a.3	天是 12 堆云	壮族
W1150b	**光变成天**	
W1150b.1	支地的动物发光形成天	傣族 ＊ ［W1344］动物支撑地
W1151	**其他特定的物变成天**	
W1151.1	清水上升变成天	汉族
W1151.2	清的东西变成天	蒙古族

W 编码	母题描述	关联项
W1151.3	手帕变成天	汉族
W1151.4	烟变成天	布朗族
W1151.4.1	烟上升形成天	拉祜族
W1151.4a	雾变成天	① ［W1133.6.1.1］雾神吐雾造天； ② ［W1139.2］神吐雾造天
W1151.4a.1	积雾成天	哈尼族
W1151.5	地的盖子变成天	藏族
W1151.6	某种碎片或分裂物变成天	壮族
W1151.6.1	神把天一片一片劈出来	哈尼族
W1151.6.2	石鼓破后的上片变成天	汉族
W1151.6.3	太阳的碎片变天	【民族，关联】①
W1151.7	帽子变成天	① ［W1138.12］用帽子造天； ② ［W1159.8］天像篓帽
W1151.7.1	草帽抛出后变成天空	瑶族
W1151.8	岩石变成天	
W1151.8.1	上升的一片岩石成为天	壮族
W1151.9	天上诸物形成天	
W1151.9.1	天上的日月星辰风雨雷电形成天	哈尼族
W1151.10	多次演化变成天空	彝族
W1152	**与天的产生有关的其他母题**	［W1124.10.2］很早以前只有天
W1152.0	天的发现	［W1199.7］地的发现
W1152.0.1	蛇发现天	彝族（罗鲁泼）
W1152.1	天刚形成时不美观	佤族 ＊［W1159.3.1］最形成的天像癞蛤蟆的背

---

① 【民族】藏族。【关联】❶ ［W1197.12］太阳的碎片变成地；❷ ［W3645.1］太阳碎片变植物果实；
❸ ［W9796.6.5］太阳被射碎成数块

W 编码	母题描述	关联项
W1152.2	九重天的来历	怒族　＊［W1163.9］天有 9 层（九重天）
W1152.2.1	盘古撑出九重天	
W1152.2.1.1	盘古撑天 9 万里形成九重天	汉族
W1152.3	天产生的方位	
W1152.3.1	天从中间鼓起来	珞巴族
W1152.3.2	天从东方开始产生	白族
W1152.3.3	天从东北方产生	
W1152.3.3.1	盘古变天从东北方变起	白族
W1152.3a	天产生的时间	①［W1152.8.2］开天的时间；②［W1577.4.5］特定属相日出现太阳
W1152.3a.1	天在鼠年产生	白族　＊［W4649］以生肖命名年份
W1152.3a.2	天在鼠年鼠月鼠日产生	彝族（阿细）
W1152.3a.3	天在甲子月产生	彝族
W1152.4	始祖把天加大	壮族
W1152.5	天是特定的物	
W1152.5.1	天是雷婆的肚皮	壮族　＊［W0312］女雷神（雷婆）
W1152.5.2	天空是树的阴影	【汤普森】A652.4
W1152.5.3	天是白色的泥	苗族　＊①［W1128.4］天是白泥，地是黑泥；②［W1160.4.1］以前天是白色的
W1152.6	天通过不断增长产生出来	鄂温克族　＊［W1168.19.1］天会增长
W1152.6.1	天日高一丈最后成为现在的天	汉族
W1152.7	野天的产生	
W1152.7.1	雾露和云团夫妻孕育野天	景颇族
W1152.8	天产生的特定时间	
W1152.8.1	特定的日子产生天	

W 编码	母题描述	关联项
W1152.8.1.1	盘古在鼠年变成天	白族
W1152.8.2	开天的时间	
W1152.8.2.1	冬天开天	纳西族　*［W1124.1.6］冬天造天，春天造地
✳ **W1155**	**天的特征**	【汤普森】A702
W1156	**天的性别**	
W1156.1	天是男的（男天）	珞巴族
W1156.1.1	父天	达斡尔族
W1156.2	天是女的（女天）	苗族
W1156.2.1	母天	达斡尔族
W1156.3	与天的性别有关的其他母题	
W1156.3.1	天的上半是母，下半是公	苗族
W1157	**天的大小**	①［W1128.8］天地一样大小；②［W1383.1］天的变大
W1157.0	天很小	［W1361］天小地大（地大天小）
W1157.0.1	以前天很小	哈萨克族
W1157.1	天无限大	苗族　*［W1383.1.2.1］天神把天变得无限大
W1157.1.1	天漫无边际	彝族（阿细）
W1157.1.2	天无法测量	纳西族　*［W6984.8］与度量有关的其他母题
W1157.2	天不知大小	汉族
W1157.3	鸟能测量天的大小	【汤普森】A702.6；*［W1396.1］天地的测量（丈量世界）
W1157.4	天有 7 分宽	［W1361.3.1］天有 7 分宽，地有 9 分大
W1157.4.1	飞蛾量出天有 7 分宽	彝族
W1157a	**天的重量**	［W6984.7］秤的来历
W1157a.1	天重 7 万斤	彝族（阿细）

W 编码	母题描述	关联项
W1158	**天的高低**	
W1158.1	原来的天很低（以前天很低）	【民族，关联】①
W1158.1.1	以前，人可以用手摸着天	怒族、瑶族
W1158.1.2	以前，人走路头能碰着天	高山族（排湾）、傈僳族
W1158.1.2.1	以前，人坐起来头就碰着天	苗族
W1158.1.3	以前人劳动时会碰着天	布依族、壮族
W1158.1.4	以前天低得人可以摘星星	壮族 ＊［W1774.1］以前人可以摘星星
W1158.1.5	以前天低得用竹子可以捅天	汉族
W1158.1.6	以前天低得竹子被天阻挡	仫佬族
W1158.1.7	以前天低得竹子被压弯腰	拉祜族（苦聪） ＊［W3795.2］竹子弯腰的来历
W1158.1.8	以前天低得人可以从树上上天	瑶族 ＊［W1433.1］通过树上天
W1158.2	天很高	［W1318.1］天地相距 99999 丈
W1158.2.1	天每层 183 万丈	侗族 ＊［W1318］天地原来离得很远（天地距离很远）
W1158.2.2	用 33 根楠木顶不到天	壮族
W1158.3	天东高西低	［W4927］太阳东升西落
W1158.3.1	女娲支天时东面支高造成天东高西低	藏族
W1158.3.2	女娲用虾的后脚支东边天，前脚支西面天造成天东高西低	汉族 ＊［W1324.8］虾的脚支天
W1158.4	西边的天矮	
W1158.5	天和地一样厚	拉祜族
W1158.6	天的特定高度	①［W1163.9.6］九重天的高度；②［W1316］天地的距离

---

① 【民族】高山族、汉族、拉祜族、仫佬族、瑶族、壮族。 【关联】❶［W1300］天的升高；❷［W1317］天地原来离得很近；❸［W1317.1］天地相距 3 尺 3 寸

W 编码	母题描述	关联项
W1158.6.1	天高万丈	黎族
W1158.7	最高的天	
W1158.7.1	最高的天是长生天	蒙古族
W1158a	**天的倾斜**	①［W1338.3.2］天柱长短不齐造成天的倾斜；②［W1391.3］地的倾斜
W1158a.1	天向西倾斜	汉族
W1159	**天的形状**	
W1159.1	天无定型	
W1159.2	天是圆的（天是圆形的）	达斡尔族、汉族
W1159.2.1	地上笼罩一个半圆的天体	达斡尔族
W1159.2.2	天以前是一个白鹅蛋	羌族
W1159.2.3	把方帐一样的天改成圆顶天篷	蒙古族 ＊［W1205.4］把方地改成圆形
W1159.2.4	天神把方天撑成圆天	拉祜族
W1159.2.5	天是圆拱形的	藏族、藏族（白马）
W1159.2.6	圆天中间高四周低	蒙古族
W1159.2.7	女娲用 3330 万块青石把天拼成圆的	汉族
W1159.2.8	天皇氏、地皇氏和女娲氏把天补成圆的	圆的
W1159.3	以前的天不平	佤族 ＊［W1383.0.2］天不平整修天
W1159.3.1	最形成的天像癞蛤蟆的背	佤族
W1159.4	天是平的	①［W1161.3］天光滑；②［W1383.2.2］众神用犁把天犁平
W1159.4.0	造出平的天	
W1159.4.0.1	造天者造成平坦的天	壮族
W1159.4.1	神把天磨平	佤族

W 编码	母题描述	关联项
W1159.4.2	神把天铺平	彝族（阿细）
W1159.4.3	神性人物把天摩擦平	苗族
W1159.4.4	文化英雄用刀把天削平	苗族 ＊［W0560］文化英雄
W1159.4.5	天平得可以赛马跑马	苗族
W1159.4.6	牛把天犁平	哈尼族
W1159.4.7	牛把天耙平	哈尼族
W1159.5	天像圆镜	畲族
W1159.6	天像伞	【汤普森】A653；＊ 瑶族（布努）、壮族
W1159.6a	天像宝盖	汉族
W1159.7	天像簸箕	彝族 ＊［W6082］簸箕
W1159.7.1	天刚生出时像簸箕	苗族
W1159.8	天像帽子	苗族 ＊［W1138.12］用帽子造天
W1159.8.1	天像篾帽	彝族 ＊［W1139.1.4］仿照篾帽造天
W1159.8.2	天像雨帽	瑶族、彝族（罗罗泼）＊［W1138.12.1］女始祖用师傅的雨帽造天
W1159.9	天像斗篷	苗族
W1159.10	天像帐篷	【汤普森】A702.2
W1159.10.1	天像棚子	苗族 ＊［W1159.10.1］天像棚子
W1159.10.2	最早的天是大方帐	侗族
W1159.11	天像大锅	壮族
W1159.11.1	天像倒扣的锅	高山族、高山族（排湾）
W1159.11.2	天像锅盖	汉族
W1159.11.2.1	天像大黑锅盖	水族
W1159.11.3	天像锅底	拉祜族
W1159.11.4	天像一口大锅扣在地上	达斡尔族、壮族

W 编码	母题描述	关联项
W1159.12	天像浆糊（混沌的天）	
W1159.12.1	以前天是浆糊	汉族
W1159.13	天像一块云彩	傈僳族 ＊［W1150a］云变成天
W1159.13.1	天似云非云	彝族
W1159.14	与天的形状有关的其他母题	佤族
W1159.14.1	天是蜘蛛网	彝族
W1159.14.2	以前的天像鸡屎	苗族
W1159.14.3	天像张开的布幕	阿昌族
W1159.14.4	以前的天像青石板	纳西族 ＊［W1138.8］用青石板造天
W1160	**天的颜色**	【关联】①
W1160.1	特定的服饰变成天的颜色	布依族、哈尼族、汉族、水族 ＊［W1168.18.1］天的衣裳
W1160.1.1	神用云粉给天做衣裳	布朗族
W1160.1.2	天神的战裙变成现在天的颜色	满族
W1160.2	黑色的天	
W1160.2.1	以前天是黑的	哈尼族、畲族、维吾尔族、彝族 ＊［W1035］世界最早的情形
W1160.3	青色的天（青天）	
W1160.3.1	以前天是青色的	汉族、满族
W1160.3a	蓝色的天（蓝天）	
W1160.3a.1	天女扫出蓝天	彝族
W1160.3a.2	清气变成蓝天	水族 ＊ ①［W1150］气变成天（气变化成天）；②［W1161.11a］天空是清气
W1160.3a.2.1	女娲用清气补天形成蓝天	汉族

---

① 【关联】❶［W1129.2］以前天是黄的，地是白的；❷［W4007］天为什么是蓝色（青色）的；
❸［W4005］天地的颜色

W 编码	母题描述	关联项
W1160.3a.3	祖先用蓝靛把天染蓝	布依族 * ［W6279.2］染料
W1160.3a.4	天是蓝的是因为天姑娘穿蓝衣裳	哈尼族
W1160.3a.5	目母婆甩裙上天形成碧蓝天	瑶族
W1160.3a.6	太上老君罩在天上的蓝衫变成天的蓝色	汉族
W1160.4	白色的天	
W1160.4.1	以前天是白色的	哈尼族
W1160.4.2	风吹出白色的天	哈尼族
W1160.4a	绿色的天（天是绿的）	
W1160.4a.1	最早的天是绿色	纳西族 * ［W1051.4］最早的世界是绿气
W1160.4b	黄色的天	［W1232.2］地是黄色的（黄色的地）
W1160.4b.1	以前天是黄的	满族
W1160.5	天色彩斑斓（天五彩缤纷）	
W1160.5.1	补天的五彩石使天色彩斑斓	藏族
W1160.5.2	张古老用五彩石造天形成五彩缤纷的天	土家族
W1160.6	天的颜色由多变少	满族
W1160.6.1	恶魔弄走一些天马后天由9色变成7色	满族
W1160.7	与天的颜色有关的其他母题	［W1129.2］以前天是黄的，地是白的
W1160.7.1	天除了蓝色外为什么还有其他颜色	汉族
W1160.7.2	天以前的颜色与现在不同	汉族
W1161	**与天的特征有关的其他母题**	
W1161.1	天的寿命	

W 编码	母题描述	关联项
W1161.2	天不会死（长生天）	汉族、蒙古族
W1161.3	天光滑	① ［W1127.6］最早的天地不光滑；② ［W1159.4］天是平的
W1161.3.1	神用耙把天耙光滑	哈尼族
W1161.3.2	神把天磨光滑	佤族
W1161.4	天明亮	汉族
W1161.4.1	风雨使黑暗的天地变光明	彝族
W1161.4.2	天很明亮是仙女扫出来的	彝族 ＊ ［W0826］仙女
W1161.5	天上不长草木	珞巴族
W1161.6	天上到处都藤	土家族
W1161.7	天是石头	
W1161.7.1	天是飞腾的石块	普米族
W1161.7.2	以前天上是石头	汉族 ＊ ［W1385.5.1］因天上落石头补天
W1161.8	天是特定的神	哈萨克族、蒙古族 ＊ ［W1168.13.11.1］天又叫天公
W1161.9	以前的天很美丽	汉族
W1161.10	以前的天很难看	佤族
W1161.11	天上什么也没有	［W1798］天上的其他诸物
W1161.11.1	以前天上什么也没有	彝族 ＊ ［W1235.2.2］以前地上什么也没有
W1161.11.2	最早的天是空的	拉祜族 ＊ ① ［W1038.1］最早的世界是空的；② ［W1235.2］以前的地是空的
W1161.11a	天空是清气	布依族 ＊ ［W1160.3a.2］清气变成蓝天
W1161.12	天是运动的	
W1161.13	天是静止的	

W 编码	母题描述	关联项
W1161.13.1	以前天是静止的	哈萨克族
W1161.14	最早的天倒挂	纳西族 ＊［W1064］世界的错乱（颠倒的世界）
W1161.15	天是产生光阴变化之处	侗族
W1162	**天的数量**	
W1162.0	2 个天	
W1162.0.1	天分父天、母天 2 个天	达斡尔族
W1162.0a	4 个天	塞种人
W1162.1	9 个天（九天）	鄂温克族
W1162.1.1	天有九天	汉族
W1162.1.2	九天是九方之天	汉族
W1162.1.3	九天又称九野	汉族 ＊［W1163.9.3］天有九野
W1162.1.3.1	九野是 9 个天的统称	汉族 ＊［W1163.9.3.1］九野
W1162.2	32 个天	
W1162.2.1	盘古开天时形成 32 个天	土族
W1162.3	33 个天	土族
W1162.4	55 个天	
W1162.4.1	西方有 55 个天	蒙古族
W1162.5	99 个天	蒙古族 ＊［W0193.5］99 个天神
W1162.6	与天的数量与关的其他母题	蒙古族
W1162.6.1	天有 9 块	彝族（罗鲁泼）
W1163	**天的层数**	
W1163.1	天有许多层	【汤普森】A651.1； ＊ 鄂伦春族 ＊［W1073.6］上界的层数（天堂的层数）
W1163.1a	天有 1 层	
W1163.1a.1	第 1 层天	［W1791.2.1］天宫是第 1 层天
W1163.1a.1.1	第 1 层天是雾	布依族

W 编码	母题描述	关联项
W1163.1a.1.2	混元灵气成为第 1 层天	满族
W1163.2	天有 2 层	
W1163.2.1	第 2 层天	
W1163.2.1.1	第 2 层天是白云	布依族
W1163.3	天有 3 层	独龙族、哈尼族、塔吉克族 ＊ ① ［W1070.3.3.2］创世主迦萨甘把天地做成 3 层；② ［W1318.4］天地之间隔着 3 层天
W1163.3.1	第 3 层天	满族 ＊ ［W1486.2］通天树穿过了 3 层天
W1163.3.1.1	第 3 层天是天鹅的居所	布依族
W1163.3.1.2	第 3 层天由神蟒主宰	满族
W1163.4	天有 4 层	布依族
W1163.4.1	第 4 层天	
W1163.4.1.1	第 3 层天是彩虹	布依族
W1163.4.2	大汉把天造成 4 层	侗族
W1163.5	天有 5 层	
W1163.5.1	第 5 层天	
W1163.5.1.1	第 5 层天是天帝的大门	布依族
W1163.6	天有 6 层	布依族、哈萨克族
W1163.6.1	第 6 层天	
W1163.6.1.1	第 6 层天是银河	布依族 ＊ ① ［W1780］天河（银河）；② ［W1789.3.1］银河在第 6 层天
W1163.6.2	六层天中有六颗星星	彝族
W1163.7	天有 7 层	哈萨克族、赫哲族、柯尔克孜族
W1163.7.1	第 7 层天	
W1163.7.1.1	第 7 层天住着织女	布依族

W 编码	母题描述	关联项
W1163.7.1.2	第 7 层天有 7 颗亮星	彝族 ＊〔W1719.3.2〕7 颗亮星是 7 兄弟在天上盖楼房
W1163.7.2	创世主把天增加为 7 层	哈萨克族
W1163.8	天有 8 层	
W1163.9	天有 9 层（九重天）	【汤普森】A651.1.6；＊【民族，关联】①
W1163.9.1	九重天的产生	
W1163.9.1.1	开天时顶了 9 次形成九重天	汉族
W1163.9.1.2	龙主开出九重天	纳西族 ＊〔W1228.4.1〕龙主造 7 层地
W1163.9.1.3	女神造九重天	苗族
W1163.9.1.3.1	女神 9 昼夜造出九重天	苗族
W1163.9.2	天划为 9 部分	汉族 ＊〔W1162.6.1〕天有 9 块
W1163.9.3	天有九野	汉族
W1163.9.3.1	九野	汉族 ＊〔W1162.1.3〕九天又称九野
W1163.9.3.1.1	九野即九域之野	汉族
W1163.9.3.2	天的九野地域广阔	汉族
W1163.9.4	9 层天层层相通	满族
W1163.9.5	第 9 层天	
W1163.9.5.1	第 9 层天上有化香树、马桑树和乌鸦	布依族
W1163.9.5.2	第 9 层天住着福神	彝族 ＊〔W0457〕福神
W1163.9.6	九重天的高度	W1158.6 天的特定高度
W1163.9.6.1	九重天很高	汉族
W1163.9.6.2	九重天为 9 万里	

---

① 【民族】满族、蒙古族、苗族、怒族、普米族。【关联】❶〔W1073.6.2〕上界（天堂）有 9 层；❷〔W1163.9〕天有 9 层（九重天）

W 编码	母题描述	关联项
W1163.9.6.2.1	盘古撑出 9 万里的九重天	汉族 ＊ ［W1318.2.1］身高 9 万里的盘古把天地撑开 9 万里
W1163.9.7	九重天为灵魂居所	
W1163.9.7.1	天帝的祖先葬九重天	蒙古族 ＊ ［W6660］葬俗
W1163.9.8	九重天为神的居所	
W1163.9.8.1	天神居九重天	满族 ＊ ［W095］神的居所
W1163.9.9	与天有 9 层有关的其他母题	
W1163.9.9.1	上有 9 层天，下有 7 层地	怒族 ＊ ［W1228］地有 7 层
W1163.9.9.2	第 9 层天在各家火塘上方	独龙族
W1163.10	天有 10 层	
W1163.10.1	第 10 层天	
W1163.10.1.1	第 10 层天是雷公的住所	布依族 ＊ ［W0328］雷神的居所
W1163.10.1.2	第 10 层天在各户火塘上方	独龙族 ＊ ［W1163.9.9.2］第 9 层天在各家火塘上方
W1163.10a	天有 11 层	
W1163.10a.1	第 11 层天	
W1163.10a.1.1	第 11 层天是月宫	布依族 ＊ ［W1696］月宫（广寒宫）
W1163.11	天有 12 层	布依族、瑶族（布努）、彝族
W1163.11.1	第 12 层天	
W1163.11.1.1	第 12 层天金光灿烂	布依族
W1163.11.1.2	第 12 层天是太阳宫	布依族 ＊ ［W1693］太阳宫
W1163.11.1.3	第 12 层天是最高天	布依族
W1163.12	天有 16 层	
W1163.12.1	神造 16 层天	傣族 ＊ ［W1133］神或神性人物造天

W 编码	母题描述	关联项
W1163.13	天有 17 层	【民族，关联】①
W1163.14	天有 18 层	纳西族、土家族
W1163.14.1	18 层天是天神的国度	纳西族
W1163.15	与天的层数有关的其他母题	
W1163.15.1	天有 33 层	白族、汉族、蒙古族、纳西族、土族、裕固族
W1163.15.1.1	威严的 33 层天	蒙古族
W1163.15.1a	天有 77 层	蒙古族
W1163.15.1b	天有 99 层	蒙古族
W1163.15.2	天有 500 层	
W1163.15.2.1	500 层天是天的最高层	白族 ＊ ［W1163.15.3］天的最高层
W1163.15.2a	天有 1000 层	彝族
W1163.15.3	天的最高层	【关联】②
W1163.15.3.1	第 3 层是最高天	哈萨克族
W1163.15.3.2	第 7 层是最高天	
W1163.15.3.2a	造物主住 7 层天的最高之天	赫哲族
W1163.15.3.3	第 9 层为最高天	汉族
W1163.15.3.4	天堂是世界的最上层	达斡尔族 ＊ ［W1073.5］上界是天堂
W1163.15.4	天的最下层	［W1494.4］地是天的最底层
W1163.15.4.1	天的最低层是各户火塘的上方	独龙族 ＊ ① ［W1163.9.9.2］第 9 层天在各家火塘上方；② ［W1163.10.1.2］第 10 层天在各户火塘上方

---

① 【民族】布朗族、汉族、满族。【关联】❶ ［W1067.5.1］宇宙分 17 层；❷ ［W1129.5.1］天 17 层地 9 层；❸ ［W1791.2.217］层天的天宫

② 【关联】❶ ［W1163.11.1.3］第 12 层天是最高天；❷ ［W1163.15.2.1］500 层天是天的最高层；❸ ［W1791.3.4］天宫在天的最高层

W 编码	母题描述	关联项
W1163.15.5	天的各层有山相连	独龙族
W1164	**天的中心**	【关联】①
W1164.1	七星天是天的中心	蒙古族　＊［W1168.13.11.2］七星天
W1165	**天心（天的心脏）**	［W1164］天的中心
W1165.1	天地之心五寸	汉族
W1165.2	天心在昆仑山的中心	汉族　＊［W1850.3.6］昆仑山是天心地胆所在
W1165.3	天的心脏是星星	哈尼族
W1165.4	虎的脊梁骨撑天心	彝族　＊［W1337.8］天柱支撑着天的中央
W1165a	**天胆**	［W1236a］地胆
W1165a.1	用虎心做天胆	彝族
W1166	**天边（天的边际）**	【民族，关联】②
W1166.1	最早时没有天边地沿	景颇族
W1166.2	天边在天与地的交界处	裕固族
W1166.3	天边是红铜做的	裕固族
W1166.4	天有 4 个边（天有 4 边）	【民族，关联】③
W1166.4.1	不同的柱子顶天的 4 边	彝族（阿细）　＊［W1313.10.1a］用虎的四只脚杆骨撑天的四边
W1166.5	日月看守天边	苗族
W1166.6	天边的景象	苗族
W1166.7	与天边有关的其他母题	［W1396.3.4.2］蚂蚱修天边地边

① 【关联】❶［W1063］世界的中心；❷［W1165］天心（天的心脏）；❸［W1313.10.1.2］用虎脊梁骨撑天心
② 【民族】汉族、苗族、彝族、壮族。【关联】❶［W1237］地边；❷［W1438.1.2］人从天边能上天；❸［W1789.3.4］天河是天界；❹［W9932.3］寻找天边
③ 【民族】阿昌族、汉族。【关联】❶［W1168.1.1］天有 4 角；❷［W1242.1］地有 4 角（4 个地角）；❸［W1313.10.1a］用虎的四只脚杆骨撑天的四边

W 编码	母题描述	关联项
W1166.7.1	天涯海角	汉族
W1167	**天的端点（天头、天的头）**	
W1167.1	虎头作天头	
W1167.1.1	天神造天时用虎头作天头	彝族
W1167.2	天有四极（天的四极）	汉族 ＊［W1324.5］鳌足支四极
W1167.2.1	天公定四极	阿昌族
W1167.2.2	盘古的四肢化为四极	壮族 ＊［W1348.2.1.1］盘古的四肢变成地柱
W1167.2.3	男始祖定天的四极	阿昌族
W1167.3	天有八极	汉族 ＊①［W1167.4］天的终点在北方；②［W4714］八方的确定
W1167.3.1	八极之门	汉族
W1167.3.1.1	八极的阳门	汉族
W1167.4	天的终点在北方	汉族
W1168	**与天有关的其他母题**	［W4866.6］魔物控制着天体（魔法控制着天体）
W1168.1	天角	
W1168.1.1	天有 4 角	【民族，关联】①
W1168.1.1.1	天有东南西北 4 个角	布朗族
W1168.1.1.2	以前天的 4 角没有高低	苗族
W1168.1.2	天有 6 角	壮族
W1168.1.3	天有 13 个角	瑶族
W1168.1.4	天角的垮塌	［W1365.4］天塌一角
W1168.1.4.1	天角被射垮	苗族 ＊［W1365］天塌
W1168.2	天顶	
W1168.2.1	用巨兽皮做天顶	苗族

① 【民族】侗族、瑶族。【关联】❶［W1062.1］世界的 4 个角；❷［W1242.1］地有 4 角（4 个地角）；❸［W1332.1.2］4 个神顶着天的 4 个角；❹［W1365.4］天塌一角；❺［W1403］天地的 4 个角相连

W 编码	母题描述	关联项
W1168.3	天的窗子	【汤普森】F56
W1168.4	天维（天经、天纲）	汉族、苗族
W1168.4.1	天维被毁	
W1168.4.1.1	神的争斗造成天维绝	汉族
W1168.5	天梁	
W1168.5.1	天梁的产生	
W1168.5.1.1	牛脊梁做支天地的天梁	哈尼族 * ① ［W1319］天的支撑；② ［W1330］天柱（顶天的柱子）
W1168.5.1.2	天神用龙牛的脊骨做天梁的大梁	哈尼族
W1168.5.2	天梁的数量	
W1168.5.2.1	4 根天梁	拉祜族、彝族
W1168.5.2.2	12 根天梁	瑶族（布努）
W1168.5.3	天梁的放置	
W1168.5.3.1	天梁支在鱼的上面	拉祜族
W1168.5.3.2	天梁置于天地的四方	彝族
W1168.5.3.3	天梁架在天柱上	拉祜族
W1168.5.4	天梁不稳	哈尼族
W1168.5a	天椽	
W1168.5a.1	天椽放在天梁上	拉祜族
W1168.a.1.1	天梁上有 360 万根天椽	拉祜族
W1168.5a.2	龙牛的肋骨做天庭的椽子	哈尼族 * ［W1332.9.1］牛的肋巴骨做支天的椽子
W1168.6	天架	
W1168.6.1	用金银做天架	哈尼族
W1168.6.1.1	众神造天时用金银做天架	哈尼族
W1168.7	天骨（天的骨头）	
W1168.7.0	最早的天没有骨头	拉祜族

W 编码	母题描述	关联项
W1168.7.1	天神的手骨变成天骨	拉祜族
W1168.8	天网	
W1168.8.1	天神造天网	［W1240.1］天神造地网
W1168.8.1.1	天神厄莎用7万7千个泥团抛到天上造成天网	拉祜族
W1168.8.1a	女始祖织天网	
W1168.8.1a.1	女始祖萨天巴吐出玉蛛丝织天网	侗族 ＊ ［W1168.8.2］蜘蛛织天网
W1168.8.2	蜘蛛织天网	拉祜族
W1168.8.2.1	蜘蛛网做天的底子	彝族
W1168.8.3	仿照蜘蛛织天网	拉祜族 ＊ ［W1136.5.1］蜘蛛吐丝织天
W1168.8.4	祖先织出369万个天网	拉祜族
W1168.8.5	天网像罩子	拉祜族
W1168.9	天基	哈尼族
W1168.10	天眼（天的眼睛）	畲族 ＊ ① ［W1168.10.1］日月是天的眼睛；② ［W1168.10.4］天眼被遮蔽
W1168.10.1	日月是天的眼睛	鄂温克族 ＊ ① ［W1545.7］无生命物或自然物变成日月；② ［W1760］星星是天眼
W1168.10.2	天的睁眼闭眼	彝族
W1168.10.3	天眼的守护者	
W1168.10.3.1	1对夫妻守护天眼	畲族
W1168.10.4	天眼被遮蔽	［W1168.10］天眼（天的眼睛）
W1168.10.4.1	妖魔用乌烟遮住天眼	畲族
W1168.10a	天鼻（天的鼻子）	
W1168.10a.1	虎鼻作天鼻	彝族

W 编码	母题描述	关联项
W1168.10b	天耳（天的耳朵）	
W1168.10b.1	虎耳作天耳	彝族
W1168.10c	天种	彝族 ＊ ① ［W1387.11.8］撒天种补天；② ［W1567.3］特定的种子生太阳
W1168.10d	天盖	苗族
W1168.10d.1	天盖很重	壮族
W1168.10d.2	天盖的打开	
W1168.10d.2.1	昆屯第一个揭开天盖	毛南族 ＊ ［W1290］揭开天盖分开大地
W1168.11	天的特定功能	
W1168.11.1	天是阴阳之所	汉族 ＊ ① ［W4755］阴阳的产生；② ［W4757.1］天生阴阳
W1168.11.2	天是天神居住的地方	哈尼族 ＊ ［W1244.11.1 地是地神居住的地方
W1168.12	天有特殊的分类	
W1168.12.1	天分为父天、母天、公主天和官人天等	达斡尔族
W1168.13	特定的天	
W1168.13.1	天界北部的一角有一个特定的天	蒙古族
W1168.13.2	智慧之天	蒙古族 ＊ ① ［W0496］智慧神（知识神）；② ［W6784］与智慧有关的其他母题
W1168.13.3	东方的天（东天）	
W1168.13.3.1	用珍珠造东方的天	阿昌族
W1168.13.3.2	东方天是苍天	汉族
W1168.13.4	南方的天（南天）	汉族 ＊ ［W1168.21.1.2］南天门

W 编码	母题描述	关联项
W1168.13.4.1	用玛瑙做南方的天	阿昌族 ＊ ［W1866.3］玛瑙（玛瑙石）
W1168.13.4.2	南方天是炎天	汉族
W1168.13.5	西方的天（西天）	侗族、汉族 ＊ ［W1168.21.1.3］西天门
W1168.13.5.1	用玉石造出西边的天	阿昌族 ＊ ［W1866.4］玉石（宝石）
W1168.13.5.2	西方天是颢天	汉族
W1168.13.6	北方的天（北天）	
W1168.13.6.1	北方天是玄天	汉族
W1168.13.7	东北天	
W1168.13.7.1	东北天是变天	汉族
W1168.13.8	东南天	
W1168.13.8.1	东南方天是阳天	汉族
W1168.13.9	西北天	满族 ＊ ［W1365.5.2］西北天塌掉
W1168.13.9.1	西北方天是幽天	汉族
W1168.13.9.2	西北天是偏天	汉族
W1168.13.10	西南天	
W1168.13.10.1	西南方天是朱天	汉族
W1168.13.11	中央天	
W1168.13.11.1	中央天是钧天	汉族
W1168.13.12	其他名称的天	
W1168.13.12.1	天又叫天公	汉族 ＊ ① ［W0206］天公；② ［W1161.8］天是特定的神
W1168.13.12.2	七星天	蒙古族 ＊ ［W1164.1］七星天是天的中心
W1168.13.13	与特定的天有关的其他母题	
W1168.13.13.1	万能之神分出四方天	德昂族 ＊ ① ［W0497.3］万能神；② ［W1133.6.3］万能之神开天

W 编码	母题描述	关联项
W1168.14	天体的惊人之举	【汤普森】F961
W1168.15	最早天上只有日月	裕固族
W1168.15.1	以前天上只有太阳	【民族，关联】①
W1168.15.2	以前天上只有太阳、月亮和星星	珞巴族
W1168.16	以前天上布满石头	普米族　＊［W1161.7］天是石头；② ［W1499.3］天上落石头
W1168.17	天不会塌的原因	【民族，关联】②
W1168.17.1	神王的妹妹天姑娘嫁天神后天不再塌	哈尼族
W1168.18	遮天之物	壮族
W1168.18.1	天的衣裳	［W1160.1］特定的服饰变成天的颜色
W1168.18.1.1	神用云粉给天做衣裳	布朗族
W1168.19	天会变化	
W1168.19.1	天会增长	汉族
W1168.20	海天	蒙古族
W1168.21	天门	【汤普森】A661.0.1；　＊【民族，关联】③
W1168.21.0	天门的产生	
W1168.21.0.1	神造天门	汉族
W1168.21.0.2	神用金银造天门	彝族
W1168.21.0.3	数字变化产生天门	彝族
W1168.21.0.4	天的缝隙成为天门	汉族　＊［W1367］天上出现裂缝（天缝、天裂）

---

① 【民族】高山族、哈萨克族、仫佬族、佤族、瑶族、壮族。【关联】❶［W1540.1.2］以前没有月亮；❷［W1548.1.1］以前只有太阳，没有月亮

② 【民族】哈尼族。【关联】❶［W1319］天的支撑；❷［W1365］天塌；❸［W8570］天塌地陷

③ 【民族】汉族。【关联】❶［W1237b］地门；❷［W1243.14.1］地户是天门；❸［W1438.5］上天的门；❹［W1438.5.1］阊阖是升天之门

W 编码	母题描述	关联项
W1168.21.1	4 个天门	
W1168.21.1.0	神造 4 道天门	哈尼族
W1168.21.1.1	东天门	汉族
W1168.21.1.2	南天门	阿昌族、汉族
W1168.21.1.2.1	从南天门可以看到人间	白族
W1168.21.1.2.2	南天门是进出天地的门户	布依族 ＊［W1438］上天的路径
W1168.21.1.2.3	狮子把守南天门	汉族
W1168.21.1.2.4	天狗把守南天门	汉族 ＊ ①［W3074.3］天狗；②［W3074.3.6］天狗看守天宫门
W1168.21.1.2.5	土地神把守南天门	汉族 ＊［W0236］土地神（土神）
W1168.21.1.2.6	吴刚把守南天门	汉族 ＊［W1795.3.4］天门由吴刚守护
W1168.21.1.2.7	仙人把守南天门	汉族 ＊［W0800］仙人
W1168.21.1.2.8	南天门挡风雨	阿昌族
W1168.21.1.2.9	南天门有日月树	苗族 ＊［W1448.2］日月树是天梯
W1168.21.1.2.10	到南天门须经过天梯	汉族
W1168.21.1.3	西天门	侗族、汉族
W1168.21.1.4	北天门	汉族
W1168.21.1a	其他数量的天门	
W1168.21.1a.1	3 道天门	独龙族
W1168.21.1a.2	9 道天门	
W1168.21.1a.2.1	天门有九重	汉族
W1168.21.1a.2.2	9 道天门中有树	彝族
W1168.21.1a.3	12 道天门	瑶族、瑶族（布努）
W1168.21.1a.4	天门有 90 个门	彝族
W1168.21.2	天门的特征	
W1168.21.2.1	天门无上	汉族
W1168.21.2.2	气派的天门	布依族

W 编码	母题描述	关联项
W1168.21.2.3	天门五彩缤纷	彝族
W1168.21.2.4	天门是天神进出的路口	哈尼族
W1168.21.3	天门的看守（司天门者）	汉族
W1168.21.3.1	雷母娘娘看守天门	侗族 * ① ［W0312］女雷神（雷婆）；② ［W1795.3.1］天门由神守护
W1168.21.3.2	虎神看守天门	纳西族（摩梭） * ［W1795.3.2］天门由神兽守护
W1168.21.3.3	神狗看守天门	纳西族（摩梭）
W1168.21.3.4	神虎豹看守天门	汉族
W1168.21.3.5	女神看守天门	满族
W1168.21.3.6	天兵把守天门	布依族 * ［W8739.1］天兵天将
W1168.21.3.7	老鼠守护天门	朝鲜族
W1168.21.4	天门的开合	［W1293.3］天门打开后天地分开
W1168.21.4.1	每年正月初一打开天门 1 次	纳西族（摩梭）
W1168.21.4.1a	每年天神的生日那天打开天门 1 次	纳西族（摩梭）
W1168.21.4.2	八月十六开天门	汉族
W1168.21.4.3	天将破晓天门开	羌族 * ［W4030］白天
W1168.21.4.4	封天门	藏族
W1168.21.4.5	关天门	汉族
W1168.21.4.6	神箭射开天门	彝族 * ［W0963.2］神箭
W1168.21.4.7	天王的儿子打开天门	哈尼族
W1168.21.4.8	与天门开合有关的其他母题	［W1477.4.1.1］开天门时放下天梯
W1168.21.5	特定名称的天门	
W1168.21.5.1	天门是居紫微宫门	汉族 * ［W1792.8.3］紫微宫
W1168.21.5.2	吴姬天门	汉族
W1168.21.5.3	风门	

W 编码	母题描述	关联项
W1168.21.5.3.1	7 道风门	彝族
W1168.21.5.4	雨门	[W1366.10.6.1] 天洞是用了下雨的地方
W1168.21.5.4.1	6 道雨门	彝族
W1168.21.5.5	雾门	
W1168.21.5.5.1	3 道雾门	
W1168.21.5.6	云星门	彝族
W1168.21.5.7	日门	
W1168.21.5.7.1	3 道日门	彝族
W1168.21.5.8	月门	① [W4147] 月亮打开不同的门形成圆缺；② [W4947] 月亮的运行
W1168.21.5.8.1	3 道月门	彝族
W1168.21.5.9	天上的风水之门	彝族
W1168.21.6	特定位置的天门	
W1168.21.6.1	天门在西北	汉族
W1168.21.6.2	天门在天边	[W1166] 天边（天的边际）
W1168.21.7	天门石	汉族 ＊ [W1867.4] 特定名称的石头
W1168.22	太空	
W1168.22.1	太空的最底层是大海	傣族
W1168.23	天的看守	
W1168.23.1	特定的神看守天	
W1168.23.1.1	大力神看守九层天的下三层	满族
W1168.24	天的关系	[W1490] 天地的关系
W1168.24.1	天的父母	[W1140] 天是生育产生的
W1168.24.2	天的舅父	
W1168.24.2.1	柏树是天的舅父	纳西族 ＊ [W3752] 与柏树有关的其他母题

W 编码	母题描述	关联项
W1168.24.3	天的岳母	［W5144］岳母
W1168.24.3.1	宽叶杉树是天的岳母	纳西族
W1168.24.4	天的妻子	纳西族
W1168.24.5	天的子女	
W1168.24.5.1	天的儿子（天子）	汉族
W1168.24.5.2	天的女儿（天女）	

1.2.3　地的产生与特征① 【W1170～W1269】

W 编码	母题描述	关联项
✿ **W1170**	**地的产生**	【汤普森】①A800；②A950； ＊［W1100］天地的产生
W1170a	**以前没有地**	［W1124.10］以前只有天没有地
W1170a.1	太古时没有地	彝族
W1170a.2	以前地球上没有陆地	土族
W1170a.3	没有地的原因	
W1170a.3.1	以前没有地是因为地被水淹掉了	汉族
W1171	**地自然产生**	
W1171.1	地自然生成	珞巴族
W1171.2	世上最早出现的陆地	［W1172.3.2］海水退后出现陆地
W1171.2.1	中国是世上最早出现的陆地	【汤普森】A802
W1172	**地来源于某个地方（地球源于每个地方）**	

---

① 地的产生与特征，该母题包括地球、土、陆地、地面等内容。此处为表述简洁，重复性母题不再一一标出。

W 编码	母题描述	关联项
W1172.1	地源于混沌（地球源于混沌）	【汤普森】A801；＊ 德昂族、门巴族
W1172.2	地从天上来（地球从天上来）	【汤普森】①A817；②A953
W1172.2.1	女神造的地球从天上掉下	维吾尔族
W1172.3	地从水的底部出现	【汤普森】A811
W1172.3.1	地从海中出来	【汤普森】①A816；②A952；＊ 汉族、藏族
W1172.3.1.1	地是海里升起的	佤族
W1172.3.1.2	地球源于大海	傣族
W1172.3.2	海水退后出现地	白族、藏族 ＊ ①［W1179.2.2］挤海成地；②［W1197.7.2］水蒸发形成地
W1172.3.2.1	观音退海水后出现陆地	白族
W1172.3.2.2	万能神退海水后出现陆地	德昂族
W1172.3.3	海里露出的平原丘陵形成地	珞巴族
W1172.3.4	原始大水干后出现地	【汤普森】A827；＊ 珞巴族、普米族
W1172.3.5	洪水退去出现地	壮族 ＊ ①［W1247.1.1］以前土全在水底；②［W1260.1］洪水退去形成高原
W1172.3.5.1	青蛙吸干洪水后出现地	普米族
W1172.3.5.2	天神降低洪水后出现陆地	傣族
W1172.3.5.3	水神疏导洪水后出现地	珞巴族
W1172.3.6	水塘的水蒸发出现地	哈尼族（僾尼）
W1172.4	地被挖出	
W1172.4.1	精灵用角挖出地面	珞巴族 ＊ ［W0907.2］精灵

W 编码	母题描述	关联项
W1172.5	地从雾露中出现	
W1172.5.1	扫除雾露露出地	哈尼族
✽ **W1173**	**地是造出来的（造地）**	【汤普森】A800
W1174	**造地的原因**	
W1174.1	因为孤独造地	
W1174.1.1	神或神性人物因孤独造了地（地球）	【汤普森】A832；✽［W1011.1］创世者因为孤独创造了世界
W1174.2	为有落脚点造地	
W1174.2.1	创世者为了找到落脚造地	【汤普森】A5.1；✽ 傣族、藏族
W1174.2.2	大神为了找到落脚造地	彝族
W1174.2.3	始祖为了找到落脚造地	基诺族
W1174.3	为人类的产生造地	［W2000］人类的产生（人的产生）
W1174.3.1	为人类生存造地	满族
W1174.3.2	为繁衍人类造地	德昂族
W1174.4	其他特定的目的造地	
W1174.4.1	上帝为阻止骚乱就创造了地	哈萨克族
W1174.4.2	为繁衍生命造地	布依族、傣族
W1174.4.3	为万物生长造地	藏族
W1174.4.4	为稳定天造地	哈尼族 ✽［W1375］天的稳固
W1174.4.5	为支撑天造地	傈僳族
W1175	**神或神性人物造地**	鄂温克族、满族
W1175.1	创世者造地球	【汤普森】A830；✽ 仡佬族 ✽［W1184.0.1］创世者用泥土造地
W1175.1.1	创世主造地	哈萨克族

W 编码	母题描述	关联项
W1175.2	天神造地	【民族，关联】①
W1175.2.1	天神下凡造地	哈尼族
W1175.2.2	天神三兄弟下凡造地	珞巴族
W1175.2.3	天神在地球上造地	土族
W1175.2.4	天神造地球	鄂温克族 ＊ ［W1220.1.1］神最早造的地球很小
W1175.2.5	天神吐出地球	维吾尔族
W1175.2.6	天神混散造地	傣族
W1175.2a	地神造地	① ［W0230］地 神；② ［W0235.2］地神是工匠
W1175.2a.1	地神九姐妹辟地	纳西族
W1175.2b	上帝造地	哈萨克族
W1175.3	天母造地	羌族 ＊ ［W0207］天母
W1175.3a	地母造地	满族 ＊ ［W0238］地母
W1175.4	天神的女儿造地	彝族
W1175.5	女神造地	水族、维吾尔族
W1175.5.1	天女造地	彝族 ＊ ① ［W0215］天女；② ［W1103.10.4］天女开天辟地
W1175.5.1.1	天神的 4 个女儿造地	彝族
W1175.5.2	7 个女神造地	纳西族
W1175.5.3	天神的 7 个女儿中的 4 个去造地	彝族
W1175.6	神鸟造地	彝族 ＊ ① ［W0924］神鸟；② ［W1177.2］鸟造地

① 【民族】傣族、汉族、柯尔克孜族、傈僳族、土族。【关联】❶ ［W1186.3.1］天神造地用了 7 天；❷ ［W1184.1.1］天神用天泥来捏地球；❸ ［W1235.3.2.1］天神造地时形成地的凹陷；❹ ［W1240.1］天神造地网

W 编码	母题描述	关联项
W1175.7	夫妻神造地	［W0141］对偶神（夫妻神）
W1175.7.1	夫妻神夫妇踩出地	汉族 * ①［W1256.1］神踩出平地（神踩出坝子）；②［W1315.1］地被踩低
W1175.8	地王造地	蒙古族
W1175.9	神仙造地	侗族、汉族
W1175.9.1	仙子造地	彝族
W1175.9a	神人造地	
W1175.9a.1	9个神人造地	哈尼族
W1175.10	仙女造地	水族 * ①［W0826］仙女；②［W0826.3］仙女的本领
W1175.11	祖先造地	汉族、普米族
W1175.11.1	男女始祖造地	阿昌族 * ［W0143］始祖对偶神
W1175.11.2	男始祖造地	
W1175.11.3	女始祖造地	基诺族、水族
W1175.11.3a	女始祖密洛陀造地	瑶族 * ［W0704］密洛陀
W1175.11.3b	女始祖姆六甲造地	壮族 * ［W0705］姆六甲
W1175.12	巨人造地	侗族
W1175.13	众神造地	哈尼族、珞巴族、纳西族、怒族
W1175.13.1	众女神造地	纳西族
W1175.13.2	天神三兄弟造地	珞巴族 * ［W0202.3］天神的兄弟
W1175.13.3	7个神造地	哈尼族
W1175.13.4	9个大神造地	哈尼族
W1175.13.5	9个男神造地	瑶族
W1175.13.6	龙神和蛇王造地	哈尼族 * ①［W0535］龙神；②［W3534.3.3］蛇王

W 编码	母题描述	关联项
W1175.13.7	3 个地神和 9 个天神造地	哈尼族
W1175.14	盘古造地	【民族，关联】①
W1175.15	佛祖造地	汉族、裕固族
W1175.16	真主造地	柯尔克孜族、塔吉克族
W1175.17	喇嘛造地	蒙古族
W1175.18	道士造地	汉族
W1175.19	其他神或神性人物造地	布依族、侗族、鄂温克族、仡佬族、哈萨克族、汉族、柯尔克孜族、水族、瑶族、壮族
W1175.19.1	女娲造地	汉族
W1175.19.2	天神的女侍从造地	满族
W1175.19.3	扁古王造地	苗族
W1175.19.4	龙神造地	藏族　＊［W1175.13.6］龙神和蛇王造地
W1175.19.5	神鱼造地	傣族　＊［W1177.5.1］鱼造地
W1175.19.6	宇宙之神造地	柯尔克孜族　＊［W0203.1］宇宙神
W1175.19.7	神王造地球	傣族
W1175.19.8	祝融辟地	苗族　＊［W0767］祝融
W1175.19.9	姜古造地	侗族
W1176	**人造地**	
W1176.1	一对夫妻踩出了地	
W1176.2	两兄弟造地	俄罗斯族　＊［W5183.3］两兄弟
W1176.3	众人造地	
W1176.3.1	天王派 9 个人造地	哈尼族

① 【民族】瑶族。　　【关联】❶［W1264.1.5］盘古造田地；❷［W1392.2.1］盘古修补地；
❸［W1902.3.3.2］盘古缩地时形成江河海洋

W 编码	母题描述	关联项
W1176.3.2	众姐妹造地	纳西族
W1176.4	与人造地有关的其他母题	壮族
W1176.4.1	一个男子铺地	彝族（阿细）
W1177	**动物造地**	
W1177.1	龙造地	仡佬族、拉祜族
W1177.1.1	阴龙造地	土家族
W1177.1.2	青龙造地	裕固族 ＊［W3583.12］青龙
W1177.2	鸟造地	
W1177.2.1	鸟衔石造地	满族
W1177.2.2	鸟用翅膀扇出地	藏族
W1177.2.3	水鸟在海中造出地	满族
W1177.2.4	白水鸟、野鸭、天鹅衔泥造地	满族
W1177.3	青蛙造地	
W1177.3.1	海龙王派青蛙造地	哈尼族
W1177.4	蜘蛛造地	①［W1023.4.3］蜘蛛是创世者； ②［W1106.3］蜘蛛造天地
W1177.4.1	蜘蛛在水上结网形成地	德昂族
W1177.5	其他动物造地	
W1177.5.1	鱼造地	①［W1175.19.5］神鱼造地； ②［W1190.1］鱼生地
W1177.5.1a	金鱼娘用鳍扇出地	哈尼族
W1177.5.2	螟蛉子造地	汉族
W1177.5.3	野鸭造陆地	柯尔克孜族
W1177.5.4	蚂蚁造地	傈僳族 ＊［W1237.3］蚂蚁咬齐地边

W 编码	母题描述	关联项
W1177.5.5	拱屎虫造地（屎壳郎造地）	壮族 * ［W1136.3］屎壳郎造天
W1178	**其他造地者造地**	
W1178.1	太阳造地	傈僳族、裕固族
W1178.2	神与神性人物合作造地	
W1178.2.1	天神与萨满合作造地球	满族 * ［W9146.8］萨满的本领
W1178.3	神与动物合作造地	
W1178.3.1	佛与潜水鸟在海上创造大地	蒙古族
W1178.3.2	海神、龙神与蛇王造地	哈尼族
W1178.4	植物造地	
W1178.4.1	茶树开辟大地	德昂族 * ［W3753］茶树的产生（茶的产生）
W1178a	**与造地者有关的其他母题**	［W1915.1.7］造地者造河
W1178a.1	女神因年老无法造地	瑶族 * ［W1175.5］女神造地
W1178a.2	造地时遇到干扰	傈僳族
W1178a.2.1	造地时的干扰者	① ［W1007.3.1］创世的破坏者； ② ［W1107b］造天地的破坏者
W1178a.2.1.1	特定的神干扰造地	哈尼族
W1179	**造地的方法**	
W1179.1	地是织出来的（织地）	［W1179.8.9.5］仿照藤爬的样子织地
W1179.1.1	用梭子织地	傈僳族
W1179.1.1.1	女始祖用梭子织地	阿昌族
W1179.1.1.2	地母用喉头当梭用脸毛当线织地	阿昌族 * ［W2786］女人为什么没有喉头和胡子

W 编码	母题描述	关联项
W1179.1.2	用土填地网造地	拉祜族 ＊ ［W1240］地网
W1179.1.3	用体毛织地	
W1179.1.3.1	女始祖遮米麻用体毛织地	阿昌族
W1179.2	填海成地	［W9007.2］赶山填海
W1179.2.1	用土填海造地	裕固族、壮族
W1179.2.2	挤海成地	① ［W1172.3.2］海水退后出现地； ② ［W1179.8.8］通过按压造地
W1179.2.2.1	盘古用怪物把海挤走造成地	汉族
W1179.2.3	与填海造地有关的奇特母题	
W1179.2.3.1	填海造地不成功	裕固族
W1179.3	填石造地	
W1179.3.1	女娲用五彩石填地	藏族 ＊ ［W0710］女娲
W1179.4	潜水取土造地	【汤普森】A812；＊ 俄罗斯族、汉族、蒙古族 ＊ ① ［W1247.1］潜水取土；② ［W1809.7］潜水取泥造山
W1179.4.1	龟潜水取土造地	
W1179.4.2	鱼潜水取土造地	【汤普森】A811.1； ＊ ［W1807.5.1］鱼潜水取泥造山
W1179.4.3	魔鬼潜水取土造地	【汤普森】A812.1
W1179.4.4	鸭潜水取土造地	蒙古族
W1179.4.4.1	绿鸭道士淘沙造大地	汉族 ＊ ［W0782.7］绿鸭道人
W1179.4.4.2	大鹏金翅鸟让鸭子潜水取泥	汉族
W1179.4.4.3	野鸭潜水取土造地	蒙古族
W1179.4.5	青蛙潜水取土造地	鄂温克族
W1179.4.6	其他动物潜水取土造地	

W 编码	母题描述	关联项
W1179.4.7	与潜水取土造地有关的其他母题	
W1179.4.7.1	潜水取土放置在手掌上造地	汉族
W1179.4.7.2	潜水取土放置在龟背上造地	汉族
W1179.5	掘土造地	鄂伦春族 ＊［W1184］用土造地（用泥巴造地）
W1179.5.1	神掘土造地	鄂伦春族
W1179.6	找土造地	［W1184］用土造地（用泥巴造地）
W1179.6.1	让动物找土造地	
W1179.6.1.1	创造神用白鸟潜水找来的泥土造地	塔吉克族
W1179.6.2	用身上的泥造地	傣族
W1179.7	用特定的工具造地（造地工具）	
W1179.7.1	用斧子打造地面	［W1110.4］用斧子造天地
W1179.7.1.1	造物主用开山巨斧打造地面	景颇族
W1179.7.1.2	仙人用铜铁斧开山造地	彝族
W1179.7.2	造地时使用风箱	哈尼族 ＊［W6088］风箱
W1179.8	与造地方法有关的其他母题	［W1179.5］掘土造地
W1179.8.1	造地方法的获得	裕固族
W1179.8.1.1	神向蜂学来造地方法	哈尼族
W1179.8.2	支天造地	裕固族 ＊［W1319］天的支撑
W1179.8.3	地是一步步造出来的	【汤普森】A837
W1179.8.4	特定人物滚出地	
W1179.8.4.1	母龙在地上滚9下变成9块地	拉祜族 ＊［W3561.3］母龙

W 编码	母题描述	关联项
W1179.8.5	特定人物推出地	
W1179.8.5.1	堆地之神堆出地	佤族
W1179.8.6	劈开特定物造出地	
W1179.8.6.1	劈开的气包形成地	
W1179.8.7	凭意念造出地	［W1104a.1］上帝的意志产生天地
W1179.8.7.1	神凭借意念造地	回族
W1179.8.8	通过按压造地	［W1179.2.2］挤海成地
W1179.8.8.1	神用手按出地	傈僳族
W1179.8.9	造地的参照物（造地的模子）	
W1179.8.9.1	仿照簸箕造地	彝族 ＊［W1209］地像簸箕
W1179.8.9.2	仿照轿子造地	彝族
W1179.8.9.3	仿照天上的样子造地	鄂伦春族
W1179.8.9.4	仿照建房子造地	藏族 ＊［W6204］房屋的建造
W1179.8.9.5	仿照藤爬的样子织地	彝族（罗罗泼） ＊［W1179.1］地是织出来的（织地）
✳ **W1180**	**造地的材料**	
W1181	**用神或神性人物的身体造地**	
W1181.1	神用自己的儿子的身体造地	【汤普森】A831.1
W1181.2	用巨人的身体造地	【汤普森】A831.2
W1181.3	用创世者的指甲造地	【汤普森】A828
W1182	**用人的身体造地**	【汤普森】A831
W1182.1	用最早的一对兄妹的身体造地	【汤普森】A831.4
W1183	**用动物的身体造地**	【汤普森】A831；＊［W1250.3］肉变化为土

W 编码	母题描述	关联项
W1183.1	用鳖鱼造地	羌族
W1183.2	用牛造地	
W1183.2.1	用龙牛肉造地	哈尼族
W1183.3	动物破碎的肢体拼凑成大地	
W1183.3.1	创世母亲把蛤蟆破碎的肢体拼凑成大地	基诺族
W1184	**用土造地（用泥造地）**	哈尼族、满族 ＊［W1179.4］潜水取泥造地
W1184.0	用泥土造地	土族
W1184.0.1	创世者用泥土造地	蒙古族 ＊［W1175.1］创世者造地球
W1184.0.2	神用泥巴造地	哈尼族
W1184.1	用天泥造地	
W1184.1.1	天神用天泥来捏地球	傈僳族
W1184.2	用神土造地	满族 ＊［W1508.3］用水和神土造万物
W1184.2.1	天神3兄弟撒神土造地	珞巴族
W1184.3	用胶泥造地	【汤普森】≈A821
W1184.4	用动物身上的泥造地	【汤普森】≈A822
W1184.5	用黑土造世界（用黑土造地）	蒙古族
W1184.6	用黄土造地	
W1184.6.1	释迦牟尼在水上撒黄土造地	蒙古族
W1184.6a	用白泥造地	［W1128.4］天是白泥，地是黑泥
W1184.6a.1	天女用白泥造地	彝族（俚颇）
W1184.6b	用瓦泥造地	

W 编码	母题描述	关联项
W1184.6b.1	用瓦泥造出软绵绵的地	拉祜族（苦聪） * ［1233.3.1］地以前是软的
W1184.7	用特定物和泥造地	
W1184.7.1	用泥土沙石造地	侗族
W1184.8	用泥垢造地	
W1184.8.1	神鱼用身上的污垢造地	傣族 * ［W1175.19.5］神鱼造地
W1184.8.2	神搓泥造地球	傣族
W1185	**其他造地的材料**	
W1185.0	用特定的肢体造地	
W1185.0.1	巨人用指甲造地	傣族
W1185.1	用特殊的布料造地	【汤普森】 ≈ A825
W1185.2	用空气和尘土造地球	
W1185.2.1	女天神用空气和尘土造地球	维吾尔族
W1185.3	用水泡造地	柯尔克孜族
W1185.4	蛙的生育物掺石土造地	哈尼族
W1185.5	金丹碎成粉造地	蒙古族
W1185.6	用混沌的下截做地	
W1185.6.1	天神用混沌的下截做地	拉祜族
W1185.7	用松毛铺地	彝族 * ［W1388.2.3.2］补天时松毛作针，蜘蛛网作线
W1185.7a	用草叶铺地	彝族 * ［W1259.3.1］茶叶铺地薄的地方成为坝子
W1185.7b	蕨菜根作为造地的底子	彝族
W1185.7c	用花造地	
W1185.7c.1	在水上种荷花造地	傣族 * ［W1121.1］荷花变成天地

W 编码	母题描述	关联项
W1185.8	用体垢和海水造地球	
W1185.8.1	神用体垢和海水造地球	傣族
W1185.9	用球造地	
W1185.9.1	女娲用从玉帝那里偷来的球造地	汉族 ＊［W9950］偷盗
W1186	**与造地有关的其他母题**	
W1186.1	按佛的旨意造地	蒙古族
W1186.2	造地的准备	
W1186.2.1	祖先造地前先做出地的形状	布依族
W1186.3	造地的时间	傈僳族、哈萨克族、柯尔克孜族
W1186.3.1	造地用了 7 天	［W1012.27］天创造出世界
W1186.3.1.1	天神造地用了 7 天	柯尔克孜族
W1186.3.1.2	上帝造地用 7 天	哈萨克族
W1186.3.1a	造地用了 12 天 12 夜	苗族
W1186.3.2	天女造地用了 77 天	彝族（俚颇） ＊ ①［W0215］天女；②［W1175.5.1］天女造地
W1186.3.3	绿鸭道人造地用了九九八十一天	汉族
W1186.3.4	造地用了 9999 年	哈尼族
W1186.3.5	造地用了 1 万年	汉族
W1186.3.6	春天辟地	纳西族 ＊ ①［W1124.1.6］冬天造天，春天造地；②［W1152.8.2.1］冬天开天
W1186.3.7	天神造人之前先造地	满族

W 编码	母题描述	关联项
W1186.3.8	牛日造地	哈尼族
W1186.3.9	蛇日造地	哈尼族
W1186.3a	造地的地点	
W1186.3a.0	在水中造地	藏族 * ①〔W1185.7c.1〕在水上种荷花造地；②〔W1196.3〕吐在水中的唾液变成地
W1186.3a.0.1	在海中造地	哈尼族
W1186.3a.0.1.1	青蛙生的巨人在海中造地	哈尼族
W1186.3a.1	在天的中央造地	〔W1164〕天的中心
W1186.3a.1.1	女娲在天的中央造地	汉族
W1186.3a.2	在蛤蟆背上造地	土族
W1186.3a.2.1	在金蛤蟆背上造地	土族
W1186.3a.3	把泥放在鱼头上造地	汉族 * 〔W1344.1〕鱼支撑地
W1186.3a.4	在黑影中造出地	哈尼族
W1186.4	两次造地（再造地）	鄂温克族
W1186.4.1	洪水后再造地	满族 * 〔W2531〕洪水后再造人类
W1186.5	造地的帮助者	〔W9987〕帮助者
W1186.5.1	蚂蚁、土狗、蚯蚓等动物帮助造地	哈尼族
W1186.5.2	赶牛造地	哈尼族
W1186.5.2.1	赶龙牛造地	哈尼族
W1186.6	检验造地结果	哈尼族 * 〔W1396.1.2〕地的测量
W1186.7	造地失败（造地不成功）	裕固族 * ①〔W1110.4〕造天地不成功；②〔W1179.2.3.1〕填海造地不成功
✽ **W1187**	**地是生育产生的**	

W 编码	母题描述	关联项
W1188	神或神性人物生地	
W1188.1	地是最高的神王的女儿	哈尼族
W1188.2	女神生大地	【汤普森】A954
W1188.3	巨鸟（神鸟）生地	［W3328.1］巨鸟
W1188.4	鬼姐弟婚生大地	景颇族
W1188.5	神是地的父亲	苗族
W1189	人生地	汉族
W1190	动物生地	
W1190.1	鱼生地	哈尼族 ＊ ① ［W1177.5.1］鱼造地；② ［W1513.2］鱼生万物
W1191	与生育产生地有关的其他母题	
W1191.1	卵生地	① ［W1205.1］地是一个黑鸡蛋；② ［W1250.1］蛋变成土壤
W1191.1.1	精灵生的蛋中生出地	珞巴族
W1191.1.2	混沌卵中生出地	汉族 ＊ ［W1277.2］混沌中分开天地
W1191.2	天地婚生地	珞巴族 ＊ ［W1199.6.1］雾露和云团夫妻孕育了野地
W1191.3	海生地	珞巴族 ＊ ［W1199.3.4.1］地球在海中逐渐变大
W1191.3.1	风和雾使海中产生陆地	藏族
W1191.4	云生地	彝族（阿细）
W1191.4.1	重的云生地	彝族
＊ **W1192**	地是变化产生的	

W 编码	母题描述	关联项
W1193	**神或神性人物变成地**	［W1250.3］肉变成土
W1193.1	创世者的皮肤变成地	【汤普森】A833
W1193.2	被杀死的神的尸体变成地	【汤普森】A831.7
W1193.3	神死后心变成地	彝族
W1193.4	祖先的肉体变成泥土	彝族
W1193.5	怪物的身体变成地	基诺族 ＊ ①［W1197.3.2］怪物的皮变成地；②［W1250.3.2］怪物的肉变成土
W1193.6	盘古变成地	汉族 ＊ ①［W1146.3］盘古变成天；②［W1197.3.1］盘古的心变成地
W1193.6.1	盘古的五脏变地	瑶族
W1193.6.2	盘古的心变成地	彝族 ＊ ［W1193.3］神死后心变成地
W1193.7	与神或神性人物变地有关的其他母题	
W1193.7.1	鬼死后腿变成大地	珞巴族
W1193.7.2	巨人的手变成大地	汉族
W1193.7.3	日月的女儿的身体变成地	白族
W1193a	**人变成地**	
W1193a.1	特定的人死后肉变成地	［W1264.8.2.1］巨人的肉化为良田
W1193a.1.1	弟弟被哥哥杀死后变成地	珞巴族
W1193a.1.2	盘古死后肉变成土地	白族、汉族 ＊ ［W1119.2］盘古垂死化生天地
W1194	**动物变成地**	汉族、怒族
W1194.1	被杀死的动物变成地	【汤普森】A831.6

W 编码	母题描述	关联项
W1194.2	动物的肉变成地	
W1194.2.1	犀牛的肉变成地	布朗族 ＊ ［W1984.2.1］犀牛死后化为锡
W1194.2.2	龙牛肉化为地	哈尼族
W1194.2.3	大鸟的肌肉变成地上的泥巴	彝族
W1194.2.4	马鹿的肉变成大地	普米族 ＊ ［W3286.2］马鹿的产生
W1194.3	动物的皮变成地	
W1194.3.1	蛇皮化为田地	汉族
W1194.3.2	蛇的肚皮化为田地	汉族 ＊ ① ［W1851.3.1］盘古的肚皮化生中岳嵩山；② ［W1977.3.1］神死后肚皮变龙潭
W1194.3.3	马鹿的皮变大地	普米族
W1194.4	动物的血变成地	
W1194.4.1	巨兽的血变成地	怒族 ＊ ［W3047.7.2］巨兽
W1194.4.2	牛血变成地	彝族
W1194.4.3	蛤蟆的血变成地	怒族
W1194.5	动物的其他肢体变成地	
W1194.5.1	巨鸟的翅膀变大地	彝族 ＊ ① ［W1188.3］巨鸟（神鸟）生长；② ［W3328.1］巨鸟
W1194.5.2	鱼鳍变成地	哈尼族 ＊ ［W1147.3］鱼鳍变成天
W1194.5.3	地是野猪的耳朵	蒙古族（布里亚特）
W1195	**卵变成地（蛋变成地球）**	
W1195.1	特定的球变成地（特定的球变成地球）	
W1195.1.1	石球变成地（石球变成地球）	汉族

W 编码	母题描述	关联项
W1195.1.2	如意球变成地	
W1195.1.3	女娲从玉帝那里偷的球变成地球	汉族
W1195.2	蛋的重的部分变成地	苗族
W1195.3	蛋的中间部分变成地	壮族
W1195.3.1	蛋炸开后中间一片变成地	汉族
W1195.4	蛋壳变成地	汉族、彝族
W1195.5	蛋黄变成地	汉族、苗族
W1195.5.1	神生的蛋的蛋黄变成地	彝族
W1195.6	石蛋的一半变成地	汉族
W1195.7	与卵变地有关的其他母题	①〔W1123.1.4〕混沌卵的蛋清变成天，蛋黄变成地；②〔W1191.1〕卵生地
W1195.7.1	鸡蛋样的东西破开后下沉的胎血变成地	汉族
W1195.7.2	盘古劈开妻子生的圆球下沉的一半变成地	汉族
W1195.7.3	气泡变地	汉族
W1196	**抛撒在水上的物质（泥土、沙石等）变成地**	【汤普森】A814；＊珞巴族
W1196.1	抛在水上的石块变成地	【汤普森】A814.1；＊〔W1197.10〕海里露出的石头变成地
W1196.2	撒在水上的沙子变成地	【汤普森】A814.2；＊蒙古族
W1196.3	吐在水中的唾液变成地	【汤普森】A814.10；＊〔W1981.4a.1〕唾液变成黄金

W 编码	母题描述	关联项
W1196.4	水面鸟巢上堆积灰尘变成地	蒙古族 * ① ［W1197.6］积灰成地；② ［W1809.4b］积灰成山
W1196.5	泥撒在巨龟肚子上形成大地	蒙古族
W1196.5.1	神仙在大鳌身上创造了阳世	土族
W1196.6	海上的漂浮物变成地	【汤普森】A813
W1196.7	水里长出的树变成地	【汤普森】A814.4；* ［W1250.7］树叶变成土
W1196.8	水上的蒸汽凝结成地	【汤普森】A814.5；* 哈尼族
W1197	**其他特定的物质变成地**	［W1235.4.1］地漂浮在大海上
W1197.1	泥土变成地	［W1247.3］动物潜水取土
W1197.1.1	黄气化成的泥土变成地	汉族
W1197.1.2	潜水取得的泥土变成地	汉族
W1197.1.3	泥巴灰尘堆积成地	傣族 * ［W1197.6］积灰成地
W1197.1.4	神搓的泥变成地	满族
W1197.1.5	始祖的汗泥变成大地	基诺族
W1197.1.6	女神喷出的尘土变成地球	维吾尔族
W1197.1.7	盘古把生育自己的泥团砍出天地	汉族
W1197.2	被杀死的小孩的尸体变成地	【汤普森】A831.5
W1197.3	特定的肢体变成地（肉变成地）	珞巴族
W1197.3.1	怪物的皮变为地	纳西族 * ［W1193.3］神死后心变成地
W1197.4	植物变成地	

W 编码	母题描述	关联项
W1197.4.1	树的粉末掉到水里变成地	珞巴族
W1197.4.2	树皮变成地	珞巴族
W1197.4.3	地是巴根草	彝族
W1197.4.4	神树变成地	彝族 ＊ ［W0930］神树
W1197.5	一块板子变成地	苗族
W1197.6	积灰成地	【关联】①
W1197.6.1	世界燃烧的灰变成地	拉祜族
W1197.6.2	燃烧的尘土灰堆积成地	蒙古族
W1197.6.3	灰在水上变成地	蒙古族
W1197.7	水变成地	
W1197.7.1	浑水下沉变地	汉族
W1197.7.2	水蒸发形成地	珞巴族 ＊ ［W1172.3.2］海水退后出现地
W1197.7.3	海变硬的部分成为大地	藏族
W1197.7.4	水花海浪凝聚成地	哈尼族
W1197.8	黑云下沉为地	彝族
W1197.9	气变成地	
W1197.9.1	浊气凝结成地	布朗族、布依族、汉族、蒙古族、彝族 ＊ ① ［W4008.1］浊气变成黄色的大地；② ［W4572.2］浊气的产生
W1197.9.2	浊气下沉变成地	汉族、彝族
W1197.9.3	黑色的雾气变成地	布朗族
W1197.9.4	两种气交配产生的血凝结成地	哈尼族
W1197.10	海里露出的石头变成地	【汤普森】A816.1; ＊ 珞巴族

① 【关联】❶ ［W1196.4］水面鸟巢上堆积灰尘变成地；❷ ［W1250.10］水上生的微尘成为土；
❸ ［W1809.4b］积灰成山

W 编码	母题描述	关联项
W1197.10.1	地是浮在水面上的青石板	汉族 * ［W1070.4.5.1］地的下面是水
W1197.10.2	地最早是浮在水面的一块平板	蒙古族 * ［W1376.0.3.4］最初的地浮在水面上会摇晃
W1197.11	海里露出的山变成地	汉族
W1197.12	太阳的碎片变成地	藏族 * ［W1151.6.3］太阳的碎片变成天
W1197.13	石头变成地	① ［W1248.1］石头上面生土；② ［W1250.8］石头变成土
W1197.13.1	岩石的一半变成地	壮族
W1197.13.2	下降的岩石变成地	壮族
W1197.13.3	石渣变成地	哈萨克族
W1197.14	粪便变成地	［W1250.4］粪便变成土
W1197.14.1	青蛙厕的屎变成土地	哈尼族
W1197.15	积血变成地	哈尼族
W1197.16	与特定物质变地有关的其他母题	
W1197.16.1	宝物变成地	侗族
W1197.16.2	烟降落形成地	拉祜族
W1197.16.3	旋转的云雾变成地球	景颇族 * ［W1041.1.1］世界最早只有旋转的云雾
W1197.16.4	风与雾在海中结成的硬块成为陆地	藏族
W1198	**与变地有关的其他母题**	

W 编码	母题描述	关联项
W1198.1	变地有特定的时间	白族
W1198.2	混沌的一部分变为地	汉族
W1198.3	混沌中属"阴"的重浊之物凝结为地	蒙古族
W1198.4	盘古开天地时重的下沉变成泥土	布依族
W1198.5	气体、烟雾和狂风合成地球	傣族 * ［W1235.8］地球被气体、烟雾、风和浪花紧裹
W1198.6	气浪、烟雾、大风与水汽凝成地球	傣族
W1199	**与地的产生有关的其他母题**	【汤普森】A820；* ［W1991.1］有了地后自然产生生物
W1199.0	地产生的时间	［W1124.1］天地产生的时间
W1199.0.1	地在牛年产生	白族
W1199.0.1.1	牛年牛月牛日生出地	彝族（阿细）
W1199.0.1.2	乙丑年生地	彝族
W1199.0.2	地产生在蛇日	哈尼族
W1199.0.3	地球产生在许多亿年前	傣族
W1199.0.4	地球经历 10 万年才形成	傣族
W1199.1	地形成的地点	
W1199.1.1	地在龟背上形成	【汤普森】A815；* 蒙古族
W1199.1.2	地在海水面形成	【汤普森】A816.2；* 汉族、藏族 * ［W1235.4.1］地漂浮在大海上
W1199.1.3	地在蜘蛛网上形成	【汤普森】≈ A823；* 德昂族、傣族 * ［W1265.3.2］蜘蛛结网成岛

W 编码	母题描述	关联项
W1199.1.3.1	天神把蜘蛛网铺在水上造地	傣族
W1199.1.4	陆地在蛤蟆背上形成	土族 ＊［W1247.3.2］青蛙潜水取土造地
W1199.1.5	地球悬挂在牛角上	柯尔克孜族 ＊ ①［W1376.2.2.1］创世主把地固定在牛角上；②［W8567］大地的支撑者造成地震
W1199.1.6	地造在鳌鱼头上	汉族 ＊［W1186.3a.3］把泥放在鱼头上造地
W1199.1.7	地最早生成的方位	白族
W1199.1.8	东西南北四个方位的地的产生	阿昌族
W1199.1.8.1	地从西南方产生	白族
W1199.2	大地始于一元	汉族
W1199.3	地的增大	哈尼族
W1199.3.1	陆地自然变大	柯尔克孜族
W1199.3.2	神或神性人物把地增大	傣族、鄂温克族、壮族
W1199.3.3	动物把地增大	哈尼族、藏族、壮族
W1199.3.4	地增大的情形	傣族、哈尼族、汉族、壮族
W1199.3.4.1	地球在海中逐渐变大	傣族 ＊［W1191.3］海生地
W1199.4	地的变小	①［W1361］天小地大（地大天小）；②［W1383.1a］天的变小
W1199.5	地产生比天晚	
W1199.5.1	天产生之后过一万零八百年生地	汉族
W1199.6	野地的产生	
W1199.6.1	雾露和云团夫妻孕育了野地	景颇族

W 编码	母题描述	关联项
W1199.7	地的发现	
W1199.7.1	鹰最早发现地	彝族（罗鲁泼）
W1199.8	地的五形的产生	
W1199.8.1	特定人物的尸体化生为地的五形	汉族
✿ **W1200**	**地的特征**	【汤普森】①A870；②A900
W1201	**地的性别**	
W1201.1	地是男的	苗族
W1201.2	地是女的	珞巴族
✳ **W1202**	**地的形状（地貌）**	
W1203	**地原来没有一定的形状**	佤族 ＊［W1057.1］混沌（混沌卵）
W1204	**地是方的**	【汤普森】A871；＊ 达斡尔族、汉族 ＊［W1237.4］地有 4 边
W1204.1	最早的地是个大方框	侗族
W1205	**地是圆的（地球是圆的）**	【汤普森】A851；＊ 哈尼族、藏族 ＊ ①［W1062.3］世界是圆的；②［W1233.6］地的变圆
W1205.1	地是一个黑鸡蛋	羌族 ＊［W1191.1］卵生地
W1205.2	地球圆形是焚烧缩成的	柯尔克孜族
W1205.3	地是圆的与球有关	
W1205.3.1	女娲把众物粘在球上把地造成圆的	汉族
W1205.4	把方地改成圆形	
W1205.4.1	众神把方地改成圆形	侗族

W 编码	母题描述	关联项
W1206	地是平的	布朗族、汉族、苗族、羌族 * ［W1254］平原（平地、平坝）的产生
W1206.0	以前地是平的	汉族、羌族
W1206.0.1	盘古最初造出的地是平的	汉族
W1206.0.2	女始祖造出的地是平的	阿昌族
W1206.0.3	灰尘积成平地	蒙古族
W1206.0.4	以前地是平的，只有一些小土岗	苗族
W1206.1	地像席子	
W1206.1.1	以前的地像席子	苗族
W1206.1.2	地像张铺开的垫席	瑶族（布努）
W1206.1.3	神仙赶山后地平如席	苗族
W1206.2	神抽陀螺把地整平	高山族（阿美）
W1206.2.1	神仙抽陀螺把地整平	高山族
W1206.3	用锤把地锤平	彝族
W1206.4	怪物把地弄平	［W0860］怪物
W1206.4.1	怪鸡把地抓平	纳西族
W1206.5	老蛤蟆使大地变平整	佤族
W1206.6	撒草木后地变平	
W1206.6.1	天神撒草木后地变平	蒙古族
W1206.7	把地犁平	［W1259.3.4］造地时犁平的地方成为坝子
W1206.7.1	神把地犁平	哈尼族
W1206.8	特定人物把地削平	

W 编码	母题描述	关联项
W1206.8.1	神人把地削平	苗族
W1206.8.2	神仙用斧子把地削平	彝族
W1206.9	地被洪水冲成平的	哈尼族
W1206.10	地的上下都是平的	蒙古族
W1206.11	地是牛皮铺的所以平坦	藏族
W1207	**地像盘子**	汉族
W1208	**地（地球）像轮子**	【汤普森】A873
W1209	**地像簸箕**	苗族、彝族 ＊ ① ［W1128.5］天像簸帽，地像簸箕；② ［W1179.8.9.1］仿照簸箕造地
W1209.1	最早的地比簸箕还平	阿昌族
W1209.2	把地造得像簸箕	彝族、彝族（罗罗泼）
W1209a	**地像帽子**	［W1159.8］天像帽子
W1209a.1	地像簸帽	彝族
W1210	**与地的形状有关的其他母题**	
W1210.1	地以前的样子像人	珞巴族
W1210.1.1	大地有人一样的肢体	珞巴族
W1210.2	地是一块粘稠物体	汉族
W1210.2.1	地以前像鸭粪	苗族 ＊ ［W1197.14］粪便变成地
W1210.2.2	地是黏渍渍的一块	汉族
W1210.3	大地变化无常	佤族 ＊ ［W1376.2.6.1］蛤蟆的叫声使大地不再变化
W1210.4	地以前是混沌	德昂族、彝族 ＊ ［W1040］最早的世界是混沌

W 编码	母题描述	关联项
W1210.4.1	以前的地浑浊	汉族 ＊ ①［W1127.2］天地之初为混沌；②［W1198.2］混沌的一部分变为地
W1210.4.2	最早的地没有固定形状	佤族
W1210.4.3	地球最早是稀泥和岩石	景颇族 ＊［W1235.11.2］以前的地泥石不分
W1210.5	地像特定的动物	
W1210.5.1	地像马鬃蛇的身体	佤族 ＊［W1215.2］地貌是马鬃蛇造成的
＊ **W1211**	**地貌的成因**	
W1212	**地貌源于神的安排**	【汤普森】A902
W1213	**地貌源于神或神性人物的活动**	【汤普森】A901；＊ 汉族、满族、苗族、水族、瑶族、裕固族、壮族
W1213.1	地貌是神耕地形成的	【汤普森】A951
W1213.2	地貌是文化英雄耙出来的	【汤普森】A951.3
W1213.3	神缩地形成不同地貌	傈僳族 ＊［W1393.1］地的缩小（缩地）
W1213.4	雷公槌地造成凹凸不平	畲族
W1213.5	神修地不认真造成各种地貌	哈尼族
W1214	**地貌源于人的活动**	
W1215	**地貌源于动物的活动**	【汤普森】A903
W1215.1	地貌是猪拱出来的	【汤普森】A951.2
W1215.2	地貌是马鬃蛇造成的	
W1215.2.1	马鬃蛇使大地有了高山、平原、河流、湖泊	佤族

W 编码	母题描述	关联项
W1216	**地貌源于特定的语言**	［W9119.1］魔力的语言
W1216.1	蛤蟆的语言使大地定型为现在的样子	佤族
W1217	**地势的高低**	
W1217.0	以前地不平	【民族，关联】①
W1217.1	地高低不平的来历	
W1217.1.1	大地被雨水冲得高低不平	哈尼族
W1217.1.2	洪水使天和地不再像原来平坦	哈尼族
W1217.1.3	大地有高低是缩地时形成的	彝族 ＊ ［W1393.1］地的缩小（缩地）
W1217.1.3.1	缩地时造成地的凹凸	拉祜族 ＊ ［W1260.2］缩地时鼓出来的地方形成高地
W1217.1.3.2	拉地脉用力不均形成地的高低不平	怒族
W1217.1.4	地神用泥土堆地造成高低不平	佤族 ＊ ［W1179.8.5.1］堆地之神堆出地
W1217.1.5	天神把地锤得高低不平	景颇族 ＊ ［W1213.4］雷公槌地造成凹凸不平
W1217.1.6	牛犁地没有把地犁平	哈尼族
W1217.1.7	神造地时形成高低不平	哈尼族、拉祜族
W1217.1.8	青蛙挤压地形成高低不平	哈尼族 ＊ ［W1498.5.4］挤压使天地变大
W1217.2	地西高东低	① ［W1896.2.3］水为什么向东流；② ［W1938.2］河水为什么向东流
W1217.2.1	地的西部是治水时垫高的	

---

① 【民族】汉族。【关联】❶ ［W1159.3］原来的天不平；❷ ［W1213.4］雷公槌地造成凹凸不平；❸ ［W1369.5］天地有凹凸

W 编码	母题描述	关联项
W1217.2.2	地势东边低是被砸造成的	
W1217.2.2.1	地西高东低是特定人物从天上跳落在东方形成的	布依族
W1217.2.3	地西高东低是被神掀出来的	瑶族
W1217.2.4	神把东方的天柱砍短形成西高东低	苗族 ＊〔W1339.2.7.1〕为降雨砍短东方的天柱
W1217.2.5	东边土地松动造成西高东低	汉族
W1217.2.6	天河水冲出西高东低	汉族
W1217.3	地北高南低	
W1217.3.1	补地时南方石头少造成地北高南低	藏族
W1217.4	地西北高东南低	汉族
W1217.4.1	天塌造成地倾东南	汉族 ＊〔W1365〕天塌
W1217.5	女神把地踏低	水族
W1217.6	海浪使地面变低	白族
W1218	**与地貌成因有关的其他母题**	
W1218.0	为什么坡多平坝少	
W1218.0.1	坡多平坝少是特定人物说话造成的	
W1218.0.1.1	坡多平坝少是耕地的犀牛回答神的提问造成的	布依族
W1218.1	三山六水一分田的来历	〔W1080.9〕地下是三山六水一分田
W1218.1.1	红君道人造地造成三山六水一分田	汉族

W 编码	母题描述	关联项
W1218.2	地改变了原貌	
W1218.2.1	因灾难地改变了原貌	瑶族
W1218a	**与地貌有关的其他母题**	［W1233.1］大地的形状时常变化
W1218a.1	神奇的地貌	【汤普森】D930
W1218a.1.1	使人返老还童的土地	【汤普森】D1338.7；＊［W2968.4］人的返老还童
✲ **W1219**	**地的大小**	
W1220	**原来的地很小**	鄂温克族、怒族 ＊［W1393.2］地的变大（地变大）
W1220.1	神原来造的地很小	藏族
W1220.1.1	神最早造的地球很小	傣族
W1220.2	地原来只有鞍鞯大	哈萨克族
W1220.3	造出的第一个地很小	
W1220.3.1	造出的第一个地球很小	鄂温克族
W1220.4	地有九分大	彝族
W1220.5	地原来像蚂蚁堆一样大	
W1220.5.1	水面上露出的地像蚂蚁堆一样大	壮族
W1221	**地巨大无比**	【汤普森】A853.1；＊苗族 ＊［W1396.1.2］地的测量
W1222	**与地的大小有关的其他母题**	畲族
W1222.1	地厚 4 万多里，宽 28 万多里	傣族
W1222.2	鸟走一步拍地球三下需要 5 千年	傣族

W 编码	母题描述	关联项
W1222.3	地的重量	［W1129.6］天地的重量
W1222.3.1	地重 9 万斤	彝族（阿细）
☀ **W1223**	**地的厚度**	
W1224	**地很薄**	［W1253.4］地壳很薄（地皮很薄）
W1224.1	地厚 3 尺 3 寸	壮族
W1225	**地很厚**	
W1225.1	地有 33 座山的厚度	壮族
☀ **W1226**	**地的层数**	
W1227	**地有 3 层**	傣族（水傣）、傈僳族、塔吉克族 ＊［W1163.3］天有 3 层
W1228	**地有 7 层**	【关联】①
W1228.1	宇宙神造出 7 层地	柯尔克孜族
W1228.2	神造 7 层地	纳西族
W1228.3	创世主造 7 层地	哈萨克族
W1228.4	其他人物造 7 层地	
W1228.4.1	龙主造 7 层地	纳西族
W1228.5	与 7 层地有关的其他母题	
W1228.5.1	7 层黑土	纳西族 ＊［W1232.3］地是黑色的（黑色的地）
W1229	**地有 9 层**	满族、蒙古族
W1230	**地有 18 层**	汉族、纳西族、土家族、裕固族
W1231	**地的其他层数**	
W1231.1	地有 12 层	苗族、瑶族（布努）
W1231.1.1	神用 12 个昼夜造出 12 层地	苗族

① 【关联】❶［W1067.3］世界有 7 层；❷［W1129.4.2］天 7 层，地 7 层；❸［W1163.9.9.1］上有 9 层天，下有 7 层地

W 编码	母题描述	关联项
W1231.2	地有 16 层	
W1231.2.1	地原来有 16 层	傣族
W1231.3	地有 28 层	汉族
W1231.4	地有 77 层	蒙古族 ∗ ［W1163.15.1a］天有 77 层
W1232	**地的颜色**	［W4005］天地的颜色
W1232.1	以前地是白的（白色的地）	［W1129.2］以前天是黄的，地是白的
W1232.1.1	天地初分时因水天相连地是白的	满族
W1232.2	地是黄色的（黄色的地）	满族 ∗ ① ［W1160.4b］黄色的天；② ［W1252.4.2］黄土的来历
W1232.2.1	地是黄色的来历	
W1232.2.1.1	地是蛋黄变的所以呈现黄色	汉族
W1232.2.1.2	土地分开后形成黄色的地	彝族
W1232.3	地是黑色的（黑色的地）	［W1228.5.1］7 层黑土
W1232.3.1	地是黑色的来历	
W1232.3.1.1	地姑娘穿黑衣裳所以地成黑色	哈尼族
W1232.3.2	地是黑色的泥	苗族
W1232.4	与地的颜色有关的其他母题	
W1232.4.1	红色的地	［W1252.4.1］红土（红泥）
W1232.4.1.1	天女用铜铁扫帚扫出红色地	彝族
W1232.4.1.2	风吹出红色的地	哈尼族
W1233	**地会变化（陆地会变化）**	【汤普森】A850

W 编码	母题描述	关联项
W1233.1	大地的形状时常变化	
W1233.1.1	最早的地千变万化	
W1233.1.1.1	最早的地在高山、平原与大海之间互相变化	佤族
W1233.2	原来的地与现在相反	【汤普森】A855；＊［W9959.7］相反的事物
W1233.3	地由软变硬	【汤普森】A856
W1233.3.1	地以前是软的	汉族 ＊［W1057.8］最早的世界是软的
W1233.3.2	日月照晒使软的大地变硬	珞巴族
W1233.3.3	风把软的地吹硬	【汤普森】A856.1
W1233.4	日月把大地晒软	珞巴族
W1233.5	地每天都在变化	满族
W1233.6	地的变圆	①［W1395.2.1］用神锄和神斧把地修圆；②［W1496］天地的变圆
W1233.6.1	地磨掉 4 个角变圆	侗族
W1234	**地的生育**	
W1234.1	大地感光而孕	哈萨克族
W1235	**与地的特征有关的其他母题**	【汤普森】A990
W1235.0	地的周围是特定物	
W1235.0.1	地的上面是神土，下面是石盖，再下面是海水	珞巴族 ＊［W1070.4.5］地的下面是海
W1235.1	以前的大地很安宁	
W1235.2	以前的地是空的	［W1503a.3］因大地空然无物造万物

W 编码	母题描述	关联项
W1235.2.1	地刚形成时是空的	佤族
W1235.2.2	以前地上什么也没有	彝族 ＊［W1161.11.1］以前天上什么也没有
W1235.2.3	以前地球光秃秃	傣族 ＊［W1053.5］最早的世界只有光秃秃的土地和茫茫无际的海水
W1235.3	地不会陷	［W1239.6.1］地没有骨头会塌陷
W1235.3.1	地不会陷的原因	哈尼族
W1235.3.1.1	地不会塌是因为有无数石柱支撑着大地	布依族 ＊ ①［W1168.17］天不会塌的原因；②［W1347］地柱（支地的柱子）
W1235.3.1.2	女子嫁给地神后地不会陷	哈尼族
W1235.3.2	地的凹陷	
W1235.3.2.1	天神造地时形成地的凹陷	傈僳族
W1235.4	地浮在水面上	汉族、满族 ＊ ①［W1070.4.5.1］地的下面是水；②［W1197.10.1］地是浮在水面上的青石板
W1235.4.1	地漂浮在大海上	藏族
W1235.4.1.1	地球漂在大海上	傣族
W1235.4.2	地似游鱼浮在水中	蒙古族
W1235.4.3	地如水上之船	布依族
W1235.4.4	地如平板浮在水面上	蒙古族
W1235.4.5	天神把造的地放在水面上	满族
W1235.4.6	地球浮在水中	傣族
W1235.5	以前的地上都是水	德昂族、汉族、珞巴族 ＊ ①［W1053］最早的世界是水；②［W1053.0］最早地球上都是水

W 编码	母题描述	关联项
W1235.5.1	天地初开时地上都是水	珞巴族、瑶族
W1235.5.2	以前的大地白浪滔滔	德昂族
W1235.5.3	以前地上只有沸腾的洪水	壮族
W1235.5a	以前的地上地少水多	
W1235.5a.0	地上九分水一分地	彝族　＊［W1264.7］田少的来历
W1235.5a.1	以前的地上一分地二分水	哈尼族
W1235.5a.2	世上为什么水多	
W1235.5a.2.1	世上水多是造地者粗心造成的	土家族
W1235.5a.3	世上为什么有无尽的水	
W1235.5a.3.1	神把妹妹嫁给水后世上有了无尽的水	哈尼族
W1235.6	以前的地是湿的	黎族
W1235.6.1	排水使地变干燥	［W1172.3.4］原始大水干后出现地
W1235.6.1.1	大力神疏导水后地变干燥	苗族
W1235.7	以前的地像冰	满族　＊ ①［W1048］最早的世界是冰冷的；②［W1048.1］最早的世界到处是冰雪
W1235.7.1	最早的大地像一包冰块	满族
W1235.8	地球被气体、烟雾、风和浪花紧裹	傣族　＊［W1035］世界最早的情形
W1235.9	以前大地黑暗	【民族，关联】①
W1235.9.1	黑暗之地	【汤普森】F706；＊汉族、门巴族＊［W1050］最早的世界是黑暗的
W1235.9.2	以前地上只有短时间出现光亮	

① 【民族】汉族。【关联】❶［W1056.6］最早的世界黑暗寒冷；❷［W1091.6］以前有个黑洞时代；❸［W1050.1］以前地上是黑暗的；❹［W1499.2］地刚出现后充满黑暗

W 编码	母题描述	关联项
W1235.9.2.1	以前地上只有天神打开天门时才出现光亮	纳西族（摩梭）
W1235.9.3	太阳照不到的地方	汉族
W1235.10	以前地上很亮	鄂伦春族
W1235.11	地是一堆泥巴	汉族
W1235.11.1	以前的地是烂泥巴	苗族
W1235.11.2	以前的地泥石不分	德昂族 ＊［W1210.4.3］地球最早是稀泥和岩石
W1235.11.3	最早的地松软湿烂	［W1235.6］以前的地是湿的
W1235.11.3.1	地神造出的地松软湿烂	纳西族
W1235.12	地分九种	汉族
W1235.12a	地有 7 块	彝族（罗鲁泼）
W1235.13	以前的地不适合人生存	藏族
W1235.13.1	最早的地因为太平难以居住	拉祜族（苦聪） ＊［W1206.0］以前地是平的
W1235.14	以前的地不适合种庄稼	
W1235.14.1	以前的地因不稳定不适合种庄稼	藏族
W1235.15	天下属土地最厉害	鄂温克族
W1235.16	以前的地比现在硬	哈尼族
W1235.17	以前的地到处是洞	彝族 ＊［W1244.4］地洞
W1235.18	以前地上都是森林	独龙族、怒族 ＊ ①［W1996.3.1］世界最早出现的是树；②［W1996.3.1.2］世界最早出现的是森林
W1235.18.1	远古时的大地是荒凉的森林	汉族 ＊［W1038.2］最早的世界是荒凉的

W 编码	母题描述	关联项
W1235.19	最早的地像璞玉	纳西族 * ［W1866.4］玉石（宝石）
W1235.20	地球与太阳的距离	
W1235.20.1	地球与太阳距离的变远	
W1235.20.1.1	地球被烧掉一半后与太阳的距离变远	傣族
W1236	**地的中心（地心）**	鄂温克族
W1236.1	地心是圆饼状	【汤普森】A836
W1236.2	山在地的中心	【汤普森】A875.1.1
W1236.2.1	泰山居地的中心	汉族 * ［W1851.1］泰山（东岳）
W1236.2.2	无量山是地的中心	阿昌族
W1236.3	地心最早形成	蒙古族
W1236.3.1	用牛心做地心	哈尼族
W1236.3.1.1	天神用龙牛心做地心	哈尼族
W1236.3.2	蛋黄变成地心	苗族
W1236.3.2.1	盘瓠打破的蛋黄变成地心	苗族
W1236.4	与地心有关的其他母题	【关联】①
W1236.4.1	穿山甲拱地心	彝族（罗鲁泼） * ［W3278］穿山甲
W1236.4.2	地面到地心 2500 万里	傣族
W1236.4.3	地心冒火	柯尔克孜族 * ［W1840］火山
W1236.4.4	地心是地神的肚脐眼	满族
W1236.4.5	用铁棍撑住地心	水族
W1236.4.6	地心漆黑	满族

---

① 【关联】❶ ［W1376.4.3.4.5］造地心稳固大地；❷ ［W1477.2.2］天梯放在地的中央；❸ ［W1897.15.3］水从地孔中流入地心

W 编码	母题描述	关联项
W1236a	地胆	［W1850.3.6］昆仑山是天心地胆所在
W1236a. 1	虎心作地胆	彝族
W1237	地边	［W1166］天边（天的边际）
W1237. 1	地边是黄铜做的	裕固族
W1237. 2	鱼支撑地边	彝族
W1237. 3	蚂蚁咬齐地边	彝族 ＊ ［W1177.5.4］蚂蚁造地
W1237. 3. 1	缩地时让蚂蚁咬齐地边	彝族
W1237. 4	地有 4 边	彝族 ［W1204］地是方的
W1237a	地极	
W1237a. 1	地的四极	［W1167.2］天有四极
W1237a. 1. 1	盘古的四肢变成地的四极	汉族
W1344. 1. 5	母鱼撑地边	彝族 ＊ ① ［W1344.1］鱼支撑地；② ［W1376.4.2a.1］支地的四边稳固大地
W1237b	地门	① ［W1087.1］下界之门（阴间之门、地狱之门）；② ［W1168.21］天门
W1237b. 1	地门的产生	
W1237b. 1. 1	地门是造出来的	
W1237b. 1. 2	地门是变化产生的	
W1237b. 1. 2. 1	数字变成地门	彝族
W1237b. 2	地的四门	
W1237b. 2. 1	地的东门	蒙古族（布里亚特）
W1237b. 2. 2	地的南门	

W 编码	母题描述	关联项
W1237b.2.3	地的西门	傣族
W1237b.2.4	地的北门	
W1237b.2	地门的特征	
W1237b.2.1	地的西方有三重门	
W1237b.2.1.1	地的西方有内层、中层、外层三重门	蒙古族（布里亚特）
W1237b.2.2	地门有特定物看守	［W1744.10］启明星守护大地中层大门
W1237b.2.2.1	地的四门由不同动物看守	傣族
W1237b.2.2.2	狮子看守地门	傣族 ＊［W3292］狮子
W1237b.2.2.3	神和仙人看管地门	彝族
W1237b.3	与地门有关的其他母题	
W1237b.3.1	地门的打开	
W1237b.3.1.1	狗打开地门	汉族 ＊［W3126］狗看门的来历
W1237b.3.1.2	地神的女儿打开地门	哈尼族
W1237b.3.2	地门上锁	
W1237b.3.2.1	金锁银锁锁地门	彝族
W1237b.3.3	地门90道	彝族
W1237b.3.4	地有9门	彝族
W1237c	**地的中央**	［W1850.3.6.1］昆仑山在地中央
W1237c.1	地中央的居民	阿昌族
W1238	**地脉（地维、地筋、地线、地理）**	
W1238.1	特定人物的筋脉变地脉	
W1238.1.1	盘古的筋脉变地脉	汉族

W 编码	母题描述	关联项
W1238.1.2	盘古用自己的筋脉造地理	畲族
W1238.2	天帝布四维	汉族　＊［W0204.9］天帝的职能
W1238.3	动物的骨架变地脉	
W1238.3.1	马鹿的骨架变成地脉	普米族　＊［W3286］与鹿有关的其他母题
W1238.4	树根做地筋	彝族
W1238.5	地脉的数量	
W1238.5.1	9 根地脉	怒族
W1238.5.2	多根地线	
W1238.5.2.1	缩地时抽去 3 根地线	阿昌族［W1393.1.1］拉地的筋脉缩地
W1238.6	地维的断裂	汉族
W1238.6.1	地维的修补	苗族
W1238.7	与地脉有关的其他母题	［W1244.10.2］地绳
W1238.7.1	洞通地脉	汉族
W1238.7.2	地脉通海与山	汉族
W1238.7.3	地线是特定的土	
W1238.7.3.1	地线是戊己土	彝族
W1239	**地梁（地骨）**	
W1239.1	神造地梁	哈尼族
W1239.1.1	神用神牛的脊梁做地梁	哈尼族
W1239.1.2	神用金珠、银珠造地梁	哈尼族
W1239.2	地梁的支撑	
W1239.2.1	牛脊梁做支地的地梁	哈尼族
W1239.2.2	地梁放在地柱上面	哈尼族　＊［W1239.6.2］地梁放在天柱下

W 编码	母题描述	关联项
W1239.3	地梁的数量	拉祜族
W1239.3.1	16 根地梁	苗族
W1239.4	天神的脚骨架变成地骨	拉祜族
W1239.5	用石头做地骨	彝族 ＊［W1243.10.1］岩石是地的骨头
W1239.5.1	神用石头做地骨	彝族
W1239.6	与地梁（地骨）有关的其他母题	
W1239.6.1	地没有骨头会塌陷	拉祜族 ＊［W1235.3］地不会陷
W1239.6.2	地梁放在天柱下	拉祜族 ＊［W6207］建筑方法
W1239a	**地椽**	
W1239a.1	地椽架在地梁上	拉祜族
W1239a.2	地椽有 360 万根	
W1240	**地网**	
W1240.1	天神造地网	
W1240.1.1	天神厄莎用 7 万 7 千个泥团造成地网	拉祜族
W1240.2	神织地网	［W1179.1.2］用土填地网造地
W1240.2.1	女神织 360 万个地网	拉祜族
W1240.3	地网的特征	
W1240.3.1	地网像一块木板	拉祜族 ＊［W1197.10.1］地是浮在水面上的青石板
W1241	**地的经纬**	傈僳族 ＊［W8957.4］水与陆地之争
W1241.1	地由东西南北四部分造成	阿昌族

W 编码	母题描述	关联项
W1241.2	女神用梭子织出地的经纬分明	傈僳族
W1242	**地角**	［W1376］地的稳固
W1242.1	地有 4 角（4 个地角）	水族、汉族、土家族、彝族
W1242.2	固定地的 4 角	蒙古族 ＊ ［W1337.0.1］4 根天柱支在东南西北 4 个地角
W1242.2.1	用石压地的四角	彝族
W1242.2.2	用铜钉钉地的四角	壮族
W1242.2.3	公鱼支撑地角	彝族 ＊ ① ［W1340］地的支撑；② ［W1344.1.5］母鱼撑地边
W1242.2.3.1	补地者捉公鱼支撑地角	彝族
W1242.3	缝地的四角	瑶族
W1242.4	与地角有关的其他母题	
W1242.4.1	天上众神固定了大地的四角	蒙古族
W1242.4.2	地脚在河流汇合处	哈尼族
W1242.4.3	地脚在天地接头处	哈尼族
W1242.4.4	地角石	汉族 ＊ ［W1866.6］压地石
W1243	**地的其他构成**	
W1243.1	地尾	
W1243.1.1	虎尾作地尾	彝族
W1243.1.1.1	天女用虎尾作地尾	彝族 ＊ ［W1175.5.1］天女造地
W1243.2	地的头（地头）	
W1243.2.1	山坡是地的头	仡佬族 ＊ ［W1847］山坡
W1243.2.2	虎头做地头	彝族（罗鲁泼）
W1243.3	地的眼睛	［W1244.4.3.2］地眼
W1243.3.1	水坑是地的眼睛	仡佬族 ＊ ［W1976.4］消水坑

W 编码	母题描述	关联项
W1243.4	地的耳朵	仡佬族
W1243.5	地的鼻子	仡佬族
W1243.6	地的嘴	仡佬族
W1243.7	地的四肢	仡佬族
W1243.8	地的肚子	仡佬族 ＊［W1414.2］天地由脐带相连
W1243.9	地的毛发	
W1243.9.1	草木是地的头发	仡佬族
W1243.9.2	草木是地的汗毛	仡佬族
W1243.10	地的骨头	
W1243.10.1	岩石是地的骨头	仡佬族、彝族 ＊［W1239.5］用石头做地骨
W1243.11	地的肉	
W1243.11.1	泥巴是地的肉	仡佬族 ＊［W1250.3］肉变化为土
W1243.12	地的生殖器	珞巴族
W1243.12a	地乳	
W1243.12a.1	特定的山是地乳	［W2784.4］巨大的乳房
W1243.12a.1.1	岐山是地乳	汉族
W1243.13	地上的坑	
W1243.13.1	地上的天坑	
W1243.13.2	造地者用杖戳出天坑	土家族
W1243.14	地户	汉族
W1243.14.1	地户是天门	汉族 ＊［W1168.21］天门
W1243.14.2	地户无底	汉族
W1243.14.3	地户在东南	汉族

W 编码	母题描述	关联项
W1244	**与地有关的其他母题**	
W1244.1	原来有 2 个地球	鄂温克族 ＊ ［W1067.1］地球有地上、地下两个世界
W1244.1.1	人类产生前有 2 个地球	鄂温克族
W1244.2	四大洲	
W1244.2.1	世界有四洲	门巴族
W1244.2.2	花朵变成四大洲	［W1121.1］荷花变成天地
W1244.2.2.1	天神往种的荷花撒土造地四个荷花瓣变成四大洲	傣族
W1244.2.3	特定人物划分四大洲	
W1244.2.3.1	天神划分四大洲	傣族
W1244.2.3.2	圣母分开四大洲	毛南族 ＊ ［W0794.4］圣母
W1244.2.4	四只动物代表四大洲	傣族
W1244.2.5	与四大洲有关的其他母题	
W1244.2.5.1	十洲	
W1244.2.5.1.1	十洲即祖、瀛、炎、玄、长、元、流、生、凤麟、聚窟等洲	汉族
W1244.2a	其他特定名称的洲	
W1244.2a.0	长洲	
W1244.2a.0.1	长洲在南海	汉族
W1244.2a.1	方丈洲	
W1244.2a.1.1	方丈洲在东海中心	汉族
W1244.2a.2	凤麟洲	
W1244.2a.2.1	凤麟洲在西海中央	汉族
W1244.2a.3	火洲	

W 编码	母题描述	关联项
W1244.2a.3.1	火洲有自生之火	汉族 ＊ ［W4585］火的产生
W1244.2a.4	流洲	
W1244.2a.4.1	流洲在西海	汉族
W1244.2a.5	玄洲	
W1244.2a.5.1	玄洲在北海	汉族
W1244.2a.6	炎洲	
W1244.2a.6.1	炎洲在南海	汉族 ＊ ［W0253.3］炎帝是南方神
W1244.2a.7	瀛洲	
W1244.2a.7.1	瀛洲在东海	汉族
W1244.2a.8	郁洲	
W1244.2a.8.1	郁洲在东北海	汉族
W1244.2a.9	元洲在北海	
W1244.2a.9.1	元洲在北海	汉族
W1244.2a.10	祖洲在东海	
W1244.2a.10.1	祖洲在东海	汉族
W1244.2b	奇特的洲	
W1244.2b.1	会移动的洲	① ［W1091.8.1］以前有个河水会说话，大山会走路的时代； ② ［W1265.6.3］会移动的岛
W1244.2b.1.1	迁来之州	汉族
W1244.2c	与洲有关的其他母题	
W1244.2c.1	渚	
W1244.2c.1.1	特定的人物化为渚	汉族
W1244.2c.1.2	积水成渚	汉族 ＊ ［W1976.5.2］积水成塘
W1244.3	人是土地主人的来历	回族

W 编码	母题描述	关联项
W1244.4	地洞	苗族 ＊［W1391.4］地上出现窟窿
W1244.4.1	地洞的产生	
W1244.4.1.0	自然产生地洞	彝族
W1244.4.1.1	造地时留下地洞	哈尼族、拉祜族
W1244.4.1.1.1	造地者戳出地洞	土家族、彝族（俚颇）
W1244.4.1.2	地洞是铺地时留下的排水洞	彝族（阿细）
W1244.4.1.2a	地洞是补地时留下的洞	彝族（阿细）＊［W1390］地的修补（补地）
W1244.4.1.3	地震造成地洞	彝族 ＊［W8569］与地震有关的其他母题
W1244.4.1.4	雷公用锤砸出地洞	苗族
W1244.4.1.5	地洞是老鼠打出来的	布依族 ＊［W3228.7］老鼠打洞的来历
W1244.4.2	地洞的特征	
W1244.4.2.1	地洞流干地上的水	彝族
W1244.4.2.2	地洞通地下世界	蒙古族（布里亚特）
W1244.4.3	与地洞有关的其他母题	①［W1235.17］以前的地到处是洞；②［W1846］山洞
W1244.4.3.0	地洞有 7 个	
W1244.4.3.0.1	造地者戳出 7 个地洞	彝族（俚颇）＊［W1244.4.1.1.1］造地者戳出地洞
W1244.4.3.1	地洞有 4 个	
W1244.4.3.1.1	东西南北各有一个地洞	彝族
W1244.4.3.2	地眼	①［W1243.3］地的眼睛；②［W1244.4］地洞

W 编码	母题描述	关联项
W1244.4.3.2.1	神造地时留下许多地眼	哈尼族
W1244.4.3.3	土洞	
W1244.4.3.3.1	土洞是特定人物戳出的伤口	汉族
W1244.5	地的背面	苗族
W1244.6	地气	瑶族　*　［W1263.1］地眼是给地气的路
W1244.6.1	地气从地眼冒出	哈尼族　*　［W1244.4.3.2］地眼
W1244.6.2	神拉风箱产生地气	哈尼族
W1244.7	地种	彝族　*　①［W1394.9］撒地种补地；②［W3998.1］奇特的种子
W1244.8	宝地	
W1244.8.1	宝地有金凤凰光顾	仫佬族
W1244.9	地遭到毁坏	［W8573］地陷（地的塌陷）
W1244.9.1	地被风吹破	彝族
W1244.9.2	地球的破坏者	［W1007.3.1］创世的破坏者
W1244.9.2.1	鸟啄坏地球	傣族（水傣）
W1244.10	地球的装束	
W1244.10.1	地球的腰带	
W1244.10.1.1	金绳子是地球的腰带	蒙古族
W1244.10.2	地绳	［W1238］地脉（地维、地筋、地线、地理）
W1244.10.2.1	9 根地绳系地	基诺族
W1244.11	地有特定的功用	
W1244.11.1	地是地神居住的地方	哈尼族　*　［W0233］地神的生活
W1244.12	荒野	［W1199.6］野地的产生

W 编码	母题描述	关联项
W1244. 12. 1	四荒	汉族
W1244. 13	滩地（湿地）	
W1244. 13. 1	湖泊变成滩地	东乡族 ＊［W1950］与湖有关的其他母题
✿ **W1245**	**土（泥土、土壤）**	
✳ **W1246**	**土的产生**	【汤普森】A998
W1247	**土来源于某个地方**	
W1247. 1	潜水取土	俄罗斯族、塔吉克族 ＊ ①［W1179.4］潜水取泥造地；②［W1251.5］泥土的发现
W1247. 1. 1	以前土全在水底	汉族 ＊［W1172.3.5］洪水退去出现地
W1247. 2	神或神性人物潜水取土	汉族
W1247. 3	动物潜水取土	［W1179.4］潜水取土造地
W1247. 3. 1	鸭潜水取土造地	蒙古族
W1247. 3. 2	青蛙潜水取土造地	鄂温克族 ＊［W1199.1.4］陆地在蛤蟆背上形成
W1247. 4	动物衔来泥土	
W1247. 4. 1	白马和白象帮助造地	拉祜族
W1248	**土自然产生**	
W1248. 1	石头上面生土	【民族，关联】①
W1249	**土是造出来的**	
W1249. 1	用汗垢造土	拉祜族
W1249. 2	祖先造五色泥	布依族 ＊［W1252.4.3］五色土（五彩土、五土）

①　【民族】藏族。【关联】❶［W1197.13］石头变成地；❷［W1250.8］石头变成土；❸［W1258.1］往石块上撒土形成了平原

W 编码	母题描述	关联项
W1249.3	神铺出土壤	景颇族
W1249.4	与造土有关的其他母题	
W1249.4.1	造地的帮助者	［W9987］帮助者
W1250	**土是变化产生的**	
W1250.1	蛋变成土壤	［W1191.1］卵生地
W1250.2	尸体化生为土	苗族、彝族
W1250.2.1	神死后肉变成泥土	仡佬族
W1250.2.2	盘古死后肉变成泥土	汉族
W1250.2.3	蚩尤的身体化生土	汉族 ＊［W0672］蚩尤
W1250.2.4	始祖死后变成泥土	景颇族
W1250.3	肉变成土	仡佬族、纳西族 ＊［W1193.5］怪物的身体化为地
W1250.3.1	神的血肉变成泥土	景颇族
W1250.3.2	怪物的肉变成土	纳西族
W1250.3.3	鸟的肉变成泥巴	藏族
W1250.3.3.1	人面大鸟的肉变成泥土	藏族
W1250.3.4	天父地母的儿子死后肉变成泥土	珞巴族
W1250.3.5	盘古死后肉变成土	白族 ＊ ①［W1119.2］盘古垂死化生天地；②［W1193a.1.2］盘古死后肉变成土地
W1250.4	粪便变成土	侗族 ＊［W1197.14］粪便变成地
W1250.4.1	动物的粪便变成土	
W1250.4.1.1	青蛙屙的屎变成土	哈尼族 ＊［W1197.14.1］青蛙屙的屎变成土地

W 编码	母题描述	关联项
W1250.5	脑髓变成土	哈尼族
W1250.6	龙鳞变成土	土家族 ＊［W3566］龙的鳞（龙鳞）
W1250.7	树叶变成土	彝族
W1250.7.1	茶叶化为泥土	德昂族
W1250.7a	草变成泥	
W1250.7a.1	青苔上长出的草变成泥	傣族
W1250.8	石头变成土	汉族 ＊［W1248.1］石头上面生土
W1250.9	其他特定物变成土	
W1250.9.1	水上生的微尘成为土	蒙古族
W1250.9.2	雾变成泥土	布依族
W1250.9.3	浊气变成泥土	水族
W1251	**与土的产生有关的其他母题**	①［W1252.3］会自己增大的土（息壤）；②［W1252.4.1］红土的来历
W1251.1	神的意志产生土	傣族 ＊［W1104a.1］上帝的意志产生天地
W1251.2	重的物质变成泥土	
W1251.2.1	重的雾气变成泥土	布依族 ＊［W1250.9.2］雾变成泥土
W1251.3	土产生的条件	
W1251.4	土地每天都在生长	
W1251.5	泥土的发现	［W1247.1］潜水取土
W1251.5.1	屎壳郎找来泥	哈尼族 ＊［W1177.5.5］拱屎虫造地（屎壳郎造地）
W1252	**与土有关的其他母题**	
W1252.1	神奇之土（魔力之土）	【汤普森】D935

W 编码	母题描述	关联项
W1252.2	以前天下只有一种泥	布依族
W1252.3	会自己增大的土（息壤、息土）	汉族、柯尔克孜族
W1252.3.1	息壤在天帝处	汉族
W1252.3.1.1	天庭有息壤	汉族 ＊ ①［W1792.0］天庭；②［W1792.8］天宫中的物件
W1252.3.2	息壤在昆仑山	汉族 ＊［W1850］昆仑山
W1252.3.3	与息壤有关的其他母题	①［W1252.4.5.2］青泥是息壤；②［W1252.4.6.1］色土见水就长
W1252.3.3.1	息壤可堵洪水	汉族
W1252.3.3.2	鲧窃息壤	汉族 ＊［W0686］鲧
W1252.3.3.3	息壤是神土	汉族
W1252.3.3.4	息石	汉族
W1252.4	土的颜色	［W1232］地的颜色
W1252.4.1	红土（红泥）	布朗族、赫哲族 ＊ ①［W1232.4.1］红色的地；②［W1826.1.2］红土山
W1252.4.1.1	祖先造红土	布依族
W1252.4.1.2	血染出红土地	畲族 ＊［W1826.1.1］山的红色是血液染成的
W1252.4.1.2.1	红土是被日月的血染红的	布朗族
W1252.4.1.3	神仙的胭脂变成红泥	汉族
W1252.4.1.4	红土是太阳烤红的	赫哲族
W1252.4.2	黄土	壮族 ＊［W1232.2］地是黄色的来历
W1252.4.2.1	用牛的脑髓做黄土	哈尼族

W 编码	母题描述	关联项
W1252.4.2a	黄泥	
W1252.4.2a.1	天仙用铜去焊接大地形成黄泥	壮族
W1252.4.2a.2	黄泥有黏性	布依族
W1252.4.3	五色土（五彩土、五土）	［W1249.2］祖先造五色泥
W1252.4.3.1	祖先为种庄稼造五彩泥	布依族
W1252.4.3.2	盘古的肌肉变成五色土	汉族　＊　［W1250.3.5］盘古死后肉变成土
W1252.4.3.3	五土是青、赤、白、黑、黄五色土	白族
W1252.4.4	黑土	①［W1232.3］地是黑色的（黑色的地）；②［W1228.5.1］7 层黑土
W1252.4.4.1	黑土是灰形成的	汉族
W1252.4.4.2	杀的神牛的肉变成黑土	布依族
W1252.4.4.3	祖先造黑土	哈尼族
W1252.4.4.4	黑土适宜种庄稼	布依族　＊　［W1252.6］有的土地为什么肥沃（沃土）
W1252.4.5	青泥	
W1252.4.5.1	青泥是龙食	汉族
W1252.4.5.2	青泥是息壤	汉族　＊　［W1252.3.3］与息壤有关的其他母题
W1252.4.6	色土	
W1252.4.6.1	色土见水就长	汉族
W1252.5	陶土	［W6251］陶器的产生
W1252.5.1	特定的肢体变成陶土	
W1252.5.1.1	天父地母的儿子死后肝变成陶土	珞巴族

W 编码	母题描述	关联项
W1252.5a	灰土（灰泥）	
W1252.5a.1	祖先为开荒造灰泥	布依族　＊　［W6048］开荒造田
W1252.5b	沙	
W1252.5b.1	沙的产生	
W1252.5b.2	流沙	汉族
W1252.5b.3	沙滩	
W1252.5b.3.1	龙回头造成沙滩	汉族
W1252.5b.4	沙洲	
W1252.5b.4.1	洪水退去形成沙洲	瑶族
W1252.6	有的土地为什么肥沃（沃土）	①［W1252.4.4.4］黑土适宜种庄稼；②［W1264.8.2］良田
W1252.6.0	以前土地很肥沃	彝族
W1252.6.1	肉变成肥沃的土地	①［W1250.3］肉变化为土；②［W6051.11.3］腐肉作为肥料
W1252.6.1.1	臀部的肉变成肥沃的土地	珞巴族
W1252.6.1.2	牛的瘦肉成为肥土	哈尼族
W1252.6.2	血化为沃土	
W1252.6.2.1	始祖的血浇灌出沃土	基诺族
W1252.6.3	土地肥沃是神撒下油沙土造成的	满族
W1252.7	贫瘠的天地	仫佬族
◎	〖特定的地形、地貌的产生〗	
W1253	地壳的产生（地皮的生产）	
W1253.1	地壳是变化产生的	
W1253.1.1	神的脑壳变成地壳	汉族

W 编码	母题描述	关联项
W1253.2	地壳是造出来的	
W1253.2.1	神土造地壳	
W1253.2.1.1	神用黄土黑土造地壳	哈尼族　＊〔W1232.2〕地是黄色的来历
W1253.2.2	用动物皮造地壳	
W1253.2.2.1	神用虎皮作地皮	〔W1394.2.1〕用牛皮补地
W1253.3	地壳的变化	
W1253.3.1	因烧特定物引起地壳变化	
W1253.3.1.1	因烧蛤蟆皮引起地壳变化	羌族
W1253.4	地壳很薄（地皮很薄）	〔W1224〕地很薄
W1253.4.1	人打桩会凿穿地皮	壮族
＊**W1254**	**平原的产生（平地的产生、平坝的产生）**	〔W1206〕地是平的
W1255	**特定人物造出平原**	
W1255.0	神或神性人物造平原	侗族
W1255.0.1	神造出平原	汉族
W1255.0.2	仙人造出平原	彝族
W1255.1	神或神性人物修整大地时形成平原	彝族　＊〔W1255.5.1〕神修整大地时捶出平地
W1255.1.1	神修整大地时形成平原	珞巴族　＊〔W1396.3.0〕神修整天地
W1255.1.2	巨人修整天地时形成平地	苗族
W1255.1.3	造物主造地时用斧子打得轻的地方成为平地	景颇族
W1255.1.4	仙子平整地面时造出平原	彝族

W 编码	母题描述	关联项
W1255.2	神或神性人物拉平地脉形成平地	怒族　＊［W1238］地脉（地维、地筋）
W1255.2.1	9 个神仙拉平地脉形成平地	怒族
W1255.3	造地者推压大地形成平川	仡佬族、哈尼族、汉族、基诺族
W1255.4	神或神性人物推平高山形成平地	彝族、藏族
W1255.4.1	把山赶走形成平原	汉族
W1255.5	特定的人物捶出平地	侗族、景颇族、羌族、彝族　＊［W1259.3.11］1 个女人捶出平坝
W1255.5.1	神修整大地时捶出平地	彝族
W1255.5.2	英雄父子锤出平地	彝族
W1255.6	神用耙耙出平原	布依族、哈尼族、黎族
W1255.6.1	神犁天耙天时耙着的地方形成平地（平坝）	布依族、哈尼族、汉族
W1255.6a	特定人物犁出平地	［W1206.7］把地犁平
W1255.6a.1	平地是神人犁地犁出的沟底	哈尼族
W1255.6.7	特定人物劈出平地	
W1255.6.7.1	雷公劈出平地	苗族　＊①［W0342］雷神手持斧子；②［W1416.5.3］雷公劈掉上天的山绝地天通
W1255.8	神或神性人物抛物时薄的地方变成平地	满族、彝族
W1255.8.1	神撒沙治水撒的薄的地方变成平地	羌族
W1255.9	特定人物铺出平原	①［W1185.7a］用草叶铺地；②［W1259.3.1］茶叶铺地薄的地方成为坝子

W 编码	母题描述	关联项
W1255. 9. 1	女娲用芦草灰铺出平原	汉族
W1255. 10	特定人物擀山形成平地	
W1255. 10. 1	金姑娘擀山形成坝子	彝族（阿细）
W1255. 11	特定人物捏出平地	
W1255. 11. 1	天神捏出平地	傈僳族
W1256	**特定人物踩踏出平原**	哈尼族、彝族 ＊［W1175.7.1］夫妻神夫妇踩出地
W1256. 1	神踩出平地（神踩出坝子）	佤族
W1256. 1. 1	雷公踏出平地	苗族
W1256. 1. 2	马踏出平地	苗族
W1256a	**特定人物拖擦出平地**	［W1294.4］用扫帚扫开天地
W1256a. 1	女地神的裤子拖刷出平地	哈尼族
W1256b	**特定人物舔出平地**	
W1256b. 1	神舔出平地	佤族
W1257	**动物的活动形成平原**	
W1257. 1	龙在地上滚出平地（龙在地上滚出坝子）	拉祜族 ＊ ①［W3578］龙的行走；②［W1935.7］龙的脚印形成江河
W1257. 2	鸟衔石堆出平地	满族 ＊［W1265.3.6］神堆出岛
W1258	**平原产生的其他方式**	
W1258. 1	往石块上撒土形成了平原	珞巴族 ＊［W1248.1］石头上面生土
W1258. 2	水消退后出现平原	珞巴族
W1258. 2. 1	大海后退形成平原	佤族 ＊［W1259.3.2a］海水退去形成平坝
W1258. 3	争斗的痕迹形成平地	①［W1810.4］争斗时形成山；②［W1845.1.11.2］人妖争斗时脚蹬出沟

W 编码	母题描述	关联项
W1258. 3. 1	神的争斗形成平地	柯尔克孜族
W1258. 4	移走大山变平地	
W1258. 4. 1	人挑走大山形成平地	仫佬族　＊［W9779. 6］担山射日
W1258. 4. 2	人赶山形成平原	毛南族
W1259	**与平原有关的其他母题**	［W1498. 1. 9］岛以前是平原
W1259. 1	神奇的平地	【汤普森】D937
W1259. 2	山间平地是巨人的足印	独龙族
W1259. 3	平坝（坝子）	
W1259. 3. 1	茶叶铺地薄的地方成为坝子	德昂族　＊［W1255. 9］特定人物铺出平原
W1259. 3. 2	地上不积水的地方成为坝子	景颇族　＊［W1498. 1. 2. 3］平坝以前是湖泊
W1259. 3. 2a	大水退去形成平坝	白族　＊　①［W8500］洪水的消除；②［W1498. 1. 2］平坝以前是海洋
W1259. 3. 2b	海水退去形成平坝	白族
W1259. 3. 3	高山冲刷下来的土石成为坝子	白族
W1259. 3. 4	神造地时犁平的地方成为坝子	哈尼族
W1259. 3. 5	仙子锤出坝子	彝族　＊［W1255. 5］特定的人物捶出平地
W1259. 3. 5. 1	仙子平整地面打造出平坝	彝族
W1259. 3. 6	人造坝子	哈尼族
W1259. 3. 7	鹿皮变成坝子	普米族
W1259. 3. 8	马踏出坝子	苗族　＊［W1256. 1. 2］马踏出平地
W1259. 3. 8a	野猪拱出平坝	彝族

W 编码	母题描述	关联项
W1259.3.9	树倒地造成坝子	哈尼族
W1259.3.10	盘古王用板斧劈出平坝	布依族 ∗［W0724.2］盘古的斧子
W1259.3.11	一个女人捶出平坝	羌族
W1259.3.12	神挑石填土造平坝	彝族
W1259.3.13	水中的水沫变成平坝	傣族
W1259.4	平川	［W1255.3］造地者推压大地形成平川
W1259.4.1	填海成平川	汉族
W1260	**高原的产生**	
W1260.1	洪水退去形成高原	藏族
W1260.2	缩地时鼓出来的地方形成高地	藏族 ∗ ①［W1217.1.3.1］缩地时造成地的凹凸；②［W1393.1.7.5］神推高地上的土缩地
W1260.3	修地时鼓出来的地方形成高地	
W1260.3.1	女始祖修地时鼓出来的地方形成高地	壮族
W1260.4	特定人物的身体变成高原	
W1260.4.1	盘古的身体变成高原	汉族 ∗［W1193.6］盘古变成地
W1261	**草原的产生**	
W1261.1	撒土造出草原	
W1261.1.1	天神往石板上撒土形成草原	珞巴族
W1261.2	洪水退去出现草原	藏族
W1261.3	与草原有关的其他母题	
W1261.3.1	射落的月亮变成草坪	纳西族 ∗［W9790］射日月的结果
W1261.3.2	鹿皮变成草原	普米族

W 编码	母题描述	关联项
W1262	沙漠的产生	【汤普森】A957
W1262.1	神没撒种子的地方变成沙漠	汉族
W1263	地上的洞的来历	【汤普森】A983; * ［W1244.4］地洞
W1263.1	地眼是给地气的路	哈尼族 * ［W1244.6］地气
W1263.2	地上的洞是造地时戳出来的	汉族
W1263.3	地上的窟窿用来刮风	哈尼族 * ［W1391.4.3］大神在地上留下窟窿用来刮风
W1264	田地的来历	瑶族、壮族 * ① ［W1170］地的产生; ② ［W6045.1］耕田的产生
W1264.0	田地自然存在	
W1264.0.1	洪水退后露出田地	汉族
W1264.1	田地是造出来的	布依族、瑶族、壮族 * ① ［W1173］地是造出来的（造地）; ② ［W6048］开荒造田
W1264.1.1	男神造田	瑶族
W1264.1.1.1	男神搬山造田	彝族 * ［W1953.8］搬山造海
W1264.1.2	神锤出田	彝族
W1264.1.3	祖先造田	布依族
W1264.1.3.1	始祖为种稻造田	苗族
W1264.1.4	仙人造田坝	彝族
W1264.1.5	盘古造田地	彝族 * ［W1175.14］盘古造地
W1264.1.5.1	盘古用肌肉造田地	畲族
W1264.1.6	神公神婆造田	苗族
W1264.1.7	土地神造田	瑶族 * ［W0236.2］土地神的职能

W 编码	母题描述	关联项
W1264.2	特定的人物开辟田地	仡佬族
W1264.2.1	祖先开山造田	瑶族
W1264.2.2	造物主开辟田地	景颇族
W1264.3	田地是变化产生的	汉族
W1264.3.1	水面变成田	哈尼族
W1264.3.2	巨人的肉变成田	布依族
W1264.4	田地产生的其他方式	
W1264.5	梯田的来历	［W6048］开荒造田
W1264.5.1	用牛肋骨造梯田	哈尼族
W1264.6	水田的来历	汉族
W1264.7	田少的来历	［W1235.5a.0］地上九分水一分地
W1264.7.1	造地时形成今天的田地少	汉族
W1264.7.2	传错话形成今天的田地变少	布依族 ＊［W9953.1.1］传错话
W1264.7.2.1	天使传错话使有的地方山多田少	水族
W1264.8	与田地有关的其他母题	
W1264.8.1	以前的田地没有边界	壮族
W1264.8.2	良田	［W1252.6］有的土地为什么肥沃（沃土）
W1264.8.2.1	巨人的肉化为良田	汉族 ＊［W1193a.1］特定的人死后肉变成地
W1264.8.3	碧空是天上的田地	黎族
W1264.8.4	田野	［W1244.12］荒野
W1264.8.4.1	大乐野	汉族
W1264.8.4.2	沃野	汉族

W 编码	母题描述	关联项
W1265	**岛的产生（岛屿的产生）**	【汤普森】A955；＊［W1265.6.2］半岛的产生
W1265.0	岛自然产生	
W1265.0.1	海中自然产生岛	纳西族
W1265.0.2	水退后出现岛	白族
W1265.1	岛是从某处搬来的	
W1265.1.1	文化英雄把岛搬到现在位置	【汤普森】A955.3.2.1
W1265.1.2	神或神性人物从水里钓出岛	【汤普森】A955.8
W1265.2	岛是生育产生的	
W1265.2.1	岛是从水里（海中）出来的	【汤普森】F735
W1265.2.2	神的命令产生岛	【汤普森】A955.0.1
W1265.2.3	女神生岛	【汤普森】A955.9
W1265.3	岛是造出来的	
W1265.3.1	巨神造海岛	朝鲜族
W1265.3.2	蜘蛛结网成岛	【汤普森】A955.7
W1265.3.3	移山成岛	苗族 ＊［W1835.4］山的移动
W1265.3.4	积土成岛	［W1809.4］积土成山
W1265.3.4.1	大雁积土成岛	满族
W1265.3.5	撒土成岛	①［W1833.8.3.2.2］天神撒土形成山脉；②［W1843.2.4］天女撒土变成丘陵
W1265.3.5.1	特定的人物撒土成岛	汉族
W1265.3.6	神堆出岛	①［W1257.2］鸟衔石堆出平地；②［W1804.2.2］地神堆出山
W1265.3.6.1	虎神堆泥成岛	纳西族（摩梭）
W1265.3.7	抓地成岛	
W1265.3.7.1	女娲从地上抓出岛	汉族
W1265.4	岛是变化形成的	【汤普森】A955.10

W 编码	母题描述	关联项
W1265.4.0	神或神性人物化身为岛	
W1265.4.0.1	精怪化身为岛	京族 * ［W0854］精怪
W1265.4.1	牛变成岛	【汤普森】≈ A955.5
W1265.4.2	荷花须变成岛	傣族
W1265.4.2.1	荷秆的节须变成岛	傣族
W1265.4.3	石头变岛屿	【汤普森】D452.1.8
W1265.4.4	神扔的石块变成岛	【汤普森】A955.6
W1265.4.5	其他特定的物变为岛	
W1265.4.5.1	镇海珠变岛	京族 * ［W9686］宝珠
W1265.4.5.2	扁担变成岛	基诺族
W1265.5	岛的形状的产生	【汤普森】A955.3.1
W1265.6	与岛有关的其他母题	① ［W8957.6］岛之间的争斗； ② ［W9697］宝岛
W1265.6.1	神奇（魔力）之岛	【汤普森】①D936；②F730
W1265.6.2	半岛的产生	【汤普森】A956
W1265.6.3	会移动的岛	【汤普森】F737； * ［W1244.2b.1］ 会移动的洲
W1265.6.4	岛的增大	蒙古族
W1265.6.5	岛的支撑物	【汤普森】F736
W1265.6.6	原来在一起的岛后来分开	【汤普森】A955.11； * 黎族
W1265.6.7	仙岛	汉族 * ［W0812］仙的居所
W1265.6.8	浮岛	
W1265.6.8.1	岛浮在水中	高山族（阿美）
W1265.6.9	孤岛	
W1265.6.9.1	洪水淹漫形成孤岛	高山族
W1265.6.9.2	海中孤岛	珞巴族

W 编码	母题描述	关联项
W1265.6.10	特定名称的岛	
W1265.6.10.1	沧海岛	汉族
W1265.6.10.2	海南岛	黎族
W1265.6.10.3	黑瞎子岛	满族
W1266	**其他特定地貌的产生**	① ［W1843］丘陵（山岭、山丘）； ② ［W1845］山谷（沟壑、峡谷）
W1266.1	盆地的产生	
W1266.1.1	刨土形成盆地	
W1266.1.1.1	虎神刨土形成盆地	纳西族（摩梭）　*［W0502］虎神
W1266.2	洼地	
W1266.2.1	洼地是大雨冲出的	彝族
W1266.2.2	洼地是神踩出来的	瑶族（布努）

1.2.4　天地的合离与支撑【W1270～W1359】

W 编码	母题描述	关联项
＊**W1270**	**天地相连**①	【民族，关联】②
W1271	**天地相连的原因**	
W1271.1	神把天地合在一起	［W1272.3.2］神把天地扣严
W1271.2	天地因结婚合在一起	珞巴族　*［W7532］天地婚

---

① 天地相连，此类母题与"天地通"母题较为接近，但表达的含义不同。"天地相连"主要强调的是天地通过某种介质连接在一起，消除这个介质后，天地分开；而"天地通"母题强调的则是人神之间、人间和天界之间可以通过某个通道相互交往，最后的结果是"绝地天通"，消除了人神之间的来往。但一些神话的表述有时可以兼有这两种含义。

② 【民族】白族、独龙族、哈尼族、汉族、景颇族、傈僳族、珞巴族、苗族、土家族、瑶族、裕固族、藏族、壮族。【关联】❶ ［W1074.0］以前天界与人间不分；❷ ［W1400～W1424］天地通；❸ ［W1400］天地相通

W 编码	母题描述	关联项
W1271.3	与天地相连原因有关的其他母题	
W1272	**天地相连的情形**	
W1272.1	以前天地不分（天地合一）	【民族，关联】①
W1272.1.1	天地像一块糍粑	苗族
W1272.1.2	以前天接地，地接天	布依族、汉族
W1272.1.3	世界之初天地不分	佤族
W1272.1.4	以前天地混沌合在一起	汉族
W1272.2	天地粘在一起	达斡尔族、德昂族、独龙族、怒族、瑶族
W1272.3	天地抱在一起	汉族
W1272.3.1	天包着地	毛南族
W1272.3.2	神把天地扣严	藏族 ＊［W1363］天地不相合（天地不吻合）
W1272.4	天地叠在一起	壮族
W1272.4.1	以前天地重叠不能分开	苗族、壮族
W1272.5	天盖着地	苗族、藏族
W1272.6	天地被藤条绑在一起	
W1272.6.1	有一条拴天地的锁链	佤族 ＊［W1434.4］通过链子上天
W1272.7	天地像蛋壳一样扣在一起	基诺族 ＊［W1115］卵生天地
W1272.8	天地是合在一起的 2 块石头	汉族
W1272.8.1	以前天地是重叠的岩石	【民族，关联】②
W1272.9	天地是合在一起的 2 块板子	苗族

---

① 【民族】布依族、仡佬族、哈尼族、汉族、土家族、瑶族、彝族。【关联】❶［W1043］最早的世界天地相抱；❷［W1127.0.3］天地混沌无间；❸［W1272.13.3］天地不分时伴随着大洪水

② 【民族】壮族。【关联】❶［W1122.8.1］分开的巨石成为天地；❷［W1272.4］天地叠在一起；❸［W1287.4.1］霹雳劈开 2 块岩石变成天地

W 编码	母题描述	关联项
W1272.9.1	天地像合在一起的 2 块板子由薄变厚	苗族
W1272.10	天用牙齿衔住地，地用牙齿咬紧天	苗族
W1272.11	天地相连有缝隙	怒族 * ［W1367］天上出现裂缝（天缝、天裂）
W1272.12	天地雾蒙蒙地相连	彝族
W1272.13	与天地相连情形有关的其他母题	汉族、水族 * ［W1050.6］远古时天地相连一片黑暗
W1272.13.1	天地不分高低，合在一起	壮族
W1272.13.2	天地在很远的地方相连	蒙古族
W1272.13.3	天地不分时伴随着大洪水	彝族 * ［W1272.1］以前天地不分（天地合一）
W1273	**天地相连处（天地的连接物）**	①［W1296.4］天地没有相连的地方；②［W1400］天地相通
W1273.1	天边与地边相连	
W1273.1.1	天的周边与地相连	珞巴族
W1273.2	天地在海的边缘相接	哈尼族
W1273.3	天地有 4 根柱子相连	哈尼族、苗族 * ［W1068.5］人界和世界交界处
W1273.4	天梯连接天地	汉族 * ［W1412］连接天地的梯子
W1273.5	虹连接天地	高山族 * ［W4507.1.2］虹是上天的路
W1273.6	天地的其他连接物	【关联】①

---

① 【关联】❶［W1410］通天的树（通天的植物）；❷［W1414.1］葫芦秧连接天地；❸［W1414.2］天地由脐带相连；❹［W1413］天地之间有路相连；❺［W1409］天地有土台相连

W 编码	母题描述	关联项
W1274	与天地相连有关的其他母题	
W1274.1	天地通过巨石相连	汉族
W1274.1a	天地通过神山相连	纳西族 ＊ ① ［W1450］山是天梯；② ［W1833.4］通天的山
W1274.1b	天地通过铜铁球相连	彝族
W1274.1c	天地通过天梯相连	苗族、壮族
W1274.2	天地交界处	［W1166.2］天边在天与地的交界处
W1274.2.1	特定的山峰是天地交界处	苗族
W1274.2.2	天地相连处有一道云墙	纳西族（摩梭）＊ ［W1294.10］用墙把天地分开
W1274.3	天地没有相连处（天地不相连）	彝族
W1274.4	天地相连万物不能繁衍	苗族
✿ **W1275**	天地的分开	① ［W1040.0］最早的世界是天地不分的混沌；② ［W1415］绝地天通
✱ **W1276**	天地分开的原因	苗族、土族 ＊ ［W1301］天升高的原因
W1277	天地自然分开	苗族、土族
W1277.1	原来天地是分离的	珞巴族、维吾尔族
W1277.2	混沌中分开天地	汉族、蒙古族 ＊ ［W1101.2］混沌中产生天地
W1277.3	粘着的天地过了很久慢慢分开	德昂族
W1277.4	天升地降天地分开	藏族 ＊ ［W1300］天的升高（天的增高）

W 编码	母题描述	关联项
W1278	毁掉天地连接物使天地分开	［W1270］天地相连
W1278.1	劈断马桑树把天地分开	仡佬族、水族
W1278.2	砍断拴天地的铁链后天地分开	佤族
W1278.2.1	神用巨斧砍断拴天地的铁链分开天地	佤族
W1278.3	连接天地的土台塌掉后天地分开	①［W1406］连接天地的土台在山上；②［W1409］天地有土台相连
W1278.3.1	蚂蚁挖塌连接天地的土台后天地分开	独龙族
W1278.4	天柱倒塌后天地分开	毛南族
W1279	支天使天地分离	傣族 ＊ ①［W1287.5］出现天柱后天地分开；②［W1319］天的支撑
W1279.1	白石支天将天地分开	藏族 ＊［W1864.3］白石
W1279.2	造天柱使天地分开（天柱分开天地）	侗族
W1279.2.1	立起天柱后天地分开	傣族
W1279.3	4 根天柱顶天分开天地	彝族
W1279.3.1	4 根天柱顶 4 方分开天地	彝族
W1279.3.2	神的四肢变成的 4 根天柱顶天分开天地	鄂温克族
W1280	与天地分开原因有关的其他母题	
W1280.1	特定的人物发脾气分开天地	
W1280.1.1	盘古发脾气劈开天地	汉族 ＊［W1292.1.1］盘古发脾气抡起板斧把天地分开

W 编码	母题描述	关联项
W1280.2	地球从天上掉落后分开天地	蒙古族、维吾尔族
W1280.3	天地为了给孩子玩的空间分开天地	珞巴族
W1280.4	人的罪恶导致天地分离	汉族 ＊ ［W9907］遭受惩罚的行为（遭受惩罚的原因）
W1280.5	为看地上有什么分开天地	
W1280.5.1	巨人为看地上有什么分开天地	苗族
W1280.6	神为找落脚点分开天地	彝族 ＊ ① ［W1132a.1］神为找落脚点造天；② ［W1174.2.1］创世者为了找到落脚造地
W1280.7	天的鼓起导致天地分离	珞巴族
✲ **W1281**	**天地的分开者**	
W1282	**神或神性人物分开天地**	珞巴族、蒙古族
W1282.1	天神分开天地	汉族、土族、彝族 ＊ ［W1294.0.1］天神用万能的手把天地隔开
W1282.2	女神分开天地	蒙古族、苗族、水族、土家族、瑶族
W1282.2.1	母亲神分开天地	蒙古族
W1282.3	雷神分开天地	仡佬族
W1282.3.1	雷神分开天地夫妻	汉族
W1282.4	巨神分开天地	苗族
W1282.4a	巨人分开天地	侗族、黎族、苗族、怒族 ＊ ［W1294.0.2］巨人用手掌分开天地
W1282.5	祖先分开天地	布依族、苗族、水族
W1282.5.1	男祖先分开天地	壮族 ＊ ［W0654.1］男祖先

W 编码	母题描述	关联项
W1282. 5. 2	女祖先分开天地	瑶族 ＊ ［W0654. 2］女祖先
W1282. 6	其他神或神性人物分开天地	
W1282. 6. 1	人神分开天地	彝族
W1282. 6. 2	山神分开天地	藏族 ＊ ① ［W0391］山神；② ［W0395］山神的职能
W1282. 6. 3	动物神分开天地	［W0500］动物神
W1282. 6. 3. 1	动物神砍断拴天地的铁链分开天地	佤族
W1282. 6. 4	创世的兄弟姐妹分开天地	纳西族
W1283	**特定名称的神或神性人物分开天地**	
W1283. 1	盘古分开天地	【民族，关联】①
W1283. 1. 1	盘古公公用斧子分开天地	苗族 ＊ ［W0724. 2. 2］盘古的开天斧
W1283. 2	佛分开天地	汉族
W1283. 3	真主分开天地	回族、撒拉族
W1283. 4	老子分开天地	汉族
W1283. 5	洪钧老祖分开天地	汉族 ＊ ［W0687］洪钧老祖
W1283. 6	萨满分开天地	鄂温克族
W1283. 7	其他特定名称的神或神性人物分开天地	毛南族、苗族、佤族、彝族
W1283. 7. 1	天王老子分开天地	汉族
W1283. 7. 2	混沌神用四根柱子把天地撑开	毛南族 ＊ ［W1333. 1］4 根天柱

---

① 【民族】朝鲜族、汉族、苗族、土家族、彝族。【关联】❶ ［W1104. 1］盘古造天地（盘古开天辟地）；❷ ［W1295. 3. 1］盘古用鞭分开天地；❸ ［W1296. 2. 1］盘古分开天地用了 3 年半；❹ ［W1379. 3］盘古补天地

W 编码	母题描述	关联项
W1283.7.3	盖天佛把天地顶开	汉族
W1283.7.4	石八觉神分开天地	藏族
W1284	**人分开天地**	侗族、壮族
W1284.1	人分开天地	
W1284.1.1	生活在半空中的人分开天地	哈尼族 * ［W2015.3.1］天上的人
W1284.1.2	织麻的女人分开天地	怒族
W1285	**动物分开天地**	
W1285.1	鸟分开天地	藏族
W1285.2	龟鳖撑开天地	鄂温克族、汉族 * ［W1023.5.2］龟是创世者
W1285.3	大鹏分开天地	藏族
W1285.3.1	大鹏顶天踩地把天地分开	藏族 * ［W1291］顶天踏地使天地分离
W1285.4	蚂蚁分开天地	独龙族 * ［W1278.3.1］蚂蚁挖塌连接天地的土台后天地分开
W1285.5	鹿分开天地	汉族
W1285.6	其他动物分开天地	［W1294.9］鱼翻身把天地分开
W1285.6.1	狮子分天地	
W1285.6.2	猪拱开天地	彝族
W1285.6.3	老鼠分开天地	汉族 * ［W3229］与鼠有关的其他母题
W1285.6.4	鹤分开天地	达斡尔族
W1286	**其他特定的物分开天地**	
W1286.1	树分开天地	傈僳族

W 编码	母题描述	关联项
W1286.2	石狮分开天地	汉族 ＊ ［W3292.3.3］石狮
W1287	**特定事件分开天地**	
W1287.1	混沌的天地经一次火山爆发分开	布朗族
W1287.2	洪水分开天地	怒族 ＊ ［W1312.3］洪水使天变高
W1287.2.1	大雨造成的洪水分开天地	傈僳族
W1287.3	巨浪分开天地	白族 ＊ ［W1217.6］海浪使地面变低
W1287.4	霹雳分开天地（雷电分开天地）	普米族
W1287.4.1	霹雳劈开 2 块岩石变成天地	壮族 ＊ ［W1272.8］天地是合在一起的 2 块石头
W1287.4.2	闪电劈开天地	彝族
W1287.5	出现天柱后天地分开	鄂温克族 ＊ ［W1279］支天使天地分离
W1287.5.1	天柱搭建的框架分开天地	拉祜族
W1287.6	出现光后天地分开	
W1287.6.1	天洞来光把天地分开	汉族
＊ **W1288**	**天地分开的方法**	［W1279］支天使天地分离
W1289	**打碎天地卵后分开天地**	
W1289.1	混沌（卵、蛋等）中的轻的部分为天，重的部分为地	
W1289.1.1	盘古在鸡蛋里蹬碎鸡蛋，轻的上升为天，重的下降为地	汉族

W 编码	母题描述	关联项
W1290	揭开天盖分开大地	毛南族 * ［W1168.10d］天盖
W1291	顶天踏地使天地分离	汉族 * ［W1285.3.1］大鹏顶天踩地把天地分开
W1291.0	巨人顶天踏地使天地分离	
W1291.0.1	巨人把天撑高 5 里，把地踩低千尺	苗族
W1291.1	男始祖擎天，女始祖压地分开天地	壮族
W1291.2	把天背高，把地踩低分开天地	
W1291.2.1	盘古的父亲扁鼓王背天踩地分开天地	汉族 * ［W0725.1.1］盘古的父亲
W1291.3	撑天压地使天地分离	
W1291.3.1	4 位神仙撑天压地分开天地	彝族
W1291.4	仙鹤顶天踏地使天地分离	达斡尔族 * ［W1285.6.4］鹤分开天地
W1292	砍（割、撬）开天地的连接物后天地分开	
W1292.1	神用斧子劈开相连的天地	苗族 * ［W1278.2.1］神用巨斧砍断拴天地的铁链分开天地
W1292.1.1	盘古发脾气抢起板斧把天地分开	
W1292.2	割断天地相连的脐带后天地分开	景颇族、珞巴族 * ［W1414.2］天地由脐带相连
W1292.3	用铜叉铁叉撬开天地	
W1292.3.1	用铜叉铁叉从东西南北 4 个方向撬开天地	彝族

W 编码	母题描述	关联项
W1293	处置特定物后天地分开	① ［W1480.1］ 蚂蚁咬塌天梯； ② ［W1480.2］ 蛀虫咬断天梯
W1293.1	天柱倒塌后天地分开	汉族 * ［W1339.2］ 天柱的倒塌
W1293.2	山倒塌后天地分开	
W1293.3	天门打开后天地分开	① ［W1168.21］ 天门； ② ［W1168.21.4］ 天门的开合
W1293.3.1	老鼠咬开天门后天地分开	汉族 * ［W1285.6.3］ 老鼠分开天地
W1294	天地分开的其他方法	
W1294.0	用手把天地分开	［W1295.5］ 用手掌劈开天地
W1294.0.1	天神用万能的手把天地隔开	彝族
W1294.0.2	巨人用手掌分开天地	苗族
W1294.1	用水把天地分开	土家族
W1294.2	地上出现山和树后天地分离	侗族、羌族
W1294.3	撕开天地间的大裂缝把天地分开	侗族
W1294.4	用扫帚扫开天地	① ［W1256a］ 特定人物拖擦出平地； ② ［W1313.7］ 把天扫高
W1294.4.1	仙女用铁扫帚扫开天地	彝族
W1294.4.2	天女用铁扫帚扫开天地	彝族
W1294.5	吹气分开天地	撒拉族
W1294.5.1	风神吹开天地	珞巴族 * ［W0292］ 风神
W1294.6	水下沉后分开天地	蒙古族
W1294.6.1	地压水面下降使天地分开	蒙古族 * ① ［W1315］ 地的下降； ② ［W1393.2b.1］ 顶天时地面降落

W 编码	母题描述	关联项
W1294.7	斩杀动物分开天地	汉族
W1294.8	地把天踢开	
W1294.8.1	大地妻子把天空丈夫踢到天上	珞巴族 ＊ ① ［［W1492］天地是夫妻；② ［W7532］天地婚
W1294.9	鱼翻身把天地分开	毛南族
W1294.10	用墙把天地分开	［W1274.2.2］天地相连处有一道云墙
W1294.10.1	天神用云雾砌墙把天地分开	纳西族（摩梭）
W1294.11	多法并举分开天地	
W1294.11.1	支天柱、补天压地把天地分离	纳西族
W1295	**分开天地的工具**	
W1295.1	用斧子分开天地	汉族、苗族 ＊ ［W6089］斧（斧子、斧头）
W1295.1.1	用神斧分开天地	汉族
W1295.1.2	用大斧分开天地	
W1295.1.2.1	盘古用大斧分开天地	汉族 ＊ ［W1283.1］盘古分开天地
W1295.1.2.2	盘古用神斧分开天地	汉族
W1295.2	用箭射开天地	高山族、土家族
W1295.3	用鞭分开天地	黎族 ＊ ［W9687.2］赶山鞭
W1295.3.1	盘古用鞭分开天地	
W1295.3.1.1	盘果王用鞭分开天地	布依族
W1295.4	用锤子、凿子分开天地	
W1295.4.1	盘古王用锤、凿开天地	汉族 ＊ ［W0724］盘古的工具
W1295.4.1.1	盘古王用开天圣母给的锤、凿开天地	汉族

W 编码	母题描述	关联项
W1295.4.2	用凿子分开天地	汉族 ＊〔W1104.1.8〕盘古从混沌中凿出天地
W1295.5	用手掌劈开天地	汉族、苗族
W1295.6	用棍子分开天地	汉族
W1295.6.1	巨人用舂米棍把天顶高后分开天地	拉祜族 ＊〔W1309.6.2〕女人舂米把天顶高
W1295.7	与分开天地的工具有关的其他母题	侗族、怒族、彝族
W1295.7.1	开天地的工具用金属制造	〔W1980〕金属的产生（金属的获得）
W1295.7.1.1	四个开天辟地神器出自青铜乌铁	佤族
W1295.7.1.2	神用铜铁叉分开天地	彝族
W1295.7.2	铁分开天地	佤族
W1295.7.3	火石分开天地	佤族 ＊〔W1866.2a〕火石
W1295.7.4	用黄金把天地分开	纳西族
W1295.7.5	用梭分开天地	
W1295.7.5.1	织麻的女人把梭子用力往上一甩，分开天地	怒族 ＊〔W1284.1.2〕织麻的女人分开天地
W1296	**与天地分开有关的其他母题**	
W1296.1	天神的指甲延长把隔开天地	傣族
W1296.2	分开天地的时间	汉族
W1296.2.1	分开天地用了特定的时间	
W1296.2.1.1	盘古分开天地用了 3 年半	土家族
W1296.2.1.2	盘古分开天地用了 4 万年	汉族
W1296.2.2	特定事件后分开天地	
W1296.2.2.1	洪水滔天后天地分开	怒族

W 编码	母题描述	关联项
W1296.2.2.2	补天后天地分开	苗族 ＊［W1384］补天
W1296.2.3	武当喇嘛 1 千多岁时天地分开	蒙古族
W1296.2.4	子时开辟苍天	毛南族
W1296.2.5	丑时分出大地	毛南族
W1296.3	分开天地时日月星辰在上，山川河流在下	布依族
W1296.4	天地没有相连的地方	彝族 ＊［W1273］天地相连处（天地的连接物）
W1296.5	支天撑地造成天地分开	［W1357.0.2］支地撑天使天地分离
W1296.5.1	鳄鱼撑天顶地	［W1168.5.2］牛脊梁做支天地的天梁
W1296.6	天地分开的起点	
W1296.6.1	天地分开时先裂开一条缝	汉族 ＊ ①［W1272.11］天地相连有缝隙；②［W1367.1］天地间自然存在裂缝
W1296.6.2	从天地的裂缝处分开天地	
W1296.6.2.1	密洛陀在天地的裂缝处分开天地顶天踩地把天地分开	瑶族
✿ **W1300**	**天的升高（天的增高）**	【汤普森】①A625.2；②A625.3
✳ **W1301**	**天升高的原因**	【汤普森】A625.2.2；＊［W1276］天地分开的原因
W1302	**惩罚人类把天升高**	达斡尔族
W1303	**因人间臭气熏天使天升高**	仫佬族
W1303.1	天神①厌恶人间的臭气把天升高	汉族、傈僳族、仫佬族、瑶族

① 天神，这类母题所涉及的"天神"以"天帝"、"玉皇大帝"较多，也有一些说的是其他神或神性人物，在此表述为"天神"。具体情形参见《中国创世神话母题（W1）实例与索引》。

W 编码	母题描述	关联项
W1304	**怕人到天宫找麻烦把天升高**	
W1304.1	天神怕人到天宫找麻烦把天升高	
W1304.2	天神害怕地神把天升高	汉族 ＊ ［W1478a.1］怕人到天上闹事砍断天梯
W1304.3	玉帝怕地上的人到天上找麻烦把天升高	侗族、瑶族
W1304.4	雷神怕人到天上捣乱把天升高	壮族 ＊ ［W1307.3］雷神把天升高
W1305	**天升高的其他原因**	［W1277.4］天升地降天地分开
W1305.1	劝天使天升高	珞巴族
W1305.2	骂天使天升高	哈萨克族、傈僳族、壮族
W1305.3	因地上人多把天变高	汉族
W1305.3.1	祖先因地上人变多把天升高	壮族 ＊ ［W1307.8］祖先把天升高
W1305.4	药物使天变高	［W1313.9.1］不死药洒在天上使天升高
W1305.5	连接天地之物毁掉后天变高	独龙族、佤族
W1305.6	天上雷公鼾声太响惹人烦，把天升高	壮族
＊ **W1306**	**把天升高者**	
W1307	**神或神性人物把天升高**	
W1307.1	天神把天升高	汉族、佤族
W1307.1.1	老天爷把天升高	汉族
W1307.1.2	天神在天中央把天撑高	拉祜族 ＊ ① ［W1164］天的中心；② ［W1186.3a.1］在天的中央造地
W1307.1.3	天王把天升高	侗族
W1307.2	风神把天升高（风神把天吹高）	珞巴族

W 编码	母题描述	关联项
W1307.3	雷神把天升高	汉族
W1307.3.1	雷公到人间变换朝代使天升高	壮族
W1307.3.2	雷王把天升高	壮族
W1307.4	大力神把天升高	［W0131.2］大力神
W1307.4.1	大力神长高 1 万丈把天顶高	黎族 ＊［W0131.2.1］大力神的身体能伸高万丈
W1307.5	玉帝把天升高	仡佬族、汉族、瑶族
W1307.6	神仙把天升高	汉族
W1307.6.1	仙子把天撬高	彝族
W1307.6.2	四位神仙把天撑高	彝族
W1307.6.3	磨坊仙子把天升高	仫佬族 ＊［W0827］其他特定的仙
W1307.7	巨人把天升高	高山族、拉祜族
W1307.7.1	巨人一手撑天	苗族 ＊［W1724.2.3］撑天者的牙齿变成星星
W1307.7.2	巨人用石柱把天升高	怒族
W1307.7.3	巨人用身体把天顶高	拉祜族（苦聪）、苗族
W1307.8	祖先把天升高	壮族 ＊［W1318a.2.1］祖先把天地距离变大
W1307.8.1	始祖顶天盖把天升高	瑶族
W1307.9	其他神或神性人物把天升高	汉族、黎族
W1307.9.1	男神把天升高	傣族
W1307.9.2	女神把天擎高	水族
W1307.9.3	创世主把天增高	哈萨克族 ＊［W1163.7.2］创世主把天增加为 7 层
W1308	**特定名称的神或神性人物把天升高**	

W 编码	母题描述	关联项
W1308.1	盘古把天升高	苗族、壮族 ＊［W1152.2.1］盘古撑出九重天
W1308.1.1	盘古用斧子把天顶高	汉族 ＊［W1283.1］盘古分开天地
W1308.2	真主把天升高	塔吉克族
W1308.3	其他特定的神或神性人物把天升高	布依族、珞巴族
W1308.3.1	长脚大仙把天升高	汉族
W1308.3.2	扁古王将天背得很高	汉族
W1308.3.3	重和黎二神把天托高	汉族
W1308.3.4	男始祖布洛陀下令把天升高	壮族 ＊［W0670］布洛陀
W1309	**人把天升高**	
W1309.1	人的活动把天升高	壮族
W1309.2	天上的人把天升高	壮族 ＊①［W1284.1.1］生活在半空中的人分开天地；②［W2015.3.1］天上的人
W1309.2.1	天上的人在南天门把天蹬高	汉族
W1309.2.2	上界的人把天升高	壮族
W1309.3	一个女人把天升高	哈萨克族、佤族 ＊［W1309.6.1］一个女人用舂棒把天顶高
W1309.3.1	女人用长杵把天捅高	高山族（排湾）
W1309.4	一对夫妻把天托高	
W1309.5	众人撑天把天升高	布依族、壮族
W1309.5.1	众人用箭射散云后天变高	景颇族
W1309.5.2	众人用锄头扁担把天撑高	布依族
W1309.6	人的劳动中把天升高	

W 编码	母题描述	关联项
W1309.6.1	一个女人用舂棒把天顶高	佤族
W1309.6.2	女人舂米把天顶高	佤族
W1309.7	人用人头祭天后天升高	佤族 ＊［W6498.1］祭天
W1309.8	与人把天升高有关的其他母题	［W1313.10b.1］众人向天上泼热水把天升高
W1309.8.0	大力士把天撑高	布依族 ＊［W1323.2］大力士顶天
W1309.8.1	人把天托高	拉祜族
W1309.8.2	人用某种器物把天打（扫、推）高	彝族
W1309.8.3	人做饭熏天使天升高	壮族
W1310	**动物把天升高**	
W1310.1	大鹏负天升高	藏族
W1310.2	鸟振翼使天升高	高山族
W1301.3	龟鳖把天升高	汉族 ＊［W1313.3.1］神龟的四脚变成的天柱把天撑高
W1301.4	动物在天极四方撑天	傣族
W1301.5	鹤把天顶高	达斡尔族 ＊［W1285.6.4］鹤分开天地
W1311	**植物把天升高**	
W1311.1	树把天顶高	景颇族 ＊［W1286.1］树分开天地
W1311.1.1	天上的梭罗树把天顶高	彝族

W 编码	母题描述	关联项
W1312	自然物或无生命物把天升高	
W1312.1	风把天吹高	珞巴族
W1312.2	海潮把天冲高	白族 ＊［W1964.12.4.2.1］9 万层海潮
W1312.3	洪水使天变高	壮族 ＊［W8540］洪水的结果
W1312.4	太阳掉下来后天升高	高山族（排湾）
W1312.5	地把天升高	
W1312.5.1	地踢天丈夫后天升高	珞巴族 ＊［W1294.8.1］大地妻子把天空丈夫踢到天上
W1312.6	山把天升高	
W1312.6.1	山降低后天增高	苗族 ＊［W1835.3］山的变低（山的变小）
W1313	与天的升高有关的其他母题	①［W1168.19.1］天会增长；②［W1835.2.1］天升高造成山的升高
W1313.0	撑天前的准备	
W1313.0.1	为撑天吃饱喝足休息好	布依族
W1313.1	把天背高（把天抬高）	汉族、藏族
W1313.2	提天帐把天升高	汉族 ＊［W1798.1.5］天幕的开合
W1313.3	用天柱把天顶高	毛南族、彝族（阿细）、壮族
W1313.3.1	神龟的四脚变成的天柱把天撑高	鄂温克族 ＊［W1301.3］龟鳖把天升高
W1313.3.2	天柱长高把天撑高	壮族 ＊［W1338.1］天柱会生长
W1313.4	天柱倒掉后天升高	怒族
W1313.5	声音使天升高	
W1313.5.1	人的吼声使天升高	畲族、彝族

W 编码	母题描述	关联项
W1313.5.2	天梯的巨响把天撑高	独龙族
W1313.5.3	天被骂后升高（天被人诅咒后升高）	傈僳族 ＊［W1305.2］骂天使天升高
W1313.6	抬乌云使天升高	畲族 ＊［W4468.3］乌云
W1313.6.1	驱散乌云天升高	畲族
W1313.7	把天扫高	［W1160.3a.1］天女扫出蓝天
W1313.7.1	仙女用铜铁帚把天扫高	彝族
W1313.7.2	神人用铜铁帚把天扫高	彝族
W1313.8	风把天吹高	怒族 ＊［W1307.2］风神把天升高（风神把天吹高）
W1313.9	撒药使天升高	
W1313.9.1	不死药洒在天上使天升高	纳西族 ＊［W0951］不死药
W1313.10	用动物的肢体把天顶高	
W1313.10.1	用虎骨撑天	彝族 ＊［W1332.2.6］虎骨做天柱
W1313.10.1.1	用虎的四只脚杆骨撑天的四边	彝族
W1313.10.1.2	用虎脊梁骨撑天心	彝族 ＊［W1164］天的中心
W1313.10a	撞击使天升高	
W1313.10a.1	一个人用头撞到天把天升高	汉族
W1313.10b	用水把天泼高	
W1313.10b.1	众人向天上泼热水把天升高	高山族
W1313.11	天每天升高一定高度	
W1313.11.1	天每天升高 1 尺	苗族
W1313.11.2	天每天升高 1 丈	汉族
W1314	**天升高的结果**	
W1314.1	天升高后草木生长	【汤普森】 A625.5

W 编码	母题描述	关联项
W1314.2	把天撑高 3 丈	布依族
W1314.3	撑天不成功	
W1314.3.1	撑天的柱子不稳撑天不成功	彝族（阿细）　*　［W1339.2.5.1］不稳的天柱
W1314.3.2	用植物和树木撑天不成功	苗族
W1314.3.3	人撑天没有成功	
W1314.3.3.1	一个人撑天不成功	布依族　*　［W1309.5］众人撑天把天升高
W1314.3.4	天撑高后又塌落	布依族　*　［W1365］天塌
W1315	**地的下降**	［W1291］顶天踏地使天地分离
W1315.1	地被踩低	布依族　*　［W1175.7.1］夫妻神夫妇踩出地
W1315.2	特定的人物使地下降	
W1315.2.1	龟使地下降	藏族
W1316	**天地的距离**	
W1316a	**天地距离的形成**	［W1336.2.1］天柱的高度是天地的距离
W1316a.1	支地后形成天地的距离	维吾尔族
W1316a.1.1	公牛支地后形成天地现在的距离	维吾尔族　*　［W1344.4.2］公牛支撑地
W1317	**天地原来离得很近（天地距离很近）**	【民族，关联】①
W1317.0	天地间有三个脚掌的空隙	哈尼族
W1317.1	天地相距 3 尺 3 寸（天高 3 尺 3）	汉族、壮族

① 【民族】达斡尔族、高山族、哈萨克族、汉族、傈僳族、苗族、怒族、畲族、土家族、佤族、瑶族、裕固族、壮族。　【关联】❶［W1158.1］原来的天很低；❷［W1367.1］天地间自然存在裂缝；❸［W1774.1］以前人可以摘星星

W 编码	母题描述	关联项
W1317.1.1	天地相距 3 尺 3 寸 3 分	布依族
W1317.1a	天地相距 5 尺 6 寸 9 分	布依族
W1317.1a.1	天地相距 1 人高	傈僳族、怒族 ＊ ［W1158.1.1］ 以前，人可以用手摸着天
W1317.2	天地相距只有几丈	黎族
W1317.2.1	以前，地上的竹子能碰到天顶篷	壮族 ＊ ［W3795.2］竹子弯腰的来历
W1317.3	天地相距几十尺	汉族
W1317.4	天地有 1 条大河相隔	回族
W1317.5	与天地距离近有关的其他母题	
W1317.5.1	天的主宰者移动天地使天地只有 1 庹的距离	苗族 ＊ ［W4866］天的管理
W1317.5.2	天地刚形成时距离很近	壮族 ＊ ［W1500.1.4］天地刚形成时没有万物
W1317.5.3	以前天地近得挥斧就碰到天	壮族
W1317.5.4	以前天地近得可以摘星星抓云彩	壮族 ＊ ［W1774］摘星星
W1317.5.5	天地很近是被山挤压造成的	彝族
W1318	**天地原来离得很远（天地距离很远）**	［W1158.2.1］天每层 183 万丈
W1318.1	天地相距 99999 丈	布依族
W1318.1.1	撑天踩地时天被顶起 99999 丈高，地被蹬去 99999 丈深	布依族
W1318.1a	天地相距 1 万 2 千尺	瑶族
W1318.2	天地相距 9 万里	汉族

W 编码	母题描述	关联项
W1318. 2. 1	身高 9 万里的盘古把天地撑开 9 万里	汉族　*　［W1152. 2. 1. 1］盘古撑天 9 万里形成九重天
W1318. 3	天地相距 10 万 8 千里	汉族
W1318. 3a	天地相距几万里	汉族
W1318. 3b	天地相距 48 万 8 千里	侗族
W1318. 3c	天地相距 5 亿万里	汉族
W1318. 4	天地之间隔着 3 层天	［W1163. 3］天有 3 层
W1318. 5	从天上到地上需要 9 天	【汤普森】A658. 1
W1318. 6	天上到地上鸟要飞 1 年零 3 个月	傣族
W1318. 7	从天上到地上需要 900 年	【汤普森】A658. 2
W1318a	**与天地距离有关的其他母题**	① ［W1127. 0. 3］天地混沌无间；② ［W1291. 0. 1］巨人把天撑高 5 里，把地踩低千尺
W1318a. 1	天地中间是空的	哈尼族　*　① ［W1161. 11. 1］以前天上什么也没有；② ［W1235. 2. 2］以前地上什么也没有
W1318a. 2	天地中间有特定物	
W1318a. 2. 1	天地中间有些东西浮来浮去	汉族
W1318a. 2. 2	天地之间是水	汉族　*　［W1317. 4］天地有 1 条大河相隔
W1318a. 2. 3	天地之间居住着特定的人	彝族
W1318a. 3	天地距离变大	
W1318a. 3. 1	祖先把天地距离变大	壮族　*　［W1307. 8］祖先把天升高
W1318a. 3. 2	布洛陀用天柱把雷公顶上天，龙王压入地	壮族

W 编码	母题描述	关联项
W1318a. 3. 3	布洛陀通过升天削山把天地距离增大	壮族 ＊ ［W1830.1.1.3.1］布洛陀用鞭把山劈开
W1318a. 4	离天最近的地方	
W1318a. 4. 1	中天山上的中天镇离天只有 3 尺	汉族 ＊ ［W1852.6.176］中天山
✿ **W1319**	**天的支撑**	【汤普森】A665； ＊ ［W1179.8.2］支天造地
W1319a	**天以前没有支撑**	
W1319a. 1	以前的天高悬在空中	布朗族
W1320	**天的支撑物**	【汤普森】A665.2
W1321	**神支天（神支撑天）**	【汤普森】A665.1； ＊ 珞巴族
W1321. 1	众神支天	布依族
W1321. 2	神龟支天	鄂温克族 ＊ ［W0926.3］神龟
W1321. 3	神的肢体支天	
W1321. 4	神象用鼻子支天	傣族 ＊ ［W0926.4］神象
W1321. 5	动物神支天	［W0500］动物神
W1321. 5. 1	动物神用双手托天	佤族
W1322	**神性人物支天（神性人物支撑天）**	
W1322. 1	盘古用手掌支天地	苗族、彝族
W1322. 2	盘古用身躯支天	汉族
W1322. 2. 1	盘古在泰山上顶天	［W1851.1.9］泰山很高
W1322. 3	盘古变成支天柱子	汉族
W1322. 4	盘瓠双手撑天	苗族 ＊ ［W0729］盘瓠（盘皇）
W1322. 5	女始祖密洛陀用师父的四肢支撑天	瑶族

W 编码	母题描述	关联项
W1322.6	神人支天	
W1322.6.1	2 个神人支天	苗族
W1323	**人支天（人支撑天）**	［W1724.2.3］撑天者的牙齿变成星星
W1323.1	用人的手足支天	汉族
W1323.2	大力士顶天	布依族 ＊ ［W1309.8.0］大力士把天撑高
W1323.3	高脚杆和长手臂 2 人轮流支天	苗族
W1324	**动物支天（动物支撑天）**	
W1324.1	牛支天	
W1324.1.1	牛角支天	维吾尔族
W1324.1.2	公牛顶天	维吾尔族 ＊ ［W1344.4.2］公牛支撑地
W1324.2	犀牛的四条腿支天	布朗族
W1324.3	龟支天	汉族 ＊ ① ［W1337.2］天柱放在鱼身上；② ［W1344.2］龟支撑地（鳌鱼支撑地）
W1324.4	鳌鱼支天	汉族
W1324.4.1	鳌骨撑天的四个边	水族
W1324.5	鳌足支四极	仡佬族、汉族、羌族 ＊ ［W1167.2］天有四极
W1324.5.1	巨龟的 4 条腿支天	鄂温克族 ＊ ［W1344.2.5a］乌龟用四肢支地
W1324.5.2	女娲断鳌足支四极	汉族 ＊ ［W1331.4.1］女娲用龟的 4 只脚造成 4 根天柱

W 编码	母题描述	关联项
W1324.6	蛇支天	【汤普森】A665.6
W1324.6a	龙支天	
W1324.6a.1	女娲用龙王的 4 只脚支天	汉族
W1324.7	鱼支天	［W1344.1］鱼支撑地
W1324.7.1	鱼腿支天	汉族
W1324.7.2	兄妹用大鱼支天	汉族
W1324.8	虾的脚支天	藏族　＊［W1332.2.7］虾的脚做天柱
W1324.8.1	女娲用虾的脚支天	汉族　＊［W1386.2］女娲补天
W1324.8.2	女娲用虾的 4 脚支塌的天角	藏族
W1324.9	其他动物支天	哈尼族
W1324.9.1	虎腿骨撑天	彝族（罗鲁泼）
W1325	**植物支天（植物支撑天）**	
W1325.1	树木支天	【汤普森】A665.4；＊壮族
W1325.1.1	楠竹支撑天	布依族
W1325.1.2	用五倍子树撑天	苗族
W1325.2	通天树是天柱	满族　＊［W1482］通天树（特定的天梯通天树）
W1325.3	瓜支天	哈尼族　＊［W1332.3.3］瓜做天柱
W1326	**自然物支天（自然物支撑天）**	
W1326.1	地支天	汉族、傈僳族
W1326.1.1	地的手支天	彝族
W1326.2	山支天	【汤普森】A655.3；＊汉族、藏族

W 编码	母题描述	关联项
W1326.2.1	神山支天	纳西族
W1326.2.2	3 座大山支天	彝族
W1326.2.2a	4 座山支天	【汤普森】A655.3.1
W1326.2.3	喇踏山支天	纳西族（摩梭）
W1326.2a	石支天	
W1326.2a.1	巨石支天	哈尼族（僾尼）
W1326.3	特定的柱子支天	壮族
W1326.3.1	冰柱支天	汉族
W1326.3.2	棍子支天	景颇族
W1326.3.3	天由 12 根天柱支撑	壮族
W1326.3.4	天由 13 根天柱支撑	苗族
W1326.4	北极星支天	【汤普森】A702.3
W1326.5	云支天	【汤普森】A702.7
W1327	**与天的支撑物有关的其他母题**	壮族 ＊ ［W1330］天柱（顶天的柱子）
W1327.1	用筛子顶天	苗族
W1327.2	支天时的帮助者	
W1327.2.1	众神帮助支天	汉族
＊ **W1330**	**天柱（顶天的柱子）**	
W1330a	**天柱产生的原因（造天柱的原因）**	① ［W1326.3］特定的柱子支天；② ［W1375.1］天柱支天使天变稳
W1330a.1	为稳固天地造天柱	［W1370］稳固天地（天地的稳固）
W1330a.1.1	因天动摇造天柱	彝族 ＊ ［W1364］天地不稳定
W1330a.2	为维持天地的规整造天柱	基诺族
W1330a.3	为区别天地造天柱	傣族

W 编码	母题描述	关联项
W1330a. 4	为分开天地造天柱	侗族
W1331	**天柱的制造者（造天柱者）**	
W1331. 1	神造天柱	
W1331. 1. 1	天神造天柱	拉祜族
W1331. 1. 2	铁匠神造天柱	彝族　＊［W0459.3］铁匠神
W1331. 2	祖先造天柱	苗族
W1331. 2. 1	布洛陀造天柱	壮族　＊［W0670.2］布洛陀的奇特本领
W1331. 3	龙王造天柱	哈尼族
W1331. 4	女娲造天柱	汉族　＊［W0710］女娲
W1331. 4. 1	女娲用龟的 4 只脚造成 4 根天柱	汉族　＊［W1324.5.1］巨龟的四条腿支天
W1331. 5	人造顶天柱	彝族
W1331. 6	其他人物造天柱	
W1331. 6. 1	4 个神性老人造天柱	［W2021.1］世上最早只有 1 个老人
W1331. 6. 1. 1	鲍公、熊公、茸公和当公造天柱	苗族
W1332	**天柱的材料**	
W1332. 1	神或神性人物的身体做天柱	
W1332. 1. 1	用神的身体做天柱	［W1332.1.2］4 个神顶着天的 4 个角
W1332. 1. 1. 1	神的手做天柱	黎族
W1332. 1. 2	4 个神顶着天的 4 个角	【汤普森】A655.2.1.1； 　＊［W1168.1.1］天有 4 角
W1332. 1. 3	用神性人物的肢体做天柱	瑶族

W 编码	母题描述	关联项
W1332.1.3.1	始祖的手脚变成 4 根天柱	布依族、彝族
W1332.1.3.2	祖先用自己的 4 节脚做天柱	苗族
W1332.1.3.3	巨人用自己的脚做天柱	苗族
W1332.2	用动物做天柱	
W1332.2.1	鳌鱼的肢体做天柱	［W1371.3.1］女神用鳌鱼骨撑天边支地角稳固天地
W1332.2.1.1	鳌鱼的毛发做天柱	阿昌族
W1332.2.1.2	鳌鱼足做天柱	汉族、羌族
W1332.2.2	龟的 4 条腿做天柱	汉族
W1332.2.2.1	鳖的 4 条腿做天柱	汉族
W1332.2.2.2	神龟的四肢变成天柱	鄂温克族 ＊ ［W1324.5.1］巨龟的四条腿支天
W1332.2.3	青蛙的手臂做天柱	哈尼族
W1332.2.3.1	癞蛤蟆的 9 根骨头做天柱	基诺族
W1332.2.4	牛骨做天柱	哈尼族
W1332.2.5	牛腿做顶天柱	
W1332.2.5.1	牛的 4 条腿做成 4 根天柱	哈尼族
W1332.2.5.2	龙牛的脚做天柱	哈尼族
W1332.2.6	虎骨做天柱	彝族（俚颇） ＊ ［W1313.10.1］用虎骨撑天
W1332.2.6.1	虎的脚骨做天柱	彝族
W1332.2.6.2	虎的 4 根大骨做天柱	彝族
W1332.2.7	虾的脚做天柱	［W1324.8］虾的脚支天
W1332.2.7.1	女娲用虾的脚做天柱	汉族
W1332.2.8	多种动物做天柱	

W 编码	母题描述	关联项
W1332.2.8.1	用狮子、黄牛、大象等动物做天柱	傣族
W1332.3	植物做天柱	
W1332.3.1	树做天柱	壮族 ＊［W1482］通天树（特定的天梯通天树）
W1332.3.1.1	老棕木来做顶天柱	壮族
W1332.3.1.2	特定长度的大树做天柱	傣族
W1332.3.2	老铁木做天柱	壮族
W1332.3.2.1	男始祖布洛陀用最高的老铁木做天柱	壮族
W1332.3.3	瓜做天柱	［W1325.3］瓜支天
W1332.3.3.1	4个大瓜做天柱	哈尼族
W1332.3.4	金竹做天柱	畲族
W1332.4	用金属做天柱	［W1980］金属的产生（金属的获得）
W1332.4.0	用金银造天柱	苗族
W1332.4.1	用金做天柱	哈尼族、彝族 ＊［W1981］金的产生
W1332.4.1.1	黄金天柱	纳西族
W1332.4.1.1.1	黄金天柱立在北方	纳西族
W1332.4.2	用银做天柱	苗族 ＊①［W1982］银的产生；②［W1982.3.1］银是造天柱剩下的碎料
W1332.4.2a	用铜做天柱	汉族、彝族 ＊①［W1850.3.10.1］昆仑铜柱是天柱；②［W1984.1］铜的产生

W 编码	母题描述	关联项
W1332.4.2a.1	4 根铜柱做天柱	彝族
W1332.4.2a.2	分开天地后用铜棍撑住天的肚子	水族
W1332.4.3	用铁做天柱（铁柱支天）	壮族 ＊ ①［W1332.8.3］用铁柱支天不成功；②［W1983］铁的产生
W1332.4.3.1	白铁天柱	纳西族
W1332.4.3.2	黑铁天柱	纳西族
W1332.4.3.3	擎天大铁柱立在中央	纳西族
W1332.4.3.4	女娲炼造铁柱支北天	汉族
W1332.4.4	金银铜铁做天柱	拉祜族
W1332.5	用山做天柱	白族、撒拉族 ＊［W1821.1］天柱变化为山
W1332.5.1	大山做天柱	傣族
W1332.5.1.1	4 座大山做顶天柱	白族、彝族
W1332.5.2	特定的山是天柱	
W1332.5.2.1	不周山是天柱	汉族 ＊［W1852.6.21］不周山
W1332.5.2.2	布州山是天柱	藏族 ＊［W1852.6.21］不周山
W1332.5.2.3	居那若倮神山是天柱	纳西族
W1332.6	用石做天柱	傣族
W1332.6.1	用玉石做天柱	［W1866.4］玉石（宝石）
W1332.6.1.1	用玉造天柱	侗族
W1332.6.1.2	玉柱支撑天	汉族
W1332.6.1.3	用绿松石做顶天柱	纳西族 ＊［W1864.4］绿石（碧石、绿松石）
W1332.6.1.4	用衣袋装石造天柱	瑶族

W 编码	母题描述	关联项
W1332.6.1.5	用白玉造天柱	
W1332.6.1.5.1	白玉天柱立于西方	纳西族 ＊ ［W1866.4.5.1］白玉
W1332.6.1.6	用碧玉造天柱	［W1866.4.5.2.1］碧玉
W1332.6.1.6.1	碧玉天柱立于南方	纳西族
W1332.6.2	用石柱做天柱	白族、珞巴族
W1332.6.2.1	巨人用 12 根石柱做天柱	苗族
W1332.6.3	用白石做天柱	［W1864.3］白石
W1332.6.3.1	大神用白石做天柱	藏族
W1332.7	用其他材料做天柱	［W1326.3.1］冰柱支天
W1332.7.1	白螺天柱	
W1332.7.1.1	白螺天柱立在东方	纳西族
W1332.7.2	白曼天柱	
W1332.7.2.1	白曼天柱立在东方	纳西族
W1332.7.3	珍珠天柱	［W9686.1］珍珠的来历
W1332.7.3.1	黑珍珠天柱在西方	纳西族
W1332.8	不成功的造天柱的材料	
W1332.8.1	用木头撑天不成功	怒族
W1332.8.1.1	木柱顶天不成功	苗族
W1332.8.1.2	女娲用木头做天柱被水冲垮	藏族
W1332.8.2	用草撑天不成功	
W1332.8.2.1	用笔管草顶天没有成功	哈尼族
W1332.8.2.2	蒿子杆支天天摇晃	苗族 ＊ ［W1345.1］蒿支撑地
W1332.8.3	用铁柱支天不成功	［W1332.4.3］用铁做天柱（铁柱支天）
W1332.8.3.1	铁做的天柱被锈断	苗族、藏族

W 编码	母题描述	关联项
W1332.8.4	石柱支天断裂	苗族 ＊ ［W1332.6.2］用石柱做天柱
W1332.8.5	用特定的角支天失败	
W1332.8.5.1	盘古用头上长出的 4 个枝杈的长角支天不成功	汉族 ＊ ［W0722.2.1］盘古头上生角
W1332.9	与天柱的材料有关的其他母题	
W1332.9.1	牛的肋巴骨做支天的椽子	哈尼族 ＊ ① ［W1168.5a］天椽；② ［W1349.4.1.1］神牛的肋巴骨做支地椽子
W1332a	**造天柱的方法**	
W1332a.1	仿照烟升天造天柱	苗族
W1332a.2	天女扫出天柱	彝族 ＊ ［W1294.4.2］天女用铁扫帚扫开天地
W1332a.3	打磨天柱	
W1332a.3.1	巨神把天柱刨光滑	苗族
W1332b	**与天柱产生有关的其他母题**	
W1332b.1	特定的物化为天柱	
W1332b.1.1	宝剑化为通天柱	［W9674］宝剑
W1332b.1.1.1	大禹的宝剑化为通天柱	汉族
W1332b.1.2	牛腿变成天柱	
W1332b.1.2.1	犀牛的 4 条腿变成 4 根天柱	布朗族
W1332b.1.3	牙齿变成天柱	
W1332b.1.3.1	神的牙齿变成天柱	傣族
W1332b.2	重造天柱	苗族

W 编码	母题描述	关联项
W1333	**顶天柱的数量（天柱的数量）**	［W1351］地柱的数量
W1333.1	4 根天柱	【民族，关联】①
W1333.1.1	金银铜铁 4 根天柱	拉祜族 ＊ ［W1332.4.4］金银铜铁做天柱
W1333.1.2	四根天柱是兄弟	毛南族
W1333.2	5 根天柱	汉族、纳西族
W1333.3	8 根天柱	汉族、苗族
W1333.3.1	8 座山为 8 根天柱	汉族 ＊ ［W1332.5］用山做天柱
W1333.3a	9 根天柱	
W1333.3a.1	创世母亲造 9 根天柱	基诺族
W1333.4	许多天柱	【汤普森】A655.2.0.1；＊ 毛南族
W1333.4.1	12 根天柱	苗族、壮族 ＊ ① ［W1326.3.3］天由 12 根天柱支撑；② ［W1337.1a］12 根天柱各有其规定地点
W1333.4.1.1	神性人物用 12 天造出 12 根天柱	苗族
W1333.4.2	13 根天柱	［W1326.3.4］天由 13 根天柱支撑
W1333.4.2.1	巨人造 13 根铁天柱	苗族
＊ **W1335**	**天柱的特征**	
W1336	**天柱的大小**	
W1336.1	天柱的周长	

---

① 【民族】布依族、苗族、傣族、汉族、怒族、瑶族、彝族、裕固族、壮族。关联❶［W1273.3］天地有 4 根柱子相连；❷［W1279.3］4 根天柱顶天分开天地；❸［W1279.3.2］神的 4 肢变成的 4 根天柱顶天分开天地；❹［W1331.4.1］女娲用龟 4 只脚做成 4 根天柱；❺［W1332.1.3.1］始祖的手脚变成 4 根天柱；❻［W1332.2.5.1］牛的 4 条腿做成 4 根天柱；❼［W1352］4 根地柱；❽［W1375.1.1］4 根撑天柱把天撑牢

W 编码	母题描述	关联项
W1336.1.1	天柱周长 3 千里	汉族
W1336.2	天柱的高度	
W1336.2.0	天柱高万丈	苗族
W1336.2.1	天柱的高度是天地的距离	侗族 ＊［W1316］天地的距离
W1336.2.2	天柱高 48 万 8 千里	侗族
W1336.2.3	天柱高数百万里	傣族
W1337	**天柱的位置**	珞巴族 ＊ ①［W1350］地柱的支撑物；②［W1789.2.1］天柱顶着天河
W1337.0	4 根天柱分别立在东西南北	拉祜族
W1337.0.1	4 根天柱支在东南西北 4 个地角	布朗族 ＊［W1242.1］地有 4 角（4 个地角）
W1337.1	5 根天柱分别撑着天的东西南北四角和中间	汉族
W1337.1.1	开天辟地者在东西南北中各立 1 个天柱	纳西族
W1337.1a	12 根天柱各有其规定地点	苗族
W1337.2	天柱放在鱼身上	拉祜族 ＊［W1324.3］龟支天
W1337.2.1	4 根天柱分别放在 4 条鱼身上	拉祜族
W1337.2a	天柱放在象身上	
W1337.2a.1	天柱放在神象身上	傣族 ＊［W1350.3］地柱支在大象身上
W1337.3	怪物支撑着天柱	汉族
W1337.4	天柱放在龙眼上	拉祜族 ＊［W3560］龙的体征
W1337.5	天柱立在山上	苗族
W1337.5.1	天柱立在碌陀山上	壮族

W 编码	母题描述	关联项
W1337.5.2	4 根天柱立在四方的四座山上	彝族
W1337.5.3	天柱立在昆仑山	汉族 ＊ ［W1850.3.10.1］昆仑铜柱是天柱
W1337.6	天柱放在其他特定地点	【关联】①
W1337.6.1	天柱在金日冬日那个地方	珞巴族
W1337.6.2	天柱立在地中央	纳西族 ＊ ［W1332.4.3.3］擎天大铁柱立在中央
W1337.6.3	天柱立在天地相连处	珞巴族 ＊ ［W1273］天地相连处（天地的连接物）
W1337.6.4	天柱插在海底	傣族
W1337.6.5	天柱放在 4 个大瓜上	哈尼族
W1337.6.6	天柱在特定地名处	彝族
W1337.7	天柱在山顶和大地之间	彝族
W1337.8	天柱支撑着天的中央	瑶族 ＊ ［W1164］天的中心
W1338	**天柱的其他特征**	
W1338.1	天柱会生长	［W1313.3.2］天柱长高把天撑高
W1338.1.1	天柱浇水后会生长	壮族
W1338.2	天柱的颜色	
W1338.2.1	绿嵩天柱立于南方	纳西族
W1338.2.2	墨珠天柱立在西方	纳西族
W1338.3	天柱的长短	
W1338.3.1	天柱东西长短不同	藏族
W1338.3.2	天柱长短不齐造成天的倾斜	汉族

---

① 【关联】❶ ［W1332.4.1.1.1］黄金天柱立在北方；❷ ［W1338.2.1］绿嵩天柱立于南方；
　　❸ ［W1338.2.2］墨珠天柱立在西方

W 编码	母题描述	关联项
W1338.4	天柱的形状	
W1338.4.1	天柱像山	苗族　＊〔W1332.5〕用山做天柱
W1338.4.2	天柱是圆的	汉族
W1338.4.3	天柱下粗上细	傣族
W1339	**与天柱有关的其他母题**	
W1339.0	立天柱	〔W1371.4〕天柱稳固天地
W1339.0.1	神仙立天柱	苗族
W1339.1	天柱的倾斜	汉族
W1339.1.1	天柱向西北倾斜	汉族
W1339.1.2	北天柱倾斜	汉族
W1339.2	天柱的倒塌（天柱的消失）	①〔W1332.8〕不成功的造天柱的材料；②〔W1792.10〕天宫的倒塌
W1339.2.1	天柱自然倒塌	苗族
W1339.2.2	虫蛇将天柱蛀断	苗族
W1339.2.2.1	昆虫啃断天柱	〔W3457.2〕昆虫生活习性及来历
W1339.2.2.1.1	昆虫为报复啃断天柱	彝族
W1339.2.3	蚂蚁啃断天柱	怒族
W1339.2.3.1	蚂蚁为报复啃断天柱	彝族　＊〔W9475.1〕动物的报复
W1339.2.3a	鸟啄断天柱	
W1339.2.3a.1	鹈鹕啄断天柱	苗族
W1339.2.4	撞断天柱（撞倒天柱）	
W1339.2.4.1	共工撞倒天柱不周山	汉族　＊〔W0685〕共工
W1339.2.4.2	妖怪撞断天柱	汉族
W1339.2.5	与天柱的倒塌有关的其他母题	

W 编码	母题描述	关联项
W1339.2.5.1	不稳的天柱	［W1314.3.1］撑天的柱子不稳撑天不成功
W1339.2.5.1.1	天柱悬在水中不稳定	傣族
W1339.2.5.2	天柱被晒断	彝族
W1339.2.6	天柱的稳固	［W1375］天的稳固
W1339.2.6.1	为天柱加固天梁稳固天柱	彝族
W1339.2.6.1.1	在天柱上穿檩布梁稳固天柱	苗族 ＊［W6207］建筑方法
W1339.2.6.2	通过在天柱周围放水稳固天柱	傣族
W1339.2.7	天柱的修整	
W1339.2.7.1	为降雨砍短东方的天柱	苗族 ＊［W4330］雨的产生
W1339.2.8	特定名称的天柱	
W1339.2.8.1	天柱宛委	汉族
✿ **W1340**	**地的支撑（支地）**	【汤普森】A840
W1340a	**以前的地没有支撑**	
W1340a.1	以前地球悬在空中	布朗族
＊ **W1341**	**地 的 支 撑 者（支 地 者）①**	
W1342	**神或神性人物支撑地**	
W1342.0	创世者支地	
W1342.0.1	创世者用身体支撑大地	阿昌族
W1342.1	地母支大地	
W1342.1.1	地母遮米麻用身体托着大地	阿昌族
W1342.2	神用手臂支撑地	【汤普森】A849.2

———————————

①　地的支撑者（支地者），此类母题与"支地的柱子"有联系密切，具体情形可参见《中国创世神话母题（W1）实例与索引》。

W 编码	母题描述	关联项
W1342.3	怪物支撑地	【汤普森】≈ A844.11
W1342.4	神骑着海鱼支地	柯尔克孜族
W1342.5	其他神或神性人物支撑地	
W1342.5.1	地藏王背地	汉族
W1343	**人支撑地**	【汤普森】A842
W1344	**动物支撑地**	【汤普森】A844
W1344.1	鱼支撑地（鱼支地）	【汤普森】A844.3；＊【关联】①
W1344.1.1	3 条鱼驮地	彝族（阿细）
W1344.1.1.1	3 条大鱼驮地	满族
W1344.1.2	鲤鱼支撑地	汉族
W1344.1.3	鲇鱼驮着大地	满族
W1344.1.4	鲤鱼驮万物	
W1344.1.5	鱼母鱼支地	彝族
W1344.2	龟支撑地（鳌鱼支撑地）	【汤普森】A844.1；＊【民族，关联】②
W1344.2.1	巨龟驮大地	蒙古族、维吾尔族、藏族
W1344.2.1.1	比地球还大的巨龟驮大地	蒙古族
W1344.2.2	3 个鳌鱼支地	白族、土家族
W1344.2.3	5 个鳌鱼支地	汉族
W1344.2.3a	1 个鳌鱼支地	布朗族
W1344.2.4	鳌鱼背支地	藏族
W1344.2.5	乌龟用肚皮支撑大地	藏族

---

① 【关联】❶ ［W1186.3a.3］把泥放在鱼头上造地；❷ ［W1237.2］鱼支撑地边；❸ ［W1242.2.3］公鱼支撑地角；❹ ［W1350.1］地柱支在金鱼身上

② 【民族】白族、汉族、土家族、藏族。【关联】❶ ［W1199.1.6］地造在鳌鱼头上；❷ ［W1324.4］鳌鱼支撑天；❸ ［W1346.3.1］负载大地的巨龟住在海洋里的宫殿中；❹ ［W1376.2.1.3］神龟驮地使大地稳定

W 编码	母题描述	关联项
W1344. 2. 5a	乌龟用四肢支地	蒙古族　＊［W1324.5.1］巨龟的 4 条腿支天
W1344. 2. 6	元素中生出负载大地的巨龟	藏族
W1344. 2. 7	神龟用背顶着大地	蒙古族　＊①［W0926.3］神龟；②［W1321.2］神龟支天
W1344. 2. 8	神龟驮地	汉族
W1344. 3	龙支撑地	汉族
W1344. 4	牛支撑地	汉族、维吾尔族
W1344. 4. 1	神牛支地球	维吾尔族
W1344. 4. 1. 1	神牛的角顶住大地	哈萨克族
W1344. 4. 1. 2	神牛用角顶着人世	塔吉克族
W1344. 4. 2	公牛支撑地	【汤普森】A844.2；＊①［W1316a.1.1］公牛支地后形成天地现在的距离；②［W1324.1.2］公牛顶天
W1344. 4. 2. 0	女天神让公牛支地	维吾尔族
W1344. 4. 2. 1	公牛站在乌龟背上支地的	维吾尔族
W1344. 4. 2. 2	公牛用一只角支地	维吾尔族
W1344. 4. 3	四条牛腿支撑地	哈尼族
W1344. 4. 4	牛站在鱼身上支地	【汤普森】A844.5；＊撒拉族、塔塔尔族
W1344. 5	蛙（蛤蟆）支撑地	【汤普森】A844.4；＊鄂温克族
W1344. 6	鳄鱼支撑地	汉族
W1344. 7	象支撑地	【汤普森】A844.7；＊【关联】①

---

① 【关联】❶［W1337.2a］天柱放在象身上；❷［W1344.7.2］大象顶着地球；❸［W1376.4.3.2］用大象稳地

W 编码	母题描述	关联项
W1344. 7. 1	巨象负地	藏族
W1344. 7. 2	大象顶着地球	傣族　＊ ［W1337.2a］天柱放在象身上
W1344. 8	仙鹤支撑地	
W1344. 8. 1	仙鹤用一只脚支撑地	达斡尔族
W1344. 9	多个动物共同支撑地	【汤普森】≈A844. 6
W1344. 9. 1	神鱼、鲮鱼和鲈鱼用背支地	鄂温克族
W1344. 10	与支撑地的动物有关的其他母题	藏族
W1344. 10. 1	一个很大的动物驮着大地	珞巴族
W1345	**植物支撑地**	
W1345. 1	蒿支撑地	苗族
W1346	**与地的支撑物有关的其他母题**	
W1346. 1	风和水支撑大地	土族
W1346. 2	地的支撑物的诞生	
W1346. 2. 1	元素生负载大地的巨龟	藏族
W1346. 2. 2	气温生负载大地的巨龟	藏族　＊ ［W3506］龟的产生
W1346. 2. 3	胎生负载大地的巨龟	藏族
W1346. 2. 4	卵生负载大地的巨龟	藏族　＊ ［W3509］龟是生育产生的
W1346. 3	支地动物的居所	
W1346. 3. 1	负载大地的巨龟住在海洋里的宫殿中	藏族
W1346. 4	支地动物的看管	［W1350.4.1］支撑地柱者的看守
W1346. 4. 1	金鸡看守着驮地的鳖鱼	布朗族　＊ ［W3350.10.1］金鸡

W 编码	母题描述	关联项
W1346.4.1a	金鸡看守支地的神鱼	傣族
W1346.4.2	蛇看守支撑地的黄牛	撒拉族
W1346.4.3	鹰看管着支撑地的牛	
W1346.4.4	鸡看管着支撑大地的牛	
W1346.4.5	鹰看管着支撑地的龟	
W1346.4.6	鸡看管着支撑大地的龟	［W3350.4.2］鸡是特定物的看守者
W1346.4.7	神鸟看管着支撑大地的神龟	汉族
✳ **W1347**	**地柱（支地的柱子）**	【汤普森】①A84；②A843； ✳［W1330］天柱（顶天的柱子）
W1348	**地柱的产生**	
W1348.1	地柱是造出来的	
W1348.1.0	造地柱原因	
W1348.1.0.1	因地动摇造地柱	彝族　✳［W1376］地的稳固
W1348.1.1	神或神性人物造地柱	
W1348.1.1.1	神用泥造地柱	傣族
W1348.1.1.2	天神造地柱	傣族
W1348.1.2	龙王造地柱	哈尼族　✳［W3581.6］龙王的能力（职能）
W1348.2	**地柱是变化产生的**	
W1348.2.1	特定人物的四肢变成地柱	
W1348.2.1.1	盘古的四肢变成地柱	汉族　✳①［W1167.2.2］盘古的四肢化为四极；②［W1851.0.1］盘古的四肢五体变成五岳
W1349	**地柱的材料**	
W1349.1	用金属造地柱	

W 编码	母题描述	关联项
W1349.1.1	炼金属做地柱	哈尼族 ＊ ［W6108.2］冶炼
W1349.1.2	用金银铜铁造地柱	哈尼族
W1349.2	石柱支撑地	【汤普森】 ≈ A849.1
W1349.3	动物的腿做地柱	
W1349.3.1	牛腿做地柱	哈尼族
W1349.3.2	鹿腿做地柱	普米族
W1349.4	动物的骨头做地柱	
W1349.4.1	牛骨头做地柱	
W1349.4.1.1	神牛的肋巴骨做支地椽子	哈尼族
W1349.5	其他材料做地柱	
W1349.5.1	用泥造地柱	傣族 ＊ ［W1348.1.1.1］神用泥造地柱
W1350	**地柱的支撑物**	［W1337］天柱的位置
W1350.0	地柱支在鳌鱼身上	
W1350.0.1	地柱立在水中鳌鱼的背上	汉族
W1350.1	地柱支在金鱼身上	哈尼族 ＊ ［W1344.1］鱼支撑地（鱼支地）
W1350.2	地柱支在万物生育者身上	
W1350.3	地柱支在大象身上	傣族 ＊ ① ［W1337.2a.1］天柱放在神象身上；② ［W1344.7.2］大象顶着地球
W1350.4	与地柱支撑物有关的其他母题	
W1350.4.1	支撑地柱者的看守	【关联】①
W1350.4.2	支地的石柱在海中	布依族

① 【关联】 ❶ ［W1095.4.1］世界支撑者的看守；❷ ［W1346.4］支地动物的看管；❸ ［W1356.3］地柱的看守

W 编码	母题描述	关联项
W1350.4.3	支地的柱子立在下界	高山族
W1351	**地柱的数量**	［W1333］顶天柱的数量（天柱的数量）
W1352	**4 根地柱**	【汤普森】①≈A841.0.1；②A841.4
W1352.1	4 根铜柱支地	朝鲜族
W1352a	**5 根地柱**	
W1352b	**6 根地柱**	
W1352b.1	神造 6 根地柱稳固大地	傣族
W1352c	**7 根地柱**	
W1352d	**8 根地柱**	
W1352d.1	地下有 8 根地柱	
W1352d.1.1	地下的 8 根地柱互相牵制	汉族
W1353	**9 根地柱**	基诺族
W1353.1	9 根金柱银柱支地	怒族
W1354	**12 根地柱**	【汤普森】A841.3
W1355	**其他数量的地柱**	
W1356	**与地柱有关的其他母题**	［W1239］地梁
W1356.1	巨大的地柱	
W1356.1.1	地柱有 10 万里	汉族
W1356.2	数根地柱互相作用	汉族
W1356.3	地柱的看守	
W1356.3.1	地神管理地柱	基诺族
W1356.4	地柱被毁	
W1356.4.1	地柱被撞断	汉族

W 编码	母题描述	关联项
W1357	**与天地的合离与支撑有关的其他母题**	
W1357.0	天地为什么不会合在一起	［W1272.1］以前天地不分（天地合一）
W1357.0.1	火鸟阻止天地相合	汉族
W1357.0.2	支地撑天使天地分离	
W1357.0.2.1	仙鹤支地撑天	达斡尔族
W1357.1	地上与地下有许多地柱相连	高山族 ＊［W1400］天地相通
W1357.1.1	顶天地的柱子	
W1357.1.1.1	顶天地的柱子在海心	白族 ＊［W1371.2.1］神象在海中顶天地后天地稳固
W1357.2	以前水天相连	白族、满族 ＊ ①［W1789.0.5］天河与海相通；②［W1896.2.6］水流到天上
W1357.3	天地的分界	
W1357.3.1	云是天和地的分界处	普米族
W1357.4	天地分开后，生物才可以生活	珞巴族
W1357.5	天地分开后，天地间仍是混沌	水族
W1357.6	天地分开后的善后工作	
W1357.6.1	天地分开后打扫天地	［W1294.4］用扫帚扫开天地
W1357.6.1.1	天地分开后仙女用铜铁扫帚扫净天地	彝族

1.2.5 天地的修整^①【W1360 ~ W1399】

W 编码	母题描述	关联项
✳ **W1360**	**天地的缺陷（修整天地的原因）**	
W1361	**天小地大（地大天小）**	仡佬族、汉族、基诺族、珞巴族、苗族、土家族、藏族、藏族（白马）、壮族 ✳［W1396.2.1］拉天缩地
W1361.1	天窄地宽	侗族、仡佬族、苗族
W1361.1.1	螟蛉子懒造的天窄，拱屎虫勤快造的地宽	汉族、壮族 ✳［W1106.5.2］螟蛉子造天，拱屎虫造地
W1361.1.2	盘古氏造的天狭，盘生氏造的地阔	白族 ✳［W1104.1.2］盘古氏盘生氏开天辟地
W1361.2	天小地大的原因	哈尼族、汉族、拉祜族、傈僳族、土家族、壮族
W1361.2.0	天小地大自然形成	汉族
W1361.2.0.1	盘古造的天小地大	汉族
W1361.2.0.1a	布洛陀造的天小地大	壮族 ✳［W1103.9.5.1］男始祖布洛陀造天地
W1361.2.0.1b	姆六甲造的天小地大	壮族 ✳［W1103.9.6.3］女始祖姆六甲造天地
W1361.2.0.2	天神造的天小，地神造的地大	汉族、彝族（俚颇）✳［W1103.4.4］天神造天，地神造地

---

① 天地的修整，可以分为几种不同的情形，包括开天辟地时形成天大地小或天小地大时的修整、天塌地陷之后由神或神性人物对天地的修补、世界被毁灭后对天地的重新改造等情况。这里把这些情况归纳在一起，以便于研究者作出相应的比较。

W 编码	母题描述	关联项
W1361.2.0.3	最早 1 对男女造的天小地大	汉族、哈尼族 ＊［W1103.5.8］混沌中生出的一公一婆造天地
W1361.2.1	造天者偷懒造的天小，造地者勤劳造的地大	拉祜族、傈僳族、彝族（罗罗泼）
W1361.2.1a	造天者手慢把天造小，造地者手快把地造大	仡佬族
W1361.2.2	因造天者懒惰把天造小	傈僳族、瑶族、彝族（俚颇）
W1361.2.2a	因造天者贪玩把天造小	拉祜族
W1361.2.3	因造地者勤奋把地造大	拉祜族、瑶族、彝族（俚颇）＊［W1362.1.1］造天的神勤奋造的天大
W1361.2.4	盘神 9 兄弟偷懒把天造小，禅神 7 姐妹勤快把地造大	纳西族
W1361.2.4a	天神的 5 个儿子偷懒把天造小，4 个女儿勤快把地造大	彝族 ＊［W1103.7.3.2］天神的 5 个儿子造天，4 个女儿造地
W1361.2.5	天公造的天小，地母造的地大	阿昌族 ＊［W1103.5.4］天公造天，地母织地（阿帕麻造天，遮米麻造地）
W1361.2.6	因造天地者日子颠倒造成天小地大	汉族
W1361.2.7	盘古忙着造天忘了测量造成天小地大	汉族 ＊［W1396.1.1］天的测量
W1361.2.8	天下翁和天下婆分别造天地时没有量好尺寸造成天小地大	汉族
W1361.2.9	女神菠补造天，男神佑聪造地，因造的时间不同造成天小地大	苗族
W1361.2.10	盘古、盘生变天地时形成天小地大	白族 ＊［W1119.2.1.1］哥哥盘古变天，弟弟盘生变地

W 编码	母题描述	关联项
W1361.3	天小地大的情况	汉族
W1361.3.1	天有7分宽，地有9分大	彝族
W1362	**天大地小（地小天大）**	侗族、基诺族、怒族、壮族
W1362.1	天大的原因	
W1362.1.1	造天的神勤奋造的天大	怒族
W1362.2	地小的原因	［W1199.4］地的变小
W1362.2.1	造地的神懒惰造的地小	怒族 ＊ ［W1361.2.2］因造天者懒惰把天造小
W1363	**天地不相合（天地不吻合）**	汉族 ＊ ① ［W1361］天小地大（地大天小）；② ［W1362］天大地小（地小天大）
W1363.1	天小地大造成天地不吻合	汉族 ＊ ［W1272.3.2］神把天地扣严
W1364	**天地不稳定**	【民族，关联】①
W1364.0	特定的时间天地不稳定	
W1364.0.1	上古时天地动荡	纳西族
W1364.1	天盖不住地使天地发生动摇	纳西族
W1364.2	鱼摆尾使天地发生动摇	哈尼族
W1364.3	刚造的天地动摇不定（新开辟的天地不稳）	汉族、彝族
W1364.3.1	刚造的天地因为在水面上动摇不定	【民族，关联】②
W1364.4	刚分开的天地动摇不定	侗族、水族、彝族

① 【民族】哈尼族、纳西族。 【关联】❶ ［W1057.6］最早的世界不稳定；❷ ［W1376］地的稳固；❸ ［W1495］天地的变化

② 【民族】傣族。 【关联】❶ ［W1235.4］地浮在水面上；❷ ［W1235.4.1］地漂浮在大海上；❸ ［W1235.4.6］地球浮在水中；❹ ［W1346.1］风和水支撑大地

W 编码	母题描述	关联项
W1364.4.1	刚分开的天地相互咬不紧	苗族 * ［W1272.10］天用牙齿衔住地，地用牙齿咬紧天
W1364.5	海水撞得天地不稳	白族
W1364.6	最早天地变化不定	［W1498.2.9］天地 10 次变化
W1365	**天塌**	【关联】①
W1365.1	天柱折断造成天塌	汉族
W1365.1.1	虫蛇弄断天柱造成天塌	苗族
W1365.2	老鳖翻身造成天塌	土家族 * ［W3505］龟（乌龟、鳖）
W1365.3	其他原因造成天塌	土家族
W1365.3.1	人把天弄塌	汉族
W1365.4	天塌一角	汉族 * ［W1168.1］天角
W1365.4.1	盘古劈断天柱造成天塌一角	汉族
W1365.4.2	共工撞倒天柱山造成天塌一角	汉族
W1365.4.3	水神撞倒不周山造成天塌一角	藏族
W1365.5	与天塌有关的其他母题	① ［W1168.17］天不会塌的原因； ② ［W1375.2.4］钉天防止天的塌落
W1365.5.1	西北天和东南天塌掉	汉族
W1365.5.2	西北天塌掉	汉族 * ［W1168.13.9］西北天
W1365.5.3	东方天塌	水族
W1365.5.4	天多次垮塌	苗族
W1365.5.4.1	天塌 3 次	苗族
W1365a	**天漏**	［W1385.5.3.1］因天河漏水补天
W1365a.1	风雨中产生天漏	布朗族

---

① 【关联】❶ ［W1314.3.4］天撑高后又塌落；❷ ［W1385.1］因天塌补天；❸ ［W1168.1.4.1］天角被射垮；❹ ［W1798.1b.1］射日月射掉天板

W 编码	母题描述	关联项
W1365a.2	神的争斗造成天漏	汉族
W1366	**天洞（天上的窟窿、天被撞破）**	［W1542.4.1］日月源于天洞
W1366.0	自然产生天洞	
W1366.0.1	天长日久天上出现洞	苗族
W1366.0.2	天上塌了1个洞	汉族
W1366.1	造天时留下天洞	
W1366.1.1	神造天时留下天洞	哈尼族
W1366.1.2	盘古开天出现许多天洞	汉族
W1366.1.3	神造天撬出天洞	彝族（俚颇）
W1366.2	打雷造成天洞	汉族　＊　①［W1367.7a.1］打雷造成天裂；②［W4408.1］神奇的雷
W1366.3	砍出天洞	
W1366.3.1	盘古砍出天洞	土家族
W1366.3.1.1	盘古开天地时用斧头砍出许多大洞	汉族
W1366.4	戳出天洞	高山族、汉族
W1366.4.1	兄妹绷天地时捅出天洞	彝族（罗罗泼）
W1366.5	水冲出天洞	白族
W1366.5.1	海潮冲出天洞	白族
W1366.6	争斗时撞破天	瑶族　＊　［W8575.1］神撞断天柱造成天塌地陷
W1366.6.1	神的争斗撞破天	汉族
W1366.6.1.1	火神与水神的争斗撞出天洞	汉族
W1366.6.2	神性人物的争斗撞破天	汉族

W 编码	母题描述	关联项
W1366.6.2.1	共工争斗时撞破不周山形成天的窟窿	汉族　＊［W1365.1］天柱折断造成天塌
W1366.6.3	动物的争斗撞破天	汉族、瑶族
W1366.6.3.1	龙的争斗撞出天洞	汉族
W1366.6.4	太阳打斗时把天撕破	苗族
W1366.7	妖怪撞破天	仡佬族、汉族、壮族
W1366.8	动物撞破天	汉族、土家族　＊［W1702.1］动物的角刺破天后产生星星
W1366.8.1	乌龟撞出天洞	苗族
W1366.9	树戳破天	哈尼族、汉族
W1366.9.1	天被山上的大树戳破	哈尼族
W1366.9a	人造物戳破天	
W1366.9a.1	人造的塔会戳破天	苗族　＊［W1419］毁掉通天塔绝地天通
W1366.9b	天柱倒塌形成天洞	汉族　＊［W1339.2］天柱的倒塌
W1366.10	与天洞有关的其他母题	【关联】①
W1366.10.1	盖天佛把天顶出窟窿	汉族
W1366.10.2	特定的人把天顶出窟窿	汉族
W1366.10.3	风吹破天	彝族
W1366.10.4	元月二十号天穿洞	汉族（客家人）
W1366.10.5	天洞的位置	
W1366.10.5.1	天洞在天的西南角	汉族
W1366.10.6	天洞的作用	

---

① 【关联】❶［W1386.2.7.2］女娲补北方的天洞；❷［W1545.7.7.1］日月是天上凿开的洞；❸［W1581.1］月亮是天上的洞

W 编码	母题描述	关联项
W1366.10.6.1	天洞是用了下雨的地方	哈尼族 * ［W1785.1.2］银河是给雨留的路
W1366.10.6.2	人可以通过天洞看到天上的事情	汉族
W1366.10.7	天洞的数量	
W1366.10.7.1	以前有很多天洞	汉族
W1366.10.7.2	9 个天洞	彝族（俚颇）
W1367	**天上出现裂缝（天缝、天裂）**	［W1391.2.2］地缝（地裂）
W1367.1	天地间自然产生裂缝	
W1367.1.1	巨人发现天地间存在一条大裂缝	侗族
W1367.1.2	天突然开裂	彝族
W1367.2	造天时留下裂缝	汉族、哈尼族
W1367.2.1	女神造天时留下天缝	拉祜族（苦聪）
W1367.3	争斗造成天的裂缝	瑶族 * ［W8700］争战
W1367.3.1	乌龙相斗造成天的裂缝	苗族
W1367.3.2	2 人打斗造成天缝	
W1367.3.2.1	2 人争天下打斗正月廿日造成天缝	汉族
W1367.4	天神的长啸造成天的裂缝	傈僳族
W1367.5	天地相撞造成天的裂缝	
W1367.5.1	支地的鳌鱼翻身使天地相撞形成天的裂缝	汉族
W1367.6	因补天石不足形成天缝	

W 编码	母题描述	关联项
W1367.6.1	女娲补天时天罡石不足形成天缝	汉族　＊［W1387.1.4a.1.1］女娲用天罡石补天
W1367.7	撑天时形成天缝	
W1367.7.1	撑天歪斜形成天缝	苗族
W1367.7a	雷电造成天裂	
W1367.7a.1	打雷造成天裂	彝族　＊［W1366.2］打雷造成天洞
W1367.8	与天缝有关的其他母题	
W1367.8.1	天缝的位置	
W1367.8.2	天缝的作用	
W1367.8.2.1	天缝用来下雨	拉祜族（苦聪）
W1367.8.3	天缝的长宽	
W1367.8.3.1	三拃宽的天缝	拉祜族（苦聪）
W1367.8.4	天缝中是冷冰寒雪	苗族
W1368	**天地歪斜**	哈尼族、纳西族
W1369	**天地的其他缺陷**	汉族
W1369.1	天经地纬断裂	苗族
W1369.2	天的东南、西北有缺陷	汉族
W1369.2.1	天的西北有缺陷	汉族
W1369.3	天的西南方有缺陷	白族
W1369.4	地在东北方有缺陷	白族
W1369.5	天地有凹凸	哈尼族、汉族　＊　①［W1159.3］以前的天不平；②［W1217.0］以前地不平
＊ **W1370**	**稳固天地（天地的稳固）**	
W1371	**用支撑物稳定天地**	壮族
W1371.1	用架子稳固天地	

W 编码	母题描述	关联项
W1371.1.1	天神搓污垢捏成挟天地的架子稳固天地	傣族
W1371.2	用神象稳固天地	
W1371.2.1	神象在海中顶天地后天地稳固	傣族
W1371.3	用特定物撑天边支地角稳固天地	
W1371.3.1	女神用鳌鱼骨撑天边支地角稳固天地	水族 ＊ ① ［W1332.2.1］鳌鱼的肢体做天柱；② ［W1344.2］龟支撑地（鳌鱼支撑地）
W1371.4	天柱稳固天地	
W1371.4.1	海心冒出的石柱使天地稳固	白族 ＊ ［W1371a.1］盘古支天地使天地变稳
W1371a	**特定人物稳固天地**	
W1371a.1	盘古支天地使天地变稳	汉族
W1372	**用石头压住天地**	
W1372.1	压天地的石头	拉祜族
W1372a	**用山稳固天地**	
W1372a.1	神山稳固天地	纳西族
W1372b	**绷天地（绷天绷地）**	［W1383.5］绷天
W1372b.1	用神牛皮绷天绷地	哈尼族
W1372b.2	先绷地，再绷天	藏族
W1372c	**用粘合物稳固天地**	
W1372c.1	神用自动增长的粘合物稳固天地	傣族
W1373	**特定的看守者稳固天地**	
W1373.1	玉狗看管顶天大鳌鱼，天地变稳固	羌族

W 编码	母题描述	关联项
W1374	与稳固天地有关的其他母题	
W1374.1	造山后天地稳固	
W1374.1.1	神和佛造灵山稳固天地	纳西族 * ［W1852.6.78］灵山
W1374.2	稳固天地的时间	苗族
W1374.2.1	敌手毁坏天地时稳定天地	傣族
W1375	天的稳固	［W1339.2.6］天柱的稳固
W1375.1	支撑天使天变稳	布依族 * ［W1319］天的支撑
W1375.1.1	天柱支天使天变稳	瑶族 * ① ［W1326.3］特定的柱子支天；② ［W1330］天柱（顶天的柱子）
W1375.1.1.1	4 根撑天柱把天撑牢	布依族
W1375.1.1.2	天柱撑天时要垫七分土	毛南族
W1375.1.1.3	用 16 根柱子顶天把天变稳	彝族（阿细）
W1375.1.1.4	用铜柱铁柱撑天把天变稳	水族
W1375.1.2	把天托稳	
W1375.1.3	神把天托稳	佤族
W1375.1.4	大力神用巨掌稳定天	黎族
W1375.2	钉天把天变稳	土家族 * ［W1387.9a.1］钉天网补天
W1375.2.1	用石钉把天钉牢（用山做钉子把天钉牢）	哈萨克族、瑶族
W1375.2.2	用牙齿把天钉稳	
W1375.2.2.1	用牙齿做钉子把天钉稳	布依族
W1375.2.3	用树钉在大地的四方天变稳	普米族

W 编码	母题描述	关联项
W1375.2.4	钉天防止天的塌落	布依族
W1375.3	**压住天把天变稳**	
W1375.3.1	用石头压天头把天变稳	拉祜族 ＊［W1167］天的端点（天头、天的头）
W1375.3.2	用宝物压天柱把天变稳	彝族（阿细）
W1375.4	**与天的稳固有关的其他母题**	［W1174.4.4］为稳定天造地
W1375.4.1	咬住天把天变稳固	
W1375.4.1.1	龙、凤、龟、麟、虎咬住天的四边和中间使天变稳	普米族
W1375.4.2	绷天把天变稳固	藏族 ＊［W1383.5］绷天
W1375.4.3	拉天绳把天变稳固	彝族
W1376	**地的稳固**	【汤普森】A857
W1376.0	**以前地不稳固**	①［W1042］最早的天地飘浮动荡；②［W1364］天地不稳定
W1376.0.1	大地刚形成时不稳定	傣族
W1376.0.2	大地旋转	［W1057.6］最早的世界是旋转的
W1376.0.2.1	神吹气使大地旋转	侗族
W1376.0.3	以前的地不断摇晃	苗族 ＊ ①［W1383.0.1.2］以前的天体摇晃；②［W8550］地震
W1376.0.3.1	刚造出的地摇摇晃晃	傣族、纳西族（摩梭）
W1376.0.3.2	刚变出的地动荡	藏族
W1376.0.3.3	造出的地球在水面上摇摇晃晃	傣族
W1376.0.3.4	最初的地浮在水面上会摇晃	蒙古族
W1376.0.4	以前的地在海中沉浮不定	藏族 ＊［W1235.4.1］地漂浮在大海上

W 编码	母题描述	关联项
W1376.0.4.1	地球不稳是因为海水在下面流动	傣族
W1376.1	通过稳固土地把地变稳	
W1376.1.1	神稳固土壤	
W1376.1.1.1	神撒草木稳固大地	蒙古族
W1376.1.2	通过粘贴使地稳固	
W1376.1.3	用钉钉地使地变稳	普米族、壮族 ＊［W1242.2.2］用铜钉钉地的四角
W1376.1.3.1	创世主用钉子稳固大地	哈萨克族
W1376.1.4	天仙焊接大地	壮族
W1376.2	动物稳固大地	［W1376.4.3.2］用大象稳地
W1376.2.1	巨龟稳定大地	［W1344.2］龟支撑地（鳌鱼支撑地）
W1376.2.1.1	射死驮陆地的鳌鱼稳定大地	藏族
W1376.2.1.2	巨龟抱稳大地	藏族
W1376.2.1.3	神龟驮地使大地稳定	蒙古族 ＊［W1344.2］龟支撑地（鳌鱼支撑地）
W1376.2.2	把地固定在牛的犄角上	维吾尔族
W1376.2.2.1	创世主把地固定在牛角上	哈萨克族 ＊［W1199.1.5］地球悬挂在牛角上
W1376.2.2.2	神用牛腿稳固大地	哈尼族
W1376.2.3	让鱼稳固大地	［W1344.1］鱼支撑地
W1376.2.3.1	女娲用龙筋缠住驮地的鲤鱼稳固大地	汉族
W1376.2.4	让狗稳固大地	
W1376.2.4.1	让狗看守负载大地的龟使地变稳	汉族 ＊［W3126］狗看门的来历

W 编码	母题描述	关联项
W1376.2.5	让怪兽稳固大地	
W1376.2.5.1	仙人让怪兽把大地抱稳	土族
W1376.2.6	让蛤蟆稳固大地	
W1376.2.6.1	蛤蟆的叫声使大地不再变化	佤族 ＊ ［W1210.3］大地变化无常
W1376.2.6.2	射死驮地的蛤蟆稳固大地	土族 ＊ ［W1186.3a.2］在蛤蟆背上造地
W1376.3	压住大地把地变稳	
W1376.3.1	用大盘石稳定大地	壮族
W1376.3.2	用山稳定大地	柯尔克孜族、塔吉克族
W1376.3.2.1	用山脚镇住地	纳西族
W1376.3.2.2	神造山压地	黎族
W1376.3.2.3	最早出现的一座山压地	纳西族（摩梭） ＊ ［W1802.4］地上最早出现山
W1376.3.3	用石稳定大地	
W1376.3.3.1	用金黄石压地	纳西族
W1376.3.3.2	用压地石压地	彝族 ＊ ［W1866.6］压地石
W1376.3.3.2.1	天女用 4 块压地石压地	彝族
W1376.3.4	用金属稳定大地	
W1376.3.4.1	神用黄金镇地	纳西族 ＊ ［W1981.5］与金有关的其他母题
W1376.3.4.2	开天辟地者用黄金矿镇地	纳西族
W1376.3.5	用牙齿稳固地球	
W1376.3.5.1	神把 7 颗牙齿插入海中稳固地球	傣族
W1376.4	其他稳固大地的方法	［W1242.2］固定地的 4 角

W 编码	母题描述	关联项
W1376.4.1	垒地脚使地稳固	哈尼族、瑶族
W1376.4.2	固定地的四角稳固大地	［W1242.1］地有 4 角（4 个地角）
W1376.4.2.1	用石压住地的四角	彝族
W1376.4.2.2	支地的四角稳固大地	彝族
W1376.4.2a	固定地的四边稳固大地	
W1376.4.2a.1	支地的四边稳固大地	彝族
W1376.4.3	用绳子把地拢住稳固大地	汉族
W1376.4.3.1	天降草木和生物整固土壤	蒙古族 ＊ ［W3702］草木源于某个地方
W1376.4.3.2	用大象稳地	彝族 ＊ ［W1344.7］象支撑地
W1376.4.3.3	支地柱稳固大地	哈尼族
W1376.4.3.4	把木头插进海中稳固地球	傣族
W1376.4.3.5	造地心稳固大地	哈尼族 ＊ ［W1236］地的中心（地心）
＊ **W1377**	**修补天地**	
W1378	**神或神性人物修补天地**	哈尼族
W1378.0	女神补天地	
W1378.0.1	神女补天补地	苗族
W1378.1	夫妻神补天地	傣族 ＊ ［W0141］对偶神（夫妻神）
W1378.2	众神补天地	
W1378.2.1	天神的众子女缝补天地	彝族
W1378.3	巨人修补天地	普米族 ＊ ① ［W0660］巨人；② ［W1103.8］巨人开辟天地（巨人造天地）

W 编码	母题描述	关联项
W1379	特定的神或神性人物修补天地	侗族、壮族 ＊ ［W1386.2］女娲补天
W1379.1	观音修补天地	彝族
W1379.2	管天下女神的 2 个女儿补天补地	苗族
W1379.3	盘古补天地	彝族 ＊ ［W1104.1］盘古造天地（盘古开天辟地）
W1379.4	盘古、盘生用云补天，用水填地	白族 ＊ ［W1387.6］用云补天
W1379.5	工匠神修补天地	
W1379.5.1	77 个工匠神修补天地	哈尼族
W1379.6	姜夫马王修补天地	侗族 ＊ ① ［W1383.2.3］神将姜夫修天；② ［W1392.1.8］壮汉马王修补地
W1380	特定的人修补天地	汉族、彝族
W1381	动物修补天地	
W1381.1	龙修补天地	土家族
W1381.2	燕子补天地	拉祜族 ＊ ［W3374.2］燕子筑巢
W1381a	其他特定人物修补天地	
W1381b	与修补天地者有关的其他母题	
W1381b.1	修整天地者的死亡	
W1381b.1.1	修整天地者劳累而死	布依族
W1382	与修补天地有关的其他母题	佤族、彝族 ＊ ① ［W1396］与天地的修整有关的其他母题；② ［W1784.1］天河是神缝补天时形成的痕迹（银河是神缝补天时形成的痕迹）

W 编码	母题描述	关联项
W1382.0	修补天地的时间	
W1382.0.1	开天辟地后补天补地	汉族
W1382.0a	修整天地前要先分开天地	侗族
W1382.1	补天缝地	汉族 ＊ ［W4436.3］闪电是缝天边和地边的银线
W1382.1.1	用银线缝天边和地边	哈尼族
W1382.2	用金线银线织补天地	苗族
W1382.3	用铜线铁线织补天地	苗族
W1382.4	用闪电缝合天地	哈尼族 ＊ ［W4438］与闪电有关的其他母题
W1382.5	用动物补天地	
W1382.5.1	用神牛补天地	哈尼族 ＊ ［W0925］神牛
W1383	**天的修整**	侗族
W1383.0	修整天的原因	［W1385］补天的原因
W1383.0.1	天不稳固	苗族
W1383.0.1.1	因没有天柱造成天动荡不稳	傈僳族
W1383.0.1.2	以前的天体摇晃	苗族、纳西族 ＊ ［W1376.0.3］以前的地不断摇晃
W1383.0.1.3	以前的天像浮云飘摇不定	傈僳族
W1383.0.1.4	天刚生出时不稳定	彝族（阿细） ＊ ［W1139.6.1］刚造出的天飘荡不定
W1383.0.1.5	以前的天空飘忽不定	瑶族
W1383.0.2	天不平整修天	苗族 ＊ ［W1159.3］以前的天不平
W1383.1	天的变大	① ［W1157］天的大小； ② ［W1498.5.3］布洛陀把天地变大

W 编码	母题描述	关联项
W1383.1.1	拉天把天变大	彝族 ＊［W1396.2.1］拉天缩地
W1383.1.1.1	拉天边把天变大	瑶族
W1383.1.2	天神把天变大	彝族
W1383.1.2.1	天神把天变得无限大	彝族 ＊［W1157.1］天无限大
W1383.1.2.2	4 个神把天拉展	苗族
W1383.1.3	通过药物使天变大	
W1383.1.3.1	撒长生不老药把天变大	纳西族
W1383.1.4	把天撑大	【关联】①
W1383.1.4.1	造天者双手把天崩大	仡佬族
W1383.1a	天的变小	［W1498.6］天地变小
W1383.1a.1	盘古拉天把天变小	汉族
W1383.2	神修整天	彝族（阿细）＊①［W1159.4.1］神把天磨平；②［W1159.4.2］神把天铺平
W1383.2.1	天神修整天	汉族
W1383.2.2	众神用犁耙把天犁平	哈尼族
W1383.2.3	神将姜夫修天	侗族
W1383.3	天上的人修天	彝族 ＊［W2015.3.1］天上的人
W1383.4	把不圆的天修圆	
W1383.5	绷天	［W1375.4.2］绷天把天变稳固
W1383.5.1	用牛皮绷天	哈尼族 ＊①［W1384］补天；②［W1393.1.2］用牛皮绷地
W1383.6	动物修整天	
W1383.6.1	螺蜂修整天	壮族

---

① 【关联】❶［W1307.6.2］四位神仙把天撑高；❷［W1308.3.3］大力士把天撑高；❸［W1313.3］顶天柱把天撑高

W 编码	母题描述	关联项
W1383.7	与天的修整有关的其他母题	
W1383.7.1	用箭把天射通	土家族
W1383.7.2	修天的时间	
W1383.7.2.1	修天用了 81 天	布依族
✳ **W1384**	**补天**	
W1385	**补天的原因**	① ［W1366］天洞（天上的窟窿、天被撞破）；② ［W1383.0］修整天的原因
W1385.1	因天塌补天	汉族 ✳ ［W1365］天塌
W1385.2	因天出现裂缝补天	［W1367］天上出现裂缝
W1385.2.1	天有两个巴掌的缝隙补天	哈尼族
W1385.2.2	因天上出现窟窿补天	汉族
W1385.2.3	天被扯破后补天	
W1385.2.3.1	天被造天者扯破后女娲补天	仡佬族 ✳ ［W1386.2］女娲补天
W1385.3	因天被扯破补天	
W1385.3.1	西北角的天被扯破	汉族
W1385.3.2	龙王扯破天	仡佬族 ✳ ［W3581］龙王
W1385.3.3	鹿角划破天	普米族
W1385.4	天帝命令补天	
W1385.4.1	玉皇大帝派女娲补天	汉族、土家族 ✳ ［W0710］女娲
W1385.4.2	女娲奉玉帝之命补天	汉族
W1385.5	与补天原因有关的其他母题	
W1385.5.1	因天上落石头补天	汉族 ✳ ［W1161.7.2］以前天上是石头
W1385.5.1.1	因天降陨石补天	满族

W 编码	母题描述	关联项
W1385.5.2	因天的缺陷补天	［W1360］天地的缺陷（修整天地的原因）
W1385.5.2.1	因盘古变天从东北方变起造成天的西南方不圆满	白族
W1385.5.2.2	红君道人造的天缺一只角	汉族 * ① ［W0687］洪钧老祖；② ［W1283.5］洪钧老祖分开天地
W1385.5.3	为防止洪水补天	汉族 * ［W8543］洪水的预防
W1385.5.3.1	因天河漏水补天	汉族、藏族 * ［W1365a］天漏
W1385.5.4	为了孩子降生补天	汉族
W1385.5.5	因斗气补天	汉族 * ［W8697.1］人类的麻烦（矛盾、争斗）
W1386	**补天者**	
W1386.1	补天者的产生	
W1386.1.1	祖先造出补天者	瑶族
W1386.2	女娲补天	【民族，关联】①
W1386.2.1	女娲氏补天	汉族
W1386.2.2	女娲娘娘补天	汉族、土族
W1386.2.3	女娲没有补天	汉族
W1386.2.4	女娲假补天	汉族
W1386.2.5	女娲带天兵补天	汉族 * ［W8739.1］天兵天将
W1386.2.6	女娲补天的方式	
W1386.2.6.1	女娲先炼石后补天	汉族
W1386.2.6.2	女娲一手炼石，一手补天	汉族

---

① 【民族】仡佬族、汉族、土族、藏族。【关联】❶ ［W0710］女娲；❷ ［W1324.8.1］女娲用虾的脚支天；❸ ［W1385.2.3.1］天被造天者扯破后女娲补天；❹ ［W1395.0.1］女娲先补天后补地

W 编码	母题描述	关联项
W1386.2.7	与女娲补天有关的其他母题	【关联】①
W1386.2.7.1	娲儿公主补天	汉族
W1386.2.7.2	女娲补北方的天洞	汉族 ＊ ［W1366］天洞（天上的窟窿、天被撞破）
W1386.3	兄妹补天	哈尼族、汉族
W1386.3.1	盘古兄妹补天	汉族 ＊ ① ［W0725.2］盘古的兄妹；② ［W1104.1.4］盘古兄妹开天辟地
W1386.3.2	一对兄妹补天	汉族
W1386.3.2.1	艾浦艾乐两兄妹补天	哈尼族
W1386.3.3	伏羲女娲兄妹补天	汉族 ＊ ① ［W0680.2.2］伏羲女娲是兄妹；② ［W1386.8.5.3］张伏羲与李女娲补天
W1386.3.4	天皇氏、地皇氏和女娲氏三兄妹补天	汉族
W1386.4	火神补天	苗族 ＊ ［W0466］火神
W1386.5	佛祖补天	满族
W1386.5.1	女佛补天	苗族
W1386.6	特定的女人补天	
W1386.6.1	盘古的妹妹补天	［W0725.2］盘古的兄妹
W1386.6.2	祝融的妹妹补天	仡佬族 ＊ ［W0767］祝融
W1386.6.3	海伦格格补天	满族
W1386.6.4	女始祖补天	瑶族

---

① 【关联】❶ ［W1385.2.3.1］天被造天者扯破后女娲补天；❷ ［W1385.4.1］玉皇大帝派女娲补天；❸ ［W1386.3.3］伏羲女娲兄妹补天；❹ ［W1386.8.5.3］张伏羲与李女娲补天；❺ ［W1387.1.4a.1.1］女娲用天罡石补天

W 编码	母题描述	关联项
W1386.6.5	熊的女儿补天	汉族
W1386.7	神补天	哈尼族 ＊ ① ［W1378］神或神性人物修补天地；② ［W1784.1］天河是神缝补天时形成的痕迹（银河是神缝补天时形成的痕迹）
W1386.7.1	天神补天	
W1386.7.1.1	天神的儿子补天	彝族 ＊ ① ［W0202.2.1］天神的儿子；② ［W1133.1.2］天神的儿子造天
W1386.7.2	女神补天	
W1386.7.2.1	神婆补天	苗族
W1386.7.2.1	1 对男女神补天	傣族（水傣）
W1386.7.3	众神补天	［W1378.2］众神补天地
W1386.7.3.1	9 个男神和 7 个女神补天	纳西族
W1386.7.3.2	天兵天将修补天	汉族
W1386.7a	动物补天	
W1386.7a.1	山鹰补天	彝族（俚颇）
W1386.7a.2	鸟补天	
W1386.7a.2.1	燕子和点雀补天地	拉祜族 ＊ ［W1128.0.1］燕子鸟雀补天地时把天地踩圆
W1386.8	其他补天者	
W1386.8.1	天上的人补天	彝族
W1386.8.2	混天老祖补天	汉族
W1386.8.3	骊山老母补天	汉族＊① ［W0768.6］骊山老母；② ［W1852.6.2］骊山
W1386.8.4	盘古补天	汉族

W 编码	母题描述	关联项
W1386.8.5	其他有特定名称的人物补天	土家族、彝族、藏族
W1386.8.5.1	地母补天	阿昌族
W1386.8.5.2	高辛帝补天	畲族
W1386.8.5.3	张伏羲与李女娲补天	汉族
W1386.8.5.4	鬼王补天	苗族
W1386.8.5.5	祝融炼石补天	苗族
W1386.8.5.6	几个男女补天	汉族
W1386.8.5.7	太上老君补天	汉族 ＊［W1387.7.5］太上老君用冰块补天
W1386.8.5.8	捅破天者补天	汉族
W1386.8.5.9	造天者补天	彝族
W1386.8.5.10	天皇氏、地皇氏和女娲氏补天	汉族 ＊［W1159.2.8］天皇氏、地皇氏和女娲氏把天补成圆的
W1386.9	补天的助手（补天的帮助者）	［W9987］帮助者
W1386.9.1	月亮婆婆帮助补天	汉族 ＊［W0280］月亮神（月神）
W1386.9.2	神性人物帮助补天	
W1386.9.2.1	天兵帮助补天	汉族
W1386.9.2.2	金童玉女帮助补天	汉族 ＊［W0764］金童玉女
W1386.9.3	牛马帮助补天	汉族
W1386.9.3.1	女娲驾金牛补天	汉族
W1386.9.4	飞鸟帮助补天	
W1386.9.4.1	女娲让凤凰帮助补天	
W1386.9.5	龙帮助补天	汉族
W1386.9.5.1	龙王帮助补天	汉族 ＊［W3581］龙王
W1386.9.6	特定的人帮助补天	

W 编码	母题描述	关联项
W1386.9.6.1	一个妇女帮助补天	汉族
W1386.9.6.2	渔民帮助补天	汉族
W1386.10	与补天者有关的其他母题	
W1386.10.1	补天者留在天上	汉族
W1387	**补天的材料**	
W1387.1	用石补天	［W1748.1］补天的石头化为流星
W1387.1.1	用五彩石补天	汉族、土家族、藏族 ＊ ①［W1867.4.16］五彩石；②［W1598.5.3］补天的五彩石变成月亮
W1387.1.2	用青石、白石补天	汉族
W1387.1.2.1	用天青蓝色的石头补天	汉族
W1387.1.2.2	用青石补天	汉族、苗族 ＊［W1159.2.7］女娲用 3330 万块青石把天拼成圆的
W1387.1.3	用松石补天	纳西族
W1387.1.4	用宝石补天	畲族 ＊ ①［W1725.6.3］补天的宝石变成星星；②［W1866.4］玉石（宝石）
W1387.1.4.1	用蓝宝石补天	纳西族
W1387.1.4.2	用玉石补天	纳西族
W1387.1.4a	用神石补天	满族
W1387.1.4a.1	用天罡石补天	汉族
W1387.1.4a.1.1	女娲用天罡石补天	汉族
W1387.1.5	炼石补天	仡佬族、满族 ＊ ①［W1388.3.1］炼 49 块石头补天；②［W1394.4］炼石补地
W1387.1.5.1	用土炼石补天	汉族

W 编码	母题描述	关联项
W1387.1.5.2	炼石饼补天	汉族
W1387.1.5.3	做石馍馍补天	汉族
W1387.1.5.4	女娲炼石糊补天	汉族
W1387.1.5.5	伏羲女娲夫妻炼石补天	汉族 ＊［W0682.1.1］伏羲女娲婚
W1387.1.5.6	女神炼石补天	彝族（罗罗泼）
W1387.1.6	炼五彩石补天	藏族 ＊ ①［W1387.1.1］用五彩石补天；②［W1867.4.16］五彩石
W1387.1.6.1	女娲炼五彩石补天	汉族
W1387.1.6.2	女娲炼蓝、红、白、紫、灰五彩石补天	汉族
W1387.1.6.3	骊山老母和王母娘娘姐妹炼红、黄、蓝、白、黑五色石头补天	汉族
W1387.1.6.4	炼五色神石补天	满族
W1387.1.7	炼七彩石补天	汉族
W1387.1.8	炼五颜六色的石头补天	
W1387.1.8.1	炼五颜六色的石头补天	汉族
W1387.1.9	用石头拌河水补天	汉族
W1387.1.10	人变成补天的石头	哈尼族 ＊［W9554］人变石头
W1387.1.11	用石头和岩浆补天	汉族
W1387.1.12	插石头补天	
W1387.1.12.1	女娲插石头补天	汉族
W1387.2	炼胶补天	
W1387.2.1	用人炼胶补天	
W1387.2.1.1	哥哥用妹妹的身体熬成胶补天	汉族

W 编码	母题描述	关联项
W1387.2.2	用神锅炼胶补天	汉族
W1387.3	用水补天	汉族、土家族
W1387.4	用土补天	哈尼族
W1387.4.1	扬土补天	
W1387.4.2	用七色泥土补天	汉族 ＊ ［W1387.11.12.2］用水拌七色土补天
W1387.5	用金属补天	［W1984］与金属有关的其他母题
W1387.5.1	用锡补天	壮族
W1387.6	用云补天	白族
W1387.6.1	黑云做布补天	彝族（阿细）
W1387.6.2	用五彩云补天	土家族 ＊ ［W4468.2］彩云
W1387.6.3	补天时云彩当补丁	彝族
W1387.6.4	用彩云盖天	彝族（俚颇）
W1387.7	用冰补天	汉族、土家族
W1387.7.1	炼冰补天	汉族
W1387.7.2	用凌片补天	土家族
W1387.7.3	张伏羲和李女娲用海里的冰补天	汉族
W1387.7.4	女娲用冰块补天	汉族
W1387.7.4.1	女娲用大冰块补西北天	汉族 ＊ ① ［W1168.13.9］西北天；② ［W1365.5.2］西北天塌掉
W1387.7.4.2	女娲用昆仑山的冰补西北天	汉族
W1387.7.5	太上老君用冰块补天	［W0791］太上老君
W1387.7.5.1	太上老君用冰块补西北天	汉族
W1387.7a	用雪补天	汉族

W 编码	母题描述	关联项
W1387.8	用棉花补天	壮族
W1387.9	织布补天	汉族 ＊ ① ［W1138.11］用布料造天；② ［W6122］织布的产生
W1387.9.1	用白布补天缝	苗族
W1387.9a	造网补天	
W1387.9a.1	钉天网补天	汉族 ＊ ［W1375.2］把天钉稳
W1387.9a.2	用头发织网补天	汉族 ＊ ［W1387.11.12.2］用头发补天
W1387.10	用动物补天	
W1387.10.0	用特定的动物补天	
W1387.10.0.1	用神专养的神牛补天	哈尼族
W1387.10.1	用动物的身体补天	
W1387.10.1.1	用查牛补天	哈尼族
W1387.10.2	用动物的脚不同	
W1387.10.2.1	用虾的脚补天	藏族 ＊ ① ［W1324.8］虾的脚支天；② ［W1332.2.7］虾的脚做天柱
W1387.10.3	用动物的舌头补天	
W1387.10.3.1	用金蛤蟆的舌头补天	土族
W1387.10.4	用动物的牙齿和角补天	
W1387.10.4.1	用龙牙龙角补天	汉族 ＊ ［W1387.11.4.1］用龙牙补天
W1387.10.5	用动物补天洞	
W1387.10.5.1	用大鹰补天的大洞	汉族
W1387.10a	用植物补天	
W1387.10a.1	用树藤来补天	彝族（罗鲁泼）
W1387.11	用其他物补天	

W 编码	母题描述	关联项
W1387.11.1	用特定的器物补天	汉族
W1387.11.2	补天者用自己身体补天	哈尼族
W1387.11.2.1	伏羲女娲用自己的身体补天	【民族，关联】①
W1387.11.2.2	女娲用自己的身体补天	汉族
W1387.11.3	用石块泥浆补天	汉族
W1387.11.4	用牙齿补天	
W1387.11.4.1	用龙牙补天	瑶族
W1387.11.5	用唾沫补天	哈尼族
W1387.11.6	用气补天	
W1387.11.6.1	女娲吹气补天	汉族
W1387.11.7	用头巾和龙牙补天	苗族
W1387.11.8	撒天种补天	彝族 ＊［W1168.10c］天种
W1387.11.9	用胶糊状的液体补天	汉族
W1387.11.10	用血补天	
W1387.11.10.1	用神牛血补天	哈尼族
W1387.11.11	用宝物补天	
W1387.11.11.1	用 3 件宝物补天	汉族
W1387.11.12	用特定的皮毛补天	
W1387.11.12.1	用人皮补天	汉族 ＊［W2869］与人的皮肤有关的其他母题
W1387.11.12.2	用头发补天	汉族
W1387.11.13	用其他混合物补天	
W1387.11.13.1	用麦芒和泥补天	汉族

① 【民族】汉族。【关联】❶［W1386.3.3］伏羲女娲兄妹补天；❷［W0680.2.2］伏羲女娲是兄妹；
❸［W0680.3.1］伏羲女娲是姐弟

W 编码	母题描述	关联项
W1387.11.13.2	用水拌七色土补天	汉族
W1387.12	不成功的补天材料	
W1387.12.1	用木头补天不成功	藏族
W1387.12.2	用泥补天不成功	藏族
W1387.12.3	用石头补天不成功	汉族 ＊［W1387.1］用石补天
W1387.12.4	炼石糊补天不成功	汉族
W1387.13	与补天材料有关的其他母题	
W1387.13.1	补天时少 1 块石头	汉族
W1387.13.2	补天剩下三块石头	汉族
W1388	**与补天有关的其他母题**	汉族、苗族 ＊［W1789.8］补天河
W1388.0	补天的时间	
W1388.0.1	洪水后补天	汉族
W1388.0.2	天塌地陷后补天	汉族 ＊［W8570］天塌地陷
W1388.0.3	先战龙后补天	汉族、藏族
W1388.0.4	先顶天再补天	藏族
W1388.0.5	特定日子补天	
W1388.0.5.1	女娲元月二十日补天	汉族（客家人）
W1388.0.5.2	女娲在上元夜补天	汉族
W1388.0.6	补天使用的时间	
W1388.0.6.1	补天用了 49 天	汉族
W1388.0.6.2	补天用了 3 年	拉祜族
W1388.0.6.3	补天用了几千年	汉族
W1388.1	补天前的准备	

W 编码	母题描述	关联项
W1388.1.1	补天方法的获得	
W1388.1.1.1	石狮教盘古兄妹补天方法	汉族
W1388.1.2	补天前造火炉	汉族
W1388.2	补天的工具	
W1388.2.1	织线补天	苗族 ＊［W6120］纺织的产生
W1388.2.1.1	用铜线铁线补天	彝族
W1388.2.2	补天炼石的火炉	
W1388.2.3	补天的针线	
W1388.2.3.1	补天时斧子把作针，葛藤作线	汉族
W1388.2.3.2	补天时松毛作针，蜘蛛网作线	彝族
W1388.2.3.3	补天时长尾巴星作针，黄云丝作线	彝族
W1388.2.3.3.1	长尾巴星星做补天的针	彝族（阿细） ＊［W1746.2］彗星为什么有长尾巴
W1388.2.3.4	用地线缝天	阿昌族
W1388.2.3.5	用云丝做补天的线	彝族（阿细）
W1388.2.4	补天时上天的工具	［W1445］天梯
W1388.2.4.1	攀上青藤补天	汉族
W1388.3	补天石的数量	
W1388.3.1	炼 49 块石头补天	满族 ＊［W1387.1.5］炼石补天
W1388.3.2	365 块补天石	汉族
W1388.3.3	补天需要 9999 块五彩石	汉族
W1388.3.4	3 万 6 千 5 百块补天石	汉族
W1388.4	补天的地点	
W1388.4.0	在特定的天门补天	①［W1168.21］天门；②［W1791.6］天宫有特定的门

W 编码	母题描述	关联项
W1388.4.0.1	在北天门补天	汉族
W1388.4.1	在特定的山上补天	
W1388.4.1.1	骊山老母补天的地方是骊山	汉族 ＊ ① ［W0768.6］骊山老母；② ［W1852.6.2］骊山
W1388.4.1.2	在东平山补天	汉族
W1388.4.2	站在人造物上补天	
W1388.4.2.1	站在火盆中补天	满族
W1388.4.2.2	站在船上补天	汉族
W1388.4.3	站在动物背上补天	
W1388.4.3.1	站在山顶石狮背上补天	汉族 ＊ ① ［W1285.6.1］石狮分天地；② ［W3292.3.3］石狮
W1388.4.4	补特定方位的天	
W1388.4.4.1	补西天	汉族
W1388.4.5	补天的开端	［W1166］天边（天的边际）
W1388.4.5.1	从南方开始补天	汉族
W1388.4.5.2	从东南向西北补天	汉族
W1388.5	补天的结果	
W1388.5.1	用泥巴补天不成功	藏族
W1388.5.2	炼石补天不成功	土家族 ＊ ［W1387.1.5］炼石补天
W1388.5.3	补好西北天	汉族
W1388.5.4	补好东南天	汉族
W1388.5.5	补天不完美	汉族
W1388.5.5.1	天剩下一点没补好	哈尼族
W1388.5.6	修天半途而废	侗族
W1388.6	天会自己长严补好	汉族

W 编码	母题描述	关联项
✳ **W1390**	**地的修补（补地）**	
W1391	**修补地的原因**	
W1391.1	因天小地大修整大地	【关联】①
W1391.2	地的缺陷的形成	
W1391.2.1	造地时形成地的缺陷	哈尼族
W1391.2.2	地缝（地裂）	［W1367］天上出现裂缝（天缝、天裂）
W1391.2.2.0	自然产生地缝	
W1391.2.2.0.1	天长日久地上裂了缝	苗族
W1391.2.2.1	洪水造成地缝	哈尼族 ＊［W8540］洪水的结果
W1391.2.2.2	特定人物造成地缝	彝族
W1391.2.2.2.1	神打呵欠造成地缝	德昂族
W1391.2.2.3	地软造成地裂	汉族
W1391.2.2.4	打雷形成地缝	彝族 ＊［W4375］雷的产生
W1391.2.2.5	地震形成地缝	彝族 ＊［W8550］地震
W1391.2.2.6	太阳晒出地缝	哈尼族
W1391.2.2.7	地被烤裂	汉族
W1391.2.3	地的东北有缺陷的原因	
W1391.2.3.1	因盘生变地从西南方变起造成东北有缺陷	白族
W1391.3	地的倾斜	汉族
W1391.3.1	动物造成地的倾斜	普米族
W1391.4	地上出现窟窿	［W1244.4］地洞

---

① 【关联】❶［W1361］天小地大；❷［W1361.2.2］因造天者懒惰把天造小；❸［W1361.2.3］因造地者勤奋把地造大

W 编码	母题描述	关联项
W1391. 4. 1	鳌鱼把地撞漏	土家族
W1391. 4. 2	地被射漏	土家族
W1391. 4. 3	大神在地上留下窟窿用来刮风	哈尼族 ＊ ① ［W1263.3］地上的窟窿用来刮风；② ［W4265］风的产生
W1392	**地的修补者**	
W1392. 1	神或神性人物修补地	蒙古族
W1392. 1. 0	天神补地	
W1392. 1. 0. 1	天神的女儿补地	彝族 ＊ ［W0202.2.2］天神的女儿
W1392. 1. 1	造地者补地	
W1392. 1. 1. 1	造地的神修补地	景颇族
W1392. 1. 1. 2	造地的天女补地	彝族 ＊ ① ［W0215］天女；② ［W1175.5.1］天女造地
W1392. 1. 2	地神修补地	汉族
W1392. 1. 2. 1	地生的儿子改造大地	珞巴族
W1392. 1. 3	云神修补地	彝族 ＊ ［W0368］云神
W1392. 1. 4	众神修补地	
W1392. 1. 4. 1	地神和女儿修地	哈尼族
W1392. 1. 4. 2	9 个大神修补地	瑶族
W1392. 1. 4. 3	9 个男神修补地	彝族
W1392. 1. 5	巨人修补地	
W1392. 1. 5. 1	巨人把地扶正	普米族
W1392. 1. 6	神仙修补地	壮族
W1392. 1. 6. 1	仙子修整地面	彝族
W1392. 1. 7	祖先修补地	苗族
W1392. 1. 8	壮汉马王修补地	侗族

W 编码	母题描述	关联项
W1392.2	特定的神或神性人物修补地	
W1392.2.1	盘古修补地	［W1175.14］盘古造地
W1392.2.1.1	盘古择土补地	苗族
W1392.2.2	王母娘娘修补地	汉族　＊ ［W0755］西王母
W1392.2.3	混地老祖修地	汉族
W1392.2.4	其他特定的神或神性人物修补地	高山族、苗族、壮族
W1392.2.4.1	混地老祖修地	汉族
W1392.3	动物补地	
W1392.3.1	蚯蚓缝地	景颇族　＊ ① ［W1996.2.7.3］世界最早产生的是蚯蚓；② ［W3595］蚯蚓
W1392.3.2	拱屎虫修整地	壮族
W1392.3.3	蛇补地	彝族（俚颇）　＊ ［W1023.5.1］蛇是创世者
W1392.3.4	野猪大象拱地	彝族
W1392.4	其他人物修整大地	佤族、藏族
W1392.5	补地的帮助者	
W1392.5.1	动物帮助补地	苗族
W1393	**地的修整方法**	
W1393.1	地的缩小（缩地）	【汤普森】A852；　＊ 土家族　＊ ［W1809.3.2］大地因寒冷冷缩出山
W1393.1.1	拉地的筋脉缩地	阿昌族、傈僳族　＊ ① ［W1238］地脉（地维、地筋、地线、地理）；② ［W1238.5.2.1］缩地时抽去 3 根地线

W 编码	母题描述	关联项
W1393.1.1.1	拉地筋使天地相合	彝族（俚颇） ＊［W1363］天地不相合（天地不吻合）
W1393.1.2	通过绷地缩地	［W1372b］绷天地（绷天绷地）
W1393.1.2.1	用牛皮绷地	哈尼族
W1393.1.2.2	地老爷绷地	藏族（白马）
W1393.1.3	拉地网缩地	拉祜族
W1393.1.3.1	天神拉地角缩地	拉祜族
W1393.1.3.2	女祖先用针线缝地边缩地	壮族
W1393.1.4	通过拢地缩地	
W1393.1.4.1	拢地箍缩地	瑶族
W1393.1.4.2	盘古用手拢地缩地	汉族
W1393.1.4.3	布洛陀抓地皮缩地	壮族 ＊ ①［W1393.1.7.3］抓地皮做成山坡缩地；②［W1847.1.3.1］布洛陀抓地皮缩地形成山坡
W1393.1.5	云神用绳绷地	彝族
W1393.1.6	阴龙缩地	土家族
W1393.1.6a	蛇缩地	彝族（罗鲁泼） ＊［W1809.2.6］长蛇缩地形成山河
W1393.1.6a.1	麻蛇缩地	彝族
W1393.1.7	缩地的其他方法	哈尼族、汉族、藏族
W1393.1.7.1	天让作为妻子的地缩小	珞巴族
W1393.1.7.2	始祖用篾条缩地	瑶族
W1393.1.7.3	抓地皮做成山坡缩地	壮族
W1393.1.7.3a	地神抓地皮缩地	汉族
W1393.1.7.4	用缩地法缩地	白族

W 编码	母题描述	关联项
W1393.1.7.5	神推高地上的土缩地	珞巴族　＊ ［W1217.1.3.1］ 缩地时造成地的凹凸
W1393.2	地的变大（地变大）	【汤普森】A853；　＊ 藏族　＊ ① ［W1220］原来的地很小；② ［W1498.5］天地变大
W1393.2.0	地自然变大	藏族
W1393.2.0.1	水面上形成的地自然变大	蒙古族
W1393.2.1	把造小的地变大	基诺族
W1393.2.1.1	神把地变厚变宽	傣族
W1393.2.2	把土地向四方拉开	俄罗斯族
W1393.2.3	撒特定物使地变大	
W1393.2.3.1	撒不老药使地变大	纳西族　＊ ［W0952］长生不老药
W1393.2.4	用特定方法使地变大	
W1393.2.4.1	萨满用法力把地球变大	鄂温克族
W1393.2.4.2	把地压宽	彝族
W1393.2.4.3	念咒语使地球变大	傣族　＊ ［W9187］咒语的作用
W1393.2a	地的变厚（地变厚）	［W1223］地的厚度
W1393.2a.1	地变厚的原因	
W1393.2a.1.1	为避免与天上的人的矛盾把地加厚	壮族
W1393.2a.1.2	祖先因地上人变多把地加厚	
W1393.2a.2	地变厚的方法	
W1393.2a.2.1	下界的人把地加厚	壮族
W1393.2b	地的变低（地变低）	［W1315］地的下降
W1393.2b.1	顶天时地面降落	壮族

W 编码	母题描述	关联项
W1393.3	仿照天堂的样子修地	回族
W1393.4	织线补地	苗族
W1393.5	用特定的物缝地	
W1393.5.1	用象牙针和古藤粗线缝地角	瑶族
W1393.6	堵地缝	［W1391.2.2］地缝
W1393.6.1	用木炭灰堵地缝	汉族
W1393.7	堵地洞	［W1244.4］地洞
W1393.7.1	地人堵地洞	彝族
W1393.8	用棍棒撬地	景颇族
W1394	**修补地的材料**	
W1394.0	用金属补地	
W1394.0.1	用黄金补地	纳西族
W1394.1	用龟壳补地	汉族
W1394.2	用牛补地	
W1394.2.1	用牛皮补地	［W1253.2.2.1］神用虎皮作地皮
W1394.2.1.1	用神牛皮补地	哈尼族
W1394.3	用草补地	
W1394.3.1	用黄草补地	彝族（阿细）
W1394.4	炼石补地	［W1387.1.5］炼石补天
W1394.4.1	炼砖补地	哈尼族、畲族
W1394.4.2	炼石饼补地	汉族
W1394.4.3	用五彩石补地	①［W1179.3.1］女娲用五彩石填地；②［W1387.1.1］用五彩石补天
W1394.4.3.1	女娲用五彩石补地	藏族

W 编码	母题描述	关联项
W1394.5	用灰补地	汉族
W1394.6	用水补地	
W1394.6.1	盘古、盘生兄弟用水补地	白族
W1394.6.2	用流水补地	彝族（俚颇）
W1394.7	用泥垢修补地	傣族
W1394.8	补地的针线	［W1388.2.3］补天的针线； ② ［W1393.5.1］用象牙针和古藤粗线缝地角
W1394.8.0	补地时草作针藤作线	
W1394.8.0.1	补地时用老虎草作针，酸绞藤作线	彝族
W1394.8.0.2	补地时用尖刀草作针，地瓜藤作线	彝族
W1394.8.1	缝地的针	景颇族
W1394.8.1.1	用尖刀草做补地的针	彝族（阿细）
W1394.8.1.2	用老虎草做补地的针	彝族
W1394.8.2	缝地的线	哈尼族
W1394.8.2.1	用地瓜藤做补地的线	彝族（阿细）
W1394.8.2.2	用铜线铁线做补地的线	彝族
W1394.8.2.3	用植物的藤做补地的线	做补地的线
W1394.8.3	与针线缝补地有关的其他母题	
W1394.8.3.1	用老虎草做针，酸绞藤做线，地公叶子做补丁	彝族
W1394.9	撒地种补地	彝族 ＊ ［W1244.7］地种
W1394.10	用地瓜补地	彝族（罗鲁泼）

W 编码	母题描述	关联项
W1394. 10. 1	用地瓜叶补地	彝族
W1395	**与地的修整有关的其他母题**	汉族
W1395. 0	先补天后补地	
W1395. 0. 1	女娲先补天后补地	藏族
W1395. 1	补地前的准备	
W1395. 2	补地的工具	布依族
W1395. 2. 1	用神锄和神斧把地修圆	侗族
W1395. 3	补地的结果	侗族
W1395. 3. 1	补地没有成功	
W1395. 3. 2	修地完成一半	侗族
W1396	**与天地的修整有关的其他母题**	［W1382］与修补天地有关的其他母题
W1396. 0	修整天地使天地相合	① ［W1363］天地不相合（天地不吻合）；② ［W1393. 1. 1. 1］拉地筋使天地相合
W1396. 0. 1	天神撑天缩地使天地相合	拉祜族 ＊ ［W1396. 2］撑天缩地
W1396. 1	天地的测量（丈量世界）	【汤普森】A1186； ＊ ［W6984］度量（测量）的产生
W1396. 1. 0	特定人物测量大地	
W1396. 1. 0. 1	神测量天地	汉族
W1396. 1. 0. 2	会飞的动物测量天地	
W1396. 1. 0. 2. 1	鹰量天地	苗族
W1396. 1. 0. 2. 2	斑鸠量天地	彝族（罗鲁泼）
W1396. 1. 0. 2. 3	飞蛾量天，蜻蜓量地	彝族 ＊ ［W1157. 4. 1］飞蛾量出天有 7 分宽

W 编码	母题描述	关联项
W1396. 1. 0. 3	穿山甲量天地	拉祜族
W1396. 1. 1	天的测量	① ［W1157. 1. 2］天无法测量； ② ［W1396. 1］天地的测量（丈量世界）
W1396. 1. 2	地的测量	
W1396. 1. 2. 1	步测大地	汉族
W1396. 1. 2. 2	地无法测量	纳西族
W1396. 2	撑天缩地	拉祜族　＊　① ［W1361］天小地大（地大天小）；② ［W1372b］绷天地（绷天绷地）
W1396. 2. 1	拉天缩地	① ［W1383. 1. 1］拉天把天变大； ② ［W1393. 1］地的缩小（缩地）
W1396. 2. 1. 1	天神的儿女拉天缩地	彝族
W1396. 2. 1. 2	天神撑天缩地	拉祜族　＊　［W1396. 0. 1］天神撑天缩地使天地相合
W1396. 2. 2	撑天缩地的顺序	
W1396. 2. 2. 1	盘古拉天后再缩地	汉族
W1396. 2a	支天支地	① ［W1296. 5］支天撑地造成天地分开；② ［W1357. 0. 2］支地撑天使天地分离
W1396. 2a. 1	用天梁地梁支天地	瑶族
W1396. 3	特定的人物修整天地	【关联】①
W1396. 3. 0	神修整天地	［W1255. 1. 1］神修整大地时形成平原
W1396. 3. 0. 1	天神和地神共同修整天地	纳西族
W1396. 3. 0. 2	众神修整天地	哈尼族

---

　　① 【关联】❶ ［W1378］神或神性人物修补天地；❷ ［W1386］补天者；❸ ［W1392］地的修补者

W 编码	母题描述	关联项
W1396.3.1	盘古王修整天地	仡佬族
W1396.3.2	大地生的人重整山河	珞巴族　＊［W2203.2］地生人
W1396.3.3	祖先修整天地	
W1396.3.3.1	天神让人的祖先修整天地	彝族（俚颇）
W1396.3.3.2	女始祖修整天地	
W1396.3.3.2.1	姆六甲修整天地	壮族　＊［W0705.5］姆洛甲是创世大神
W1396.3.3.2.2	姝六甲修整天地	汉族
W1396.3.4	动物修整天地	
W1396.3.4.1	野猪和大象修整天地	彝族　＊［W1392.3.4］野猪大象拱地
W1396.3.4.2	蚂蚱修天边地边	彝族（罗鲁泼）　＊ ①［W1166］天边（天的边际）；②［W1237］地边
W1396.4	重新改天造地	阿昌族、景颇族、壮族　＊［W1502.2］万物自然再生
W1396.4.1	天公重新整顿天地	阿昌族

1.2.6　天地通【W1400～W1424】

W 编码	母题描述	关联项
＊ W1400	**天地相通**	【关联】①
W1401	**以前天地相通**	汉族、苗族、羌族、彝族
W1401.1	盘古出世时天地相连	汉族　＊［W0721.5.1］盘古的生日

① 【关联】❶［W1070.2.1］三界相通；❷［W1270］天地相连；❸［W1357.1］地上与地下有许多地柱相连；❹［W1425］上天（登天）

W 编码	母题描述	关联项
W1401.2	盘古开天辟地时天地相连	汉族
W1401.3	三皇治世时天地相连	汉族 ＊［W0123.4.2］三皇
W1402	**天地相通的原因**	独龙族 ＊［W1271］天地相连的原因
W1402.1	天塌使天地连在一起	
W1403	**天地的 4 个角相连**	【汤普森】≈ A657.2； ＊ ①［W1062.1］世界的 4 个角； ②［W1242.1］地有 4 角（4 个地角）
W1404	**连接天地的山**	珞巴族、门巴族、羌族 ＊［W1825.1］巨大无比的山（高山）
W1404.1	日月山通天地	汉族
W1404.2	五指山主峰通天地	黎族
W1405	**通天的河**	［W1944.2］奇特的河（神奇的河）
W1406	**连接天地的土台在山上**	独龙族
W1407	**连接天地的桥（天桥、通天桥）**	【汤普森】A657；　＊【民族，关联】①
W1407.0	特定人物造通天桥	
W1407.0.1	张古老用石砌通天挢	苗族
W1407.1	天上人间通过天桥互有来往	彝族
W1407.2	树的丫枝搭成天桥	汉族
W1407.3	神与人发生纠纷后天桥断绝	彝族
W1408	**天地由绳索相连**	【汤普森】A625.2.1；　＊【关联】②
W1408.1	连接天地的带子	

① 【民族】彝族。【关联】❶［W1438.3.2］到月亮的桥；❷［W1070.2］三界相连；❸［W1468.2］
　　造桥做天梯
② 【关联】❶［W1423.0.2］连接天地绳索的解除；❷［W1430.2］神女放下能上天的绳子；
　　❸［W1434.3］通过绳子上天

W 编码	母题描述	关联项
W1408.2	天地有 1 条链子相连	
W1408.2.1	锁链把天地拴在一起	佤族 ＊［W1272.6.1］有一条拴天地的锁链
W1408.2.2	天地有 1 条铁链相连	佤族、独龙族 ＊ ①［W1278.2］砍断拴天地的铁链后天地分开；②［W1434.4.2］1 对母子顺着铁链上天
W1408.3	天地有一根绳子相连	珞巴族
W1408.3.1	天上有根悬吊大地的绳子	珞巴族
W1408.3.2	蛤蟆的筋做拴天地的绳子	基诺族
W1409	**天地有土台相连**	［W1417.1.3］蚂蚁扒倒连接天地的土台后绝地天通
W1409.1	天地间九道土台连接	独龙族
W1410	**通天的树①（通天的植物）**	侗族 ＊［W1096.2］世界树
W1410.1	通天的扶桑树	
W1410.2	通天的马桑树	仡佬族、苗族、羌族、土家族 ＊［W1433.4］通过马桑树上天
W1410.2.1	最高的一棵马桑树通天	苗族
W1410.3	天空垂下来的树	【汤普森】A652.2
W1410.4	通天的铁树	汉族
W1410.5	通天的铜树	汉族
W1410.6	通天的芋树	黎族
W1410.7	通天的竹子	［W1317.2.1］以前，地上的竹子能碰到天顶篷

① 通天的树，由于具体神话文本不同会产生有不同的说法和含义，又可以分为"宇宙树"或"世界树"、"生命树"，"作为天梯的树"等不同情形。

W 编码	母题描述	关联项
W1410.7.1	母竹通天	彝族
W1410.8	其他特定的通天树	
W1410.8.1	日月树通天地	壮族 ＊ ① ［W1433.3］通过日月树上天；② ［W1448.2］日月树是天梯
W1410.8.2	马桑树和华桑树是通天树	
W1410.8.2.1	通天树马桑树和华桑树在黄河边上	布依族
W1411	**通天的柱子**	彝族 ＊ ［W1330］天柱（顶天的柱子）
W1412	**连接天地的梯子**①	纳西族、怒族 ＊ ［W1445］天梯
W1413	**天地之间有路相连（通天的路、天路）**	高山族、彝族
W1413.1	天地之间一条路相连	汉族、纳西族
W1413.1.1	很早以前天地之间一条路相通	苗族
W1413.2	神踏出通天地的路	哈尼族 ＊ ［W6220］道路的产生
W1413.3	神山是升天之路	门巴族 ＊ ［W0956］神山
W1413.3.1	神山是连接人间与天界的路	纳西族
W1413.3a	石是通天的路	
W1413.3a.1	龙王有条石坎路能通天地	布依族 ＊ ［W3581.11］与龙王有关的他母题
W1413.4	天路有多条	
W1413.4.1	通天路有 22 条	门巴族
W1413.4.2	通天路有 77 条	哈尼族 ＊ ［W1438.1.0.1.1］神踩出 77 条通天路
W1413.5	天梯是通天的路	壮族 ＊ ① ［W1472］天梯很高；② ［W1487.1］人通过天梯到天上

① 连接天地的梯子，该类母题的详细情况见"［W1445］天梯"母题。

W 编码	母题描述	关联项
W1413.6	天路要经过各家的屋顶	独龙族
W1413.7	与通天路有关的其他母题	
W1413.7.1	以前天地间可以来往	苗族　＊［W2906.3］人以前可以上天入海
W1414	**其他特定的物连接天地**	
W1414.1	葫芦秧连接天地	哈尼族
W1414.2	天地由脐带相连	【汤普森】A625.2.1；＊珞巴族、苗族、佤族＊［W1416.0.1］神剪断通天地的脐带绝地天通
W1414.3	天地由梯子与绳子相连	
W1414.3.1	天宫与人间有白银梯子和黄金攀绳相连	［W1422.3.1］天神拆掉白银梯子解除黄金攀绳绝地天通
W1414.4	特定的地方通天	
W1414.4.1	雷公坪像一根通天柱	苗族
＊ **W1415**	**绝地天通**	【关联】①
W1415a	**绝地天通的原因**	［W1478a］天梯毁灭的原因
W1415a.1	天地间矛盾导致绝地天通	
W1415a.1.1	因地上的人到天上不守规矩绝地天通	高山族
W1415a.1.2	地上的人惹恼天上的人导致绝地天通	汉族
W1415a.1.2.1	地上的人惹恼天上的人导致绝地天通	汉族

---

① 【关联】❶［W1275］天地的分开；❷［W1444.3.2.1］天帝下令杀死上天的人；❸［W6183］人与神（鬼）分开居住

W 编码	母题描述	关联项
W1415a.1.3	为防凡人上天生乱绝地天通	苗族 ＊ ① ［W1304.2］天神害怕地神把天升高；② ［W1478a.1］怕人到天上闹事砍断天梯
W1415a.2	违背禁忌造成绝地天通	黎族
W1415a.2.1	天女下凡时违背禁忌天梯被拆	羌族
W1415a.3	动物的报复造成绝地天通	［W9475.1］动物的报复
W1415a.3.1	蚂蚁的报复造成绝地天通	彝族
W1415a.4	为分开人、神绝地天通	
W1415a.4.1	祖先为把人与神分开绝地天通	布依族
W1416	**神或神性人物绝地天通**	汉族
W1416.0	神绝地天通	
W1416.0.1	神剪断通天地的脐带绝地天通	珞巴族 ＊ ［W1414.2］天地由脐带相连
W1416.1	天神砍断通天的山	羌族
W1416.2	天神为降魔毁掉通天桥	满族 ＊ ① ［W1407］连接天地的桥（天桥）；② ［W1415］绝地天通
W1416.3	女神刮风毁掉天梯绝地天通	拉祜族
W1416.4	玉皇大帝绝地天通	
W1416.4.1	玉皇大帝下令烧掉天梯	汉族
W1416.4.2	玉皇大帝除去天梯	土家族、彝族
W1416.5	雷公绝地天通	
W1416.5.1	雷公霹倒通天树绝地天通	水族
W1416.5.2	雷公晒死日月树绝地天通	苗族
W1416.5.3	雷公劈掉上天的山绝地天通	水族 ＊ ［W1255.6.7.1］雷公劈出平地

W 编码	母题描述	关联项
W1416.6	英雄绝地天通	
W1416.6.1	英雄拆掉通天的桥绝地天通	彝族
W1416.7	其他特定的神或神性人物绝地天通	
W1416.7.1	重、黎二神绝地天通	汉族
W1416.7.1.1	天帝命重、黎二神绝地天通	汉族 * ［W1479.7.2］颛顼让"重"、"黎"撤掉天梯
W1416.7.1.2	颛顼命重、黎二神绝地天通	汉族
W1416.7.1.3	皇帝命重、黎二神绝地天通	汉族
W1416.7.2	动物神砍断拴天地的铁链绝地天通	佤族
W1416.7.3	盘古抽回天梯绝地天通	汉族
W1416a	**特定的人绝地天通**	
W1416a.1	孕妇蹬断云梯绝地天通	高山族 * ［W6514］妇女禁忌
W1417	**动物绝地天通**	独龙族、怒族、普米族、彝族
W1417.1	蚂蚁绝地天通	
W1417.1.1	蚂蚁咬掉天梯造成绝地天通	独龙族
W1417.1.2	蚂蚁弄断天柱造成绝地天通	彝族
W1417.1.3	蚂蚁扒倒连接天地的土台后绝地天通	独龙族
W1418	**天的升高造成绝地天通**	汉族、傈僳族、仫佬族 * ［W1300］天的升高
W1418.1	玉帝把天升高后绝地天通	汉族
W1418.2	磨坊仙子把天升高后绝地天通	仫佬族
W1419	**毁掉通天塔绝地天通**	

W 编码	母题描述	关联项
W1419.1	雷公砍掉作为通天塔的山峰	黎族
W1419.2	太白金星毁掉通天塔	汉族 ＊ ［W0776］太白金星
W1420	**毁掉通天树绝地天通**	傈僳族、苗族
W1420.1	劈断通天的马桑树绝地天通	仡佬族
W1420.1.1	天降砍断马桑树绝地天通	苗族
W1420.2	斩断上天的天萝藤	汉族
W1420.3	毁掉日月树后绝地天通	
W1420.3.1	太阳晒死日月树后绝地天通	【民族，关联】①
W1420.3.2	砍断日月树绝地天通	壮族
W1420.4	与毁掉通天树绝地天通有关的其他母题	
W1420.4.1	通天树变矮后绝地天通	土家族
W1421	**山变矮后绝地天通**	
W1421.1	把山锯矮绝地天通	苗族 ＊ ［W1835.3］山的变低（山的变小）
W1421.2	祖先通过把山压低绝地天通	布依族
W1422	**其他特定的事件或行为绝地天通**	
W1422.1	暴风雨造成绝地天通	苗族 ＊ ［W4264.1］暴风雨天气的产生
W1422.2	撤掉天梯绝地天通	
W1422.2.1	天神撤掉天梯绝地天通	汉族
W1422.2.2	天梯烂掉后绝地天通	苗族 ＊ ［W1478］天梯的毁灭（天梯的消失、天梯的倒掉）

① 【民族】苗族。【关联】❶［W1410.8.1］日月树通天地；❷［W1416.5.2］雷公晒死日月树绝地天通；❸［W1433.3］通过日月树上天；❹［W1448.2］日月树是天梯

W 编码	母题描述	关联项
W1422.3	撤天梯断绳子绝地天通	
W1422.3.1	天神拆掉白银梯子解除黄金攀绳绝地天通	纳西族
W1423	**与绝地天通有关的其他母题**	［W1407.3］神与人发生纠纷后天桥断绝
W1423.0	天地相连物的解除	
W1423.0.1	拴天地的锁链的消除	佤族 ＊［W1282.6.3.1］动物神砍断拴天地的铁链分开天地
W1423.0.2	连接天地绳索的解除	［W1408］天地由绳索相连
W1423.0.2.1	雷公割断绳索后绝地天通	苗族
W1423.1	孕妇毁掉上天的路	高山族 ＊［W6514］妇女禁忌
W1423.2	天路的失去	哈尼族
W1423.3	绝地天通后的情形	彝族
W1423.4	绝地天通的时间	
W1423.4.1	人会种庄稼后绝地天通	［W6040］耕种的产生（农业的产生）
W1423.4.1.1	玉皇大帝让人人会种庄稼后绝地天通	仫佬族

1.2.7　天梯与其他上天工具【W1425～W1489】

W 编码	母题描述	关联项
＊**W1425**	**上天（登天）**	［W1400］天地相通
W1426	**人上天**	
W1426.1	以前人能上天	独龙族、哈尼族、汉族、景颇族、苗族、裕固族

W 编码	母题描述	关联项
W1426.2	人王拜访天王	傣族 ＊〔W1792.5〕天宫的造访者
W1426.3	人王拜访天上佛陀	彝族 ＊〔W0787〕佛（佛祖）
W1426.4	兄妹上天	
W1426.4.1	洪水后兄妹上天	瑶族
W1426.5	特定的人能上天	
W1426.5.1	人生的蛤蟆投胎的女儿能上天	羌族 ＊〔W2623.2〕人生蛤蟆
W1426.5.2	身高够到天的人才能上天	汉族
W1426.6	人到天上特定的地方	
W1426.6.1	人到天河	汉族 ＊〔W1780〕天河（银河）
W1426.7	祖先上天	〔W0656.1〕祖先住天上
W1426.7.1	祖先一天可以上天数次	哈尼族
W1427	**动物上天**	
W1427.1	狗上天	〔W3074.3〕天狗
W1427.1.1	狗到月亮上	汉族
W1427.1.2	猎狗上天	汉族 ＊〔W3133.8〕猎狗
W1427.1.3	犬吃仙药上天	汉族 ＊〔W1437.5.1〕服药物后上天
W1427.2	鸟上天	
W1427.2.1	鸟乘风云上天	纳西族
W1427.2.2	乌鸦上天	彝族 ＊〔W3368〕与乌鸦有关的其他母题
W1427.3	猪上天	
W1427.3.1	母猪从桃树上天	彝族
W1430.4	猴子上天	①〔W1433.4.1〕猴子通过马桑树上天；②〔W8187.2.1〕猴子打破天上水瓶引发洪水

W 编码	母题描述	关联项
W1430.4.1	猴子被天神带上天	白族
W1427.5	其他特定的动物上天	满族
W1427.5.1	兔子上天	保安族
W1427.5.2	马上天	壮族
W1427.5.3	蜘蛛上天	彝族 ＊［W1434.3a.1］蜘蛛顺着吐的丝上天
W1427.5.4	青蛙上天	羌族 ＊［W1433.4.2］青蛙通过马桑树上天
W1427.5.5	羊上天	汉族
W1428	**其他特定人物上天**	
W1428.1	神上天	［W1033.5.1 创世者完成任务后回到天上
W1428.1.1	地神上天	苗族 ＊［W0230］地神
W1428.1.2	灶王神上天	汉族 ＊ ①［W0493］灶神（灶王、灶王爷）；②［W0493.12.1］灶神上天汇报人间事
＊ **W1429**	**上天的方法**	
W1430	**神或神性人物带人上天**	
W1430.1	凡人被天女带上天	藏族 ＊［W0224］天女下凡
W1430.1.1	孩子被天女母亲带回天上	蒙古族
W1430.2	神女放下能上天的绳子	珞巴族
W1430.3	人被天神带上天	汉族 ＊［W1430.4.1］猴子被天神带上天
W1430.4	人被一个老太太带上天	裕固族
W1430.5	人被神或神性人物接上天	

W 编码	母题描述	关联项
W1430.5.1	人被织女接到天上避难	仡佬族
W1431	**人被吹到天上**	【汤普森】F61；＊ 哈尼族、藏族
W1431.1	人被风卷上天（人被风吹上天）	高山族 ＊［W1434.10］通过扇子上天
W1431.1.1	女子被风刮上天	汉族
W1432	**通过动物上天**	
W1432.1	乘龙上天	［W3578.2］龙行天空
W1432.1.1	兄妹骑龙上天	纳西族
W1432.2	骑马上天	［W3189.1.3］会飞的马
W1432.2.1	人通过神马上天	纳西族
W1432.2.2	骑白云似的马上天	纳西族
W1432.2.3	乘风骑马上天	蒙古族 ＊［W1431］人被吹到天上
W1432.2.4	骑飞马上天	汉族
W1432.2.5	骑金马上天	哈尼族
W1432.2.6	骑仙马上天	彝族
W1432.2.7	骑螃蟹变成的马上天	汉族 ＊［W1432.4.3］骑螃蟹上天
W1432.3	人通过鸟上天	【汤普森】F62；＊ 满族、纳西族、维吾尔族 ＊［W1074.1.3］鸟驮人到天界
W1432.3.1	乘大鹏上天	纳西族
W1432.3.2	骑凤凰到了南天门	蒙古族 ＊［W1168.21.1.2］南天门
W1432.3.3	骑鹤上天	汉族、纳西族 ＊［W1742.1.1］老人骑仙鹤升天化为启明星
W1432.3.3.1	人骑天女变成的白鹤上天	纳西族
W1432.3.3.2	人骑仙鹤上天	鄂温克族、汉族、藏族

W 编码	母题描述	关联项
W1432.3.4	骑公鸡上天	黎族
W1432.3.5	骑天鹅上天	满族
W1432.3.6	骑鹰上天	仡佬族、塔吉克族
W1432.3.7	骑鸭子上天	彝族
W1432.3.8	人向鸟借翅膀后上天	汉族 * ［W1437.2.2］通过金翅膀上天
W1432.4	通过其他特定动物上天	
W1432.4.1	骑蜜蜂上天	独龙族
W1432.4.2	骑鱼上天	壮族
W1432.4.2.1	人骑鲤鱼上天	汉族
W1432.4.3	骑螃蟹上天	汉族 * ［W1432.2.7］骑螃蟹变成的马上天
W1432.4.4	骑蟒上天	回族
W1432.4.5	骑鹿角上天	鄂伦春族 * ［W3285.0］鹿角
W1432.4.6	骑牛上天	汉族
W1432.4.7	骑羊上天	
W1432.4.7.1	骑长翅膀的羊上天	苗族
W1433	**通过植物上天**	
W1433.1	通过树上天	① ［W1158.1.8］以前天低得人可以从树上上天；② ［W1482］通天树（特定的天梯通天树）
W1433.1.1	人通过大树上天	哈尼族、瑶族
W1433.1.2	通过不断长高的树上天	塔吉克族
W1433.1.3	小人通过树枝上天	白族
W1433.1.4	通过神树上天	鄂伦春族

W 编码	母题描述	关联项
W1433.2	通过通天树上天	苗族 * ［W1482］通天树（特定的天梯通天树）
W1433.3	通过日月树上天	苗族 * ［W1416.5.2］雷公晒死日月树绝地天通
W1433.3.1	通过山顶上的日月树上天	壮族
W1433.4	通过马桑树上天	【民族，关联】①
W1433.4.1	猴子通过马桑树上天	土家族
W1433.4.2	青蛙通过马桑树上天	汉族、土家族 * ［W1427.5.4］青蛙上天
W1433.4.3	祖先通过山顶上的马桑树上天	布依族
W1433.4.4	七姊妹通过马桑树上天	苗族
W1433.5	通过植物的藤上天（攀藤上天）	
W1433.5.1	通过葫芦藤上天	哈尼族、彝族 * ［W1449］藤作为天梯
W1433.6	通过其他特定的植物上天	
W1433.6.1	通过高粱秆上天	羌族
W1433.6.2	通过水杉树上天	土家族
W1433.6.3	用通天母竹升天	彝族 * ［W3796］与竹子有关的其他母题
W1433.6.4	从桃树上到天宫	彝族
W1433.6.5	脚踏莲花上天	满族 * ［W3839.1］莲花（荷花）
W1433.6.6	乘葫芦上天	汉族
W1434	**通过人造物上天**	［W1407］连接天地的桥（天桥、通天桥）
W1434.0	通过梯子上天	［W1487.1］人通过天梯到天上

① 【民族】苗族、水族、土家族。【关联】❶ ［W1410.2］通天的马桑树；❷ ［W1448.3］马桑树是天梯；❸ ［W1483.2］马桑树是通天树

W 编码	母题描述	关联项
W1434.0.1	通过云梯上天	汉族 ＊ ［W1468.4.2］云梯
W1434.1	穿特定的鞋上天	
W1434.1.1	穿铁鞋上天	仡佬族
W1434.1.2	穿牛皮做的靴子上天	汉族
W1434.1.3	穿登山鞋上天	瑶族
W1434.2	人穿羽衣可以飞上天	满族
W1434.3	通过绳子上天	［W1438.2］上天的绳索（登天之绳）
W1434.3.1	神女放下能上天的绳子	珞巴族
W1434.3.2	通过太阳给的绳子上天	珞巴族
W1434.3a	通过丝上天	
W1434.3a.1	蜘蛛顺着吐的丝上天	彝族 ＊ ① ［W1427.5.3］蜘蛛上天；② ［W3478］与蜘蛛有关的其他母题
W1434.3b	通过线上天	
W1434.3b.1	抓着 2 根白线上天	壮族
W1434.3b.2	抓着 2 根蓝线上天	汉族
W1434.3b.3	抓着天女放下的线上天	瑶族
W1434.3c	通过胡须上天	
W1434.3c.1	抓着老人的胡须上天	瑶族
W1434.4	通过链子上天	珞巴族、彝族 ＊ ［W1272.6.1］有一条拴天地的锁链
W1434.4.1	通过天上吊下的金链和银链上天	彝族
W1434.4.2	1 对母子顺着铁链上天	珞巴族 ＊ ［W1408.2.2］天地有 1 条铁链相连
W1434.5	通过彩带上天	
W1434.5.1	英雄坐上五彩带上天	畲族

W 编码	母题描述	关联项
W1434.6	通过船上天	赫哲族 ＊［W9670］宝船
W1434.6.1	乘槎上天（乘木筏上天）	汉族
W1434.6.2	乘特定物变成的船上天	
W1434.6.2.1	牛郎乘牛角变成的小船上天	汉族
W1434.6.3	划船去天河	苗族
W1434.7	通过飞毯上天	①［W9688.4］飞毯； ②［W9688.4.1］载人飞行的毯子
W1434.7.1	女子乘凤凰羽毛变成的花毯到月宫	汉族 ＊［W3588.6］凤凰的能力
W1434.8	通过木耙上天	高山族
W1434.9	通过台子上天	
W1434.9.1	通过土台上天	独龙族 ＊［W1409］天地有土台相连
W1434.10	通过扇子上天	
W1434.10.1	用扇子扇上天	哈尼族
W1435	**通过其他特定的物上天**	【关联】①
W1435.1	通过旋转的磨飞上天	哈尼族
W1435.2	乘光上天	
W1435.2.1	人乘日光上天	独龙族
W1435.2.2	弥勒佛乘坐太阳光飞升	纳西族 ＊［W0787.9.1］弥勒佛
W1435.2.3	通过月光上天	布依族
W1435.2.4	踩着日月的光柱到天上	布依族
W1435.3	乘云上天（腾云上天）	高山族（阿美）、仡佬族、汉族

---

① 【关联】❶［W1425～W1489］天梯与其他上天工具；❷［W1442.2］人通过天梯到月亮上；
❸［W1487.1］人通过天梯到天上

W 编码	母题描述	关联项
W1435.3.1	在最高的山上登云上天	佤族 ＊［W1825.3.2］最高的山
W1435.3.2	布洛陀踏着彩云上天	壮族
W1435.3.3	人踏麻花云上天	仡佬族
W1435.3.4	萨满通过乌云上天	达斡尔族、鄂伦春族、鄂温克族、满族
W1435.3a	乘雾上天	汉族
W1435.3a.1	人以前能驾雾上天	布依族
W1435.3b	乘蒸汽上天	
W1435.3b.1	在最冷的地方坐产生的蒸汽上天	蒙古族
W1435.4	插上翅膀飞上天	彝族 ＊［W2888.4］以前的人长有翅膀
W1435.5	登上特定物体上天	鄂伦春族
W1435.6	穿特定衣服上天（穿戴特定服饰上天）	汉族
W1435.6.1	披上牛皮上天	汉族
W1435.6.2	仙女穿裙子后上天	汉族
W1435.6.3	仙女穿上自己的衣裳后会天	满族 ＊［W7624.2］男子藏天女（仙女）的衣服或羽衣后成婚
W1435.7	通过特定容器上天	
W1435.7.1	通过皮口袋上天	珞巴族
W1435.7.2	坐天上打水的水桶上天	朝鲜族
W1435.8	通过天梭上天	汉族
W1435.9	跟着特定动物上天	
W1435.9.1	人随羊群上天	羌族 ＊［W1427.5.5］羊上天

W 编码	母题描述	关联项
W1436	**通过魔法上天（通过巫术上天）**	【汤普森】F68；＊【民族，关联】①
W1436.1	通过符水上天	蒙古族 ＊ ［W1437.5.5］喝了特定的水上天
W1436.2	萨满通过法术使人上天	鄂温克族
W1436.3	通过魔物上天	［W9050］魔物的功能（魔法的功能）
W1436.3.1	通过有魔力的黑花上天	满族
W1436.4	向术士学会上天	哈萨克族
W1437	**与上天方法有关的其他母题**	［W1793.5］升入天堂的方法
W1437.0	飞上天	珞巴族 ＊ ① ［W2903］人最早会飞；② ［W1435.4］插上翅膀飞上天
W1437.0.1	女子自然飘上天	鄂伦春族
W1437.0a	走上天	藏族
W1437.0a.1	人长途跋涉走上天	侗族
W1437.1	通过太阳的手臂上天	珞巴族 ＊ ［W1616.5a］太阳的手
W1437.2	通过宝物上天	
W1437.2.1	通过法鼓上天	纳西族
W1437.2.2	通过金翅膀上天	汉族
W1437.3	通过山上天	布依族 ＊ ① ［W1438.1.3］山是上天的路；② ［W1450］山是天梯
W1437.3.1	通过灵山上天	汉族 ＊ ［W1852.6.78］灵山
W1437.3.2	始祖从最高的山峰登上天	佤族

① 【民族】汉族。【关联】❶ ［W1437.2.1］通过法鼓上天；❷ ［W1437.6］闭上眼睛可以跳上天；❸ ［W1437.6a］人踩踩脚可以飞到天上；❹ ［W9000］魔法

W 编码	母题描述	关联项
W1437.3.3	通过昆仑山上天	汉族 * ① ［W1450.3］昆仑山是天梯；② ［W1850.2.5.5］昆仑山通天
W1437.3a	通过水上天	［W1053.2］最早的世界水天相连
W1437.3a.1	狗顺着水上天	羌族
W1437.3a.2	通过水柱上天	
W1437.3a.2.1	通过鲸鱼喷出的水柱上天	汉族
W1437.3b	通过高的地方上天	满族 * ［W1825.3.2］最高的山
W1437.4	通过天上的人接应上天	
W1437.4.1	始祖把儿子用筐吊到天上	珞巴族
W1437.5	吃特定物后上天	
W1437.5.1	服药物后上天	［W1427.1.3］犬吃仙药上天
W1437.5.1.1	吃不死药后升天	汉族
W1437.5.1.2	嫦娥吃不死药后升天	汉族 * ［W0671.1］嫦娥奔月
W1437.5.2	吃仙桃上天	汉族
W1437.5.3	吃灵芝草升天	汉族 * ① ［W3820］灵芝；② ［W3820.3.4］灵芝草能使人飞翔
W1437.5.4	吃仙丹上天	汉族
W1437.5.4.1	吃升腾灵丹上天	汉族
W1437.5.5	喝了特定的水上天	蒙古族 * ［W1436.1］通过符水上天
W1437.6	闭上眼睛可以跳上天	纳西族
W1437.6a	人跺跺脚可以飞到天上	哈尼族 * ［W9174］与巫术有关的其他母题
W1437.7	变形后上天	［W9501］变形的原因（条件）
W1437.7.1	化为青烟后上天	汉族 * ［W1453.1］烟柱为天梯

W 编码	母题描述	关联项
W1437.8	互助上天	
W1437.8.1	不同动物互助上天	彝族
W1437.9	手持特定物可以上天	
W1437.9.1	拿着神杖可以上天	哈尼族 ＊［W9688.2］宝杖
W1437.10	神教人上天方法	
W1437.10.1	雷公教人上天方法	黎族
W1437.10.2	神告诉人上天方法	哈尼族
W1437.11	上天的帮助者	
W1437.11.1	乌鸦作人上天的帮助者	彝族 ＊［W3368］与乌鸦有关的其他母题
W1437.11.1.1	乌鸦带不会飞的动物上天	
W1437.11.2	神蛙作人上天的帮助者	纳西族
W1437.12	上天的伴随者	
W1437.12.1	动物作为人上天的伴随着	拉祜族（苦聪）
W1437.13	上天的使者	［W0210］天使
W1437.13.1	动物作人上天的使者	纳西族
W1438	**上天的路径**	①［W1168.21.1.2.2］南天门是进出天地的门户；②［W1444.1］下凡
W1438.1	上天的路	【汤普森】F57；＊ 汉族、蒙古族 ＊［W1413.1］天地之间一条路相连
W1438.1.0	通天路的产生	
W1438.1.0.1	神踩出通天路	
W1438.1.0.1.1	神踩出77条通天路	哈尼族
W1438.1.1	高大的树干是上天的路	侗族
W1438.1.2	人从天边能上天	裕固族

W 编码	母题描述	关联项
W1438.1.3	山是上天的路	［W1437.3］通过山上天
W1438.1.3.1	五指山的主峰是通天路	黎族
W1438.1.3.2	从东方的山上上天	彝族
W1438.1.3.3	天桥岭是通天的路	满族
W1438.1.4	登天之塔（通天塔）	【汤普森】F58
W1438.2	上天的绳索（登天之绳）	【汤普森】F51；＊【民族，关联】①
W1438.2.1	藤蔓作为上天的绳索	【汤普森】F51.1.2；＊维吾尔族
W1438.2.2	蜘蛛网作为上天的绳索	【汤普森】F51.1.1
W1438.2.3	通过神女放下的绳子上天	珞巴族
W1438.2.4	辫子是上天的绳索	
W1438.2.4.1	天上的人的辫子是上天的绳索	瑶族
W1438.3	上天的桥	［W1735.15］七星是神下凡的桥
W1438.3.1	虹是上天的桥	瑶族 ＊ ［W4487.1］虹是神造的桥
W1438.3.2	星桥是上天的桥	满族
W1438.4	在天地相连处可以上天	蒙古族 ＊ ① ［W1166.2］天边在天与地的交界处；② ［W1274.2］天地交界处
W1438.5	上天的门	［W1168.21］天门
W1438.5.1	阊阖是升天之门	汉族
＊**W1440**	**奔月（到月亮上）**	［W1438.3.2］到月亮的桥
W1441	**人可以到月亮上**	汉族
W1442	**人到月亮上的方法**	
W1442.0	在特定人物帮助下奔月	
W1442.0.1	在神的帮助下奔月	汉族

---

① 【民族】藏族。【关联】❶ ［W1074.5.1］去上界的通道；❷ ［W1408］天地由绳索相连；❸ ［W1434.3］通过绳子上天

W 编码	母题描述	关联项
W1442.0.1.1	小伙在一个老太太的帮助下登上月亮	汉族、满族
W1442.0.2	在人的帮助下奔月	
W1442.0.3	在动物的帮助下奔月	
W1442.0.4	在其他特定物帮助下奔月	
W1442.0.4.1	嫦娥放下绳子把 1 个女子拉到月宫	白族（那马） ＊ ［W0671］嫦娥
W1442.1	通过桥到月亮上	景颇族
W1442.1.1	人通过虹桥到月亮上	布依族、高山族 ＊ ［W4498］虹是桥
W1442.1.2	人通过仙人架的木桥到月亮上	苗族
W1442.2	人通过天梯到月亮上	汉族、苗族
W1442.3	人通过头发到月亮上	回族
W1442.3.1	抓着妻子的长辫子爬上月亮	瑶族 ＊ ［W1438.2.4］辫子是上天的绳索
W1442.4	人通过树到月亮上	
W1442.4.1	通过大杉树能到月亮上	侗族
W1442.4.1.1	抓月中的树上到月亮上	赫哲族
W1442.5	人通过绳索到月亮上	
W1442.5.1	人顺着绳子爬到月亮上	回族
W1442.6	人通过山到月亮上	
W1442.6.1	人从月亮山到月亮上	水族
W1442.7	人通过特定物到月亮上	汉族 ＊ ［W1434.7.1］女子乘凤凰羽毛变成的花毯到月宫
W1443	**与奔月有关的其他母题**	① ［W1427.1.1］狗到月亮上；② ［W4180］月亮中的人（神）

W 编码	母题描述	关联项
W1443.0	奔月的原因	
W1443.0.1	为保护月亮奔月	畲族
W1443.0.2	为取金子奔月	汉族
W1443.0.3	为找药奔月	汉族
W1443.0.4	为砍倒娑婆树到月亮	汉族
W1443.1	特定的人奔月	汉族 ＊ ［W0671.1］ 嫦娥奔月
W1443.2	骑牛奔月	汉族
W1444	**与上天有关的其他母题**	
W1444.0	上天前的准备	
W1444.0.1	上天前要祈祷特定的神	
W1444.0.1.1	上天前要祈祷布星女神	满族
W1444.0.2	上天需要清空腹内浊物	汉族
W1444.0.3	上天前要清理干净身体	汉族
W1444.1	下凡	［W0106］ 神下凡
W1444.1.1	特定人物下凡	【民族，关联】①
W1444.1.2	被惩罚下凡	汉族 ＊ ［W9906］ 惩罚
W1444.1.3	特定的山的山顶是下凡的路	苗族 ＊ ［W1413］ 天地之间有路相连（通天的路）
W1444.1.4	顺着树干下凡	满族
W1444.1.5	顺着绳索下凡	［W1408］ 天地由绳索相连
W1444.1.5.1	天上的人顺着绳索下到地上	珞巴族
W1444.1.5.2	牛郎顺着织女的绳子回到凡间	苗族
W1444.1.6	通过梅花鹿的顶天角回到人间	达斡尔族

① 【民族】仡佬族、汉族。【关联】❶ ［W0106］ 神下凡；❷ ［W0224］ 天女下凡；❸ ［W1776.5］ 星宿下凡

W 编码	母题描述	关联项
W1444.1.7	通过其他方法下凡	
W1444.1.8	与下凡有关的其他母题	
W1444.1.8.1	人从天上被抛下	蒙古族
W1444.1.8.2	人从天缝降落人间	哈尼族
W1444.2	上天的原因	① ［W1443.0］奔月的原因；② ［W1455］造天梯的原因
W1444.2.0	为讨要特定物上天	
W1444.2.0.1	为找粮种上天	哈尼族、羌族
W1444.2.0.2	为折桂枝上天	汉族　*　［W4197.2］月亮中的桂树
W1444.2.1	人到天上玩耍	苗族
W1444.2.1.1	以前的人因无事可做上天玩	仫佬族
W1444.2.2	人到天上给天神盖房子	藏族　*　① ［W1735.11.1］北斗星移动是 7 兄弟需要到不同地方造房子；② ［W6204］房屋的建造
W1444.2.3	人到天上打工	
W1444.2.3.1	人到天上造金银	独龙族
W1444.2.3.2	人到天上盖房子	藏族　*　［W1719.3.2］7 颗亮星是 7 兄弟在天上盖楼房
W1444.2.4	人因追赶猎物到天上	黎族
W1444.2.5	上天的其他原因	保安族、畲族
W1444.2.5.1	为报告灾情上天	壮族
W1444.2.5.2	人为避难上天	
W1444.2.5.2.1	人为避洪水上天	汉族　*　［W8300］洪水中逃生
W1444.2.5.2.2	人为躲避魔鬼上天	哈萨克族
W1444.2.5.2.3	人为躲避折磨上天	赫哲族
W1444.2.5.3	人与天女联姻后上天	裕固族　*　［W7267］人与天女婚

W 编码	母题描述	关联项
W1444.2.5.4	为找人上天	
W1444.2.5.4.1	上天寻找妻子	哈尼族
W1444.2.5.5	因有功升天	汉族 ＊［W0804.4］积功德成仙
W1444.3	人不能上天的原因（人不能上天）	高山族（阿美）
W1444.3.1	天上筑起太阳门后，人不能再上天	景颇族
W1444.3.2	天帝不允许人上天	［W1415］绝地天通
W1444.3.2.1	天帝下令杀死上天的人	蒙古族
W1444.3.3	人从特定时代开始不能上天	
W1444.3.3.1	自从一个会上天的祖先死后人不能再上天	布依族
W1444.4	上天需要经过特定的障碍	
W1444.4.1	到天上要过 49 道天河	土家族 ＊［W1780］天河（银河）
W1444.4.2	上天要经过特定的门	
W1444.4.2.1	灵魂从凡间上天要经 12 到门	壮族
W1444.4.2.2	死者升天要经过南天门	白族（勒墨）
W1444.4.3	上天要经过云层和炎热	藏族
W1444.5	上天的特定时间	
W1444.5.1	人在四时八节可以上天宫	汉族 ＊［W4810］二十四节气
W1444.6	上天需要的时间	
W1444.6.0	上天需要 9 年	纳西族（摩梭）
W1444.6.1	上天需要 99 天	壮族
W1444.6.2	上天需要 9 天 9 夜	满族
W1444.6.3	上天需要 2 天 2 夜	哈尼族

W 编码	母题描述	关联项
W1444.7	上天后不能返回	汉族、怒族
W1444.7.1	人上天因路的消失留在天上	黎族
W1444.7.2	狗上天后因天梯消失留在天上	汉族
W1444.8	上天中途坠落	
W1444.8.1	上天时因上天的木杆断裂坠落	满族 ＊〔W1478〕天梯的毁灭（天梯的消失、天梯的倒掉）
W1444.9	从天上掉下来	
W1444.9.1	天上的人踩到鸡屎滑倒掉到地上	珞巴族
W1444.10	上天能力的丧失	
W1444.10.1	特定物会使神失去上天能力	
W1444.10.1.1	天神闻到土味失去回天能力	傣族
W1444.11	上天时情形	
W1444.11.1	上天时两耳生风	朝鲜族
W1444.12	上天后情形（上天的结果）	
W1444.12.1	上天后在天上踏着云行走	朝鲜族
W1444.13	人重回天上	珞巴族
✿ **W1445**	**天梯**	【汤普森】① A666；② F52；＊土家族、瑶族
W1446	**天梯自然存在**	汉族、哈尼族、苗族
W1446.1	地中间有一把千万年不会腐朽的活木梯	怒族
W1446.2	盘古开辟天地之初有 1 个天梯	汉族
W1446a	**天梯源于某处**	
W1446a.1	神赐天梯	

W 编码	母题描述	关联项
W1446a.1.1	长白山神送天梯	满族
W1447	**神变成天梯**	高山族 ＊［W0132］神的变化（神的变形）
W1447.1	依勒克变成玉白色的软天梯	高山族（阿美）
W1448	**树为天梯（树是天梯）**	【汤普森】F54；＊［W1410］通天的树（通天的植物）
W1448.1	大树是天梯	土家族、瑶族
W1448.2	日月树是天梯	汉族、苗族 ＊ ①［W1410.8.1］日月树通天地；②［W1433.3］通过日月树上天
W1448.2.1	山上的日月树是天梯	壮族 ＊［W1168.21.1.2.9］南天门有日月树
W1448.2.1.1	芭赤山上的日月树是天梯	壮族
W1448.3	马桑树是天梯	侗族、土家族 ＊ ①［W1410.2］通天的马桑树；②［W1483.2］马桑树是通天树
W1448.3.1	三峡的马桑树是天梯	汉族
W1448.4	水杉树是天梯	土家族
W1448.5	建木是天梯	汉族
W1448.5.1	都广的建木是天梯	汉族 ＊［W1063.2.2］都广之野是天地的中心
W1448.5a	若木是天梯	汉族
W1448.6	桃树是天梯	彝族
W1448.7	与树为天梯有关的其他母题	
W1448.7.1	树长不成天梯	独龙族
W1448.7.2	扶桑不能作天梯	汉族

W 编码	母题描述	关联项
W1449	**藤作为天梯**	［W1438.2.1］藤蔓作为上天的绳索
W1449.1	藤条长不成天梯	独龙族
W1450	**山是天梯**	汉族 * ① ［W1274.1a］天地通过神山相连；② ［W1833.4］通天的山
W1450.1	日月山是天梯	汉族
W1450.2	须弥山是天梯	蒙古族 * ［W1852.6.155.2］须弥山是地上最高的山
W1450.3	昆仑山是天梯	汉族 * ［W1437.3.3］通过昆仑山上天
W1450.3.1	昆仑山的最高峰是天梯	汉族
W1450.4	巨石是天梯	汉族
W1450.5	灵山是天梯	汉族 * ［W1852.6.78］灵山
W1450.6	肇山是天梯	汉族
W1450.7	登葆山是天梯	汉族
W1450.8	东方的一座山是天梯	蒙古族
W1451	**积物作为天梯**	
W1451.1	垒石登天	【汤普森】F55.2
W1451.2	土堆为天梯	
W1452	**虹是天梯**	【汤普森】F56； * ［W4507.1］虹有特定的职能
W1452.1	七色彩虹是玉皇放下的天梯	蒙古族
W1453	**其他特定的物作为天梯**	
W1453.1	烟柱为天梯	【汤普森】F52.1
W1453.2	竖起的木耙作为天梯	高山族

W 编码	母题描述	关联项
W1453.2a	梯子作为天梯	
W1453.2a.1	因为以前天很低，梯子可以作天梯	仫佬族 ＊〔W1158.1〕原来的天很低（以前天很低）
W1453.3	动物肢体作为天梯	
W1453.3.1	鹿角作为天梯	达斡尔族、鄂伦春族 ＊〔W3285.0〕鹿角的来历
W1453.3.2	龙角作为天梯	满族 ＊〔W3564〕龙的角
＊ **W1455**	**造天梯的原因**	
W1456	**为了到天上玩造天梯**	汉族、苗族、仫佬族
W1457	**为了到天上索要特定物造天梯**	
W1457.1	为了到天上取药造天梯	彝族
W1457.1.1	为了到天上要回不死药造天梯	哈尼族 ＊〔W0951.1〕不死药在天上
W1457.2	为了到月宫取药造天梯	拉祜族
W1457.2.1	为了从月亮那里要回起死回生药造天梯	哈尼族
W1457.2.2	为了找回被月亮盗取的治百病的宝石造天梯	汉族
W1457.3	为了到月宫取救命树造天梯	拉祜族
W1457.4	为了到天上要种子造天梯	哈尼族 ＊W3902〕种子在天上
W1458	**为了特定目的造天梯**	
W1458.1	为了寻找太阳造天梯	侗族 ＊〔W9832〕找太阳（找月亮）
W1458.2	为送太阳回天造天梯	侗族

W 编码	母题描述	关联项
W1458.2.1	众人为送太阳回天用杉木造天梯	侗族　＊　① ［W1462］人造天梯；② ［W1467.3.1］用杉木造天梯
W1458.3	为了到天上过节日造天梯	苗族
W1459	**造天梯的其他原因**	
W1459.1	神仙为上天造天梯	汉族　＊ ［W0812.2］仙人住在天上
✳ **W1460**	**天梯的制造者**	
W1461	**神或神性人物造天梯**	
W1461.1	天神造天梯	哈尼族
W1461.2	伏羲造天梯	汉族　＊ ［W0675］伏羲
W1461.3	伏羲女娲造天梯	汉族　＊ ［W0680.2.2］伏羲女娲是兄妹
W1461.4	其他神或神性人物造天梯	
W1461.4.1	扁古王造天梯	汉族
W1461.4.2	达伙常搭天梯	仫佬族
W1461.4.3	黄帝造天梯	汉族　＊　① ［W0690］黄帝；② ［W0697.7］黄帝是发明者
W1462	**人造天梯**	保安族、拉祜族、仫佬族、苗族
W1462.1	兄弟俩造天梯	哈尼族
W1462.2	两兄妹造天梯	侗族
W1462.3	壮汉造天梯	高山族（卑南）
W1462.4	百姓编天梯	拉祜族
W1462.5	石匠造天梯	汉族　＊ ［W6076.4］石匠
W1462.6	其他特定的人造天梯	［W1464a.2.2］猎人用铁打造天梯
W1462.6.1	万能手造天梯	保安族
W1462.6.2	祖先婚生的第一个儿子发明藤网天梯	珞巴族

W 编码	母题描述	关联项
W1463	**其他造天梯者**	
W1463.1	天造天梯	珞巴族
W1463.2	动物造天梯	
W1463.2.1	蚕和蜘蛛编天梯	纳西族（摩梭） ＊ ①［W3462.1］蚕为什么吐丝；②［W3478.1.2］蜘蛛为什么吐丝
✳ **W1464**	**造天梯的材料**	
W1464a	**用金属造天梯**	［W1980］金属的产生（金属的获得）
W1464a.1	用银造天梯	纳西族
W1464a.1.1	祖先用银搭天梯	纳西族
W1464a.2	用铁造天梯	［W1481.2］天梯被水锈掉
W1464a.2.1	3 兄弟炼铁造天梯	哈尼族
W1464a.2.2	猎人用铁打造天梯	拉祜族（苦聪）
W1465	**用石头造天梯**	苗族
W1465.1	上天青石梯	汉族
W1465.1.1	青梯	
W1466	**用木头造天梯**	独龙族
W1466.1	通天的木梯	独龙族
W1467	**用植物造天梯**	
W1467.1	用草造天梯（用草编天梯）	【汤普森】F52.1；＊ 拉祜族、高山族（卑南）、哈尼族
W1467.1.1	天神用茅草造天梯	哈尼族
W1467.2	用麻秆做天梯	汉族、傈僳族、普米族
W1467.3	用杉木树造天梯	土家族 ＊ ①［W3778］杉树；②［W1483.4］杉树是通天树

W 编码	母题描述	关联项
W1467. 3. 1	用杉木造天梯	侗族
W1467. 4	用树与草做天梯	汉族
W1467. 4. 1	盘古的父亲扁鼓王用树与草做天梯	汉族
W1467. 5	用竹子和木头做天梯	珞巴族
W1467. 6	栗树做天梯的杆，哈扫树做天梯的板	哈尼族
W1468	**用其他物造天梯**	
W1468. 1	用象骨造天梯	
W1468. 1. 1	用 77 节象骨造天梯	哈尼族
W1468. 2	用桥做天梯	［W1407］连接天地的桥（天桥、通天桥）
W1468. 2. 1	仙人架木桥做天梯	苗族
W1468. 3	用特定工具造天梯	
W1468. 3. 1	竖起的木耙作为天梯	高山族
W1468. 4	用云造天梯	
W1468. 4. 1	神用不同颜色的云造天梯	
W1468. 4. 1. 1	神造天梯时用红云做架，黄云做踏板，白云做吊索	彝族（阿细）
W1468. 4. 2	云梯	汉族 ＊ ①［W1416a. 1］孕妇蹬断云梯绝地天通；②［W1434. 0. 1］通过云梯上天
W1468. 4. 2. 1	鲁班造云梯	汉族
W1468. 4. 2. 2	云梯在东方	高山族
W1468. 5	玉线做天梯	侗族 ＊［W1866. 4. 7. 7］玉线

W 编码	母题描述	关联项
W1469	与天梯的产生有关的其他母题	
W1469.1	造天梯的时间	
W1469.1.1	造天梯用了 33 天	侗族
W1469.1.2	造天梯用了 99 天	哈尼族
W1469.2	造天梯不成功	① ［W1448.7.1］树长不成天梯；② ［W1449.1］藤条长不成天梯
W1469.2.1	绳索做天梯不成功	独龙族
W1469.2.2	人造不成天梯	独龙族 * ［W1462］人造天梯
W1469.3	生长出来的天梯（生天梯）	
W1469.3.1	仙女撒种子长出天梯	汉族 * ［W0826.3］仙女的本领
※ **W1470**	**天梯的特征**	
W1471	**天梯很矮**	仫佬族 * ［W1317］天地原来离得很近（天地距离很近）
W1471.1	天梯只有两三个阶梯	仫佬族
W1471.2	天梯 12 阶	汉族
W1472	**天梯很高**	① ［W1318］天地原来离得很远（天地距离很远）；② ［W1413.5］天梯是通天的路
W1472.1	天梯长 999 庹	侗族
W1472.2	天梯长 999 丈	
W1472.2.1	杉木天梯长 999 丈	侗族 * ［W1467.3.1］用杉木造天梯
W1473	**天梯可以收放**	哈尼族
W1474	**天梯飘摇不定**	［W1042.1］最早的天地飘浮动荡
W1475	**天梯有固定的层数**	

W 编码	母题描述	关联项
W1475.1	天梯有 8 级	【汤普森】A666.1
W1475.2	天梯有 9 级	［W1163.9］天有 9 层（九重天）
W1475.2.1	天梯为 9 格木梯	独龙族
W1475.3	天梯有 99 级	
W1475.3.1	天梯是 99 阶石梯	苗族
W1475.4	天梯其他数量的层级	
W1476	**与天梯特征有关的其他母题**	
W1476.1	天梯不坚固	［W1478］天梯的毁灭
W1476.2	天梯的终点在月亮上	哈尼族、傈僳族
W1477	**天梯的放置（天梯的位置）**	
W1477.1	云托着天梯	哈尼族
W1477.1.1	天梯立在白云上	哈尼族
W1477.2	天梯在天地中央	汉族 ＊［W1063］世界的中心（天地的中心）
W1477.2.1	天梯在天地中央的中央	汉族
W1477.2.2	天梯放在地的中央	怒族 ＊［W1236］地的中心（地心）
W1477.3	天梯放在东方	高山族 ＊［W1468.4.2.2］云梯在东方
W1477.4	与天梯的放置有关的其他母题	
W1477.4.1	天梯放在天门处	
W1477.4.1.1	开天门时放下天梯	汉族
W1477.4.1.2	天梯连接南天门	汉族 ＊ ①［W1168.21.1.2.10］到南天门须经过天梯；②［W1274.1c］天地通过天梯相连

W 编码	母题描述	关联项
W1477.4.1.3	天梯搭在天门边上	汉族
W1477.4.2	天梯在石阙	汉族
W1477.4.3	天梯一头系在天墙，一头拴在山尖	纳西族（摩梭）
W1477.4.4	天梯的垫脚	
W1477.4.4.1	雾露做云梯的垫脚	彝族（阿细）
W1477a	**天梯的悬挂**	
W1477a.1	动物帮助挂天梯	［W9990］动物作为帮助者
W1477a.1.1	蜜蜂和蝴蝶帮助挂天梯	纳西族（摩梭）
* W1478	**天 梯 的 毁 灭（天 梯 的 消 失、天 梯 的 倒 掉）**	① ［W1415］绝地天通；② ［W1422.2.2］天梯烂掉后绝地天通
W1478a	**天梯毁灭的原因**	［W1415a］绝地天通的原因
W1478a.1	怕人到天上闹事砍断天梯	壮族 ＊ ① ［W1304.2］天神害怕地神把天升高；② ［W1415a.1.3］为防凡人上天生乱绝地天通
W1478a.1.1	天神怕人到天上找麻烦砍断天梯	哈尼族
W1478a.2	人做坏事造成天梯消失	
W1478a.2.1	人干坏事后天上收回天梯	汉族
W1478a.3	天梯不知何故断掉	苗族
W1479	**神 或 神 性 人 物 毁 掉 天 梯**	
W1479.1	神收回天梯	汉族
W1479.2	玉皇大帝收回天梯	土家族、瑶族 ＊ ［W0777］玉皇大帝
W1479.3	天神砍掉天梯	哈尼族

W 编码	母题描述	关联项
W1479.4	神锯掉天梯	汉族、苗族 ＊ ［W1421.1］把山锯矮绝地天通
W1479.5	神刮风吹断天梯	拉祜族
W1479.6	雷公砍断天梯	水族、壮族
W1479.6.1	雷公用雷火劈断天梯	汉族 ＊ ① ［W4598.9］雷火；② ［W6960.5］雷火成为火种
W1479.7	其他神或神性人物毁灭天梯	
W1479.7.1	盘古收回天梯	汉族
W1479.7.2	颛顼让"重"、"黎"撤掉天梯	汉族 ＊ ［W1416.7.1］重、黎二神绝地天通
W1479a	**特定的人毁掉天梯**	
W1479a.1	天上的人撤掉天梯	汉族
W1480	**动物毁掉天梯**	【汤普森】 ≈ A666.2
W1480.1	蚂蚁咬塌天梯	独龙族、哈尼族、怒族、普米族
W1480.2	蛀虫咬断天梯	佤族
W1481	**与天梯毁掉有关的其他母题**	
W1481.1	天梯遭诅咒失去作用	
W1481.2	天梯被水锈掉	哈尼族 ＊ ［W1464a.2］用铁造天梯
W1481.3	天梯被火烧掉	汉族
W1481.4	违反禁忌天梯被拆除	羌族 ＊ ［W6547.5］其他特定行为的禁忌
W1481.5	天梯的维护	
W1481.5.1	天梯需要按时浇热水	哈尼族、
W1481.5.1.1	天梯需要每天泼三瓢热水	哈尼族、拉祜族（苦聪）

W 编码	母题描述	关联项
* W1482	**通天树（特定的天梯通天树）**	【关联】①
W1483	**通天树是特定的树**	
W1483.1	天树通天地	满族
W1483.2	马桑树是通天树	土家族、羌族 * ［W3771.1.1］马桑树可以通天
W1483.3	桃树是通天树	苗族 * ［W3787.1］神奇的桃木
W1483.4	杉树是通天树	［W3778］杉树
W1483.4.1	从大杉树尖能上月亮	侗族
W1483.5	神树是通天树	满族
W1483.6	天芋树是通天树	黎族
W1483.7	梧桐树是通天树	塔吉克族
W1484	**变化产生通天树**	［W3729］树是变化产生的
W1484.1	拐棍变通天树	哈尼族
W1485	**人栽种通天树**	傈僳族
W1486	**与通天树有关的其他母题**	
W1486.1	通天树的长高	水族
W1486.2	通天树穿过了3层天	鄂温克族 * ［W1163.3］天有3层
W1486.3	通天树是银的	鄂温克族
W1486.4	通天树被诅咒后变小	汉族 * ［W9175］咒语
W1486.5	通天树的倒掉	白族、傈僳族 * ［W1415］绝地天通

① 【关联】❶ ［W1270］天地相连；❷ ［W1325.2］通天树是天柱；❸ ［W1410］通天的树（通天的植物）；❹ ［W1420］毁掉通天树绝地天通；❺ ［W1433.2］通过通天树上天；❻ ［W1448］树为天梯

W 编码	母题描述	关联项
W1486.6	通天树长在特定地方	
W1486.6.1	通天树在月亮山上	水族
W1486.7	通天树的作用	
W1486.7.1	洪水中通过通天树逃生	普米族 * ①［W8300］洪水中逃生；②［W8321］洪水时树上逃生
W1487	**与天梯有关的其他母题**	
W1487.1	人通过天梯到天上	独龙族、侗族、仡佬族、苗族、瑶族 * ①［W1413.5］天梯是通天的路；②［W1434.0］通过梯子上天
W1487.1.1	伏羲通过天梯来往天地间	汉族
W1487.2	神通过天梯到地上	汉族 *［W1444.1］下凡
W1487.3	人通过天梯回到人间	苗族
W1487.4	天梯有特定的使用者	
W1487.4.1	天梯为神人、仙人、巫师而设	汉族
W1487.4.2	有智慧的凡人可以攀登天梯	汉族
W1487.5	天梯的看守	
W1487.5.1	青鸾童儿看守天梯	汉族
W1487.6	天梯的数量	［W1446.2］盘古开辟天地之初有 1 个天梯
W1487.6.1	天梯数量很多	
W1487.6.1.1	各地都有天梯	汉族
W1487.7	特定名称的天梯	
W1487.7.1	盘龙梯	
W1487.7.1.1	五龙绕柱形成盘龙梯	土家族

1.2.8 与天地有关的其他母题【W1490～W1499】

W 编码	母题描述	关联项
✳ **W1490**	天地的关系	① ［W4690］天上 1 天等于地上 1 年；② ［W4850］天地的秩序
W1491	天地是子女	
W1492	天地是夫妻	傈僳族、佤族 ✳ ① ［W1294.8.1］大地妻子把天空丈夫踢到天上］；② ［W7532］天地婚
W1492.1	天父地母	彝族 ✳ ［W2487.1］天地婚生人
W1493	天地是兄妹	苗族
W1493a	天地是兄弟	傣族
W1494	与天地关系有关的其他母题	
W1494.1	天地是君臣关系	彝族 ✳ ［W5009］人的等级的产生
W1494.2	天地是伙伴	
W1494.2a	天地是仇敌	傣族
W1494.3	天原来是地的盖子	藏族
W1494.4	地是天的最底层	独龙族 ✳ ［W1163.15.4］天的最下层
W1494.5	天地的亲属	
W1494.5.1	阴阳是天地的母亲	藏族 ✳ ［W4755］阴阳的产生
✳ **W1495**	天地的变化	
W1496	天地的变圆	
W1496.1	把天地煮圆	苗族

W 编码	母题描述	关联项
W1496.2	把地球变圆	【关联】①
W1496.2.1	地球是一个大石锅	珞巴族
W1497	**天地互换**	
W1497.1	天翻成地，地翻成天	侗族、黎族、彝族 ＊［W8584］天翻地覆
W1497.2	玉帝告知天地颠倒	汉族 ＊ ①［W1064］世界的错乱（颠倒的世界）；②［W8032］灾难预言者
W1498	**与天地变化有关的其他母题**	【关联】②
W1498.1	沧海变桑田	鄂温克族
W1498.1.1	特定人物造成大地巨变	
W1498.1.1.1	女巨人搓泥使大海变平地	基诺族
W1498.1.1.2	水母娘娘将平地变成泽国	
W1498.1.2	平坝以前是海洋	白族 ＊ ①［W1259.3］平坝（坝子）；②［W1259.3.2b］海水退去形成平坝
W1498.1.2.1	沧海 3 次变成桑田	汉族
W1498.1.2.2	7 百年前平坝沉在海洋	蒙古族
W1498.1.2.3	平坝以前是湖泊	彝族 ＊［W1259.3.2］地上不积水的地方成为坝子
W1498.1.2.4	平塘以前是海子	彝族
W1498.1.3	高山以前是大海	高山族（布农）＊ ①［W1852.6.149.1］喜马拉雅山以前是洪水；②［W1964］与海有关的其他母题

---

① 【关联】❶［W1062.3］世界是圆的；❷［W1205］地是圆的（地球是圆的）；❸［W1233.6］地的变圆

② 【关联】❶［W1199.3］地的增大；❷［W1199.4］地的变小；❸［W1252.3］会自己增大的土（息壤）；❹［W1383.1］天的变大；❺［W1393.2.1］把造小的地变大

W 编码	母题描述	关联项
W1498.1.3.1	高山变成海，海变成山	白族 ＊［W1835］山的变化
W1498.1.4	城池原来是沼泽	汉族
W1498.1.5	城池原来临大海	汉族
W1498.1.6	特定的地方原来是大海	鄂伦春族
W1498.1.7	冰山原来没有冰雪	塔吉克族 ＊［W1842a］冰山
W1498.1.8	峡谷原来是大海	汉族
W1498.1.9	岛以前是平原	黎族 ＊［W1259］与平原有关的其他母题
W1498.2	天地变化的次数	
W1498.2.1	天地第 1 次变化	彝族
W1498.2.1.1	天地第 1 次变化为水	彝族
W1498.2.2	天地 2 次变化	汉族 ＊［W1124.4］第 2 次产生天地（再造天地）
W1498.2.2.1	天地第 2 次变化为雾	彝族
W1498.2.3	天地 3 次变化	彝族
W1498.2.3.1	天地第 3 次变化出金色的水	彝族 ＊［W1895.4.1］金黄色的水
W1498.2.4	天地 4 次变化	
W1498.2.4.1	天地第 4 次变化出星光	彝族
W1498.2.5	天地 5 次变化	
W1498.2.5.1	天地第 5 次变化是星星会发声	彝族
W1498.2.6	天地 6 次变化	
W1498.2.6.1	天地第 6 次变化是会发声星星平静下来	彝族
W1498.2.7	天地 7 次变化	
W1498.2.7.1	天地第 7 次变化后变平静	彝族

W 编码	母题描述	关联项
W1498.2.8	天地 8 次变化	
W1498.2.8.1	天地第 8 次变化与第 7 次差不多	彝族
W1498.2.9	天地 10 次变化	彝族
W1498.2.10	天地 1 天 9 变	汉族
W1498.3	大地变轻	哈萨克族
W1498.4	改天换地（天地的更新）	［W1396.4］重新改天造地
W1498.4.1	因人的不良行为造成改天换地	纳西族
W1498.4.2	因天地不平改天换地	哈尼族 * ［W1127.5］最初天地不平
W1498.4.3	众神改天换地	侗族
W1498.5	天地变大	① ［W1383.1］天的变大；② ［W1393.2］地的变大（地变大）
W1498.5.1	天神把天地变大	哈萨克族
W1498.5.2	巨人把天地捏大	苗族
W1498.5.3	布洛陀把天地变大	壮族
W1498.5.4	挤压使天地变大	苗族
W1498.5.5	天地同时增长	汉族 * ［W1124.2.0］天地同时产生
W1498.5.6	天地不断增长	哈萨克族
W1498.6	天地变小	① ［W1199.4］地的变小；② ［W1383.1a］天的变小
W1498.7	天地变化有时平静有时剧烈	彝族
W1499	**与天地有关的其他母题**	

W 编码	母题描述	关联项
W1499.0	天地各居其所	珞巴族
W1499.1	空气的产生	［W4570］气的产生（空气的产生）
W1499.1.1	神拉风箱产生地上的气	哈尼族
W1499.2	天地有特定的名称	［W1168.13.12］其他名称的天
W1499.2.1	天叫奔梭哈海，地叫罗梭梭海	哈尼族
W1499.3	天上落石头	汉族、满族 ＊ ①［W1762.1］星星是天上的石头；②［W4364.1］陨石雨
W1499.4	天地的碰撞	
W1499.4.1	动物造成天地碰撞	［W8063］动物制造灾难
W1499.4.1.1	马鹿使天与地相撞	普米族
W1499.5	天地的消失	
W1499.5.1	天崩地裂使天地消失	白族 ＊［W8587.2］天崩地裂
W1499.6	天地两重天	
W1499.6.1	天上生活好，地上多艰难	纳西族（摩梭）
W1499.7	天地间诸物	［W1038.5］以前天地间什么也没有
W1499.7.1	最早天地间有一面铜鼓	瑶族 ＊［W6274.3］铜鼓

1.3 万物^①
【W1500~W1539】

1.3.1 万物的产生
【W1500~W1529】

W 编码	母题描述	关联项
✿ **W1500**	**万物的产生**	
W1500.1	以前没有万物	【民族，关联】^②
W1500.1.1	几亿亿年前什么也没有	傣族
W1500.1.2	开天辟地前没有万物	普米族
W1500.1.3	混沌世界时没有万物	白族、藏族 ＊ ① ［W1040］最早的世界是混沌；② ［W1091.0.2］世界混沌时代没有万物
W1500.1.4	天地刚形成时没有万物	纳西族（摩梭）＊［W1317.5.2］天地刚形成时距离很近
W1500.1.4.1	刚开天辟地时没有万物	纳西族
W1500.1.5	太古时没有万物	高山族（排湾）
W1501	**天降万物**	【汤普森】≈F1037
W1501.1	从天堂降万物	
W1501.2	真主降万物	回族 ＊［W0793］真主

---

① 万物，这里主要指那些在神话中没有说出具体物的名称。

② 【民族】汉族、景颇族、珞巴族、苗族、羌族、水族、彝族。【关联】❶［W1161.11.1］以前天上什么也没有；❷［W1235.2.2］以前地上什么也没有

W 编码	母题描述	关联项
W1501.3	人射天射下万物	哈尼族
W1501.4	万物原来在天上	珞巴族 * ［W1511.1］天神生万物
W1501a	**特定人物赐予万物**	
W1501a.1	山神带来万物	藏族 * ① ［W0391］山神； ② ［W1282.6.2］山神分开天地
W1502	**万物自然产生**	布依族
W1502.1	地上出现万物	白族、回族、柯尔克孜族、纳西族 * ［W1515.1］地生万物
W1502.1.1	地管生成万物	蒙古族、回族
W1502.1.2	天地分开时地上就有了万物	壮族
W1502.1.3	开天辟地后自然出现万物	布依族 * ［W1124.4.2］重新开天辟地
W1502.1.3.1	盘古开天辟地后自然出现万物	汉族 * ［W1104.1］盘古造天地 （盘古开天辟地）
W1502.2	万物自然再生	普米族
W1502.3	与自然产生万物有关的其他母题	布依族
W1502.3.1	按真主的意愿产生万物	回族 * ［W1104a.1］上帝的意志产生天地
W1502.3.2	天地形成后自然出现万物	纳西族
W1502.3.3	有了太阳和大地后万物慢慢产生	汉族
W1502.3.4	有了天地日月星辰后产生万物	哈尼族
✳ W1503	**万物是造出来的（造万物）**	
W1503a	**造万物的原因**	水族

W 编码	母题描述	关联项
W1503a.1	因为世界荒凉造万物	彝族 ∗ ［W1038.2］最早的世界是荒凉的
W1503a.1.1	神因为世界荒凉造万物	
W1503a.1.1.1	南北方神因为世界荒凉造万物	景颇族 ∗ ①［W0253］南方神；②［W0254］北方神
W1503a.2	因寂寞造万物	
W1503a.2.1	人神因寂寞造万物	彝族 ∗ ［W2044.1.1］神感到寂寞造人
W1503a.3	因大地空然无物造万物	［W1235.2］以前的地是空的
W1503a.3.1	创世母亲因大地空然无物造万物	基诺族
W1504	**神或神性人物造万物**	汉族、裕固族
W1504.1	神造万物	鄂温克族、哈尼族、哈萨克族、苗族、纳西族、普米族、彝族
W1504.1.1	天王创造万物	傣族
W1504.1.2	天神创造万物	普米族 ∗ ［W1020.3］天神是创世者
W1504.1.3	天神用泥造万物	鄂温克族
W1504.2	创世神造万物（创世主造万物）	哈萨克族、满族 ∗ ［W0424］创世神
W1504.2.1	创世母亲造万物	基诺族
W1504.2.2	创世主造万物	哈萨克族 ∗ ［W0793.7］真主是创世主
W1504.2.3	创世者造万物	
W1504.2.3.1	万物产生于创世者的意念	【汤普森】A612；∗ 傣族
W1504.3	女神造万物	水族
W1504.3.1	女神姆六甲造万物	壮族 ∗ ［W0705.5］姆洛甲是创世大神

W 编码	母题描述	关联项
W1504.4	天女造万物	苗族
W1504.5	佛造万物	鄂温克族
W1504.6	夫妻神造万物	［W0141］对偶神（夫妻神）
W1504.6.1	天公地母造万物	阿昌族、哈萨克族 ＊ ① ［W0142］天公地母；② ［W1516.0a］天公地母婚生万物
W1504.6.2	人王公和人王婆用黄泥造万物	白族 ＊ ① ［W0143.1］人王公和人王婆；② ［W2087.2］用黄泥造人（用黄土造人）
W1504.7	众神造万物	满族
W1504.7.1	7 个大神造万物	哈尼族
W1504.7.2	神巨人和他的孩子造万物	布朗族 ＊ ① ［W0497.7.9］巨灵神；② ［W0660］巨人
W1504.7.3	天神地神造万物	哈尼族
W1504.8	祖先造万物	白族、普米族、瑶族
W1504.8.1	祖先翁戛造万物	布依族
W1504.9	其他神或神性人物造万物	
W1504.9.1	宇宙神造万物	柯尔克孜族 ＊ ［W0203.1］宇宙神
W1504.9.2	全能者造万物	黎族 ＊ ① ［W0497.3］万能神；② ［W0133.3］神是全能的
W1504.9.3	天女造万物	羌族
W1504.9.4	毕摩造物	彝族 ＊ ① ［W1101.5.2］毕摩扫除宇宙孽障后露出天地；② ［W9147］毕摩
W1504.9.5	无极造万物	【民族，关联】①

① 【民族】苗族。 【关联】❶ ［W1852.6.8.1］无极造金山；❷ ［W1852.6.9.1］无极造银山；❸ ［W1983.4.5.1］无极造铁山

W 编码	母题描述	关联项
W1505	特定的神或神性人物造万物	
W1505.1	盘古造万物	【民族，关联】①
W1505.1.1	盘古造天造地后造万物	畲族
W1505.2	女娲造万物	汉族　＊［W0710］女娲
W1505.2.1	女娲娘娘造万物	汉族
W1505.2.1.1	盘古王开天辟地后，女娲娘娘造万物	汉族
W1505.3	真主造万物	回族、柯尔克孜族、撒拉族
W1505.4	玉帝造万物	彝族
W1505.5	其他特定的神或神性人物造万物	布朗族、布依族、柯尔克孜族、瑶族
W1505.5.1	盘古的弟弟盘生造万物	白族　＊［W0725.3.1］盘古和盘生两兄弟
W1506	人造万物	裕固族
W1506.1	天降的人造万物	
W1506.2	天降的夫妻造万物	傣族　＊［W2022.1.0.1］天降最早1对男女
W1506.3	女子造万物	
W1506.3.1	三个姑娘造万物	汉族
W1506.4	聪明人造万物	苗族　＊［W2925］智者
W1507	与造万物者有关的其他母题	布依族、佤族
W1507.1	日月创造万物	
W1507.1.1	日月夫妻造万物	蒙古族、蒙古族（布里亚特）
W1507.2	天和地创造万物	彝族（撒尼）

① 【民族】侗族。【关联】❶［W1543.2.1］盘古造日月；❷［W1705.1］盘古造星星；❸［W1805.1］盘古造山；❹［W1857.2.1］盘古造石头；❺［W1875.5.2］盘古造水

W 编码	母题描述	关联项
W1508	**造万物的材料**	① ［W1108］造天地的材料； ② ［W2080］造人的材料
W1508.1	用肢体造万物	
W1508.1.1	天女肢解自己做成万物	彝族
W1508.2	用泥土造万物	傣族、汉族、满族
W1508.2.1	用黄泥造万物	白族　＊［W2087.2］用黄泥造人（用黄土造人）
W1508.2.2	天神用泥土造万物	鄂温克族
W1508.3	用水和神土造万物	满族　＊［W1184.2］用神土造地
W1508.4	用宝贝造万物	［W9650］宝物
W1508.4.1	用赶山鞭、聚水瓶等宝贝造万物	汉族　＊① ［W9679］宝瓶； ② ［W9687.2］赶山鞭
W1508.5	用灵气造万物	
W1508.5.1	创世神借助灵气造万物	满族
W1509	**与造万物有关的其他母题**	
W1509.1	造万物的准备	① ［W1110.0］造天地前的准备； ② ［W2128.0］造人准备（造人前的准备）
W1509.1.1	先开天辟地，后造万物	基诺族
W1509.2	造万物的时间	
W1509.2.1	6 天造出万物	汉族
W1509.2.2	7 天造出万物	［W1012.2］7 天创造出世界
W1509.2.3	10 天造出万物	
W1509.2.4	神用 81 年造出万物	满族
W1509.3	万物是魔法造出的	【汤普森】D2178

W 编码	母题描述	关联项
W1509.4	犁出世界	傣族、汉族
W1509.5	按照天界的样子创造万物	满族
W1509.6	借助灵气造万物	满族
W1509.7	万物是成对造出来的	【汤普森】A610.1
W1509.8	再造万物	苗族　＊［W1124.4］第 2 次产生天地（再造天地、重造天地）
✳ **W1510**	**万物是生育产生的（生万物）**	
W1511	**神或神性人物生万物**	
W1511.1	天神生万物	［W1501.4］万物原来在天上
W1511.1.1	女天神生万物	哈尼族
W1511.1.1.1	女天神的光生万物	满族　＊［W1515.6.1］光生万物
W1511.1.2	天神的母亲生万物	彝族　＊［W0202］天神的关系
W1511.2	女神生万物	哈尼族、满族、壮族
W1511.2.1	太阳女神生万物	珞巴族　＊［W0273.2］女太阳神（太阳女神）
W1511.2.2	天王母生万物	彝族
W1511.3	天公地母生万物	朝鲜族、哈萨克族、普米族　＊［W0142］天公地母
W1511.3.1	地母生万物	彝族　＊［W0238］地母
W1511.4	土地神生万物	毛南族　＊［W0236］土地神
W1511.5	创世者生育万物	
W1511.6	巨人生万物	彝族
W1511.7	石神生万物	藏族
W1511.8	始祖神生万物	满族　＊［W0641］祖先神
W1512	**特定的神或神性人物生万物**	彝族
W1512.1	盘古生万物	汉族

W 编码	母题描述	关联项
W1512.2	其他特定的神或神性人物生万物	彝族
W1513	**动物生万物**	［W2155］动物生人
W1513.1	鸟生万物	【汤普森】 ≈ A647
W1513.2	鱼生万物	【关联】①
W1513.2.1	祖先鱼生万物	哈尼族 ＊［W0650.6］祖先是鱼
W1513.2.2	大金鱼生万物	哈尼族
W1513.3	蛇生万物	佤族
W1513.4	其他动物生万物	
W1513.4.1	海螺生万物	藏族
W1513.4.2	蜘蛛生万物	侗族 ＊［W1116.3］蜘蛛生天地
W1514	**植物生万物**	
W1514.1	葫芦生万物	佤族、彝族 ＊ ①［W1789.1.2］天河水源于神葫芦；②［W3891］与葫芦有关的其他母题
W1514.1.1	天神赐的金葫芦生万物	傣族 ＊［W3891.1.4］金葫芦
W1514.1.2	种的葫芦生万物	汉族
W1514.2	柳树生万物	［W2171.5］柳树生人
W1514.2.1	神树生的柳树生万物	满族 ＊［W1996.3.1.3］世界最早出现的是水中生的神树
W1514.2.2	柳叶生万物	［W2176.1］柳叶生人
W1514.2.2.1	天母的女阴变成的柳叶生万物	满族
W1514.3	梭罗树生万物	［W3784］梭罗树
W1514.3.1	天上的梭罗树是万物之源	彝族

---

① 【关联】❶［W1190.1］鱼生地；❷［W1980.0.3.1］鱼内脏中有金银；❸［W1996.2.1］世界最早产生的是鱼

W 编码	母题描述	关联项
W1515	无生命物或自然物生万物	
W1515.1	地生万物	蒙古族、纳西族、彝族 ＊ ① ［W1991.1］有了地后自然产生生物；② ［W1993.0］大地孕育生命
W1515.1.1	地孕育万物	侗族
W1515.1.2	地生百样物种	苗族
W1515.1a	土生万物	白族、汉族、彝族、彝族（撒尼）
W1515.2	石生万物	【汤普森】A644；＊［W1982.1.2］石生银
W1515.3	水生万物	【民族，关联】①
W1515.3.1	地水生万物	满族 ＊［W1897.17.3］地水（真水）
W1515.4	海生万物	哈尼族
W1515.5	气生万物	①［W1884.3］气生水； ②［W2207］气生人
W1515.5.1	四季的消散之气成为万物	汉族
W1515.5.2	雾露变的气生万物	彝族
W1515.5.3	神的气生万物	满族
W1515.6	其他无生命物或自然物生万物	藏族
W1515.6.1	光生万物	满族 ＊［W1511.1.1］女天神的光生万物
W1515.6.2	影子生万物	彝族 ＊ ①［W1518.1］万物源于影子；②［W1845.3.8.3］山箐的影子生山箐

---

① 【民族】满族、土家族。【关联】❶［W1980.5.3a］水生金；❷［W1982.0.1］银源于河底；❸［W2208］水生人

W 编码	母题描述	关联项
W1516	婚生万物	
W1516.0	天地婚生万物	【民族，关联】①
W1516.0.1	天地交合化生万物	纳西族
W1516.0a	天公地母婚生万物	怒族
W1516.1	日月交配生万物（日月婚生万物）	独龙族、怒族 ＊［W7533］日月婚
W1516.2	气交合生万物	汉族
W1516.3	阴阳相交生万物	佤族
W1516.3.1	阴阳合生万物	汉族
W1516.4	神婚生万物	高山族 ＊［W7200］神的婚姻
W1517	卵生万物	
W1517.1	不断演化出的白卵生万物	纳西族
W1518	与生万物有关的其他母题	
W1518.1	万物源于影子	【民族，关联】②
W1518.2	万物生于无形	汉族、藏族
W1518.3	万物生于混沌	汉族 ＊［W1057.1］混沌（混沌卵）
W1518.4	道生万物	汉族
W1518.5	日月星辰的运动生万物	彝族 ＊ ①［W4881］日月的运行；②［W4963］星辰的运行
W1518.6	洪水后万物复生	傣族
W1518.7	用种子种出万物	彝族（俚颇） ＊［W1527.5］万物的种子
＊ **W1520**	万物是变化产生的	［W9593.1.2］英雄死后化生万物

---

① 【民族】哈尼族。 【关联】❶［W1544.6.3］天地婚生日月；❷［W1713.1］天地婚生星星；❸［W1993.1］天地婚生生灵

② 【民族】纳西族。【关联】❶［W1546.3］日月产生前先产生影子；❷［W1727.4］星星产生前先产生影子；❸［W1823.2a］影子中产生山；❹［W1957.5］影子中产生海

W 编码	母题描述	关联项
W1521	神或神性人物变化为万物（神或神性人物变化出万物）	
W1521.0	神化育万物	
W1521.0.1	天神化育万物	鄂伦春族
W1521.0.2	神死后化生万物	彝族
W1521.1	盘古化生万物	① ［W0720］盘古；② ［W1250.2.2］盘古死后肉变成泥土
W1521.1.1	盘古的肢体化生万物	白族、汉族、苗族、瑶族、彝族、壮族
W1521.1.2	盘古垂死化生万物	汉族 * ［W2309.4.1］盘古垂死化生人
W1521.2	创世者的肢体化生万物	【汤普森】A614
W1521.3	创世者的眼泪化为万物	【汤普森】A613； * ［W1889.1］神的眼泪化成水
W1521.4	巨人被杀死后化生万物（巨人垂死化生万物）	【汤普森】A642
W1521.5	其他神或神性人物变成万物	布依族、侗族、汉族、彝族
W1522	人变成万物	
W1522.1	怪人变成万物	侗族
W1523	动物变成万物	① ［W1545.4］动物变成日月；② ［W2348］与动物变成人有关的其他母题
W1523.1	虎死后变成万物	彝族
W1523.2	鹿死后变成万物	普米族
W1523.3	牛变成万物	藏族

W 编码	母题描述	关联项
W1524	植物变成万物	【关联】①
W1524.1	树变成万物	汉族、拉祜族
W1524.2	柳叶变成万物	满族
W1524.3	仙葫芦籽变成万物	傣族 ＊［W9692.4］宝葫芦
W1524.4	其他植物变成万物	傣族
W1524.4.1	枫树变成万物	苗族
W1525	无生命物变成万物	［W1994.2］雪变成生物
W1525.1	水变成万物	珞巴族
W1525.2	气体演变成万物	【汤普森】A621.1；＊壮族 ＊①［W1122.5］气变成天地； ②［W1127.2］最初的天地是气
W1525.2.1	精气变成万物	汉族
W1525.3	气化生万物	满族
W1526	与变化为万物有关的其他母题	
W1526.1	阴阳化万物	汉族
W1526.2	怪胎变化为万物	哈尼族、拉祜族 ＊［W2600］人生怪胎
W1526.3	两个太阳碰撞生的肉团变万物	白族
W1527	与万物产生有关的其他母题	
W1527.1	万物产生的时间	
W1527.1.1	特定的时代产生万物	
W1527.1.1.1	第 16 代祖先神时产生万物	哈尼族 ＊［W0140.8］与神的谱系有关的其他母题

① 【关联】❶［W1545.5］植物变成日月；❷［W1820］植物变成山；❸［W1983.3］植物变成铁；
❹［W2350］植物变化为人（植物变成人）；❺［W3031］植物变成动物；❻［W3706.4］植物变成草木

W 编码	母题描述	关联项
W1527.1.1.2	万物产生于独眼人时代	彝族
W1527.2	万物产生的顺序	汉族 ＊ ［W1124.2］天地出现的顺序（天地产生的顺序）
W1527.2.1	万物产生顺序已事先安排好	佤族
W1527.2.1.1	丈夫规定妻子生万物的顺序	高山族
W1527.2.2	先有人后有万物	独龙族、裕固族
W1527.2.2a	先有万物后有人	羌族
W1527.2.3	动物与人产生的顺序	汉族 ＊ ①［W2733］人与动物同源；②［W2742］先有万物后有人
W1527.2.3.1	制造人与动物时最先造出牛	哈萨克族
W1527.2.3.1a	先产生野牛后产生人再产生各种动物	基诺族
W1527.2.3.2	天上先降动物后降下人	珞巴族 ＊ ［W3004.1.3］牲畜从天上来
W1527.2.3.3	第一是鸡，第二是狗，第三是猪，第四是羊，第五是水牛，第六是马，第七是人	壮族 ＊ ［W3075］家畜
W1527.2.3.3a	第一是鸡，第二是狗，第三是羊，第四是猪，第五是马，第六是牛，第七是人，第八是五谷，第九是瓜果，第十是蔬菜	【民族，关联】①
W1527.2.3.3b	女娲先造六畜后造人	汉族
W1527.2.3.4	先产生动植物后有人	羌族、藏族（白马）
W1527.2.3a	先产生动物然后产生植物	高山族
W1527.2.4	万物同时造出	阿昌族
W1527.2.5	多种动物同时产生	［W3096.1］多种动物同源

---

① 【民族】汉族。【关联】❶［W3001］动物的产生；❷［W3847］五谷的产生；❸［W3880］水果的产生；❹［W3883］蔬菜的产生

W 编码	母题描述	关联项
W1527.2.6	多种植物同时产生	① ［W3618.1］神生的植物生出多种植物；② ［W3637.2］同源的植物
W1527.2.7	多种无生命物同时产生	
W1527.2.8	先造天地日月星辰后造万物	羌族
W1527.2.9	与万物产生的顺序有关的其他母题	
W1527.2.9.1	万物产生前先产生规矩	哈尼族 ＊ ［W5991.3］与规矩的产生有关的其他母题
W1527.3	抽象物的产生	
W1527.3.1	"有"的产生	哈尼族
W1527.3.2	"无"的产生	哈尼族
W1527.4	多种物同源①	【关联】②
W1527.4.1	多种无生命物同源	
W1527.4.2	地与山同源	珞巴族
W1527.5	万物的种子	彝族（俚颇）＊ ［W3900］种子的产生
W1527.5.1	神造万物的种子	［W3933］神造种子
W1527.5.1.1	寡神和团神造陆地上万物之种	佤族

---

① 多种物同源，此母题与"多种物同时产生"是两个不同的概念。"多种物同时产生"主要指在时间上多种物一起产生出来，不一定来源于同一个母体。而"多种物同源"则在叙事中可以看出这些物源于同一个母体，它包括两种情况：（1）多种物来源的母体不一定是动物性质的生命体，有时也可以源于同一个山洞、葫芦、瓜果等；（2）从制造的角度，同一个制造者造出的不同的物，也可以视为同源。

② 【关联】❶ ［W1547.1］日月同时产生；❷ ［W1891.5］水火同时产生；❸ ［W2733］人与动物同源；❹ ［W2734］人与植物同源；❺ ［W2735］人与动植物同源；❻ ［W3096.1］多种动物同源；❼ ［W3096.2］动物与植物同源

1.3.2 万物的特征
【W1530 ~ W1534】

W 编码	母题描述	关联项
W1530	**万物的性别**	［W1755.1］星星有男女
W1530.1	以前万物没有性别	
W1530.2	万物都有公母（万物有雌雄）	壮族
W1531	**万物的居所**	
W1531.1	以前万物生活在天上	
W1531.2	以前万物生活在半空中	普米族
W1532	**以前万物会说话**	布朗族、景颇族、佤族、彝族 ∗ ［W1769.6］会说话的星星
W1532.1	以前山川河流会说话	汉族、彝族
W1532.2	以前草木会说话	佤族 ∗ ［W3662］以前植物会说话
W1532a	**万物不会说话**	
W1532a.1	万物不会说话的原因	
W1532a.1.1	万物因喝了哑水不会说话	彝族 ∗ ［W1897.3］哑水
W1533	**以前的自然物会行走**	［W1865.6］石头会行走
W1533.1	以前柴草会行走	纳西族
W1534	**与万物的特征有关的其他母题**	
W1534.0	万物差异的来历	［W1538.2］以前万物不分
W1534.0.1	以前万物没有区别	
W1534.0.1.1	水洗涤出万物的区别	独龙族 ∗ ［W1995.5.2］洗涤后产生生物
W1534.1	万物繁殖能力的获得	回族 ∗ ［W2580.2］生育能力的获得

W 编码	母题描述	关联项
W1534.2	万物的生长	
W1534.2.1	特定的神负责万物的生长	彝族
W1534.2.2	地管着生长万物	蒙古族
W1534.2.3	万物生长靠太阳	布依族、祜族、苗族 * ①［W1502.3.3］有了太阳和大地后万物慢慢产生；②［W1618］太阳的能力
W1534.2.3.1	阳光抚育万物	彝族
W1534.2.3a	神火使万物生长	满族 *［W4598.5］神火
W1534.2.4	与万物生长有关的其他母题	
W1534.2.4.1	天地刚分开时万物无法生长	水族 *［W1275］天地的分开
W1534.2.4.2	以前万物生长很快	纳西族 *［W1792.4c.2］天国里的万物迅速成长
W1534.2.4.3	诵经可以使万物生长	彝族
W1534.2.4.4	万物生长靠灵魂	壮族 *［W1534.5］万物有灵
W1534.2.4.5	神分出日暖夜凉后生物生长	毛南族
W1534.3	万物的生育	
W1534.3.1	天神给万物分配生育任务	基诺族
W1534.3.2	女神赐万物生育能力	蒙古族（布里亚特）
W1534.4	会隐形的物体	【汤普森】D1655； *［W9169］隐身术
W1534.5	万物有灵	【民族，关联】①
W1534.5.1	创世主赋予万物灵魂	哈萨克族
W1534.6	以前万物不停地旋转	普米族
W1534.6a	万物都是运动的	彝族
W1534.7	以前万物都会思考	佤族
W1534.8	以前万物都是圆的	独龙族

① 【民族】独龙族、汉族、满族、普米族、佤族、彝族。【关联】❶［W1534.2.4.4］万物生长靠灵魂；❷［W1865.11］石头有灵魂

W 编码	母题描述	关联项
W1534.9	万物的特定肢体的来历	
W1534.9.1	万物的嘴的来历	
W1534.9.1.1	杀的特定动物的嘴变成万物的嘴	哈尼族
W1534.10	万物呼吸的来历	
W1534.10.1	神拉风箱使万物会呼吸	哈尼族
W1534.11	万物会开花	①［W1613.6］日月开花；②［W1769.11］星星开花
W1534.11.1	地上的万物学天上开花	彝族（俚颇）

1.3.3　与万物有关的其他母题
【W1535 ~ W1539】

W 编码	母题描述	关联项
W1535	**万物的名称**	①［W6850］名字的产生；②［W6851］以前万物没有名字
W1535.1	万物产生后各获得名字	【汤普森】A1191
W1535.2	神或神性人物为万物命名	
W1535.2.1	始祖为万物定名字	壮族
W1535.2.2	天鬼为万物命名	景颇族　＊　［W0906.1］天上的鬼（天鬼）
W1535.2.3	智慧神给万物取名	彝族　＊　①［W0496］智慧神（知识神）；②［W6878］神或神性人物为人取名
W1535.3	与万物名称有关的其他母题	

W 编码	母题描述	关联项
W1536	**万物的种类**	【关联】①
W1536.1	万物有不同类型	
W1536.1.1	77 个不同类型的物	哈尼族
W1536.1.2	物种有百种	哈尼族
W1536.1.3	万物有 1 万 2 千类	瑶族、瑶族（布努）
W1537	**万物的寿命**	
W1537.1	万物寿命的制定	【汤普森】 ≈ A1320
W1537.1.1	神决定万物的寿命	① ［W2943.0］神规定人的寿命； ② ［W3091.1］神或神性人物定动物的寿命
W1537.1.1.1	神生育万物的寿命	哈尼族
W1537.1.1.2	祖先神掌管万物生死	壮族
W1537.1.1.3	众神商议万物的寿命	哈尼族 ＊［W1110.0.1］众人商议开天辟地
W1537.1.2	特定动物决定万物的寿命	
W1537.2	万物寿命的改变	
W1537.2.1	万物交换寿命	［W2958］人与动物交换调整寿限
W1537.3	与万物寿命有关的其他母题	
W1537.3.1	万物的毁灭	［W8673］世界的毁灭
W1537.3.1.1	天地第十代，万物毁灭	彝族
W1537.3.2	万物生死的控制	
W1537.3.2.1	猕猴念咒使万物有生有死	傈僳族
W1537.3.3	万物不死	【民族，关联】②
W1537.3.4	万物都会死	彝族（罗鲁泼）

① 【关联】❶［W2990］人的种类；❷［W3080］动物的种类；❸［W3688］植物的种类
② 【民族】哈尼族。【关联】❶［W1618.9］太阳不死；❷［W1625.3］月亮不死；❸［W1852.6.6］不死山；❹［W1865.4.2］石头不死

W 编码	母题描述	关联项
W1537.3.5	造万物时没有造寿命	哈尼族
W1538	**与万物有关的其他母题**	
W1538.1	万物的首领	［W5030］首领
W1538.1.1	人是万物之长	① ［W2997.9］人是万物之灵；② ［W4627.3］人主宰世间万物
W1538.1.2	龙、凤、龟、麟、虎是万物的首领	普米族
W1538.1a	万物之母	彝族
W1538.1a.1	始祖密洛陀是万物之母	瑶族 * ① ［W0704］密洛陀；② ［W1103.9.6.2］女始祖密洛陀造天地
W1538.2	以前万物不分	独龙族 * ［W1534.0.1］水洗涤出万物的区别
W1538.3	万物的分工	壮族 * ［W5082］社会分工
W1538.3.1	玉皇给万物分工	壮族
W1538.4	水管滋润生灵	蒙古族
W1538.5	无生命物	
W1538.5.1	以前无生命物都有生命	纳西族
W1538.5.2	无生命物生无生命物	汉族
W1538.5.3	无生命物不会行走的原因	
W1538.5.3.1	得罪神灵造成柴草不再行走	纳西族 * ［W9908］不敬神被惩罚
W1538.5.4	万物的关系	
W1538.5.4.1	相克的事物	
W1538.5.4.1.1	水火相克	汉族 * ［W1897.16a］水与火是仇敌

1.4 日月^①【W1540～W1699】

1.4.1 日月的产生
【W1540～W1599】

W 编码	母题描述	关联项
✲ W1540	**日月的产生**	
W1540.1	以前没有日月	汉族、门巴族、苗族、普米族、撒拉族、彝族 ✲〔W1700.1〕以前没有星星
W1540.1.0	特定的时代没有日月	
W1540.1.0.1	洪荒时代没有日月	纳西族 ✲〔W1091.1〕世界经历洪荒时代
W1540.1.0.2	开天辟地后没有日月	布依族
W1540.1.0.3	远古时没有日月	布依族、哈尼族、苗族
W1540.1.1	以前没有太阳	彝族（阿细）、藏族
W1540.1.1.1	特定的地方没有太阳	门巴族
W1540.1.2	以前没有月亮	高山族、水族、瑶族、壮族

---

① 日月，该类母题存在多种混杂情况，如有的神话叙事中可能日月同时产生，有的神话叙事强调的可能
只是太阳或月亮，因此在母题的编目中难以完全剥离其中的重合现象。对此类问题在本编目中采取相
近母题连续编排，相同母题相互观照的方式，如"日月的产生"母题类型，我们将其分为"日月同
时产生"、"太阳的产生"和"月亮的产生"三个下一级母题类型。在"日月同时产生"母题中主要
涉及的是日月作为一对共同体同时产生；"太阳的产生"和"月亮的产生"强调的则是"太阳"、"月
亮"单独产生的神话母题，至于"太阳"、"月亮"单独产生类目下与"日月同时产生"相关母题，
则采取相互观照提示的方式，只列举其中的一个编码。这种编排方式同样使用在"日月的特征"、
"日月的数量"等系列母题的表述顺序之中。

W 编码	母题描述	关联项
W1540.1.2.1	刚造出天地后没有月亮	侗族
W1540.1.3	以前只有星星没有日月	白族、苗族
W1540.1.4	以前只有云水雾气没有日月	哈尼族 ＊［W1546.1］消除云雾出现日月
W1540.1.5	以前没有日月星辰	哈尼族、拉祜族、维吾尔族、彝族
W1540.1.5.1	远古时没有日月星辰	苗族
W1540.1.5.2	天地初开时没有日月星辰	满族
W1541	**日月出现的时间**	［W1599.3］最早出现的是月亮
W1541.1	世界最早出现的是日月	汉族
W1541.2	天地混沌未分时出现日月	朝鲜族
W1541.3	天地分开时出现日月	纳西族、怒族、土族、裕固族
W1541.3.1	天地开辟后出现日月星辰	汉族
W1541.3.1.1	盘果王分开天地后出现日月星辰	布依族 ＊［W1104.1.1］盘果王开天辟地
W1542	**日月源于某个地方或自然存在**	
W1542.1	出现天地时自然出现日月	汉族、纳西族、土族
W1542.1.1	开天辟地后自然出现日月	苗族
W1542.2	日月已存在，后来由神喊出	彝族 ＊ ①［W1634.1.2］特定人物喊出 6 个太阳和 7 个月亮；②［W1701.1］人喊出星星
W1542.2.1	日月已存在，后来由雷公放出	苗族
W1542.2.2	鸡叫出日月星辰	［W9844.1］公鸡喊太阳
W1542.2.2.1	天鸡叫出日月星辰	汉族
W1542.2.2.2	女娲造的鸡叫出日月星辰	汉族 ＊［W3348.2.4］女娲造鸡
W1542.2.3	祭祀后喊出日月	彝族
W1542.3	**日月来自于另外一个世界**	壮族
W1542.3.1	日月源于天外	彝族

W 编码	母题描述	关联项
W1542.4	日月从洞中出	【汤普森】A713
W1542.4.1	日月源于天洞	［W1366］天洞（天上的窟窿、天被撞破）
W1542.4.1.1	鸟啄天洞出现日月星辰	满族
W1542.5	从地下挖出日月	
W1542.5.1	天王从地下挖出日月	苗族
W1542.6	玉帝派来日月	壮族　∗　［W0777］玉皇大帝
W1543	**日月是造出来的（造日月）**	
W1543.1	神或神性人物造日月	
W1543.1.1	天神造日月	哈尼族、珞巴族、怒族、彝族
W1543.1.1.1	天神磨出日月星辰	佤族　∗　［W1708.2.1］天神磨出星星
W1543.1.2	女神造日月	维吾尔族
W1543.1.2.1	女神用清气造日月	水族　∗　［W1543.5.3.5］用气造日月
W1543.1.3	天女造日月	
W1543.1.3.1	玉皇大帝的女儿吹出日月	蒙古族
W1543.1.3.2	王母娘娘的九女造日月	蒙古族　∗　［W0711.3.4］女娲是王母娘娘的女儿
W1543.1.4	火神造日月	苗族
W1543.1.5	两个神分别造日月	景颇族、佤族
W1543.1.6	造物主造日月	
W1543.1.6.1	造物主用自身的光和热造日月	哈萨克族
W1543.1.7	文化英雄造日月	【汤普森】A717
W1543.1.8	祖先造日月	布依族、普米族、瑶族　∗　［W1103.9］祖先造天地
W1543.1.8.1	男始祖造日月	壮族

W 编码	母题描述	关联项
W1543.1.8.2	女始祖造日月	壮族
W1543.1.8.3	祖先用金银造日月	苗族 ＊ ［W1543.5.3］造日月的材料
W1543.1.9	其他神或神性人物造日月	
W1543.1.9.1	星神造日月星	满族 ＊ ［W0285］星神
W1543.1.9.2	天鬼造日月星辰	景颇族
W1543.1.9.3	天父地母造日月星辰	哈萨克族 ＊ ［W0142.2］天父地母
W1543.2	特定的神或神性人物造日月	
W1543.2.1	盘古造日月	汉族、畲族、壮族 ＊ ［W1505.1］盘古造万物
W1543.2.2	喇嘛造日月	蒙古族
W1543.2.3	太上老君造日月	壮族 ＊ ［W0791.3］与太上老君有关的其他母题
W1543.2.4	其他特定名称的神或神性人物造日月	黎族、苗族、畲族、土族
W1543.2.4.1	农董勾造日月	苗族
W1543.3	人造日月	黎族 ＊ ［W1706］人造星星
W1543.3.1	工匠造日月	彝族
W1543.3.2	铜匠银匠造日月	苗族 ＊ ① ［W1636.1］铜匠铁匠造8对日月；② ［W6076.1］工匠
W1543.3.3	铁匠造日月	【汤普森】 ≈A700.5；＊ ［W6076.6］铁匠
W1543.3.4	老人造日月	
W1543.3.4.1	4个老人造日月	苗族
W1543.3.5	三兄弟分别造日月星	珞巴族 ＊ ［W5183.3a］三兄弟
W1543.3.6	其他特定的人造日月	

W 编码	母题描述	关联项
W1543.3.6.1	特定的女人造日月	苗族
W1543.3.6.2	兄妹造日月	彝族
W1543.4	其他人物造日月	
W1543.4.1	龙造日月	汉族
W1543.4.2	鸟造日月	
W1543.4.2.1	阳雀造日月	苗族 * ［W1584a.1］阳雀造月亮
W1543.5	与造日月有关的其他母题	［W1559.2］在海底搅出太阳
W1543.5.0	造日月前的准备	
W1543.5.0.1	神造日月前先堵地洞	彝族
W1543.5.1	造日月的时间	
W1543.5.1.1	天地没有完全产生时开始造日月	彝族
W1543.5.2	造日月的地点	
W1543.5.2.1	在海面上造早日月	蒙古族
W1543.5.3	造日月的材料	
W1543.5.3.1	用金银造日月	阿昌族、苗族 * ①［W1138.5］用金银造天；②［W1543.1.8.3］祖先用金银造日月
W1543.5.3.1.1	用金银造日月不成功	苗族
W1543.5.3.2	用铁造日月	
W1543.5.3.2.1	用铁炼制日月	瑶族
W1543.5.3.2a	用石造日月	
W1543.5.3.2a.1	用石盘造日月	苗族
W1543.5.3.3	用树枝造日月	【汤普森】A717.1；* 畲族
W1543.5.3.4	用光和热造日月	［W4107］太阳的发热
W1543.5.3.4.1	创世主用光和热造日月	哈萨克族

W 编码	母题描述	关联项
W1543.5.3.5	用气造日月	水族 ＊ ① ［W1543.1.2.1］女神用清气造日月；② ［W1665.1］女神伢俣用清气造出 10 个月亮
W1543.5.3.6	用眼睛造日月	
W1543.5.3.6.1	用牛的左眼做太阳，右眼做月亮	哈尼族
W1543.5.6	造日月的方法	
W1543.5.6.1	用魔法造日月	土族
W1543.5.6.1.1	神用法棍在海里搅出日月	门巴族
W1543.5.6.2	用磨镜造日月	蒙古族
W1543.5.6.3	左手造日，右手造月	彝族
W1543.5.6.4	造日月时把日月削圆	彝族
W1543.5.7	造日月的参照物	
W1543.5.7.1	仿照漩涡造日月	苗族
W1543.5.8	造日月的顺序	
W1543.5.8.1	先造太阳，后造月亮	傣族
W1543.5.9	日月造好后的处理	
W1543.5.9.1	红镜神人安日月	土族
W1543.5.10	造日月不成功	［W1543.5.3.1.1］用金银造日月不成功
W1543.5.10.1	最早造出的日月不发光	布依族
W1543.5.10.2	最早造出的日月不明亮	哈尼族
W1543.5.11	重造日月	布依族 ＊ ① ［W1007.4.1］重造世界；② ［W1124.4］第 2 次产生天地（再造天地）
W1543.5.11.1	因日月不发光重造日月	彝族
W1544	**日月是生育产生的（生日月）**	

W 编码	母题描述	关联项
W1544.1	神或神性人物生日月	［W1113］特定的神或神性人物生天地
W1544.1.1	神生日月	
W1544.1.2	日月神生日月	哈尼族
W1544.1.3	天神生日月	彝族
W1544.1.4	女神生日月	【汤普森】≈A715.2； * ［W1112.1］女神生天地
W1544.1.4.1	第一个女神生日月	瑶族
W1544.1.4.2	羲和生 10 个太阳，常羲生 12 个月亮	汉族
W1544.1.5	地母生日月	珞巴族 * ［W0238］地母
W1544.1.6	王母娘娘生日月	
W1544.1.6.1	日月是玉帝的儿女	汉族 * ［W0780.2］玉皇大帝的儿女
W1544.1.7	文化英雄生日月	
W1544.1.8	始祖生日月	
W1544.1.9	巨人生日月	彝族
W1544.1.10	魔鬼生日月	【汤普森】A715.3
W1544.1.11	其他神或神性人物生日月	苗族
W1544.2	人生日月	鄂伦春族
W1544.2.1	一个女人生日月	【汤普森】A715.1
W1544.2.2	日月是一个女人的两个儿子	【汤普森】≈A700.3； * 鄂伦春族
W1544.3	动物生日月	① ［W1116］动物生天地； ② ［W1563］动物生太阳
W1544.3.1	蜥蜴生日月	【汤普森】A715.6
W1544.3.2	鱼生日月	【汤普森】A713.1； * ［W1996.2.1］世界最早产生的是鱼
W1544.3.3	怪鸟生日月	苗族

W 编码	母题描述	关联项
W1544.4	植物生日月	［W1545.5］植物变成日月
W1544.4.1	桃树开花生日月	苗族
W1544.4.2	人种的两棵树分别结出日月	怒族
W1544.4.3	梭罗树开花生日月	【民族，关联】①
W1544.5	其他物生日月	
W1544.5.0	天生日月	
W1544.5.0.1	天孕生日月	哈尼族
W1544.5.1	光中生月亮，火中生太阳	【汤普森】A712.1； ＊［W1574.2］火变成太阳
W1544.6	婚生日月	
W1544.6.0	神或神性人物婚生日月	①［W7200］神的婚姻；②［W7240 ~W7254］神性人物的婚姻
W1544.6.0.1	天公地母婚生日月星辰	珞巴族
W1544.6.1	日月婚生日月	哈尼族、瑶族、壮族 ＊［W7533］日月婚
W1544.6.1.1	日月兄妹婚生日月	瑶族
W1544.6.2	日形和月形相配生日月	彝族
W1544.6.3	天地婚生日月	①［W7532］天地婚；②［W1713.1］天地婚生星星
W1544.6.3.1	天地婚后地生日月	珞巴族
W1544.6.4	铁水和石水婚生日月	傣族
W1544.7	感生日月	
W1544.7.1	女神感生日月	【汤普森】A715.2； ＊［W2279.1］神感生人
W1544.7.2	女子感生日月	
W1544.8	卵生日月	［W1545.6］卵变成日月

---

① 【民族】彝族。【关联】❶［W1514.3］梭罗树生万物；❷［W1545.5.3.2］日月是梭罗树开的花；❸［W1721.1.1］梭罗树开花形成繁星；❹［W1768.2］星星是梭罗树开的花；❺［W3784］梭罗树

W 编码	母题描述	关联项
W1544.8.1	神生的卵生日月	彝族
W1544.9	与生育日月有关的其他母题	［W1639.1.0.2］生育 12 对日月
W1544.9.1	天神用日月种子撒出日月	彝族（俚颇）
W1544.9.1.1	日月种子	
W1545	**日月是变化产生的（变化产生日月）**	
W1545.1	神或神性人物变成日月	【汤普森】A718.2
W1545.1.1	两位祖先变成日月	普米族
W1545.1.1.1	男女祖先变成日月	苗族 ＊［W1600.3.2］女始祖变成女太阳，男始祖变成月亮男
W1545.1.2	天上的父子变成日月	汉族
W1545.1.3	天神的魂魄变成日月	满族
W1545.1.4	其他神或神性人物变成日月	彝族
W1545.2	神或神性人物的眼睛变成日月	汉族
W1545.2.1	神的眼睛变成日月	苗族
W1545.2.1.1	天神的眼睛变成日月	满族
W1545.2.1.2	神死后双眼化为日月	珞巴族、彝族
W1545.2.2	天神的眼睛变成日月	满族 ＊［W1611.3］日月是天地的眼睛
W1545.2.2.1	天神用左眼做太阳，右眼做月亮	【民族，关联】①
W1545.2.3	天女的眼睛变成日月	满族
W1545.2.4	神牛的眼睛变成日月	哈尼族、藏族
W1545.2.5	怪物的眼睛变成日月	珞巴族 ＊ ①［W0860］怪物；②［W0863］怪物的本领
W1545.2.6	巨兽的眼睛变成日月	怒族 ＊［W3047.7.2］巨兽

---

① 【民族】拉祜族。　　【关联】❶［W1545.2.7.2］盘古的左眼变成太阳，右眼变成月亮；❷［W1545.2.7.3］盘瓠王左眼化为太阳，右眼化为月亮

W 编码	母题描述	关联项
W1545.2.6a	巨人的眼睛变成日月	布依族 * ［W0660］巨人
W1545.2.6a.1	日月是巨人睁开的双眼	汉族
W1545.2.7	特定名称神性人物的眼睛变成日月	
W1545.2.7.1	盘古的眼睛变成日月	汉族、瑶族 * ［W1718.6.3］盘古的眼变星星
W1545.2.7.2	盘古的左眼变成太阳，右眼变成月亮	白族、汉族 * ① ［W1545.2.2.1］天神用左眼做太阳，右眼做月亮；② ［W1572.2.5.1］盘古的左眼变成太阳
W1545.2.7.3	盘瓠王左眼化为太阳，右眼化为月亮	苗族 * ① ［W0729］盘瓠（盘皇）；② ［W1545.2.7.1］盘古的眼睛变成日月
W1545.2.7.4	日月是盘古的眼睛	汉族
W1545.2.7.5	撑天者的右眼变成太阳，左眼变成月亮	布依族
W1545.2.7.6	天女的左眼变成太阳，右眼变成月亮	汉族 * ① ［W1103.10.4］天女开天辟地；② ［W1175.5.1］天女造地
W1545.2a	神或神性人物的肢体变成日月	
W1545.2a.1	神或神性人物的乳房变日月	［W063.1］男神原来有乳房
W1545.2a.1.1	地球母亲的乳房变成日月	【汤普森】A715.4
W1545.2a.1.2	女娲的双乳变成日月	汉族 * ① ［W0714］女娲的能力或事迹；② ［W1104.2］女娲造天地
W1545.2a.2	神或神性人物的头变日月	
W1545.2a.2.1	盘古的头变成日月	汉族 * ① ［W0722.2.11］盘古三头六臂；② ［W1569.6.1］盘古的头变成太阳
W1545.2a.3	与神或神性人物的肢体变成日月有关的其他母题	布依族、彝族 * ［W1545.7.8.1］祖先的两颗牙齿变成日月

W 编码	母题描述	关联项
W1545.2a.3.1	盘古盘生兄弟的耳目等变日月星辰	白族
W1545.2a.3.2	盘古的心变成太阳，胆变成月亮	苗族
W1545.2a.3.3	盘古的左手变成太阳，右手变成月亮	畲族　∗〔W1543.5.9〕左手造日，右手造月
W1545.3	人变成日月	朝鲜族、傣族、高山族　∗〔W9550〕人变无生命物
W1545.3.1	人为创造光明变成日月	
W1545.3.2	1 对男女变成日月	【汤普森】A736.1；∗ 佤族
W1545.3.2.1	1 对飞到天上的男女变成日月	哈萨克族
W1545.3.3	1 对夫妻变成日月	布依族、高山族（排湾）、苗族
W1545.3.3.1	1 对夫妻到天上变成日月	高山族（排湾）
W1545.3.4	1 对兄妹变成日月	布依族、傣族、汉族、拉祜族、羌族、普米族、土家族、瑶族、彝族、壮族
W1545.3.4.1	神造的 1 对兄妹变成日月	彝族
W1545.3.5	1 对姐弟变成日月	朝鲜族
W1545.3.6	1 对兄弟变成日月	汉族
W1545.3.7	1 对姐妹到天上变成日月	傣族、哈尼族、汉族
W1545.3.8	1 对叔侄变成日月	【汤普森】A711.1
W1545.3.9	人因为羞耻变成日月	普米族
W1545.3.10	三姐妹分别变成日月星	景颇族
W1545.3.11	三个媳妇变成日月星	撒拉族
W1545.3.12	人的眼睛变成日月	〔W1719.6.10.2〕人死升天眼睛变成星星

W 编码	母题描述	关联项
W1545.3.13	人的灵魂变成日月	【民族，关联】①
W1545.3.13.1	1 对兄妹的灵魂变成日月	布依族
W1545.4	动物变成日月	［W1523］动物变成万物
W1545.4.1	龙的眼睛变成日月	
W1545.4.1.1	阴龙睁得大的眼是太阳，睁得小的眼是月亮	土家族
W1545.4.2	牛的眼睛变成日月	藏族 ＊ ①［W1559.1.4］把神牛的眼放到金圈造成太阳； ②［W1758.2］神巨人用犀牛的眼做星星
W1545.4.2.1	牛的左眼变成太阳，右眼变成月亮	哈尼族
W1545.4.2.2	龙牛左眼化为太阳，右眼化为月亮	哈尼族
W1545.4.3	鹿的眼睛变成日月	普米族
W1545.4.4	虎的眼睛变成日月	彝族
W1545.4.4.1	用虎的左眼做太阳，右眼做月亮	彝族 ＊［W1558.4.3］虎的左眼做太阳
W1545.4.4a	虎的上肢化为日月	
W1545.4.4a.1	虎死后左右二膊化为日月	彝族
W1545.4.5	鸟的眼睛变成日月	
W1545.4.5.1	鸟的右眼变成太阳，左眼变成月亮	藏族
W1545.4.6	天鹅变成日月	撒拉族 ＊［W3362］与天鹅有关的其他母题
W1545.4.7	蜜蜂变成日月	东乡族 ＊［W1545.4.8.1］雄雌蜜蜂变成日月

---

① 【民族】汉族。 【关联】❶［W057.2］灵魂变成神；❷［W0887］灵魂（鬼魂）有变化能力；
❸［W2398.7］灵魂变人

W 编码	母题描述	关联项
W1545.4.8	与动物变成日月有关的其他母题	
W1545.4.8.1	雄雌蜜蜂变成日月	东乡族 ＊〔W3475〕与蜜蜂有关的其他母题
W1545.4.8.2	乌龙和白熊变成日月	毛南族
W1545.4.8.3	太阳是红兔子，月亮是白兔子	汉族 ＊〔W1617.3〕太阳是红的（红太阳）
W1545.4.8.4	日月是鹰	汉族 ＊〔W1610〕日月的外貌
W1545.5	植物变成日月	①〔W1524〕植物变成万物；②〔W1544.4〕植物生日月
W1545.5.1	葫芦变成日月	傣族、拉祜族
W1545.5.2	特定的果子变成日月	
W1545.5.3	花变成日月	苗族
W1545.5.3.1	桃花变成日月	苗族
W1545.5.3.2	日月是梭罗树开的花	【民族，关联】①
W1545.5.4	草变成日月	
W1545.5.4.1	神草揉碎变成日月	彝族 ＊〔W0934〕神草（仙草）
W1545.6	卵变成日月	〔W1544.8〕卵生日月
W1545.6.1	蛋的特定部分变成日月星辰	
W1545.6.1.1	蛋壳变日月	汉族
W1545.6.1.1.1	混沌卵的蛋壳碎后变成日月	汉族 ＊〔W1859.5.2.1〕混沌卵的蛋壳碎后变成岩石
W1545.6.1.2	蛋白变成日月	彝族
W1545.6.1.3	蛋白变成日月星辰	彝族
W1545.6.2	神珠变成日月	裕固族 ＊〔W0966.4〕神珠
W1545.7	无生命物或自然物变成日月	

① 【民族】彝族。【关联】❶〔W3784.3〕与梭罗树有关的其他母题；❷〔W4046.2〕梭罗树挡住月亮造成黑夜；❸〔W4197.4〕月亮中的娑罗树（梭罗树）；❹〔W4896.3.1〕太阳和月亮绕梭罗树运行

W 编码	母题描述	关联项
W1545.7.1	气变成日月	汉族 ＊ ①［W1576.2］气变成太阳；②［W1598.6］气变成月亮
W1545.7.1.1	天吐的两团白气变成日月	哈尼族
W1545.7.1.2	分开天地时清气上浮变成日月	毛南族
W1545.7.2	阴阳二气化生日月	汉族、彝族
W1545.7.3	石头变成日月	①［W1574.3］石头变成太阳；②［W1598.5］石头变成月亮
W1545.7.3.1	山里滚出的白石和红石变成日月	拉祜族
W1545.7.4	火球变成日月	【民族，关联】①
W1545.7.4.1	石头崩到空中变成的两个火球成为日月	汉族
W1545.7.4a	火把变成日月	①［W1574.2.1］太阳是火把；②［W1598.3］火变成月亮（火把变成月亮）
W1545.7.4a.1	天神点的火把变成日月	哈尼族
W1545.7.5	地的眼睛变成日月	珞巴族 ＊［W12443.3］地的眼睛
W1545.7.5.1	地死后眼睛变成日月	珞巴族 ＊［W1129.7］天地的寿命
W1545.7.6	饼变成日月	白族
W1545.7.6.1	伏羲女娲夫妇做的芝麻饼变成日月	汉族 ＊［W0680.4a.1］伏羲女娲是夫妻
W1545.7.7	洞变成日月	
W1545.7.7.1	日月是天上凿开的洞	纳西族（摩梭）＊［W1366］天洞（天上的窟窿、天被撞破）
W1545.7.8	牙齿变成日月	【关联】②

---

① 【民族】裕固族。　　【关联】❶［W1576.2］火球变成太阳；❷［W1598.4］火球变成月亮；❸［W1727.3］火球相撞产生星星；❹［W1765.1］星星是两个太阳（火球）在天上撞碰出的火星

② 【关联】❶［W1724］牙齿变成星星；❷［W1859.3］牙齿变成石头；❸［W1980.2.3］牙齿变成金属

W 编码	母题描述	关联项
W1545.7.8.1	祖先的两颗牙齿变成日月	布依族
W1545.8	与变化成日月有关的其他母题	
W1545.8.1	日月是天空上的镜子	【汤普森】A714.4；＊〔W1725.4〕铜镜变成星星
W1545.8.2	1 个太阳射成两半分出日月	佤族　＊〔W9790〕射日月的结果
W1545.8.3	1 对日月变成多个日月	瑶族
W1545.8.4	日月是一个妇女抛到天上的两张饼	白族
W1545.8.5	日月是天帝的两件宝贝	汉族　＊①〔W0200.1〕天神的神器；②〔W1692.7.1〕日月是天帝的宝物
W1545.8.6	日月是天上的火神	汉族　＊①〔W0466.7〕火神变太阳；②〔W1620.3〕太阳是火神
W1545.8.7	八卦图变成日月	汉族
W1545.8.7.1	天上八卦图的碎花变成星辰	汉族
W1546	**日月产生的其他方式**	
W1546.1	消除云雾出现日月	〔W1540.1.4〕以前只有云水雾气没有日月
W1546.1.1	鸡撞开云雾后出现日月	纳西族
W1546.1.2	天神除雾后出现日月星辰	彝族
W1546.1.2.1	天神分开天地并扫清天空浓雾后出现日月星辰	彝族
W1546.2	现在的日月是射日时留下的两个太阳	布依族　＊①〔W1597.2〕射日后 1 个太阳变成月亮；②〔W9790〕射日月的结果
W1546.2.1	打落多余的太阳剩下的 2 个成为日月	布依族

W 编码	母题描述	关联项
W1546.3	日月产生前先产生影子	① ［W1518.1］万物源于影子； ② ［W1957.5］影子中产生海
W1546.3.1	日月产生前先出现 3 种日月的影子	纳西族
W1546.4	日月的分离	［W4880］与日月的放置有关的其他母题
W1546.4.1	盘古分开日月	
W1546.4.1.1	盘古用斧子分开日月	汉族
W1547	**日月产生的顺序**	［W1548.1］日月产生的时间
W1547.1	日月同时产生	汉族 ＊ ［W1676.2.1］月亮姐姐和太阳妹妹是孪生姐妹
W1547.2	日月星同时产生	
W1547.3	先有太阳后有月亮	汉族、珞巴族 ＊ ［W1543.5.8.1］先造太阳，后造月亮
W1547.4	先有月亮后有太阳	拉祜族
W1548	**与日月的产生有关的其他母题**	
W1548.1	日月产生的时间	苗族 ＊ ① ［W1543.5.1］造日月的时间；② ［W1547］日月产生的顺序
W1548.1.1	以前只有太阳，没有月亮	白族、瑶族
W1548.1.1.1	远古时，只有太阳没有月亮	高山族
W1548.1.1.2	以前有 2 个太阳没有月亮	珞巴族
W1548.2	日月的区分	仡佬族
W1548.3	日月与动植物同源	珞巴族
W1548.4	先有雷电后有日月	怒族
W1548.5	日月漂在水上	

W 编码	母题描述	关联项
W1548.6	洗日月	彝族 * ［W1613.2］原来的日月是脏的
W1548.7	日月在火中得到滋养	【汤普森】A700.7
W1548.8	日月的更新	哈尼族
W1548.9	动物的作用使日月产生	
W1548.9.1	巨鸭啄天洞出现了日月星光	满族
W1548.10	特定人物在天上钉上日月	
W1548.10.1	安拉在天幕上钉上日月星辰	塔吉克族
W1548.10.2	神把日月星辰镶在天上	哈尼族
◎	〖太阳〗	
✿ **W1550**	**太阳的产生**	
W1551	**太阳来于某个地方或自然存在**	
W1551.0	特定人物放出太阳	
W1551.0.1	雷公放出太阳	苗族 * ［W1652.0.1b］雷公放出 12 个太阳
W1551.0.2	上帝赋予太阳	哈萨克族
W1551.0.3	天帝放出太阳	
W1551.0.3.1	天帝放出 12 个太阳	蒙古族
W1551.1	混沌时出现太阳	珞巴族
W1551.2	天空自然生出太阳	傣族、藏族
W1551.2.1	分开天地后出现太阳	藏族
W1551.2.2	天产生后出现太阳	哈尼族
W1551.3	天洞里冒出太阳	白族 * ① ［W1366］天洞（天上的窟窿、天被撞破）；② ［W1542.4.1］日月源于天洞
W1551.3.1	太阳是云洞中漏出的光	普米族
W1551.3.2	太阳是闪红光的圆洞	普米族

W 编码	母题描述	关联项
W1551.3.3	海水冲开天洞冒出太阳	白族
W1551.4	世界毁灭后自然出现 1 个新太阳	【汤普森】A719.2
W1551.5	太阳源于其他某个地方	
W1551.5.1	从东海取回太阳	汉族
W1551.5.2	从某个地点放出太阳	
W1551.5.3	用柱子顶开天后出现太阳	彝族
W1551.5.4	太阳源于雾中	汉族
✳ **W1552**	**太阳是造出来的（造太阳）**	【汤普森】A719
W1553	**造太阳的原因**	［W1534.2.3］万物生长靠太阳
W1553.1	女神为惩罚对手而造太阳	拉祜族
W1553.2	为毁灭世界造太阳	哈尼族 ✳ ［W8600］旱灾
W1553.3	为晒干地面造太阳	黎族
W1553.3.1	为烤干洪水造太阳	汉族、黎族
W1553.4	根据人的愿望造太阳	傣族
W1553.5	为人类生存造太阳	毛南族 ✳ ［W1534.2.3］万物生长靠太阳
W1554	**神或神性人物造太阳**	
W1554.1	天神造太阳	仫佬族、哈尼族、景颇族
W1554.1.1	天公用雨水拌金沙造太阳	阿昌族
W1554.1.2	天王造太阳	侗族
W1554.2	女神造太阳	
W1554.2.1	神女炼出太阳	满族
W1554.2.2	天女制造太阳	蒙古族
W1554.2.3	女神吐出太阳	维吾尔族

W 编码	母题描述	关联项
W1554.2.4	女神用清气造 10 个太阳	【民族，关联】①
W1554.3	火神造太阳	水族
W1554.4	雷神造太阳	
W1554.4.1	雷婆造太阳	侗族
W1554.4.2	雷公造太阳	壮族
W1554.5	巨神造太阳	
W1554.6	仙人造太阳	
W1554.6.1	仙人搓出太阳	水族
W1554.7	神人造太阳	［W1583.4］神人造月亮
W1554.7.1	太阳是神人在天上画的圆圈	壮族　＊［W1696.1.1］月宫是画出来的
W1554.8	祖先造太阳	布依族
W1554.8.1	女始祖造太阳	侗族、哈尼族
W1554.8.2	女始祖阿嫫尧白造太阳	基诺族
W1554.9	魔鬼造太阳	
W1554.9.1	旱魔造太阳	纳西族　＊［W0463］旱神
W1554.9.2	恶魔为毁灭人类造多个太阳	土家族
W1554.10	其他神或神性人物造太阳	布朗族、仫佬族、壮族　＊［W1647.1.4］创世母亲把 1 个太阳分成 7 个太阳
W1554.10.1	天神的弟子造太阳	满族
W1554.10.2	哥白神造太阳	彝族
W1555	**特定的神或神性人物造太阳（神性人物造太阳）**	

---

① 【民族】水族。　【关联】❶ ［W1543.5.3.5］用气造日月；❷ ［W1543.5.3.5］用气造日月；❸ ［W1650］10 个太阳

W 编码	母题描述	关联项
W1555.1	盘古造太阳	①［W1104.1］盘古造天地（盘古开天辟地）；②［W1505.1］盘古造万物
W1555.2	真主让天空出现太阳	回族
W1555.3	佛造太阳	壮族
W1555.3.1	观音造太阳	彝族
W1555.4	其他特定的神或神性人物造太阳	水族
W1555.4.1	汉王造太阳	毛南族
W1555.4.2	高辛帝造太阳（帝喾造太阳）	畲族
W1555.4.3	男始祖布洛陀用泥造太阳	壮族　*［W1704.4.1］男始祖布洛陀造星星
W1556	**人造太阳**	
W1557	**动物造太阳**	
W1557.1	龙喷火形成太阳	毛南族
W1558	**造太阳的材料**	
W1558.1	用火造太阳	水族
W1558.2	用泥造太阳	汉族、壮族　*［W1555.4.3］男始祖布洛陀用泥造太阳
W1558.2.1	用黄泥造太阳	布依族
W1558.3	用金子造太阳	哈尼族、拉祜族　*［W1694.4］金太阳
W1558.3.1	女神厄莎用 365 万斤金子炼出太阳	拉祜族　*［W1585.2.1］女神厄莎用 360 万斤银子炼出月亮
W1558.3a	用银造太阳	苗族　*［W1694.5］银太阳
W1558.3b	用金银造太阳	苗族　*［W1543.5.3.1］用金银造日月

W 编码	母题描述	关联项
W1558.4	用眼睛造太阳	［W1572.2］眼睛变成太阳
W1558.4.1	用牛的左眼做太阳	哈尼族
W1558.4.2	用牛的右眼做太阳	哈尼族 ＊［W1585.1.1］用牛的右眼做月亮
W1558.4.3	虎的左眼做太阳	彝族 ＊［W1595.2.4.4］虎的右眼变成月亮
W1558.5	用光和热造太阳	哈萨克族
W1558.6	用石头造太阳	
W1558.6.1	用红岩石造太阳	布依族
W1558.6.2	用石磨造太阳	苗族 ＊［1574.3.3］阳雀造的 9 个石盘变成 9 个太阳
W1558.7	与造太阳材料有关的其他母题	①［W1559.2.1］用泥巴造太阳不成功；②［W1559.2.2］用点燃的木头造太阳不成功
W1558.7.1	用松枝编太阳	畲族
W1558.7.2	用蛟龙的眉毛和眼睫毛造太阳	壮族
W1558.7.3	观音用牛的左膀造太阳	彝族 ＊［W1555.3.1］观音造太阳
W1558.7.4	始祖用雨水拌金沙造太阳	阿昌族
W1559	**与造太阳有关的其他母题**	［W1694.2.1.1］火神和旱神造了假太阳
W1559.1	造太阳的方法	
W1559.1.1	造太阳方法的获得	
W1559.1.2	磨金镜成为太阳	蒙古族
W1559.1.3	从海底搅出太阳	珞巴族
W1559.1.3.1	天神从石锅里的海水中搅出太阳	珞巴族
W1559.1.4	把神牛的眼放到金圈造成太阳	哈尼族 ＊［W1545.4.2］牛的眼睛变成日月

W 编码	母题描述	关联项
W1559.1.5	炼造太阳是使太阳发热	侗族 ＊［W1554.2.1］神女炼出太阳
W1559.1.6	烧制太阳	壮族
W1559.2	造太阳不成功	
W1559.2.1	用泥巴造太阳不成功	瑶族 ＊［W1558.2］用泥造太阳
W1559.2.2	用点燃的木头造太阳不成功	瑶族
W1559.3	重造太阳	
W1559.3.1	重新炼造太阳	侗族 ＊［W1543.5.11］重造日月
❈ **W1560**	**太阳是生育产生的（生太阳）**	
W1561	**神或神性人物生太阳**	
W1561.1	天神生太阳	汉族 ＊［W1561.6.1 太阳是玉皇大帝的女儿
W1561.1.1	太阳是天帝的儿子	汉族
W1561.1.1.1	太阳是东方天帝的儿子	汉族
W1561.1.1.2	太阳是天公公的儿子	汉族
W1561.1.2	太阳是天帝的孙子	汉族
W1561.2	太阳神生太阳	哈尼族 ＊［W0275.3］太阳神的子女
W1561.2.1	太阳是太阳神的儿子	景颇族
W1561.3	女神生太阳	
W1561.3.1	女神羲和生太阳	汉族 ＊［W0752.1］羲和是太阳的母亲
W1561.3.2	帝俊之妻生 10 日	汉族
W1561.3.3	密洛陀生 12 个太阳	瑶族 ＊［W1652.0.3］女神生 12 个太阳
W1561.4	火神生太阳	傣族、汉族
W1561.5	地母生太阳	珞巴族

W 编码	母题描述	关联项
W1561.6	太阳是玉帝的孩子	【关联】①
W1561.6.1	太阳是玉皇大帝的女儿	鄂温克族
W1561.6.2	太阳是玉帝的儿子	汉族
W1561.7	太阳是盘古的孩子	［W0725.5］盘古的后代（盘古的子女）
W1561.7.1	月亮是盘古的儿子	汉族
W1561.7.2	太阳是盘古的女儿	汉族
W1561.8	与神或神性人物生太阳有关的其他母题	
W1561.8.1	太阳是最高神王女的儿子	哈尼族
W1561.8.1a	最高神王生太阳姑娘	哈尼族 ＊ ［W1604.1.1］阳姑娘
W1561.8.2	太阳是神孕生的金球	瑶族 ＊ ［W1574.2.6］火球变成太阳
W1561.8.3	女始祖生的金球变成太阳	瑶族
W1562	**人生太阳**	
W1562.1	世上出现的第一个女人生太阳	［W1680.3］太阳的母亲
W1562.2	其他特定的人生太阳	
W1562.2.1	太阳是马桑树人的儿子	汉族
W1563	**动物生太阳**	［W1544.3］动物生日月
W1564	**植物生太阳**	
W1564.1	葫芦生太阳	傈僳族
W1565	**无生命物生太阳**	
W1565.1	天生太阳	哈尼族、纳西族 ＊ ［W1649.0.3］龙王让天生 9 个太阳
W1565.2	大地生太阳	【民族，关联】②

---

① 【关联】❶ ［W0780］玉皇大帝的关系；❷ ［W1679.1］太阳是玉帝的侄子；❸ ［W1680.1.1］太阳是玉皇大帝和王母娘娘的儿子．

② 【民族】珞巴族、苗族．【关联】❶ ［W1566.4.1］天地婚后大地生太阳；❷ ［W1561.5］地母生太阳；❸ ［W1649.0.2］地生 9 个太阳；❹ ［W1680.3.2］大地是太阳的母亲

W 编码	母题描述	关联项
W1566	婚生太阳	
W1566.1	月亮神和太阳神婚后生太阳	哈尼族、壮族
W1566.2	鬼姐弟婚生太阳	景颇族
W1566.3	一对特定夫妻婚生太阳	
W1566.3.1	第一对夫妇生太阳	【汤普森】A715
W1566.3.2	天神帝俊与羲和婚生 10 日	汉族 ＊［W1561.3.2］帝俊之妻生 10 日
W1566.4	天地结婚生太阳	【民族，关联】①
W1566.4.1	天地婚后大地生太阳	珞巴族 ＊［W1565.2］大地生太阳
W1566.4.2	天地婚生 9 个太阳	珞巴族
W1566.5	日月结婚生太阳	羌族、壮族 ＊［W7533］日月婚
W1566.5.1	日月婚生 10 个太阳	壮族
W1566.6	其他物婚生太阳	
W1566.6.1	铁水和石水结婚生太阳	傣族
W1566.6.2	真与实婚生太阳	纳西族
W1567	与生育太阳有关的其他母题	
W1567.1	卵生太阳	［W1545.6］卵变成日月
W1567.1.1	宝蛋孵出太阳	苗族
W1567.1.2	蝴蝶的卵生太阳	苗族
W1567.1.3	母鸟孵卵生出太阳	苗族
W1567.2	鸟是太阳诞生的帮助者	
W1567.2.1	天鹅是太阳诞生的帮助者	傈僳族
W1567.3	特定的种子生太阳	
W1567.3.1	观音撒的天种生 9 个太阳	彝族
＊**W1568**	太阳是变化产生的	【汤普森】A718

---

① 【民族】珞巴族。　【关联】❶［W1544.6.3］天地婚生日月；❷［W1590.2］天地结婚生月亮；❸［W7532］天地婚

W 编码	母题描述	关联项
W1569	神或神性人物变成太阳	
W1569.1	天神变成太阳	
W1569.1.1	天神的儿女变成太阳	布依族
W1569.1.2	最大的天神变成太阳	佤族 ＊〔W0122.1〕天神是最高的神
W1569.1.3	天神变成 9 个太阳	彝族
W1569.2	神的子女变成太阳	彝族
W1569.3	火神变成太阳	【民族，关联】①
W1569.3.1	火神王的儿子变成太阳	傣族
W1569.3.2	太阳是天帝的火神	畲族
W1569.3.3	火神逃到天上变成太阳	柯尔克孜族
W1569.4	河神变出太阳	汉族 ＊〔W0407〕河神（江神）
W1569.5	神的肢体变成太阳	【汤普森】A718.2；＊布朗族、彝族
W1569.6	神性人物的肢体变成太阳	
W1569.6.1	盘古的头变成太阳	汉族 ＊〔W1545.2a.2.1〕盘古的头变成日月
W1569.6.2	盘古的眼变成太阳	汉族
W1569.6.3	玉皇大帝的女儿右眼化为太阳	汉族
W1569.6.4	仙女左眼化为太阳；	满族
W1569.6.5	盘古的心变成太阳	苗族
W1569.7	与神或神性人物变成太阳有关的其他母题	〔W1681.5.1〕天女中的七妹是太阳姑娘
W1569.7.1	炎帝是太阳	汉族

---

① 【民族】傣族、柯尔克孜族。【关联】❶〔W0466〕火神；❷〔W1647.1.2〕火神的 7 个儿子变成 7 个太阳；❸〔W1649.0.4〕火神的 9 个儿子变成 9 个太阳

W 编码	母题描述	关联项
W1570	**人变成太阳**	拉祜族、裕固族
W1570.0	天上的人变成太阳	满族
W1570.1	地上的人到天上后变成太阳	【汤普森】A711；　＊布依族
W1570.2	男子变成太阳	布朗族、布依族、傣族、高山族、普米族、畲族
W1570.2.1	男子吃不死草飞到天上变成太阳	哈尼族
W1570.3	女子变成太阳	朝鲜族、汉族、拉祜族
W1570.3.1	举着火把奔跑的女子变成太阳	汉族　＊〔W1574.2.1〕太阳是火把（火把变成太阳）
W1570.4	人死后变成太阳	布朗族、傣族
W1571	**动物变成太阳**	〔W1594〕动物变成月亮
W1571.1	乌鸦变成太阳	汉族
W1571.2	太阳是三足乌	①〔W1695.2〕太阳鸟； ②〔W1796.3〕三足乌
W1571.2.1	太阳中有三足乌	汉族
W1571.2.2	三足乌力量胜过太阳	汉族
W1571.2.3	太阳是三足老鸹	
W1571.2.4	三足金乌鸟变成太阳	汉族
W1571.2.5	太阳是三脚小乌鸦	汉族
W1571.2.6	太阳是三条腿乌鸦	汉族
W1571.2.7	太阳是金色三足乌鸦	汉族　＊〔W1617.2〕太阳是金色的
W1571.3	鸡变成太阳	汉族　＊①〔W1681.1.1.2〕太阳与鸡是兄弟；②〔W9796.5.2〕射落的太阳是鸡
W1571.3.1	太阳是公鸡	壮族
W1571.4	金翅鸟变成太阳	汉族
W1571.5	龙变成太阳	毛南族

W 编码	母题描述	关联项
W1572	**特定的肢体变成太阳**	
W1572.1	头颅变成太阳	【汤普森】A718.1； ＊［W1569.6.1］盘古的头变成太阳
W1572.1.1	人的头变成太阳	
W1572.1.2	鸟头变成太阳	汉族
W1572.2	眼睛变成太阳	［W1595.2］眼睛变成月亮
W1572.2.1	神的眼睛变成太阳	
W1572.2.1.1	神的眼睛挂在天空变成太阳	布朗族
W1572.2.2	神的左眼变成太阳	
W1572.2.3	神的右眼变成太阳	
W1572.2.4	神性人物的眼睛变成太阳	
W1572.2.5	神性人物的左眼变成太阳	布朗族、满族
W1572.2.5.1	盘古的左眼变成太阳	白族　＊　①［W1545.2.7.2］盘古的左眼变成太阳，右眼变成月亮； ②［W1545.2.2.1］天神用左眼做太阳，右眼做月亮
W1572.2.5.2	盘瓠的左眼变成太阳	苗族　＊　［W0729.5］与盘瓠有关的其他母题
W1572.2.5.3	天女的左眼变成太阳	汉族
W1572.2.6	神性人物的右眼变成太阳	
W1572.2.6.1	天女的右眼变成太阳	满族
W1572.2.7	人的眼睛变成太阳	
W1572.2.7.1	人的左眼变成太阳	布依族　＊　［W1595.2.3.2］人的左眼变成月亮
W1572.2.7.2	人的右眼变成太阳	布依族
W1572.2.8	动物的眼睛变成太阳	
W1572.2.8.1	猴娃的眼睛变成太阳	藏族
W1572.2.8.2	鸟的右眼变成太阳	藏族

W 编码	母题描述	关联项
W1572.2.8.3	巨鸟的左眼变成太阳	彝族
W1572.2.8.3a	人面鸟身的鸟左眼变成太阳	藏族 ＊〔W0637.1〕九首人面鸟身之神
W1572.2.8.4	马鹿的左眼变成太阳	普米族 ＊ ①〔W1138.15.3〕神用马鹿的头做天；②〔W1147.1.1〕马鹿的头变成天
W1572.2.8.5	神牛的左眼变成太阳	哈尼族
W1572.2.8.5a	神牛的右眼变成太阳	哈尼族
W1572.2.9	无生命物的眼睛变成太阳	
W1572.2.10	与眼睛变成太阳有关的其他母题	
W1572.2.10.1	巨兽的没有腐烂的眼变成太阳	怒族
W1572.2.10.2	仙人把蛤蟆的没有腐烂的眼变成太阳	怒族 ＊〔W1595.2.4.1a〕癞蛤蟆腐烂的眼睛变成月亮
W1572.2.10.3	青蛙的黑眼球变成太阳	哈尼族
W1572.2.10.4	癞蛤蟆的一只眼珠变成太阳	基诺族
W1572.3	肺变成太阳	〔W1984.1.4.1〕虎肺变成铜
W1572.3.1	怪物的肺变成太阳	纳西族
W1572.4	其他肢体变成太阳	
W1573	**植物变成太阳**	〔W1524〕植物变成万物
W1573.1	桃花变成太阳	苗族
W1573.2	白天开花的梭罗树变成太阳	彝族
W1573.2.1	梭罗树的花变成太阳	彝族 ＊〔W1545.5.3.2〕日月是梭罗树开的花
W1573.3	红果变成太阳	怒族
W1573.4	果核变成太阳	【汤普森】≈A718.3
W1573.5	仙葫芦籽变成太阳	傣族

W 编码	母题描述	关联项
W1573.6	茶果变成太阳	德昂族
W1574	**无生命物变成太阳**	汉族
W1574.1	被抛到空中的物体变成太阳	【汤普森】A714
W1574.2	火变成太阳	【民族，关联】①
W1574.2.1	太阳是火把（火把变成太阳）	哈尼族 * ［W1570.3.1］举着火把奔跑的女子变成太阳
W1574.2.2	火的精气变成太阳	汉族
W1574.2.3	太阳是妖魔喷出的火	毛南族
W1574.2.4	火堆升起变成太阳	怒族
W1574.2.5	神造的火团变成太阳	侗族
W1574.2.6	火球变成太阳	汉族 * ①［W1561.8.2］太阳是神孕生的金球；②［W1723.3］火球的碎片变成星星
W1574.2.6a	太阳是红色的火球	汉族 * ［W1618.4］太阳浑身是火
W1574.2.6b	太阳是天神放出的火球	汉族
W1574.2.7	火聚成太阳	藏族
W1574.2.8	乌龙吐火形成太阳	汉族
W1574.2a	光变成太阳	［W1577.6］太阳是特定的光
W1574.2a.1	太阳是云墙漏出的金光	纳西族（摩梭）
W1574.2a.2	女神画成的火球发出的火光形成太阳	瑶族（布努）
W1574.3	石头变成太阳	汉族 * ①［W1545.7.3］石头变成日月；②［W1598.5］石头变成月亮
W1574.3.1	山中滚出的红石头变成太阳	拉祜族
W1574.3.2	闪光的石头抛到天上变成太阳	苗族

---

① 【民族】怒族。【关联】❶［W1576.2］火球变成太阳；❷［W1544.5.1］光中生月亮，火中生太阳；❸［W1618.4］太阳浑身是火

W 编码	母题描述	关联项
W1574.3.3	阳雀造的 9 个石盘变成 9 个太阳	苗族　＊［W1543.4.2.1］阳雀造日月
W1574.3.4	天地卵炸碎的石头变成太阳	汉族
W1574.3.5	太阳是陨石	汉族　＊［W1866.1］陨石
W1575	**人造物变成太阳**	汉族、基诺族
W1575.1	灯变成太阳	
W1575.1.1	太阳是天灯	汉族
W1575.1.2	太阳是一盏神灯	羌族
W1575.1.3	太阳是东海龙王的灯	布依族　＊［W1598.2.1］月亮是东海龙王的灯
W1575.1.4	太阳是佛祖赐的灯笼	满族
W1575.2	镜子变成太阳	①［W1585.5］磨镜造月亮；②［W1598.1］镜子变成月亮；
W1575.2.1	太阳是火焰镜	白族
W1575.2.2	铜镜变成太阳	满族
W1575.3	鼓变成太阳	壮族　＊［W6274.4.1］太阳鼓
W1576	**与变太阳有关的其他母题**	
W1576.1	蛋变成太阳（卵变成太阳）	［W1545.6］卵变成日月
W1576.1.1	太阳是一个巨大的热球	高山族
W1576.2	气变成太阳	［W1545.7.1］气变成日月
W1576.2.1	火气变成太阳	汉族
W1576.2.2	天吐的一团白气变成太阳	哈尼族（僾尼）
W1576.3	火盆变成太阳	汉族　＊［W1616.10.5］太阳像火塘
W1576.3.1	太阳是大火盆	汉族　＊［W1616.10.5］太阳像火塘
W1576.4	用魔法变出太阳	汉族　＊［W9006］与魔法作用有关的其他母题

W 编码	母题描述	关联项
W1576.5	饭团变成太阳	汉族 ＊ ［W1598.15.4］饭团变成月亮
W1576.6	铜弹变成太阳	
W1576.6.1	抛向东方的铜弹子变成太阳	彝族
W1576.7	抽象物变化成太阳	
W1576.7.1	"真"和"实"变化成太阳	纳西族
W1576.7.2	"九"演变成太阳	彝族
W1577	**与太阳产生有关的其他母题**	
W1577.0	太阳产生的前兆	
W1577.0.1	太阳产生前先产生影子	彝族 ＊ ［W1546.3.1］日月产生前先出现 3 种日月的影子
W1577.1	火石碰撞形成太阳	瑶族
W1577.2	祈祷后产生太阳	彝族
W1577.3	太阳与动物是同胞	珞巴族 ＊ ［W1681.1.1.2］太阳与鸡是兄弟
W1577.4	太阳出现的时间	鄂温克族、汉族 ＊ ［W9712］射日的时间
W1577.4.1	太阳的生日	
W1577.4.1.0	太阳的生日是正月初六	彝族（撒尼）
W1577.4.1.1	太阳的生日是六月初六	汉族
W1577.4.1.2	太阳的生日是冬月十九（十一月十九日）	彝族（撒尼）
W1577.4.2	太阳在世界造出后产生	【汤普森】A719.3
W1577.4.3	补天后出现太阳	汉族
W1577.4.4	洪水后出现太阳	普米族 ＊ ［W8540］洪水的结果
W1577.4.5	特定属相日出现太阳	［W6985］生肖
W1577.4.5.1	鸡年鸡月鸡日出现 2 个太阳	白族

W 编码	母题描述	关联项
W1577.4.5.2	虎年产生太阳	彝族
W1577.4.6	众多太阳产生的时间	
W1577.5	补太阳	［W1599.5］补月亮
W1577.5.1	用神牛补太阳	哈尼族
W1577.5.2	用金料补太阳	哈尼族
W1577.5.2.1	用金子补太阳不成功	哈尼族
W1577.6	太阳是特定的光	［W1574.2a］光变成太阳
W1577.6.1	太阳是无穷无尽的安拉之光	塔吉克族
◎	［月亮］	
✿ **W1580**	**月亮的产生**	【汤普森】A740
W1581	**月亮来源于某个地方或自然存在**	
W1581.1	月亮是天上的洞	汉族　＊［W1366］天洞（天上的窟窿、天被撞破）
W1581.1.1	月亮是闪白光的圆洞	普米族
W1581.2	月亮是云洞中漏出的光	普米族　＊［W1551.3.1］太阳是云洞中漏出的光
W1581.2.1	月亮是天上戳出的洞眼	
W1581.2.2	月亮是云墙漏出的银光	纳西族（摩梭）
W1581.3	天空突然出现 1 个月亮	瑶族
✳ **W1582**	**月亮是造出来的（造月亮）**	
W1582a	**造月亮的原因**	
W1582a.1	为了降低太阳的热度造月亮	侗族　＊［W4107.1］太阳热度的降低
W1583	**神或神性人物造月亮**	
W1583.1	天神造月亮（天王造月亮）	侗族、仡佬族、哈尼族、佤族
W1583.1.1	女天神吐出月亮	维吾尔族

W 编码	母题描述	关联项
W1583.2	女神造月亮	侗族、维吾尔族
W1583.2.1	女神在唾涎四周画圈变成月亮	瑶族（布努）
W1583.3	真主让夜晚出现月亮	回族
W1583.4	神人造月亮	
W1583.4.1	月亮是神人在天上画的圆圈	壮族
W1583.5	祖先造月亮	布依族、苗族、瑶族、壮族
W1583.6	其他神或神性人物造月亮	汉族、壮族
W1583.6.1	天公用雨水拌银沙造月亮	阿昌族
W1583.6.2	玉皇仇恨人类放出多个太阳	土家族
W1583.6.3	天皇地皇造月亮	
W1583.6.4	德帕神造月亮	彝族
W1583.6.5	高辛造月亮	畲族 ＊ ①［W0768.1］高辛帝；②［W1719.6.4］高辛王的两个儿子变成参商二星
W1584	**人造月亮**	
W1584.1	人织出月亮	汉族
W1584a	**动物造月亮**	
W1584a.1	阳雀造月亮	［W1543.4.2.1］阳雀造日月
W1584a.1.1	阳雀造的石盘成为月亮	苗族 ＊ ［W1574.3.3］阳雀造的 9 个石盘变成 9 个太阳
W1585	**造月亮的材料**	
W1585.1	用眼睛造月亮	［W1595.2］眼睛变月亮
W1585.1.1	用牛的右眼做月亮	哈尼族 ＊ ［W1558.4.2］用牛的右眼做太阳
W1585.1.2	用牛的左眼做月亮	哈尼族
W1585.2	用银子造月亮	哈尼族
W1585.2.1	女神厄莎用 360 万斤银子炼出月亮	拉祜族 ＊ ［W1558.3.1］女神厄莎用 365 万斤金子炼出太阳

W 编码	母题描述	关联项
W1585.3	用石头造月亮	
W1585.3.1	用白岩石造月亮	布依族
W1585.3.2	用玉石造月亮	哈尼族
W1585.3.3	用火石造月亮	瑶族
W1585.3.4	用一定数量的石头造成月亮	汉族
W1585.3.5	用石磨造月亮	苗族 ＊［W1584a.1.1］阳雀造的石盘成为月亮
W1585.4	用光和热造月亮	哈萨克族
W1585.5	磨镜造月亮	蒙古族 ＊［W1598.1］镜子变成月亮
W1585.6	用植物编月亮	
W1585.6.1	用杨柳条编月亮	畲族
W1585.7	与造月亮材料与关的其他母题	
W1585.7.1	用雨水拌银沙造月亮	阿昌族 ＊［W1725.5.1］撒到天上的铜沙变成星星
W1585.7.2	用银丝织月亮	汉族 ＊ ①［W1586.3］织出月亮；②［W1624.3］银月亮
W1585.7.3	月亮为七宝合成	汉族
W1586	**与造月亮有关的其他母题**	
W1586.1	水中搅出月亮	珞巴族、门巴族
W1586.1.1	天神在海水中搅出月亮	珞巴族
W1586.2	撞击产生月亮	汉族
W1586.3	织月亮	水族
✳ **W1587**	**月亮是生育产生的（生月亮）**	
W1588	**神或神性人物生月亮**	
W1588.0	神生月亮	［W1583.1.1］女天神吐出月亮

W 编码	母题描述	关联项
W1588.0.1	神生的银球变成月亮	瑶族 ＊［W1588.3］月亮是神孕生的银球
W1588.1	月亮是最高神王的女儿	哈尼族
W1588.2	月亮是月亮神的女儿	景颇族
W1588.3	月亮是神孕生的银球	瑶族
W1588.4	神性女子生月亮	
W1588.4.1	帝俊之妻生月亮	汉族 ＊ ①［W0752.3］羲和是帝俊的妻子；②［W1561.3.1］女神羲和生太阳
W1588.4.2	常羲生 12 个月亮	汉族
W1588.5	盘古生月亮	
W1588.5.1	月亮是盘古的儿子	汉族
W1589	**特定的人生月亮**	
W1589.1	第一对夫妇生出月亮	【汤普森】A745.1；＊［W1687.2.1］人类始祖是月亮的母亲
W1589.2	月亮是梭罗树人的女儿	汉族
W1589.3	女子感生月亮	
W1589.3.1	女子吃牛头和虎爪生的女儿变成月亮	苗族
W1590	**与生育月亮有关的其他母题**	
W1590.0	太阳生月亮	蒙古族 ＊ ①［W1618.12］太阳会生育；②［W1671.1］太阳是月亮的母亲
W1590.1	葫芦生月亮	傈僳族
W1590.2	天地结婚生月亮	珞巴族 ＊［W1566.4］天地结婚生太阳

W 编码	母题描述	关联项
W1590.3	星星生月亮	【汤普森】A745.2； * ［W1687.2.3］星星是月亮的母亲
W1590.4	月亮神和太阳神婚生月亮	哈尼族
W1590.5	鬼姐弟婚生月亮	景颇族
W1590.6	虚与假婚生月亮	纳西族
W1590.7	卵生月亮	
W1590.7.1	蝴蝶的卵生月亮	苗族
W1590.8	种出月亮	
W1590.8.1	观音撒地种生出月亮	彝族 * ［W1687.2.2］大地是月亮的母亲
※ **W1591**	**月亮是变化产生的**	【汤普森】A743
W1592	**神或神性人物变成月亮**	
W1592.1	神的子孙变成月亮	彝族
W1592.2	妖魔变成月亮	毛南族
W1592.3	冷神变成月亮	柯尔克孜族
W1592.4	与神或神性人物变成月亮有关的其他母题	基诺族 * ［W1627.1］月亮是神
W1593	**人变成月亮**	【汤普森】①A747；②A753；* 布依族、裕固族
W1593.1	男子变成月亮	朝鲜族、汉族、拉祜族、裕固族
W1593.1.1	月亮是漂亮的少年	高山族
W1593.1.1.1	举着镜子奔跑的男子变成月亮	汉族 * ［W1598.1］镜子变成月亮
W1593.2	人死后变成月亮	布朗族、傣族
W1593.3	女子变成月亮	畲族
W1593.3.1	老奶奶变成月亮	布朗族
W1593.3.2	一个受虐待的媳妇变成月亮	赫哲族
W1593.3.3	飞到天上的女人变成月亮	哈尼族

W 编码	母题描述	关联项
W1593.3.4	姐弟中的姐姐变成月亮	朝鲜族
W1593.3.5	天上的女子变成月亮	汉族
W1593.3.6	月亮是公主的脸	塔吉克族
W1593.4	**好人变成月亮**	傣族
W1593.5	**恶人变成月亮**	
W1593.5.1	恶妇变成月亮	布朗族
W1593.6	**人吃特定物后变成月亮**	
W1593.6.1	人吃珍珠变成月亮	蒙古族
W1594	**动物变成月亮**	［W1571］动物变成太阳
W1594.1	**熊变成月亮**	毛南族
W1594.2	**兔子变成月亮**	汉族
W1594.3	**鸡变成月亮**	
W1594.3.1	月亮是草鸡（母鸡变成月亮）	汉族 ＊ ［W1571.3.1］太阳是公鸡
W1594.4	**动物的肢体变成月亮**	［W1595.2.4］动物的眼睛变成月亮
W1595	**特定人物的肢体变成月亮**	
W1595.1	**神或神性人物的头变成月亮**	【汤普森】A714.2
W1595.1.1	盘古的头变成月亮	汉族
W1595.2	**眼睛变成月亮**	［W1572.2］眼睛变成太阳
W1595.2.1	神的眼睛变成月亮	【汤普森】A714.7
W1595.2.2	神性人物的眼睛变成月亮	【汤普森】A714.7
W1595.2.2.1	盘古死后右眼变成月亮	白族
W1595.2.2.2	盘瓠的右眼变成月亮	苗族
W1595.2.2.3	仙女的右眼变成月亮	满族
W1595.2.2.4	天女的左眼变成月亮	满族
W1595.2.2.5	天女的右眼变成月亮	汉族
W1595.2.3	人的眼睛变成月亮	

W 编码	母题描述	关联项
W1595.2.3.1	人的右眼变成月亮	布依族 ＊ ① ［W1572.2.7.1］人的左眼变成太阳；② ［W1572.2.7.2］人的右眼变成太阳
W1595.2.3.2	人的左眼变成月亮	布依族
W1595.2.4	动物的眼睛变成月亮	
W1595.2.4.1	青蛙的白眼球变成月亮	哈尼族
W1595.2.4.1a	癞蛤蟆腐烂的眼睛变成月亮	怒族 ＊ ［W1572.2.10.2］仙人把蛤蟆的没有腐烂的眼变成太阳
W1595.2.4.1b	癞蛤蟆的眼珠变成月亮	基诺族
W1595.2.4.2	马鹿的一只眼变成月亮	
W1595.2.4.2a	马鹿的右眼变成月亮	普米族
W1595.2.4.3	龙的眼睛变成月亮	土家族
W1595.2.4.4	虎的右眼变成月亮	彝族 ＊ ［W1558.4.3］虎的左眼做太阳
W1595.2.4.5	猴的眼睛变成月亮	藏族
W1595.2.4.6	巨鸟的右眼变成月亮	彝族
W1595.2.4.7	鸟的左眼变成月亮	藏族
W1595.2.4.8	鸟的右眼变成月亮	藏族
W1595.2.4.9	巨兽一只腐烂的眼睛变成月亮	怒族 ＊ ［W1595.2.4.1a］癞蛤蟆腐烂的眼睛变成月亮
W1595.2.5	牛的肢体变成月亮	
W1595.2.5.1	牛的右膀做成月亮	彝族
W1595.2.5.2	神牛的左眼变成月亮	哈尼族
W1595.2.5.3	牛的右眼变成月亮	哈尼族 ＊ ① ［W1558.4.2］用牛的右眼做太阳；② ［W1585.1.1］用牛的右眼做月亮
W1595.3	胆变成月亮	

W 编码	母题描述	关联项
W1595.3.1	盘古的胆变成月亮	苗族　＊［W1521.1.1］盘古的肢体化生万物
W1595.4	耳朵变成月亮	汉族
W1595.5	肝变成月亮	
W1595.5.1	怪物的肝变成月亮	纳西族
W1595.6	其他肢体变成月亮	
W1596	**植物变成月亮**	①［W1524］植物变成万物； ②［W1573］植物变成太阳
W1596.1	花变成月亮	
W1596.1.1	茶花变成月亮	德昂族
W1596.1.2	桃树的花蕊变成月亮	苗族
W1596.1.3	梭罗树的花变成月亮	彝族　＊①［W1545.5.3.2］日月是梭罗树开的花；②［W1573.2.1］梭罗树的花变成太阳
W1596.1.3.1	月亮是梭罗树夜晚开的花	彝族　＊［W1573.2］白天开花的梭罗树变成太阳
W1596.2	果实变成月亮	
W1596.3	白果变成月亮	怒族
W1596.4	树变成月亮	
W1596.4.1	夜里开花的梭罗树变成月亮	彝族　＊［W1544.4.3］梭罗树开花生日月
W1596.5	葫芦变成月亮	苗族
W1596.6	仙葫芦籽变成月亮	傣族
W1596.7	其他植物变成月亮	
W1597	**太阳变成月亮**	【汤普森】A736.8；　＊【民族，关联】①
W1597.1	太阳被射变成月亮	布依族、侗族、独龙族、高山族

---

① 【民族】布依族、高山族（泰雅）、珞巴族、满族、壮族。【关联】［W1545.8.2］1 个太阳射成两半分出日月

W 编码	母题描述	关联项
W1597.1.1	中了毒箭的太阳变成月亮	珞巴族
W1597.1.2	太阳神被射溅出的火花变成月亮	布朗族
W1597.1.3	太阳被射后吓得晚上出来变成月亮	汉族
W1597.1.4	射日后 1 个太阳吓白脸变成月亮	汉族
W1597.2	射日后 1 个太阳变成月亮	布依族、侗族、独龙族、高山族、满族、壮族
W1597.2.1	射日后剩下的 1 个小太阳变成月亮	侗族
W1597.2.2	射日者让 1 个太阳变成月亮	壮族
W1597.3	太阳的一半变成月亮	佤族、壮族
W1597.3.1	太阳被射成两半，一半变成月亮	高山族
W1597.4	太阳受伤后变成月亮（受伤的太阳变成月亮）	布依族、高山族、高山族（泰雅）、畲族
W1597.4.1	被射伤的太阳热量减少变成月亮	汉族
W1597.5	太阳的眼睛瞎了之后变成月亮	独龙族、高山族（排湾、雅美）
W1597.5.1	被射瞎眼的太阳变成月亮	独龙族、高山族
W1597.5.2	瞎了 1 只眼的太阳变成月亮	珞巴族
W1597.6	太阳被阉割后变成月亮	苗族 ＊［W1695.10.1］射日者阉割太阳
W1597.6.1	射日者阉割的太阳变成月亮	苗族

W 编码	母题描述	关联项
W1597.7	胆子小的太阳变成月亮	汉族 ＊［W1597.1.3］太阳被射后吓得晚上出来变成月亮
W1597.8	太阳的碎片变成月亮	白族
W1597.9	小太阳变成月亮	侗族 ＊［W1616.10.2］小太阳
W1597.10	太阳的壳变成月亮	白族
W1597.10.1	被撞破外壳的太阳变成月亮	白族
W1597.10.2	月亮是太阳的外壳	白族
W1597.11	太阳的亡魂变成月亮	独龙族
W1597.12	太阳蒙白纱巾变成月亮	汉族 ＊［W4199.3］月亮的面纱
W1597.13	太阳扔进泥潭后变成月亮	珞巴族
W1597.13a	太阳遇水变成月亮	
W1597.13a.1	太阳在水中泡凉后变成月亮	布依族 ＊［W4107.1］太阳热度的降低
W1597.13a.2	太阳淋水后变成月亮	汉族
W1597.14	与太阳变成月亮有关其他母题	
W1597.14.1	太阳的脸吓白后变成月亮	畲族 ＊［W4157.1］月亮的脸是被吓白的
W1597.14.2	始祖造的白色的太阳变成月亮	壮族
W1597.14.3	晚上出来的太阳叫做月亮	侗族、瑶族 ＊［W1691.1］月亮在晚上代替太阳
W1597.14.4	晚上落下的太阳出来时变成月亮	高山族
W1598	**其他特定的物变成月亮**	【汤普森】A743
W1598.1	镜子变成月亮	【民族，关联】①
W1598.1.1	月亮是嫦娥拿的镜子	白族 ＊［W0671］嫦娥

---

① 【民族】汉族。【关联】❶［W1575.2］镜子变成太阳；❷［W1585.5］磨镜造月亮；❸［W1613.3］日月的镜子

W 编码	母题描述	关联项
W1598.1.2	月亮是天神的铜镜	满族
W1598.1.3	月亮是宝石磨成的镜子	东乡族
W1598.1.4	月亮是佛祖赐的镜子	满族
W1598.2	灯变成月亮	汉族
W1598.2.1	月亮是东海龙王的灯	布依族 * ［W1575.1.3］太阳是东海龙王的灯
W1598.2.2	月亮是一盏神灯	羌族
W1598.2.3	月亮是点燃的大灯笼	土家族、壮族
W1598.3	火变成月亮（火把变成月亮）	布朗族、哈尼族、土家族 * ［W1574.2］火变成太阳
W1598.3.1	月亮是火把	汉族
W1598.4	火球变成月亮	汉族、土家族 * ① ［W1574.2.6］火球变成太阳；② ［W1588.3］月亮是神孕生的银球
W1598.5	石头变成月亮	汉族 * ① ［W1545.7.3］石头变成日月；② ［W1574.3］石头变成太阳
W1598.5.1	山中滚出的白石头变成月亮	拉祜族
W1598.5.2	石盘变成月亮	苗族
W1598.5.3	补天的五彩石变成月亮	汉族 * ① ［W1387.1.1］用五彩石补天；② ［W1867.4.16］五彩石
W1598.5.4	天地卵爆炸飞到天上的一块石头变成月亮	汉族
W1598.5a	泥水变成月亮	
W1598.5a.1	飞到天上的泥水变成月亮	藏族
W1598.6	气变成月亮	［W1545.7.1］气变成日月
W1598.6.1	神吹的气合成月亮	汉族
W1598.6.2	水汽变成月亮	汉族 * ［W1896.4.1］水气
W1598.6.3	水的精气变成月亮	汉族

W 编码	母题描述	关联项
W1598.6.4	天吐的一团白气变成月亮	哈尼族（僾尼）
W1598.7	闪光的碎片变成月亮	【汤普森】A742
W1598.8	贝壳变成月亮	【汤普森】A743.1
W1598.9	白元宝变成月亮	布依族
W1598.9a	宝珠变成月亮	［W9686］宝珠
W1598.9a.1	龙女扔到天上的宝珠变成月亮	汉族
W1598.10	抛到空中的物体变成月亮	【汤普森】A741
W1598.10.1	抛向西方铜弹子变成月亮	彝族
W1598.11	蛋（蛋壳）变成月亮	汉族、彝族
W1598.12	灵魂变成月亮	［W0870］灵魂（鬼）
W1598.12.1	太阳的亡魂变成月亮	独龙族
W1598.13	一个黑疙瘩变成月亮	汉族
W1598.14	特定的洞变成月亮	水族
W1598.14.1	月亮是洞眼	汉族
W1598.15	与特定物变成月亮有关的其他母题	
W1598.15.1	天火盆炼出的渣变成月亮	汉族
W1598.15.2	月亮是天上的一个地窖盖板	水族
W1598.15.3	焚烧的圆形物变成月亮	
W1598.15.4	饭团变成月亮	汉族 ＊［W1576.5］饭团变成太阳
W1598.15.5	月亮是冰团	侗族
W1598.16	假和虚变化成月亮	纳西族 ＊［W1590.6］虚与假婚生月亮
W1598.17	数字变成月亮	
W1598.17.1	八变八万八，八万变成月亮	彝族

W 编码	母题描述	关联项
W1599	**与月亮的产生有关的其他母题**	
W1599.0	月亮产生前的准备	
W1599.0.1	月亮产生前先产生影子	彝族 ＊［W1546.3］日月产生前先产生影子
W1599.1	月亮产生的时间	
W1599.1.1	月亮的生日是农历八月十五	壮族
W1599.1.2	特定的年份产生月亮	
W1599.1.2.1	兔年产生月亮	彝族（阿细）
W1599.2	祈祷后产生月亮	彝族
W1599.3	最早出现的是月亮	【汤普森】A711.3；＊哈尼族
W1599.4	神变成月亮的心脏	佤族
W1599.5	补月亮	［W1577.5］补太阳
W1599.5.1	工匠神补月亮	哈尼族
W1599.5.2	用银料补月亮	［W1585.2］用银子造月亮
W1599.5.2.1	用银子补月亮不成功	哈尼族
W1599.5.3	用牛补月亮	
W1599.5.3.1	用神牛补月亮	哈尼族
W1599.5.3.2	用牛皮补月亮	哈尼族
W1599.5.4	玉斧修月	汉族
W1599.6	青蛙吸干洪水后出现月亮	普米族 ＊［W8506］动物退洪水
W1599.7	月亮是从地上飞到天上的	白族

1.4.2 日月的特征
【W1600 ~ W1629】

W 编码	母题描述	关联项
✿ **W1600**	**日月的性别特征**①	［W1530］万物的性别
W1600.1	日月有男女	【汤普森】A736.1
W1600.2	太阳男，月亮女	达斡尔族、鄂伦春族、汉族、京族
W1600.2.1	太阳是刚烈男，月亮是温柔女	哈萨克族 ＊ ［W1619.3.2］太阳刚烈
W1600.2.2	太阳是神男，月亮是神女	【关联】②
W1600.2.2.1	日月是神派去的神男神女	蒙古族
W1600.3	太阳女，月亮男	傣族、鄂温克族、傈僳族、门巴族、水族、壮族
W1600.3.1	太阳是母亲，月亮是父亲	鄂温克族
W1600.3.2	女始祖变成女太阳，男始祖变成月亮男	苗族 ＊ ［W1545.1.1.1］男女祖先变成日月
W1600.4	太阳和月亮都为女	苗族
W1600.4.1	日月是美女	哈萨克族、汉族
W1600.5	与日月性别有关的其他母题	［W1672］日月是夫妻
W1600.5.1	日月被阉割	壮族 ＊ ① ［W1597.6］太阳被阉割后变月亮；② ［W1695.10.1］射日者阉割太阳
❋ **W1601**	**太阳的性别**	

---

① 日月的性别特征，在不同神话叙事中有多种说法，如有的说"男太阳女月亮"，有的说"女太阳男月亮"，等等。一般神话叙事中关于日月的"性别"往往与二者的关系联系在一起，为了一并表述这些不同的叙事元素，本编目把其归为一种类型。

② 【关联】❶ ［W1611.2］日月是神（日月是仙）；❷ ［W1620.3.2］太阳是发光的男神；❸ ［W1627.1.2］月亮是发光的女神

W 编码	母题描述	关联项
W1602	太阳有男有女	独龙族、珞巴族 ＊［W1642.1］1 男 1 女两个太阳
W1603	太阳是男的（男太阳）	哈萨克族、珞巴族
W1603.1	太阳在白天是男人	【汤普森】A722.13
W1603.2	特定的太阳是男的	彝族
W1603.3	太阳是男性的化身	朝鲜族
W1603.4	与太阳是男有关的其他母题	
W1603.4.1	太阳是一个骑马的小伙	彝族
W1603.4.2	太阳是强悍刚烈的男性	哈萨克族 ＊［W1619.3.2］太阳刚烈
W1603.4.3	太阳是白天值班的神男	蒙古族
W1604	太阳是女的（女太阳）	【汤普森】A736.2；＊【民族】①
W1604.1	太阳是年轻的姑娘	鄂温克族
W1604.1.1	太阳姑娘	哈尼族 ＊［1561.8.1a］最高神王生太阳姑娘
W1604.1.1.1	太阳姑娘心地善良	鄂温克族 ＊［W1619.6］善良的太阳
W1604.1.1.2	太阳姑娘美丽勤劳	汉族
W1604.1.2	太阳是少女	汉族
✼ **W1605**	月亮的性别	
W1606	月亮有男有女	
W1607	月亮是男的	布朗族、傣族、汉族、珞巴族、苗族、纳西族、怒族、羌族、瑶族、壮族
W1607.1	月亮是男神	汉族 ＊［W1611.2］日月是神（仙）
W1607.2	月亮是俊小伙	高山族、汉族

① 【民族】布朗族、独龙族、鄂温克族、汉族、珞巴族、珞巴族（德根等部落）、纳西族、普米族、羌族、瑶族、壮族、壮族（侬人）

W 编码	母题描述	关联项
W1607.3	月亮是勤劳的小伙	汉族 ＊ ［W1626.1a］勤劳的月亮
W1608	**月亮是女的**	土家族
W1608.1	月亮是女神	鄂伦春族、汉族、土家族
W1608.2	月亮是温柔恬静的女子	哈萨克族
W1608.3	月亮是文静的姑娘	汉族 ＊ ［W1626.10］月亮文静端庄
W1610	**日月的外貌**	［W1545.4.8.4］日月是鹰
W1610.1	日月是有羽毛的球	【汤普森】A738.1.1
W1610.2	日月的躯壳	瑶族
W1610.3	日月为什么赤身裸体	
W1610.3.1	日月赤身裸体是因为衣服被锁起来	苗族
W1610.4	残缺的日月	彝族 ＊ ［W1692.5］日月的修补
W1610.5	日月是人兽同形	
W1610.5.1	日月是人兽同形的夫妻	蒙古族（布里亚特） ＊ ［W1672］日月是夫妻
W1611	**日月有特定身份**	［W1600.4.1］日月是美女
W1611.1	日月是天的使者（日月是天使）	汉族
W1611.2	日月是神（日月是仙）	达斡尔族、蒙古族、彝族 ＊ ［W1600.2.2］太阳是神男，月亮是神女
W1611.3	日月是天地的眼睛	彝族
W1611.3.1	日月是天的眼睛	【汤普森】A714.1； ＊ ［W1545.2.2］天神的眼睛变成日月
W1612	**日月有特殊能力**	
W1612.1	日月能起死回生	哈尼族 ＊ ［W9300］复活
W1613	**与日月的特征有关的其他母题**	

W 编码	母题描述	关联项
W1613.0	日月不会死亡	
W1613.0.1	日月不会死亡是因为吃了不死草	哈尼族
W1613.0a	日月会死亡	彝族（罗鲁泼）
W1613.1	日月命短	哈尼族
W1613.1.1	以前日月的寿命不长	哈尼族
W1613.2	原来的日月是脏的	彝族　*　[W1548.6] 洗日月
W1613.2.1	邪恶的日月	布朗族
W1613.3	日月的镜子	汉族
W1613.4	日月的灯	
W1613.4.1	日月发光是他们各自提着神灯	羌族
W1613.5	日月原来绑在一起	汉族　*　[W1546.4] 日月的分离
W1613.6	日月开花	
W1613.6.1	八月十五日月开花	彝族
W1613.7	日月的灵光	瑶族
＊ **W1615**	**太阳的特征**	【汤普森】①≈A720；②A739
W1616	**太阳的外貌**	
W1616.1	太阳像人类一样	【汤普森】A736
W1616.1.1	太阳是巨人	回族
W1616.2	太阳的心	汉族
W1616.3	太阳的脸	
W1616.3.1	太阳有 2 张脸	【汤普森】A733.3
W1616.3.2	太阳是麻脸	汉族
W1616.4	太阳的眼睛	
W1616.4.1	宝石是太阳的眼睛	汉族　*　[W9650] 宝物
W1616.5	太阳的腿	
W1616.5.1	太阳有 8 条腿	蒙古族
W1616.5.1.1	太阳画成有八条光线	蒙古族（布里亚特）

W 编码	母题描述	关联项
W1616.5a	太阳的手	珞巴族　*［W1437.1］通过太阳的手臂上天
W1616.6	太阳为什么是圆的	①［W1543.5.6.4］造日月时把日月削圆；②［W1618.1］太阳是热的球
W1616.6.1	太阳圆是因为它没有受过伤	京族
W1616.6.2	特定人物把太阳修整成圆形	苗族
W1616.6.2.1	女神把太阳修整成圆形	苗族
W1616.7	以前太阳有棱角	黎族　*［W1622.2］有棱角的月亮
W1616.8	太阳面貌丑陋	汉族
W1616.8.1	太阳丑却勤劳	黎族　*［W1619.2］勤劳的太阳
W1616.9	太阳长着翅膀	【汤普森】A726.2
W1616.10	与太阳外貌有关的其他母题	［W1653a.2］多个太阳大小不同
W1616.10.0	造太阳大小的确定	壮族
W1616.10.1	大太阳（巨大的太阳）	哈萨克族
W1616.10.2	小太阳	白族　*［W1597.9］小太阳变成月亮
W1616.10.2.1	以前太阳很小	白族　*［W1618.5.1］小太阳长大
W1616.10.2.2	以前有 9 个小太阳	哈尼族
W1616.10.2.3	天上出现 10 个小太阳	汉族　*［W1650.4］与 10 个太阳有关的其他母题
W1616.10.3	太阳的斑点（太阳黑子）	侗族　*［W1616.3.2］太阳是麻脸
W1616.10.3.1	太阳的黑斑是泪痕	汉族
W1616.10.3.2	太阳的斑点是疤痕	拉祜族
W1616.10.4	太阳的头发	藏族
W1616.10.5	太阳像火塘	阿昌族　*①［W1576.3］火盆变成太阳；②［W1684.2a.2］太阳的火盆

W 编码	母题描述	关联项
W1617	**太阳的颜色**	
W1617.0	有多种颜色的太阳	
W1617.0.1	太阳有红、白、花、黑、黄、绿、灰、紫等颜色	【关联】①
W1617.1	红太阳和绿太阳	布依族
W1617.2	太阳是金色的（金太阳）	【汤普森】≈ F793.1；　＊【关联】②
W1617.2.1	神王给太阳姑娘穿上金衣裳	哈尼族
W1617.2.2	女始祖给太阳穿上金衣裳形成金色	瑶族（布努）
W1617.2.3	比金子还亮的太阳	哈尼族
W1617.3	太阳是红的（红太阳）	【汤普森】A739.5；　＊【关联】③
W1617.3.1	用火烤红了太阳	布依族
W1617.3.2	东方有个红太阳	珞巴族
W1617.3.3	太阳吃阳极丹变成红太阳	汉族
W1617.3.4	太阳红色是害羞造成的	汉族
W1617.3a	太阳是绿色的（绿太阳）	
W1617.4	太阳是黄色的	哈尼族　＊［W1652.1.7］12 个太阳中的黄太阳是狮子
W1617.5	太阳是白色的	
W1617.5.1	太阳为什么看起来很白	柯尔克孜族

---

① 【关联】❶［W1652.1.1］12 个太阳中的红太阳是姜阳；❷［W1652.1.2］12 个太阳中的白太阳是雷公电；❸［W1652.1.3］12 个太阳中的花太阳是老虎；❹［W1652.1.5］12 个太阳中的黑太阳是疯牯牛；❺［W1652.1.7］12 个太阳中的黄太阳是狮子；❻［W1652.1.9］12 个太阳中的绿太阳是鸭公精；❼［W1652.1.10］12 个太阳中的灰太阳是马鹜；❽［W1652.1.11］12 个太阳中的紫太阳是鹈鹕娘

② 【关联】❶［W1571.2.7］太阳是金色三足乌鸦；❷［W1694.4］金太阳

③ 【关联】❶［W1545.4.8.3］太阳是红兔子，月亮是白兔子；❷［W1574.2.6a］太阳是红色的火球；❸［W1652.1.1］12 个太阳中的红太阳是姜阳

W 编码	母题描述	关联项
W1618	太阳的能力	
W1618.0	太阳有不寻常的能力	【汤普森】F961.1； * ① ［W1534.2.3］万物生长靠太阳；② ［W1620.5］太阳是阳类万物的主宰
W1618.1	太阳是热的球	【民族，关联】①
W1618.2	太阳过热给人类造成痛苦	【汤普森】 ① A720.2；② A728.1； * ［W9700］射日的原因
W1618.2.1	原来的太阳比现在热	侗族
W1618.3	太阳具有魔力	【汤普森】D1291.1
W1618.4	太阳浑身是火	汉族 * ① ［W1574.2］火变成太阳；② ［W1574.2.6a］太阳是红色的火球
W1618.4.1	太阳是一把火	纳西族 * ① ［1545.7.4a］火把变成日月；② ［W1574.2.1］太阳是火把
W1618.5	太阳能变化大小	瑶族 * ［9575.1］日月的变形
W1618.5.1	小太阳长大	哈尼族、汉族 * ① ［W1616.10.2］小太阳；② ［W1616.10.2.1］以前太阳很小
W1618.5.2	太阳吃特定食物后长大	汉族 * ［W1695.4.3］太阳吃仙丹后长大
W1618.6	太阳变鸡	珞巴族、畲族 * ① ［W9575.1］日月的变形；② ［W9575.1.1］太阳变鸟
W1618.6.1	太阳落地变成鸡	珞巴族

---

① 【民族】高山族。 【关联】❶ ［W1543.5.3.4］用光和热造日月；❷ ［W4106］太阳的光与热；❸ ［W4107］太阳的发热

W 编码	母题描述	关联项
W1618.6.2	太阳的眼睫毛落到了大地上变成鸡	珞巴族
W1618.7	太阳变猪	畲族
W1618.8	太阳变化为其他物	[W9575.1] 日月的变形
W1618.8.0	太阳变成老太婆	珞巴族
W1618.8.1	太阳变十头鸟	汉族 ＊ [W3328.5.6] 十头鸟
W1618.8.2	太阳变狗	畲族
W1618.8.3	太阳变猫	畲族
W1618.8.4	太阳变猫、狗、猪等动物	畲族 ＊ [W9796.4] 太阳被射落后变各种动物
W1618.8.5	射落的太阳变草坪	纳西族
W1618.9	太阳不死	哈尼族 ＊ [W1537.3.3] 万物不死
W1618.9a	太阳有生死	[W1695.11] 太阳的死亡
W1618.9a.1	年轻的太阳	蒙古族
W1618.10	太阳是管理者	
W1618.10.1	天上的 1 个太阳管陆地，8 个管海洋	藏族 ＊ [W1649] 9 个太阳（九阳）
W1618.10.2	太阳主阳	汉族
W1618.11	太阳是魂灵守护者	蒙古族（布里亚特）
W1618.12	太阳会生育	① [W1590.0] 太阳生月亮； ② [W1711] 太阳生星星
W1618.12.1	太阳生蛋	高山族
W1619	**太阳的性格**	[W1626] 月亮的性格
W1619.1	热情的太阳	傣族
W1619.2	勤劳的太阳	汉族、黎族
W1619.2a	懒惰的太阳	汉族 ＊ [W1626.1] 懒惰的月亮
W1619.3	暴躁的太阳	汉族
W1619.3.1	太阳暴躁是因为它是男人变的	高山族

W 编码	母题描述	关联项
W1619.3.2	太阳刚烈	哈萨克族
W1619.3.3	太阳 7 兄弟性格暴烈	侗族
W1619.3a	太阳急性子	京族
W1619.4	泼辣的太阳	汉族
W1619.5	宽厚的太阳	汉族
W1619.6	善良的太阳	高山族、怒族 ＊ ① ［W1604.1.1.1］太阳姑娘心地善；② ［W1626.7］慈善的月亮（月亮善良）
W1619.7	嫉妒的太阳	塔吉克族
W1619.8	凶恶的太阳	壮族 ＊ ［W1613.2.1］邪恶的日月
W1619.8.1	太阳吃掉自己的孩子星星	壮族 ＊ ① ［W1690.1］日月争吵是因为太阳要吃掉它们的孩子；② ［W1773.4］星星消失是因为被吞吃
W1619.8.2	太阳两兄弟中弟弟性恶	珞巴族 ＊ ［W1681.1.1］太阳两兄弟
W1619.8.3	太阳弟弟心不好	珞巴族
W1619.9	太阳有多重性格	
W1619.9.1	太阳急躁懒惰	纳西族
W1619.9.2	太阳活泼热情	汉族
W1619.9.3	太阳天真活泼	汉族
W1619.9.4	太阳性格的变化	
W1619.9.4.1	射日后太阳变温和	汉族 ＊ ① ［W9790］射日月的结果；② ［W9796.9］射日后日月变得正常
W1620	**与太阳特征有关的其他母题**	【关联】①

① 【关联】❶ ［W1695.16］日精；❷ ［W4106］太阳的光与热；❸ ［W4863.1］太阳是天地的主宰；❹ ［W4931.3］以前太阳不落（不落的太阳）；❺ ［W9128.1］太阳是巫师

W 编码	母题描述	关联项
W1620.1	太阳的特殊现象	【汤普森】F961.1
W1620.2	太阳润万物	【汤普森】A738.4
W1620.3	太阳是神	
W1620.3.1	太阳是火神	【关联】①
W1620.3.2	太阳是发光的男神	蒙古族
W1620.3.3	太阳是始祖母神	鄂温克族 ＊ ①［1627.1.6］月亮是始祖父神；②［W7533］日月婚
W1620.3a	太阳是佛	①［W0787.9］与佛有关的其他母题；②［W6424］太阳崇拜
W1620.3a.1	太阳佛	汉族
W1620.4	太阳是天的眼睛	鄂温克族
W1620.5	太阳是阳类万物的主宰	汉族 ＊［W4627］万物秩序的建立
W1620.6	太阳怕雷公电母	壮族
W1620.7	太阳有好眼力	汉族
W1620.8	太阳有智慧	回族
✢ **W1621**	**月亮的特征**	
W1622	**月亮的外貌**	［W4140］月相与月相变化
W1622.0	月亮是圆的	①［W1543.5.6.4］造日月时把日月削圆；②［W4141］月亮为什么是圆的
W1622.0.1	月亮射去角后变圆	瑶族 ＊［W1622.2］有棱角的月亮
W1622.1	以前的月亮不圆	汉族 ＊［W4140］月相与月相变化
W1622.2	有棱角的月亮	汉族 ＊［W1616.7］以前太阳有棱角
W1622.2.1	七棱八角的月亮	黎族、瑶族
W1622.2.2	月亮小时候的 2 只角长大后会消失	汉族
W1622.3	月亮有 9 条腿	蒙古族、蒙古族（布里亚特）

---

① 【关联】❶［W0466.7］火神变太阳；❷［W1545.8.6］日月是天上的火神；❸［W1569.3］火神变成太阳

W 编码	母题描述	关联项
W1622.4	美貌的月亮	傣族、汉族
W1622.4.1	天地刚分开时月亮很漂亮	蒙古族
W1622.5	丑陋的月亮	
W1622.5.1	月亮哥哥又丑又懒	汉族
W1622.5.2	丑陋的女月亮	蒙古族
W1622.6	月亮全身都是眼睛	苗族
W1622.7	月亮的图形	
W1622.7.1	月亮被画成里外 9 圈	蒙古族（布里亚特）
W1623	**月亮的构造**	［W1696］月宫（广寒宫）
W1623.1	月亮有 15 个门	蒙古族
W1624	**月亮的颜色**	① ［W4158.2］月亮生病后光亮变淡；② ［W4158.3］月亮丢了火之后颜色变淡
W1624.1	红月亮	独龙族 ＊ ［W4162］月亮变红的原因
W1624.1.1	月亮原来发红光	汉族
W1624.2	金月亮	赫哲族 ＊ ［W1694.4］金太阳
W1624.3	银月亮	【民族，关联】①
W1624.3.1	月亮银色是因为造月亮者给月亮穿上银裙	瑶族（布努）
W1624.4	白色的月亮（白月亮）	布依族 ＊ ［W4157］月亮为什么是苍白的
W1624.5	黄色的月亮（黄月亮）	高山族 ＊ ［W4161］月亮为什么发黄
W1624.6	蓝色的月亮（蓝月亮）	
W1624.6.1	神吹出的蓝色云雾变成蓝月亮	纳西族

---

① 【民族】哈尼族、苗族。【关联】❶［W1581.2.2］月亮是云墙漏出的银光；❷［W1585.7.2］用银丝织月亮；❸［W1694.5］银太阳

W 编码	母题描述	关联项
W1625	**月亮有不寻常的能力**	
W1625.1	月亮会变化	［W1950.3.3］月亮落地变成海子
W1625.2	月亮能死而复生	珞巴族 ＊［W9300］复活
W1625.3	月亮不死	哈尼族 ＊ ①［W1537.3.3］万物不死；②［W1618.9］太阳不死
W1625.3.1	月亮不死是因为它能躲开死亡的种子	彝族
W1625.3.2	月亮不死是因为得到了不死药	哈尼族
W1625.4	月亮生育力很强	壮族
W1625.5	月亮主阴	汉族
W1626	**月亮的性格**	【汤普森】A750；＊［W1619］太阳的性格
W1626.1	懒惰的月亮	汉族、黎族 ＊［W1619.2a］懒惰的太阳
W1626.1.1	月亮是懒汉	汉族
W1626.1a	勤劳的月亮	汉族 ＊［W1607.3］月亮是勤劳的小伙
W1626.2	害羞的月亮	傣族
W1626.2.1	月亮胆小	汉族
W1626.3	暴躁的月亮	
W1626.4	温柔的月亮	高山族、汉族、柯尔克孜族 ＊［W1608.2］月亮是温柔恬静的女子
W1626.5	爱打扮的月亮	汉族
W1626.6	倔脾气的月亮	汉族
W1626.7	慈善的月亮（月亮善良）	汉族 ＊ ①［W1619.6］善良的太阳；②［W1627.2］月亮是慈善的女神
W1626.7.1	月亮是慈善的妈妈	壮族

W 编码	母题描述	关联项
W1626.8	爱嫉妒的月亮	汉族
W1626.9	月亮有双重性格	
W1626.9.1	月亮美却懒惰	黎族
W1626.10	月亮文静端庄	汉族
W1627	**与月亮特征有关的其他母题**	① ［W1627.4］以前月亮比太阳亮；② ［W4947］月亮的运行
W1627.1	月亮是神	
W1627.1.1	月亮是火体金身发红光的神	汉族
W1627.1.2	月亮是发光的女神	蒙古族 ＊ ［W1620.3.2］太阳是发光的男神
W1627.1.3	月亮是慈善的女神	鄂伦春族
W1627.1.4	月亮是月神蓝娘	汉族
W1627.1.5	月亮是时间保护神	蒙古族（布里亚特） ＊ ［W0497.1］时间神
W1627.1.6	月亮是始祖父神	鄂温克族 ＊ ① ［W1620.3.3］太阳是始祖母神；② ［W7533］日月婚
W1627.1.7	月亮是晚上值班的神女	蒙古族
W1627.2	月亮的大小	
W1627.2.1	超级月亮	汉族
W1627.2.2	月亮中秋时最大	汉族
W1627.2.3	月亮被烤后变小	侗族
W1627.3	以前月亮比太阳亮	瑶族 ＊ ［W4155］月亮发光的原因
W1627.3.1	用水煮月亮使它月亮失去光辉	布依族
W1627.3a	月亮的冷热	
W1627.3a.1	发热的月亮（热月亮）	
W1627.3a.2	以前月亮很热	瑶族 ＊ ［W4107］太阳的发热

W 编码	母题描述	关联项
W1627.3a.3	月亮不如太阳热	基诺族
W1627.3a.4	月亮是凉的	阿昌族 ＊［W4199.7］月亮为什么是凉的
W1627.4	月亮是天的右眼	鄂温克族
W1627.5	月亮是宫殿	汉族 ＊［W1696］月宫（广寒宫）

1.4.3 日月的数量
【W1630 ~ W1669】

W 编码	母题描述	关联项
✿ **W1630**	**日月的数量**①	
W1631	**1 个太阳和 1 个月亮**	苗族、佤族、裕固族
W1632	**2 个太阳和 2 个月亮**	朝鲜族、土家族
W1632.1	天上突然出现 2 对日月	藏族 ＊［W1581.3］天空突然出现 1 个月亮
W1633	**5 个太阳和 5 个月亮**	黎族
W1634	**6 个太阳和 6 个月亮**	苗族
W1634.1	6 个太阳和 7 个月亮	彝族
W1634.1.1	天地变化时出现 6 个太阳和 7 个月亮	彝族
W1634.1.2	特定人物喊出 6 个太阳和 7 个月亮	彝族
W1635	**7 个太阳和 7 个月亮**	黎族、仫佬族、苗族、瑶族、彝族
W1635.0	7 对日月的产生	

---

① 日月的数量，此母题多表现为太阳和月亮同时出现，在母题组合上一般与"射日月"母题关系密切，可以作为"射日月"的原因。

W 编码	母题描述	关联项
W1635.0.1	盘古在天上挂 7 对日月	傈僳族
W1635.0.2	天神派出 7 对日月	傈僳族
W1635.1	7 个太阳和 5 个月亮	彝族
W1635.2	7 个太阳和 6 个月亮	彝族
W1635.3	7 个太阳和 9 个月亮	彝族
W1636	**8 个太阳和 8 个月亮**	
W1636.1	铜匠铁匠造 8 对日月	苗族
W1637	**9 个太阳和 9 个月亮**	苗族、怒族、瑶族、彝族
W1637.0	9 个太阳 9 个月亮的产生	
W1637.0.1	特定人物用铁炼造 9 对日月	瑶族 ＊［W1543.5.3.2.1］用铁炼制日月
W1637.0.2	洪水后出现 9 对日月	怒族 ＊［W8514］晒干洪水（烤干洪水）
W1637.0.3	第 2 代人时有 9 对日月	彝族
W1637.1	9 个太阳 7 个月亮	傈僳族、纳西族、怒族、苗族
W1637.1.1	观音撒出 9 个太阳 7 个月亮	彝族
W1637.2	9 个太阳 8 个月亮	
W1637.2.1	阳雀造 9 个太阳 8 个月亮	苗族 ＊［W1543.4.2.1］阳雀造日月
W1637.2.2	仙人请来造 9 个太阳 8 个月亮	彝族
W1637.3	9 个太阳 10 个月亮	
W1637.3.1	太阳九姊妹和月亮十弟兄	布朗族
W1638	**10 个太阳和 10 个月亮**	满族、毛南族
W1638.0	10 个太阳和 1 个月亮	白族
W1638.1	10 个太阳和 9 个月亮	毛南族
W1638.1.1	盘古造 10 个太阳 9 个月亮	畲族
W1638.1.2	10 个太阳和 12 个月亮	汉族
W1639	**其他数量的日月**	

W 编码	母题描述	关联项
W1639.0	11 个太阳和 11 个月亮	
W1639.0.1	日月婚生 11 对日月	瑶族（布努）
W1639.1	12 个太阳和 12 个月亮	苗族、瑶族、壮族
W1639.1.0	12 对日月的产生	
W1639.1.0.0	自然存在 12 对日月	苗族
W1639.1.0.1	造 12 对日月	苗族
W1639.1.0.2	生育 12 对日月	瑶族（布努）
W1639.1.1	12 对日月并出	瑶族 ＊［W1653.8］多日并出
W1639.1.2	16 个太阳和 17 个月亮	瑶族
W1639.2	36 个太阳和 36 个月亮（36 对日月）	
W1639.2.1	张果老造 36 对日月	苗族
W1639.3	98 个太阳和 98 个月亮	苗族
W1639.4	99 个太阳和 99 个月亮	苗族
W1639.4.1	99 个太阳和 66 个月亮	彝族
W1639.5	99 个太阳和 110 个月亮	苗族
W1639.6	天上有很多日月	黎族、纳西族
W1639.7	多个日月同时出现	【汤普森】F961.0.4； ＊［W8012.2］日月引起灾难
W1639.7.1	因晒洪水出现多个日月	侗族、傈僳族、土家族
W1639.7.2	洪水后出现多个日月	黎族、怒族
W1639a	**与日月数量有关的其他母题**	
W1639a.1	日月数量的增加	［W1543］日月是造出来的（造日月）
W1639a.2	日月数量的减少	［W9790］射日月的结果
W1639a.2.1	天神收回多余的日月	傈僳族

W 编码	母题描述	关联项
✳ **W1640**	**太阳的数量**①	
W1641	**1 个太阳**	汉族、佤族 ✳〔W4931.3〕以前太阳不落（不落的太阳）
W1641.0	以前只有 1 个太阳	壮族
W1641.1	1 个太阳的产生	
W1641.2	1 个太阳的特征	
W1641.3	与 1 个太阳有关的其他母题	
W1641.3.1	天父怀中剩下 1 个发光的太阳	珞巴族
W1642	**2 个太阳**	白族、独龙族、高山族（排湾）、汉族、珞巴族、壮族 ✳〔W1681.1.1〕太阳两兄弟
W1642.1	2 个太阳的产生	
W1642.1.1	天洞中生 2 个太阳	白族
W1642.1.2	夏桀时出现 2 个太阳	汉族
W1642.2	2 个太阳的特征	
W1642.2.1	1 男 1 女 2 个太阳	独龙族
W1642.2.2	1 大 1 小 2 个太阳	白族
W1642.3	与 2 个太阳有关的其他母题	
W1642.3.1	盘古开天辟地出现 2 个太阳	汉族
W1642.3.2	2 个有特定名字的太阳	
W1642.3.2.1	天上有多尼和波如两个太阳	珞巴族
W1643	**3 个太阳**	赫哲族
W1643.1	开天辟地时出现 3 个太阳	赫哲族
W1644	**4 个太阳**	【汤普森】≈A716.1
W1645	**5 个太阳**	黎族

---

① 太阳的数量，此母题一般与射日母题类型中的"射日原因"密切联系。为避免重复，此类母题及编目不再出现在射日母题中。

W 编码	母题描述	关联项
W1646	6 个太阳	哈尼族、苗族、彝族
W1647	7 个太阳	【汤普森】A720.1；＊【民族】①
W1647.1	7 个太阳的产生	
W1647.1.1	自然产生 7 个太阳	彝族（阿细）
W1647.1.2	火神的 7 个儿子变成 7 个太阳	傣族　＊［W1569.3.1］火神的儿子变成太阳
W1647.1.3	铁水和石水结成夫妻生 7 个太阳	傣族　＊［W1566.6.1］铁水和石水结婚生太阳
W1647.1.4	创世母亲把 1 个太阳分成 7 个太阳	基诺族
W1647.2	7 个太阳的关系	
W1647.2.1	太阳 7 姊妹	傈僳族
W1647.3	与 7 个太阳有关的其他母题	
W1647.3.1	7 个太阳使庄稼每年收 7 次	彝族
W1648	8 个太阳	汉族、蒙古族、纳西族、藏族
W1649	9 个太阳（九阳）	【民族，关联】②
W1649.0	9 个太阳的产生	【民族，关联】③
W1649.0.1	天神放出 9 个太阳	彝族（罗罗泼）
W1649.0.2	地生 9 个太阳	珞巴族　＊［W1565.2］地生太阳
W1649.0.3	龙王让天生 9 个太阳	纳西族
W1649.0.4	火神的 9 个儿子变成 9 个太阳	汉族
W1649.0.5	九头鸟的 9 头变成 9 个太阳	汉族　＊［W1572.1.3］鸟头变成太阳

① 【民族】布朗族、布依族、傣族、德昂族、侗族、仡佬族、哈尼族、傈僳族、门巴族、苗族、蒙古族、基诺族、彝族、藏族

② 【民族】布依族、鄂温克族、高山族（泰雅）、哈尼族、汉族、景颇族、拉祜族、珞巴族、满族、蒙古族、苗族、纳西族、羌族、瑶族、彝族、藏族、壮族。【关联】［1618.10.1］天上的 1 个太阳管陆地，8 个管海洋

③ 【民族】苗族、彝族。【关联】❶［W1566.4.2］天地婚生 9 个太阳；❷［W1567.3.1］观音撒的天种生 9 个太阳；❸［W1574.3.3］阳崔造的 9 个石盘变成 9 个太阳

W 编码	母题描述	关联项
W1649.0.6	神炼制的 89 个火球变成 9 个太阳	哈尼族 * ［W1574.2.6］火球变成太阳
W1649.1	太阳 9 姐妹	布朗族、珞巴族 * ［W1681.3］太阳的姐妹
W1649.2	9 个太阳 2 男 7 女	珞巴族
W1649.3	9 个太阳产生的时间	
W1649.3.1	盘古开天辟地时出现 9 个太阳	汉族
W1649.3.2	混沌初开时出现 9 个太阳	珞巴族
W1649.3.3	特定的时代出现 9 个太阳	纳西族
W1649.4	与 9 个太阳有关的其他母题	［W1616.10.2.2］以前有 9 个小太阳
W1649.4.1	九日称九乌	汉族
W1650	**10 个太阳**	【民族，关联】①
W1650.0	以前有 10 个太阳	汉族
W1650.0.0	远古时有 10 个太阳	汉族
W1650.0.1	人类产生时有 10 个太阳	汉族
W1650.0.2	以前突然出现 10 个太阳	汉族
W1650.0.3	尧时出现 10 个太阳	汉族
W1650.1	太阳 10 兄弟	畲族
W1650.2	天神放出 10 个太阳	汉族
W1650.3	10 个太阳并出	瑶族 * ［W1653.8］多日并出
W1650.4	与 10 个太阳有关的其他母题	① ［W1616.10.2.3］天上出现 10 个小太阳；② ［W1682.1.1］大的太阳父亲和 9 个小太阳儿子

---

① 【民族】布依族、侗族、高山族（泰雅）、汉族、满族、毛南族、羌族、畲族、水族、瑶族。【关联】
❶ ［W1554.2.4］女神用清气造 10 个太阳；❷ ［W1566.3.2］天神帝俊与羲和婚生 10 日；
❸ ［W1566.5.1］日月婚生 10 个太阳

W 编码	母题描述	关联项
W1650.4.1	10 个太阳 1 大 9 小	高山族（阿美） ＊ ① ［W1616.10.2.2］以前有 9 个小太阳；② ［W1682.1.1］大的太阳父亲和 9 个小太阳儿子
W1651	**11 个太阳**	汉族、回族、畲族、壮族
W1652	**12 个太阳**	【汤普森】 ≈ A739.3； ＊【民族，关联】①
W1652.0	12 个太阳的产生	【关联】②
W1652.0.1	特定人物放出 12 个太阳	
W1652.0.1a	玉帝放出 12 个太阳	土家族
W1652.0.1b	雷公放出 12 个太阳	苗族
W1652.0.1c	雷婆放出 12 个太阳	侗族 ＊［W0312］女雷神（雷婆）
W1652.0.1d	张果老放出 12 个太阳	土家族
W1652.0.1e	天王放出 12 个太阳	侗族
W1652.0.2	天皇造 12 个太阳	毛南族
W1652.0.3	女神生 12 个太阳	瑶族 ＊［W1561.3.3］密洛陀生 12 个太阳
W1652.0.4	卵生 12 个太阳	苗族
W1652.0.4.1	神婆婆的 12 个宝蛋孵出 12 个太阳	苗族
W1652.0.5	神公造 12 个太阳	苗族
W1652.0.6	盘古喊来 12 个太阳	汉族 ＊［W9841］神使太阳（月亮）复出
W1652.1	12 个太阳的身份	

① 【民族】布依族、鄂伦春族、侗族、毛南族、蒙古族、苗族、水族、土家族、瑶族、壮族、壮族（侬人）。【关联】［W1695.1.4.7］十二天干是 12 个太阳的名字

② 【关联】❶［W1551.0.1］雷公放出 12 个太阳；❷［W1551.0.3.1］天帝放出 12 个太阳；❸［W1561.3.3］密洛陀生 12 个太阳

W 编码	母题描述	关联项
W1652.1.0	12 个太阳身份不同	苗族
W1652.1.1	12 个太阳中的红太阳是姜阳	苗族 ＊ ［W1617.3］太阳是红的（红太阳）
W1652.1.2	12 个太阳中的白太阳是雷公菴	苗族 ＊ ［W1617.5］太阳是白色的
W1652.1.3	12 个太阳中的花太阳是老虎	苗族
W1652.1.4	12 个太阳中的软太阳是蛇妖	苗族 ＊ ［W0844.4］蛇妖（蛇精）
W1652.1.5	12 个太阳中的黑太阳是疯牯牛	苗族
W1652.1.6	12 个太阳中的圆太阳是大象	苗族
W1652.1.7	12 个太阳中的黄太阳是狮子	苗族 ＊ ［W1617.4］太阳是黄色的
W1652.1.8	12 个太阳中的长太阳是龙娇	苗族
W1652.1.9	12 个太阳中的绿太阳是鸭公精	苗族 ＊ ［W1617.3a］太阳是绿色的（绿太阳）
W1652.1.10	12 个太阳中的灰太阳是马鹜	苗族
W1652.1.11	12 个太阳中的紫太阳是鹈鹕娘	苗族
W1652.1.12	12 个太阳中的扁太阳是乌龟魁	苗族
W1652.2	特定时间有 12 个太阳	
W1652.2.1	盘古之前有 12 个太阳	汉族
W1652.2.2	开天辟地后出现 12 个太阳	布依族
W1652.2.3	远古时有 12 个太阳	布依族
W1652.2.4	洪水后出现 12 个太阳	土家族
W1652.3	与 12 个太阳有关的其他母题	
W1652.3.1	12 个太阳不同母	苗族
W1653	**其他数量的太阳**	
W1653.1	13 个太阳	布依族、汉族
W1653.2	18 个太阳	汉族
W1653.2a	19 个太阳	壮族
W1653.2a.1	几万年前出现 19 个太阳	壮族
W1653.2b	24 个太阳	汉族

W 编码	母题描述	关联项
W1653.3	66 个太阳	彝族
W1653.4	72 个太阳	汉族
W1653.5	99 个太阳	苗族
W1653.6	100 个太阳	彝族 ＊ ［W1682.1.3］太阳的 99 个儿子
W1653.7	108 个太阳	
W1653.8	多日并出	哈尼族、哈萨克族、汉族 ＊ ① ［W1639.1.1］12 对日月并出；② ［W1650.3］10 个太阳并出
W1653.8.1	特定时间多日并出	
W1653.8.1.1	六月六多日并出	汉族
W1653a	**与多个太阳有关的其他母题**	
W1653a.1	多个太阳是假象	满族 ＊ ［W1694.2］假太阳
W1653a.2	多个太阳大小不同	汉族
W1653a.3	女神觉得造的太阳不够亮造出多个太阳	水族
W1653a.4	太阳无定数	
W1653a.4.1	天上有时 9 日有时 10 日	汉族
＊ **W1655**	**月亮的数量**	
W1656	**1 个月亮**	
W1656.1	全世界只有 1 个月亮	汉族
W1657	**2 个月亮**	汉族、塔吉克族
W1658	**3 个月亮**	
W1659	**4 个月亮**	
W1660	**5 个月亮**	
W1661	**6 个月亮**	
W1662	**7 个月亮**	【汤普森】A759.5； ＊ 仡佬族、彝族

W 编码	母题描述	关联项
W1662.1	天神放出 7 个月亮	彝族（罗罗泼）
W1663	**8 个月亮**	
W1663.1	阳雀造的 8 个石盘变成 8 个月亮	苗族 ＊ ［W1637.2.1］阳雀造 9 个太阳 8 个月亮
W1664	**9 个月亮**	汉族
W1664.1	月亮 9 弟兄	傈僳族
W1665	**10 个月亮**	［W1688.1.1］月亮 10 弟兄
W1665.1	女神伢俣用清气造 10 个月亮	水族 ＊ ①［W1543.5.3.5］用气造日月；②［W1554.2.4］女神用清气造 10 个太阳
W1666	**11 个月亮**	
W1667	**12 个月亮**	布依族、汉族、苗族、瑶族、彝族、壮族
W1668	**其他众多的月亮**	［W4951.2］多个月亮并出
W1668.1	30 个月亮	
W1668.1.1	月宫中有 30 个月亮	京族
W1668.2	88 个月亮	彝族
W1668.3	99 个月亮	苗族
W1668.4	110 个月亮	苗族
W1668.5	1000 个月亮	汉族
W1668a	**其他特定数量的月亮**	
W1668a.1	17 个月亮	瑶族

1.4.4　日月的关系
【W1670 ~ W1689】

W 编码	母题描述	关联项
✿ **W1670**	**日月的关系**	
W1671	**日月是母女**	
W1671.1	太阳是月亮的母亲	蒙古族
W1671.2	月亮是太阳的女儿	彝族
W1672	**日月是夫妻**	【汤普森】A220.0.2； ＊【民族，关联】①
W1672.1	太阳丈夫和月亮妻子	高山族、汉族、壮族
W1672.2	太阳妻子和月亮丈夫	布朗族、傣族、鄂温克族、珞巴族、怒族、瑶族
W1672.3	日月是兄妹结成的夫妻	【汤普森】A736.1.4.2； ＊ ［W1673］日月是兄妹
W1672.4	太阳和月亮是恋人（情人）	【汤普森】A736.1.3；　＊ 哈萨克族、裕固族
W1673	**日月是兄妹**	傣族、鄂伦春族、汉族、京族、苗族 ＊ ［W1672.3］日月是兄妹结成的夫妻
W1673.1	太阳妹妹和月亮哥哥	【汤普森】A736.1.1； 【民族，关联】②

---

① 【民族】布朗族、鄂伦春族、鄂温克族、高山族（阿美）、汉族、蒙古族、怒族、瑶族、彝族、壮族。【关联】❶ ［W1600.3.1］太阳是母亲，月亮是父亲；❷ ［W1610.5.1］日月是人兽同形；❸ ［W7533］日月婚

② 【民族】布依族、汉族、苗族、羌族、土家族、彝族、彝族（俚颇）。【关联】［W1622.5.1］月亮哥哥又丑又懒

W 编码	母题描述	关联项
W1673.2	太阳哥哥和月亮妹妹	【汤普森】A736.1.2；＊傣族、鄂伦春族、汉族、京族、苗族、瑶族、壮族
W1673.3	太阳和月亮是同胞兄妹	鄂伦春族、汉族
W1674	**太阳和月亮是姐弟**	珞巴族
W1674.1	太阳姐姐和月亮弟弟	朝鲜族
W1674.2	太阳弟弟和月亮姐姐	
W1675	**日月是兄弟**	【汤普森】A736.3；＊布朗族
W1675.1	日月是孪生兄弟	【汤普森】A736.3.1
W1675.2	太阳哥哥和月亮弟弟	【汤普森】A745.3；＊高山族、布朗族、汉族、苗族
W1675.2.1	太阳哥哥和月亮弟弟是天神的两个儿子	珞巴族
W1675.3	太阳弟弟和月亮哥哥	
W1676	**日月是姐妹**	汉族、柯尔克孜族、黎族、纳西族＊［W5185］姐妹
W1676.1	日月是孪生姐妹	①［W1547.1］日月同时产生；②［W2722］双胞胎（孪生）
W1676.2	月亮姐姐和太阳妹妹	汉族、蒙古族
W1676.2.1	月亮姐姐和太阳妹妹是孪生姐妹	汉族
W1676.3	太阳姐姐和月亮妹妹	柯尔克孜族、黎族、壮族
W1677	**与日月关系有关的其他母题**	
W1677.1	太阳众姐妹和月亮众兄弟	汉族
W1677.2	太阳众兄弟和月亮众姐妹	汉族
W1677.3	日月是姑嫂	
W1677.3.1	太阳是小姑，月亮是嫂子	汉族

W 编码	母题描述	关联项
W1677.3.2	太阳是嫂子，月亮是小姑	汉族
W1677.3.3	月亮是太阳的嫂子	满族
W1677.4	日月是朋友	高山族 ＊ ①［W1776.4.3］星星是日月的朋友；②［W9980］朋友
W1677.5	日月与动物是兄弟	
W1677.5.1	太阳、月亮与公鸡是三兄弟	
W1677.5.2	太阳、月亮和天狗是三兄弟	布朗族 ＊ ①［W1168.21.1.2.4］天狗把守南天门；②［W3074.3］天狗
W1677.5.3	太阳、月亮与青蛙是三兄弟	布朗族、傣族
W1677.5a	日月和风是姊妹	汉族
W1677.6	月亮是太阳的长工	苗族
W1677.7	日月结仇	哈萨克族
W1677.7a	日月和睦相处	苗族
W1677.8	日月是孪生的仙女	壮族
W1677.9	日月的客人	
W1677.9.1	大地到太阳和月亮那里做客	黎族
W1677.10	日月的子女	［W1776.3.2］星星是日月的子女
W1677.10.1	日月有亿万个儿女	纳西族
＊ **W1678**	**太阳的关系**	
W1679	**太阳的亲属**	
W1679.1	太阳是玉帝的侄子	汉族 ＊［W0780］玉皇大帝的关系
W1680	**太阳的父母**	
W1680.1	太阳的父母是神	［W1566.1］月亮神和太阳神婚后生太阳

W 编码	母题描述	关联项
W1680.1.1	太阳是玉皇大帝和王母娘娘的儿子	
W1680.2	太阳的父亲	【汤普森】A221；　＊［W0275.1.2］太阳神的父亲
W1680.2.1	太阳是天神的孩子	汉族
W1680.2.2	太阳是太阳神的儿子	景颇族　＊［W1560］太阳是生育产生的（生育太阳）
W1680.2.3	太阳是创世者的儿子	①［W1015］创世者（造物主）；②［W1030.3］创世者的后代
W1680.2.4	太阳是玉皇大帝的儿子	汉族
W1680.2.5	太阳是玉皇大帝的女儿	鄂温克族
W1680.2.6	太阳是公鸡的儿子	汉族
W1680.3	太阳的母亲	［W0752.1］羲和是太阳的母亲
W1680.3.1	天是太阳的母亲	汉族
W1680.3.2	大地是太阳的母亲	【关联】①
W1680.3.3	地母是太阳的母亲	珞巴族
W1680.3.4	其他特定人物是太阳的母亲	
W1680.3.4.1	西河娘娘是太阳的母亲	汉族
W1680.3.4.2	太阳的母亲是一个白发老奶奶	回族、藏族
W1680.3.4.3	太阳的母亲很善良	回族
W1680.4	太阳的父母有特定名称	汉族　＊［W1566.3.2］天神帝俊与羲和婚生 10 日
W1680.4.1	太阳的父亲叫艾盘加，母亲叫兰拜	珞巴族

---

① 【关联】❶［W1566.4.1］天地婚后大地生太阳；❷［W1561.5］地母生太阳；❸［W1649.0.2］地生 9 个太阳

W 编码	母题描述	关联项
W1681	**太阳的兄弟姐妹**	［W1677.1］太阳众姐妹和月亮众兄弟
W1681.1	太阳的兄弟	【民族，关联】①
W1681.1.1	太阳两兄弟	珞巴族　*　［W1642］2 个太阳
W1681.1.1.1	2 个太阳是亲兄弟	高山族
W1681.1.1.2	太阳与鸡是兄弟	【民族，关联】②
W1681.1.1.3	公鸡是太阳的弟弟	畲族
W1681.1.2	太阳 3 兄弟	【民族，关联】③
W1681.1.3	太阳 7 兄弟	布朗族　*　［W1619.3.3］太阳 7 兄弟性格暴烈
W1681.1.4	天上的众多太阳是兄弟	
W1681.1.5	太阳与星星是兄弟	
W1681.1.5.1	太阳是星星的哥哥	汉族
W1681.2	天上的众多太阳是兄弟姐妹	汉族
W1681.3	太阳的姐妹	布朗族　*　［W1649.1］太阳 9 姐妹
W1681.4	太阳兄妹	
W1681.4.1	太阳与河流是兄妹	
W1681.4.1.1	太阳和丹巴江是兄妹	珞巴族
W1681.5	与太阳的兄弟姐妹有关的其他母题	
W1681.5.1	天女中的七妹是太阳姑娘	鄂伦春族　*　［W1604.1.1］太阳姑娘
W1681.5.2	云彩是太阳的姐姐	回族

---

① 【民族】瑶族。【关联】❶［W1650.1］太阳 10 兄弟；❷［W1675］日月是兄弟；❸［W1735.7］北斗星是太阳的哥哥

② 【民族】汉族。　【关联】❶ W1571.3 鸡变成太阳；❷［W1577.3］太阳与动物是同胞；❸［W9796.5.2］射落的太阳是鸡；❹［W9844.1］公鸡喊太阳

③ 【民族】畲族。【关联】❶［W1677.5.1］太阳、月亮与公鸡是三兄弟；❷［W1677.5.2］太阳、月亮和天狗是三兄弟；❸［W1677.5.3］太阳、月亮与青蛙是三兄弟

W 编码	母题描述	关联项
W1682	太阳的儿女	【汤普森】A736.5; * ［W0275.3］太阳神的子女
W1682.1	太阳的儿子	【汤普森】A225; * ［W2217.1］人是太阳的儿子
W1682.1.1	大的太阳父亲和 9 个小太阳儿子	高山族（阿美）
W1682.1.2	日月婚生儿子	彝族 * ［W1544.6.1］日月婚生日月
W1682.1.3	太阳的 99 个儿子	
W1682.1.3.1	日月交配太阳生 99 子	彝族
W1682.2	太阳的女儿	蒙古族
W1683	太阳的其他亲属	【汤普森】≈A226; * ［W0275.4］与太阳神的关系有关的其他母题
W1683.1	太阳的妻子	
W1683.2	鸡与太阳是亲戚	苗族
W1683.3	太阳、月亮是一家	珞巴族 * ［W1776.3.1］太阳、月亮和星星是一家人
W1683.3.1	太阳是公鸡的家舅	苗族
W1684	与太阳的关系有关的其他母题	
W1684.0	太阳的守护	
W1684.0.1	神守护太阳	汉族
W1684.0.2	人到天上守护太阳	朝鲜族
W1684.1	太阳的朋友	［W1776.4.3］星星是日月的朋友
W1684.1.1	太阳和月亮是朋友	【汤普森】A736.6
W1684.1.2	公鸡是太阳的朋友	哈尼族、景颇族、苗族 * ［W3350.3.2］鸡与太阳是亲戚
W1684.1.3	太阳与巨人是朋友	布依族

W 编码	母题描述	关联项
W1684.2	太阳的从属	［W1986.2.2］太阳的神狗毛变煤
W1684.2.1	为太阳服务的动物	【汤普森】A732
W1684.2.1	太阳的坐骑	
W1684.2.1.1	太阳的车子	汉族
W1684.2.1.2	太阳的马	【汤普森】A732.2； ＊ 彝族 ＊ ［W4933.2］太阳运行的负载者
W1684.2a	太阳的工具	
W1684.2a.1	太阳的金盘	德昂族 ＊ ［W4113.1］太阳的金针
W1684.2a.2	太阳的火盆	［W1576.3］火盆变成太阳
W1684.2a.2.1	太阳端火盆帮人晒东西	汉族
W1684.3	太阳的仇敌	
W1684.3.1	太阳与蚯蚓是仇敌	汉族 ＊ ［W9757.4］蚯蚓帮助射日
W1684.4	太阳的疗伤者	
W1684.4.1	玄鸟为太阳献药疗伤	彝族
＊ **W1685**	**月亮的关系**	
W1686	**月亮的亲属**	【汤普森】A745； ＊ ［W1627.1.6］月亮是始祖父神
W1686.1	月亮是天之母	锡伯族
W1687	**月亮的父母**	［W1590.2］天地结婚生月亮
W1687.1	月亮的父亲	
W1687.1.1	天神是月亮的父亲	
W1687.1.2	创世者是月亮的父亲	
W1687.1.3	人类始祖是月亮的父亲	［W0640］祖先
W1687.1.4	天是月亮的父亲	
W1687.2	月亮的母亲	
W1687.2.1	人类始祖是月亮的母亲	

W 编码	母题描述	关联项
W1687.2.2	大地是月亮的母亲	
W1687.2.3	星星是月亮的母亲	【汤普森】A745.2；＊［W1590.3］星星生月亮
W1688	**月亮的兄弟姐妹**	布朗族 ＊ ①［W1675.2］太阳哥哥和月亮弟弟；②［W1752.5.3］七星姊妹是月亮的妹妹
W1688.1	月亮众兄弟	
W1688.1.1	月亮 10 弟兄	布朗族 ＊［W1665］10 个月亮
W1688.2	月亮是公鸡的姐姐	苗族 ＊［W1680.2.6］太阳是公鸡的儿子
W1688a	**月亮的子女**	
W1688a.1	月亮生 66 子	彝族
W1689	**与月亮的关系有关的其他母题**	
W1689.1	月亮的朋友	［W1684.1］太阳的朋友
W1689.2	月亮的仇敌	
W1689.2.1	月亮与火星是一对冤家	鄂温克族
W1689.3	月亮的疗伤者	
W1689.3.1	兔子给月亮疗伤	彝族
W1689.4	月亮的坐骑	
W1689.4.1	月亮骑仙马	彝族 ＊［W4952］与月亮的运行有关的其他母题

1.4.5 与日月有关的其他母题
【W1690 ~ W1699】

W 编码	母题描述	关联项
W1690	**日月的矛盾**	
W1690.1	日月争吵是因为太阳要吃掉它们的孩子	【汤普森】A736.1.4.1； ＊［W1619.8］残忍的太阳
W1690.2	太阳被月亮诅咒	【汤普森】A736.9
W1691	**日月相互转化**	【汤普森】A736.8；＊ 汉族 ＊［W1597］太阳变成月亮
W1691.1	月亮在晚上代替太阳	【汤普森】A756； ＊［W1597.14.3］晚上出来的太阳叫做月亮
W1691.2	日月交换名称	傈僳族
W1692	**与日月有关的其他母题**	【关联】①
W1692.0	日月的分配	
W1692.0.1	盘古分配日月	畲族
W1692.1	日月的喂养	
W1692.2.1	女子用金汁喂太阳，银汁喂月亮	布朗族
W1692.1a	日月的患病	
W1692.1a.1	日月得眼病	纳西族

---

① 【关联】❶［W097.4］日月是神宫；❷［W1124.6］日月是造天地时的破坏者；❸［W1683.3］太阳、月亮是一家；❹［W1776.3.1］太阳、月亮和星星是一家人；❺［W7533］日月婚；❻［W7533.1］月亮哥哥与太阳妹妹成婚

W 编码	母题描述	关联项
W1692.2	日月的消失	【关联】①
W1692.2.1	龙偷日月（龙吞日月）	汉族
W1692.2.2	恶神偷日月	纳西族
W1692.3	日月被遮蔽	【汤普森】A737；＊［W4210］日食月食
W1692.4	日月失而复得	纳西族
W1692.5	日月的修补	［W1610.4］残缺的日月
W1692.5.1	因日月被摔坏修补日月	苗族
W1692.5.1.1	日月碎成 9 块	苗族 ＊［W9790］射日月的结果
W1692.5.2	把日月焊好	苗族
W1692.6	日月名称的来历	［W1691.2］日月交换名称
W1692.6.1	以变成日月的人命名日月	
W1692.6.1.1	以 1 对变成日月的夫妻的名字命名日月（咖道河嘎拉斯）	高山族（排湾）
W1692.6.1.2	以 1 对变成日月的兄妹的名字命名日月（当婉与冗令）	布依族
W1692.7	日月是宝物	［W9650］宝物
W1692.7.1	日月是天帝的宝物	汉族 ＊［W1545.8.5］日月是天帝的两件宝贝
W1692.8	天地的照明	［W1050.4］最早时天地黑暗
W1692.8.1	用宝蛋照明天地	［W1576.1］蛋变成太阳（卵变成太阳）
W1692.8.1.1	神婆婆孵宝蛋照明天地	苗族 ＊［W1652.0.4.1］神婆婆的 12 个宝蛋孵出 12 个太阳
W1693	**太阳宫**	
W1693.1	太阳宫用金银建造	景颇族
W1693.2	太阳宫宽敞高大	景颇族

---

① 【关联】❶［W4213.1］天狗吞食太阳形成日食；❷［W4232.1］天狗吃月亮形成月食；❸［W9790］射日月的结果

W 编码	母题描述	关联项
W1693.3	太阳宫的门	
W1693.3.1	太阳宫有镶金宫门	裕固族
W1693.4	太阳宫的看守	［W1696.3］月宫的看守者
W1693.4.1	神女把守太阳宫	裕固族
W1693.4.2	神鸡看守太阳宫	纳西族
W1693.5	太阳宫的位置	汉族
W1693.6	与太阳宫有关的其他母题	［W1163.11.1.2］第 12 层天是太阳宫
W1693.6.1	太阳宫的设施	
W1693.6.1.1	太阳宫有大火炉	白族
W1693.6.2	红光环绕太阳宫	裕固族
W1693.6.3	太阳宫之旅	【汤普森】F17
W1693.6.4	太阳门	
W1693.6.4.1	太阳门天堂的门	景颇族 ＊ ［W1071］上界（天堂）
W1694	**特殊的太阳**	
W1694.1	毒太阳	壮族
W1694.2	假太阳	［W1653a.1］多个太阳是假象
W1694.2.1	神造假太阳	
W1694.2.1.1	火神和旱神造假太阳	阿昌族
W1694.2.1.2	11 对假太阳	苗族
W1694.2.2	怪鸟的金蛋变成假太阳	［W0865.4］怪鸟
W1694.2.2.1	乌鸦的金蛋孵假太阳	苗族
W1694.2.3	妖魔放出假太阳	【民族，关联】①
W1694.2.4	恶魔的头变成假太阳	满族
W1694.2.5	假太阳不会升落	阿昌族 ＊ ① ［W4910］太阳的升起； ② ［W4920］太阳的降落

---

① 【民族】土家族。【关联】❶ ［W0830］妖魔；❷ ［W0840］妖魔的本领或行为；❸ ［W8061.3］妖魔制造灾难

W 编码	母题描述	关联项
W1694.3	野太阳	
W1694.3.1	雾露和云团生野太阳	景颇族
W1694.4	金太阳	【汤普森】≈ F793.1； ＊ 苗族 ＊［W1624.2］金月亮
W1694.5	银太阳	苗族 ＊［W1624.3］银月亮
W1695	**与太阳有关的其他母题**	【关联】①
W1695.1	太阳的名字	
W1695.1.1	盘古给挂在天上的灯取名为太阳	布依族
W1695.1.2	因为夫妻中丈夫管太阳，所以叫太阳公	畲族
W1695.1.3	用动物命名不同的太阳	苗族 ＊［W6850］名字的产生
W1695.1.4	与太阳名字有关的其他母题	
W1695.1.4.0	太阳叫"日氏"	汉族
W1695.1.4.1	太阳叫"孙开"	汉族
W1695.1.4.2	太阳叫"日头"	
W1695.1.4.2.1	老头把踢到了天上的圆球叫"日头"	汉族
W1695.1.4.2.2	因太阳出现在日里叫"日头"	汉族
W1695.1.4.3	两个太阳分别叫"姜阳"和"鹈鹕"	苗族
W1695.1.4.3a	两个太阳叫"多尼"和"波如"	珞巴族
W1695.1.4.4	日神叫"太阳"	汉族
W1695.1.4.5	太阳叫"太阳爸爸"	高山族（阿美）

----

① 【关联】❶［W4118］太阳里的人；❷［W4119］太阳里的物；❸［W6424］太阳崇拜；
❹［W7533］日月婚；❺［W9245.1］太阳是智慧的象征

W 编码	母题描述	关联项
W1695.1.4.5a	太阳叫"爷爷"	汉族
W1695.1.4.5b	太阳叫"阿奶"	珞巴族（德根等部落）
W1695.1.4.6	太阳叫"希温·乌娜吉"	鄂温克族
W1695.1.4.7	十二天干是 12 个太阳的名字	苗族 ＊ ［W1652］12 个太阳
W1695.1.4.8	太阳是神封的神号	侗族
W1695.2	太阳鸟	汉族 ＊ ① ［W1571.2］太阳是三足乌；② ［W1571.3.1］太阳是公鸡
W1695.3	太阳树	苗族
W1695.3.1	太阳树是生死通道	赫哲族
W1695.4	太阳的食物	
W1695.4.1	神用金汁喂太阳	布朗族
W1695.4.2	马齿苋用奶汁喂太阳	汉族
W1695.4.3	太阳吃仙丹后长大	汉族 ＊ ［W0954.1 仙丹
W1695.5	太阳的座位	
W1695.5.1	太阳的椅子在天的最高处	彝族
W1695.6	太阳洗澡（太阳洗浴）	
W1695.6.1	母亲为太阳洗澡	汉族
W1695.6.1.1	羲和为太阳儿子在甘渊洗浴	汉族 ＊ ［W1977.4.4.2］甘渊
W1695.6.2	太阳浴于咸池	汉族 ＊ ［W1976.5.2.1］咸池
W1695.6.3	太阳浴于扶桑	汉族
W1695.6.4	太阳到海中洗浴	回族
W1695.7	太阳掉入陷阱	【汤普森】A728
W1695.8	太阳被关	京族 ＊ ① ［W8974］关押；② ［W9876］捉太阳
W1695.9	太阳的躲藏	土家族 ＊ ［W9790］射日月的结果

W 编码	母题描述	关联项
W1695.10	太阳受惩罚	汉族
W1695.10.1	太阳被阉割	壮族 ＊ ① ［W1597.6］太阳被阉割后变成月亮；② ［W1600.5.1］日月被阉割
W1695.10.1.1	为避免太阳再生阉割太阳	壮族
W1695.10.1.2	射日者阉割太阳	壮族 ＊ ［W9715～9753］射日者
W1695.11	太阳的死亡	［W9790］射日月的结果
W1695.11.1	太阳死后变鸟	汉族
W1695.11.2	太阳被妖魔毁灭	［W8672.2.1］世界末日时太阳被妖魔毁灭
W1695.11.3	太阳被特定的人打死	赫哲族
W1695.11.4	太阳落山就是死亡	汉族
W1695.11.5	太阳像人一样会死亡	彝族 ＊ ［W1616.1］太阳像人类一样
W1695.12	太阳的消失	【关联】①
W1695.12.1	神吞掉太阳	傣族
W1695.12.2	天塌地陷时太阳消失	［W8581］天塌地陷的情形
W1695.12.3	太阳藏洞中	汉族 ＊ ［W9817］太阳藏（被保存）在洞中
W1695.12.4	太阳被浇灭	哈萨克族
W1695.13	太阳的复出	畲族 ＊ ［W9840］请出太阳
W1695.14	太阳偷人间的宝物	傈僳族
W1695.15	太阳国	景颇族 ＊ ［W5936］其他特定的国家
W1695.16	日精	苗族
W1695.16.1	食日精永不饥饿	汉族

_____

① 【关联】❶ ［W1692.2］日月的消失；❷ ［W9790～9799］射日（月）的结果；❸ ［W9809］太阳被偷；❹ ［W9810］太阳被藏；❺ ［W9820］太阳被遮蔽；❻ ［W9876］捉太阳

W 编码	母题描述	关联项
W1695.16.2	日精之根	
W1695.16.2.1	日精之根在地的洞天中	汉族
W1695.16.3	日精主昼	汉族
W1695.16.4	日精的数量	
W1695.16.4.1	24 个日精	汉族
W1696	**月宫（广寒宫、月亮宫）**	汉族、纳西族 * ① ［W1163.10a.1.1］第 11 层天是月宫；② ［W4199.2］月亮中的宫殿
W1696.0	月亮上的广寒宫	汉族
W1696.1	月宫的产生	
W1696.1.1	月宫是画出来的	汉族 * ① ［W1554.7.1］太阳是神人在天上画的圆圈；② ［W1583.4.1］月亮是神人在天上画的圆圈
W1696.1.2	月宫是造出来的	
W1696.1.2.1	吴刚造月宫	汉族 * ① ［W4167.2］月亮中的影子是吴刚和桂树；② ［W4182.1］吴刚伐桂
W1696.1.3	特定物变成月宫	
W1696.1.3.1	月姐织的圆物变成月宫	汉族
W1696.2	月宫的居住者	［W4180］月亮中的人（神）
W1696.2.1	月宫中住着嫦娥	汉族 * ［W0671.1］嫦娥奔月
W1696.2.2	月宫中住着玉兔	汉族
W1696.2.3	祖先居月宫	苗族、纳西族 * ［W0656.1］祖先住天上
W1696.2.4	月宫中住着天仙	彝族
W1696.3	月宫的看守者	［W1693.4］太阳宫的看守
W1696.3.1	女巫和妖魔看守月宫	柯尔克孜族
W1696.3.2	天狗是月亮姑娘的护卫者	蒙古族

W 编码	母题描述	关联项
W1696.4	月宫之旅	汉族
W1696.4.1	人到月宫会仙女	汉族　＊［W0222］天女的居所
W1696.5	月宫的特点	
W1696.5.1	月宫很华丽	汉族　＊［W1791.1a］天宫庄严豪华
W1696.5.2	月宫很冷	汉族
W1696.6	与月宫有关的其他母题	
W1696.6.1	月寒宫有冰天池	白族
W1697	**月亮的消失**	［W4247］月全食
W1697.1	月亮被藏（保存）起来	［W9832］找太阳（找月亮）
W1697.1.1	月亮白天藏在地下	【汤普森】A753.3.3
W1697.1.2	月亮被藏（保存）在柜子中	【汤普森】A754
W1697.1.3	月亮被（神、魔鬼等）藏（埋）在洞穴中	【汤普森】A754.1
W1697.2	月亮被遮蔽	
W1697.2.1	月亮被遮蔽是因为怪物吞月亮	【汤普森】A737.1
W1697.3	偷月亮	
W1697.3.1	月亮被怪物偷走	
W1697.3.2	从怪物那里把月亮偷回来	【汤普森】A758
W1697.4	动物吞吃月亮	①［W4231］月食的原因； ②［W4232.1］天狗吃月亮形成月食
W1697.4.1	蜈蚣吃月亮	水族
W1697.5	与月亮的消失与关的其他母题	哈尼族
W1697.5.1	风雨云雾之王吞掉月亮	傣族
W1697.5.2	龙吞掉月亮	
W1698	**与月亮有关的其他母题**	【关联】①

---

① 【关联】❶［W4165］月亮中的影子；❷［W6425］月亮崇拜；❸［W7533.1］月亮哥哥与太阳妹妹结婚；❹［W7578.2］月亮作媒人

W 编码	母题描述	关联项
W1698.1	月亮名称的来历	
W1698.1.1	月亮是因为一个叫月亮的女子挂上去的，所以叫月亮	壮族
W1698.1.2	盘古给挂在天上的灯取名为月亮	布依族 ＊ ［W0720］盘古
W1698.1.3	因为夫妻中妻子管太阳，所以叫月亮婆	畲族
W1698.1.4	与月亮名字有关的其他母题	
W1698.1.4.1	月亮叫唐末	汉族
W1698.1.4.2	晚上出来的太阳叫做月亮	侗族 ＊ ① ［W9790］射日月的结果；② ［W9794.1］太阳怕被射躲藏
W1698.1.4.3	月亮是神封的神号	侗族
W1698.1.4.4	月亮叫"月氏"	汉族
W1698.1.4.5	月亮叫"妈妈"	苗族
W1698.2	月亮是阴类万物的主宰	汉族
W1698.3	月亮的工具	
W1698.3.1	月亮有小刀，会割掉不敬者的耳朵	汉族、土家族 ＊ ［W6539.3］月亮禁忌
W1698.3.2	月亮的镜子	
W1698.3.2.1	月亮姑娘夜里捧枚铜镜	汉族 ＊ ［W1598.1.2］月亮是天神的铜镜
W1698.3a	月亮撒尿	
W1698.3a1	月亮撒尿会使人生病	基诺族 ＊ ［W8640］瘟疫的产生（疾病的产生）
W1698.4	月亮的服饰	
W1698.4.1	月亮的青丝帕	汉族
W1698.4.2	月亮的衣服	
W1698.4.2.1	月亮穿着白麻布衣衫	纳西族

W 编码	母题描述	关联项
W1698.4.2.2	月亮穿着银裙	瑶族（布努）　＊［W1624.3.1］月亮银色是因为造月亮者给月亮穿上银裙
W1698.4.2.3	月亮姑娘穿银衣	哈尼族
W1698.5	月华	汉族　＊［W0284.2］月精
W1698.5.1	月华是特定物	
W1698.5.1.1	月华是桂树叶	汉族
W1698.5.1.2	月华是月宫树屑	汉族　＊［W4197］月亮中的树
W1698.5.2	月华可以使人发财	汉族
W1698.5.3	拾月华	汉族
W1698.5.3.1	八月十六拾月华	汉族
W1698.6	假月亮	苗族
W1698.6.1	怪鸟的蛋变假月亮	苗族
W1698.7	野月亮	景颇族
W1698.8	月亮的食物	［W1692.1］日月的喂养
W1698.8.1	神用银汁喂月亮	布朗族
W1698.9	月亮的护卫者	
W1698.10	月亮受惩罚	
W1698.10.1	阉割月亮	壮族　＊［W1600.5.1］日月被阉割
W1698.11	月亮的死亡	①［W1625.3］月亮不死； ②［W1695.11］太阳的死亡
W1698.11.1	月亮由圆变缺就是死亡	彝族
W1698.12	月亮的魂	
W1698.12.1	月亮在广寒宫养魄	汉族
W1698.13	月亮受赞美的来历	
W1698.13.1	月亮受人赞美源于月亮母亲的誓言	汉族

1.5　星辰
【W1700 ~ W1779】

1.5.1　星星的产生
【W1700 ~ W1729】

W 编码	母题描述	关联项
✿ **W1700**	**星星的产生**	【汤普森】A760
W1700.1	以前没有星星	阿昌族、汉族 ＊ ［W1540.1］以前没有日月
W1700.1.1	洪荒时代没有星星	纳西族
W1700.1.2	天刚造出时没有星星	彝族
W1700.1.3	太古时没有星星	彝族
W1700.1.4	与没有星星有关的其他母题	
W1700.1.4.1	以前只有日月没有星星	汉族、藏族
W1700.1.4.2	以前只有太阳没有星星	汉族
W1700.1.4.3	以前没有月亮和星星	朝鲜族
W1700.2	星星产生的原因	
W1700.2.1	为照亮黑夜产生星星	藏族
W1701	**星星来源于某个地方**	
W1701.1	人喊出星星	彝族
W1701.2	天神放出星星	彝族（罗罗泼）
W1701.3	星星从天洞中落下来	汉族
W1701.4	特定人物赐予星星	

W 编码	母题描述	关联项
W1701.4.1	男始祖布洛陀送给人星星	壮族
W1702	**星星自然产生**	布依族、汉族、土族
W1702.1	动物的角刺破天后产生星星	纳西族 ＊［W1366.8］动物撞破天
W1702.2	怪鸡撞开云雾后出现星星	纳西族
W1702.3	太阳落下去后自然出现星星	哈尼族
＊ **W1703**	**星星是造出来的（造星星）**	
W1704	**神或神性人物造星星**	仫佬族、拉祜族 ＊①［W1723.7.1］神喷的火变成星星；②［W1746.0］神造出彗星
W1704.1	天神造星星	佤族
W1704.1.1	天公播出星星	阿昌族
W1704.2	女神造星星	维吾尔族
W1704.2.1	伢俣女神造星星	水族
W1704.2.2	女神撒到天空的泥巴变成星星	瑶族（布努）
W1704.3	创世者造星星	【汤普森】A760.1
W1704.4	祖先造星星	布依族、苗族
W1704.4.1	男始祖布洛陀造星星	壮族 ＊［W0670.4］与布洛陀有关的其他母题
W1704.5	其他神或神性人物造星星	
W1704.5.1	火神撒出星星	满族
W1705	**特定的神或神性人物造星星**	
W1705.1	盘古造星星	朝鲜族、汉族 ＊①［W1505.1］盘古造万物［W1543.2.1］盘古造日月
W1705.2	真主让天空出现星星	回族
W1705.3	牛郎神造星星	壮族

W 编码	母题描述	关联项
W1705.4	其他特定的神或神性人物造星星	
W1705.4.1	神巨人造星星	布朗族
W1705.4.2	阿继神造星星	彝族
W1706	**人造星星**	土家族　＊［W1543.3］人造日月
W1706a	**动物造星星**	
W1706a.1	龙造星星	彝族
W1707	**造星星的材料**	畲族　＊［W1757］星星是某种特殊的东西
W1707.1	用土和石造星星	壮族
W1707.1.1	布洛陀用三彩泥和孔雀石造星星	壮族　＊［W1707.5.1］炼孔雀石造星星
W1707.2	用月亮造星星	【汤普森】J2271.2.2
W1707.3	用牛牙做星星	哈尼族　＊［W1744.1］牛牙变成启明星
W1707.4	用银造星星	哈尼族
W1707.5	炼石造星星	
W1707.5.1	炼孔雀石造星星	壮族　＊［W1864.4.2］孔雀石的来历
W1707.6	其他特定的材料造星星	
W1707.6.1	神巨人用犀牛的眼造星星	布朗族
W1707.6.2	用虎牙造星星	彝族　＊［W1724.3.3］虎牙变成星星
W1707.6.3	盘古用毛发造星星	畲族
W1708	**与造星星有关的其他母题**	［W1759］星星是天上戳出的洞眼
W1708.1	星星是撒出来的	阿昌族、苗族、土家族、彝族

W 编码	母题描述	关联项
W1708.1.1	神撒出星星	彝族 ＊ ①［W1704.5.1］火神撒出星星；②［W1783.3.1］星神撒星星变成天河
W1708.1.1.1	布星妈妈撒出星星	满族 ＊ ［W1727.1.1］布星女神安置星星
W1708.1.2	月亮撒的种籽变成星星	景颇族
W1708.2	星星是磨出来的	［W1543.1.1.1］天神磨出日月星辰
W1708.2.1	天神磨出星星	佤族 ＊ ［W1543.1.1.1］天神磨出日月星辰
W1708.3	造星星不成功	
W1708.3.1	用灯做星星不成功	藏族
※ **W1709**	**星星是生育产生的（生星星）**①	
W1710	**神或神性人物生星星**	
W1710.1	巨人生星星	彝族
W1711	**太阳生星星**	【汤普森】A764.3；＊ 哈尼族 ＊ ［W1618.12］太阳会生育
W1711.1	太阳被阉后生的孩子很小变成星星	壮族
W1712	**月亮生星星**	【汤普森】A746.1；＊ 哈尼族、壮族 ＊ ［W1756.2.1］星星多是因为月亮经常生星星
W1713	**婚生星星**	
W1713.1	天地婚生星星	珞巴族 ＊ ①［W1544.6.3］天地婚生日月；②［W7532］天地婚

---

① 星星是生育产生的（生星星），这类母题的表述中包含着"星星的家庭"、"星星的亲属"之类的母题，表达的是同一类意义，为避免过多重复，"星星的家庭"、"星星的亲属"之类的母题不再单列，具体情况参见《中国创世神话母题（W1）实例与索引》。

W 编码	母题描述	关联项
W1713.1.1	天地婚后地生星星	珞巴族 ＊ ［W1769.1］星星原来住在地上
W1713.2	日月婚生星星	汉族、壮族 ＊ ① ［W1733.3］日月婚生北斗星；② ［W1776.3.2］星星是日月的子女
W1713.2.1	日月生不成熟的孩子变成星星	壮族
W1713.2.2	星星是日月的孩子	壮族
W1713.2.3	星星是日月的子孙	汉族
W1713.2.4	日月婚后月亮生星星	汉族、壮族 ＊ ［W1712］月亮生星星
W1713.3	人婚生星星	苗族 ＊ ［W1858.3.1］人婚生的石头上生成岩石
W1714	**卵生星星**	藏族
W1714.1	神生的卵生星星	彝族
W1715	**与生育星星有关的其他母题**	
W1715.1	牦牛的精子与天相交生星星	纳西族
W1715.2	用种子撒出星星	彝族（俚颇）
W1715.2.1	星星的种子	［W1721.6］特定的种子变成星星
＊ **W1716**	**星星是变化产生的（变出星星）**	
W1717	**抛入空中的物变成星星**	【汤普森】A763； ＊ ［W1725］其他物变成星星
W1717.1	抛到天上的玉珠变成星星	汉族
W1718	**神或神性人物变化为星星**	
W1718.1	女娲化为星星	汉族 ＊ ［W0710］女娲

W 编码	母题描述	关联项
W1718.2	仙女变成星星	汉族、彝族　＊［W1752.6a.1］北方天空的六颗明亮的星星是六个仙女
W1718.3	七仙女变成七星	黎族
W1718.4	特定的神变成星星	
W1718.4.1	恶神变成星星	［W0126.4］与恶神有关的其他母题
W1718.4.2	女神变成星星	满族
W1718.5	其他神或神性人物变成星星	布依族、苗族、壮族
W1718.5.1	王母娘娘 2 个儿子变成星星	汉族
W1718.6	神或神性人物的肢体变成星星	［W1724.2.1］盘古死后牙齿变成星星
W1718.6.1	神的眼睛变成星星	汉族
W1718.6.2	天神的眼珠迸裂变成星星	苗族
W1718.6.3	盘古的眼变成星星	苗族　＊［W1545.2.7.1］盘古的眼睛变成日月
W1718.6.4	盘古的汗毛孔变成星星	汉族
W1718.6.5	盘古的头发、胡须变成星星	汉族　＊［W1707.6.3］盘古用毛发造星星
W1719	**人变成星星**	蒙古族　＊［W1736.1.1］人变成北极星
W1719.1	人升天变成星星	【汤普森】≈ A761；＊ 独龙族、汉族
W1719.1.1	到天上看守天河的人变成星星	赫哲族　＊［W1789.5］天河的看守
W1719.2	天上的人变成星星	满族
W1719.2.1	留在天上的人变成星星	满族　＊［W2997.0.3］人被留在天上
W1719.3	兄弟到天上变成星星	黎族　＊［W1731］北斗星（北斗七星）

W 编码	母题描述	关联项
W1719.3.1	三兄弟飞到天上化为三颗星星	朝鲜族
W1719.3.2	7 颗亮星是 7 兄弟在天上盖楼房	藏族 ＊［W1444.2.3.2］人到天上盖房子
W1719.4	姐妹变成"姐妹星"	高山族
W1719.4.1	上天的 7 姐妹被玉帝吹仙气后化为七星	苗族 ＊［W1718.3］七仙女变成七星
W1719.5	人死后变成星星	达斡尔族、傣族、苗族
W1719.6	其他特定的人变成星星	
W1719.6.1	一对夫妻变成星星	布朗族
W1719.6.2	三个人变成三颗星	独龙族 ＊［W1752.7.1］一家 3 口变成三星
W1719.6.3	盗贼变成星星	哈萨克族 ＊ ①［W1734.5］7 个盗贼上天后变成北斗星；②［W1742.2］盗贼变成启明星
W1719.6.4	高辛王的两个儿子变成参商二星	汉族 ＊［1736b.1.1］高辛的大儿子阏伯变成参星
W1719.6.5	妒妇被惩罚变成星星	汉族 ＊［W9505］惩罚造成的变形
W1719.6.6	老人升天变成星星	汉族、藏族
W1719.6.7	1 个到天上寻找母亲的小孩变成星星	彝族
W1719.6.8	牛郎织女的 2 个孩子在天上变成星星	汉族 ＊ ①［W0766.3.1］牛郎织女；②［W1752.11.1］牛郎织女变成牛郎星和织女星
W1719.6.9	姐弟俩到天上弟弟变成星星	朝鲜族
W1719.6.10	人的肢体变成星星	
W1719.6.10.1	兄妹俩的心变成星星	彝族 ＊ ①［W1741.2.1］英雄的心变成启明星；②［W1741.3.1］盘古死后心变成启明星

W 编码	母题描述	关联项
W1719.6.10.2	人死升天眼睛变成星星	高山族 * ［W1769.8.2.1］银色的星星是逝去已久的死者的眼睛
W1720	**动物变成星星**	哈萨克族
W1720.1	动物升天变成星星	【汤普森】 ≈ A761
W1720.2	鸡变成星星	傈僳族
W1720.3	羊变成星星	柯尔克孜族 * ［W1768.4］星星是天上的羊群
W1720.4	龙的鳞甲变成星星	汉族、畲族 * ① ［W1250.6］龙鳞变成土；② ［W3566］龙的鳞（龙鳞）
W1720.4.1	人从火龙背上揭下鳞甲抛向天空变成星星	汉族 * ［W3583.1］火龙（喷火的龙）
W1720.5	动物的眼睛变成星星	布朗族
W1720.5.1	虎的眼睛变成星星	彝族
W1720.5.2	牛眼变成星星	彝族
W1720.5.2.1	犀牛的眼睛变成星星	布朗族
W1720.6	其他特定的动物或动物肢体变成星星	赫哲族 * ［W1724.3］动物的牙齿变成星星
W1720.6.1	虎尾变成星星	彝族（罗鲁泼）
W1721	**植物变成星星**	［W1524］植物变成万物
W1721.1	花变成星星	傣族
W1721.1.1	梭罗树开花形成繁星	彝族 * ［W1544.4.3］梭罗树开花生日月
W1721.1.2	茶花变成星星	德昂族
W1721.1.3	兄妹坟前的小花变成星星	布依族
W1721.2	**芝麻变成星星**	壮族
W1721.2.1	撒在天上的芝麻变成星星	汉族

W 编码	母题描述	关联项
W1721.3	仙葫芦籽变成星星	傣族 ＊ ① ［W1524.3］仙葫芦籽变成万物；② ［W9692.4］宝葫芦
W1721.4	草变成星星	
W1721.4.1	神草揉碎变成星星	彝族 ＊ ① ［W0934］神草（仙草）；⑦ ［W1545.5.4.1］神草揉碎变成日月
W1721.5	荞子花撒向天空变成星星	彝族
W1721.6	特定的种子变成星星（特定的果实变成星星）	景颇族
W1721.6.1	天上的梭罗树的果实像星星	彝族 ＊ ［W1721.1.1］梭罗树开花形成繁星
W1722	**日月变成星星**	
W1722.1	日月划分成星星	朝鲜族
W1722.2	日月的精气变成星星	汉族
W1722.3	太阳的碎片变成星星（月亮的碎片变成星星）	【汤普森】A764；＊ 汉族、瑶族
W1722.3.1	太阳神被射溅出的火花变星星	布朗族
W1722.3.2	射碎的太阳变成星星	高山族（泰雅）、汉族、水族、藏族
W1722.3.3	打碎的太阳变成星星	高山族（泰雅）
W1722.4	太阳经历特定事件后变成星星	
W1722.4.1	太阳被洒水后变成星星	汉族
W1722.5	太阳的血点变成星星（月亮的血点变成星星）	【汤普森】≈A764.2；＊ 高山族
W1722.6	太阳抖落的碎物变成星星	哈萨克族
W1722.7	月亮的碎片变成星星	黎族
W1722.7.1	射落的月亮的角变成星星	瑶族
W1723	**火星变成星星**	白族、汉族、佤族

W 编码	母题描述	关联项
W1723.1	神用赶山鞭抽出的火花变成星星	阿昌族
W1723.2	马踏水溅起的火星变成星星	蒙古族
W1723.2.1	女神骑马踏水溅到天上的火星变成星星	蒙古族
W1723.3	火球的碎片变成星星	①［W1598.4］火球变成月亮；②［W1574.2.6］火球变成太阳
W1723.4	炼太阳迸出的火星变成星星	侗族
W1723.5	射月亮迸出的火星变成星星	瑶族
W1723.6	太阳碰撞的火星变成星星	白族
W1723.6.1	两个太阳撞出的火星粘在天上变成星星	白族
W1723.7	与火星变成星星有关的其他母题	
W1723.7.1	神喷的火变成星星	满族
W1724	**牙齿变成星星**	［W1545.7.8］牙齿变成日月
W1724.1	神的牙齿变成星星	汉族
W1724.1.1	神死后牙齿变成星星	彝族
W1724.2	神性人物的牙齿变成星星	汉族
W1724.2.1	盘古死后牙齿变成星星	白族　*［W1980.2.3.1］盘古的牙齿变金银
W1724.2.2	祖先的牙齿变成星星	苗族
W1724.2.2.1	祖先的小牙变成星星	布依族
W1724.2.3	撑天者的牙齿变成星星	布依族　*①［W1307.7.1］巨人一手撑天；②［W1323］人支天（人支撑天）
W1724.2.4	天女的牙齿变成星星	满族
W1724.3	动物的牙齿变成星星	哈尼族、瑶族

W 编码	母题描述	关联项
W1724.3.1	龙牙变成星星	汉族 ＊ ［W3568.4］龙牙
W1724.3.1.1	星星是补天时做钉子的龙牙	苗族
W1724.3.2	马鹿牙变成星星	普米族
W1724.3.3	虎牙变成星星	彝族
W1724.3.4	牛的牙齿变成星星	哈尼族 ＊ ① ［W1734.12］牛的牙齿变成北斗星；② ［W1744.1］牛牙变成启明星
W1724.3.4.1	龙牛的牙齿变成星星	哈尼族
W1724.3.4.2	神牛的牙齿变成星星	哈尼族
W1724.4	其他特定的牙齿变成星星	
W1724.4.1	钉天的牙齿变成星星	布依族
W1725	**其他特定物变成星星**	
W1725.1	金银碎片变成星星	拉祜族
W1725.2	银子变成星星	汉族
W1725.2.1	神撒在天上的碎银变成星星	拉祜族 ＊ ［W1725.5.1］撒到天上的铜沙变成星星
W1725.2a	撒到天上的金果变成星星	苗族
W1725.3	宝珠变成星星	布依族、汉族、满族、畲族、藏族 ＊ ① ［W1743］珠宝变成启明星；② ［W9686］宝珠
W1725.3.1	挂到天上的 81 颗宝珠变成星星	藏族
W1725.3.2	老人镶到天幕上宝珠变成星星	藏族 ＊ ［W1798.1.2.1］老人把宝珠镶嵌在天幕
W1725.3.3	女神撒珠子变成星星	瑶族
W1725.3.4	月亮衣服上的珠宝变成星星	哈萨克族
W1725.3.5	夜明珠变成星星	汉族
W1725.3.6	天女抛到空中的珍珠变成星星	汉族

W 编码	母题描述	关联项
W1725. 3. 7	老人撒到空中的珍珠变成星星	汉族
W1725. 3. 8	撒落的星神儿子的项链变成星星	珞巴族
W1725. 4	铜镜变成星星	满族 ＊［W1545. 8. 1］日月是天空上的镜子
W1725. 5	沙子变成星星	藏族
W1725. 5. 1	撒到天上的铜沙变成星星	彝族 ＊［W1585. 7. 1］用雨水拌银沙造月亮
W1725. 6	石头变成星星	【民族，关联】①
W1725. 6. 1	撒到天上的碎亮晶石变成星星	布依族
W1725. 6. 2	月亮上的石头变成星星	回族
W1725. 6. 3	补天的宝石变成星星	畲族 ＊ ①［W1387. 1. 4］用宝石补天；②［W1866. 4］玉石（宝石）
W1725. 6. 4	补天的五彩石变成星星	汉族
W1725. 6. 5	天帝在天上撒的小石子变成星星	佤族
W1725. 6. 6	炸开的碎石撒到天上变成星星	汉族
W1725. 6a	泥变成星星	瑶族（布努） ＊［W1704. 2. 2］女神撒到天空的泥巴变成星星
W1725. 6b	水晶碎片变成星星	
W1725. 6b. 1	日月婚生的孩子弄破的水晶房碎片变成星星	白族 ＊［W7533］日月婚
W1725. 7	山川之精变成星星	汉族 ＊［W0854］精怪
W1725. 8	云的碎末变成星星	纳西族（摩梭）
W1725. 8. 1	老鼠啃出的云沫变成星星	普米族
W1725. 9	水溅到天空变成星星	

① 【民族】汉族。　【关联】❶［W1574. 3］石头变成太阳；❷［W1598. 5］石头变成月亮；❸［W1762. 2］星星是补天的石头

W 编码	母题描述	关联项
W1725.9.1	回生水溅到天上产生星星	纳西族 * ①［W1897.1.2］回生水（使人死而复生的水）；②［W1897.1.2.1］回生水在西天
W1725.10	冰变成星星	傈僳族
W1725.11	眼泪变成星星	布朗族、汉族 * ［W1521.3］创世者的眼泪化为万物
W1725.11.1	盘古的眼泪变成星星	汉族
W1725.12	汗珠变成星星	畲族 * ［W1756.2.2］星星多是撒了很多汗珠的缘故
W1725.12.1	天神的汗珠变成星星	拉祜族
W1725.12.2	巨人的汗珠变成星星	汉族
W1725.12.3	上天驱云者的汗珠变成星星	畲族
W1725.13	露珠变成星星	瑶族 * ［W4548］与露有关的其他母题
W1725.14	血变成星星	［W1859.5.7］血变成石头
W1725.14.1	太阳溅的血变成星星	高山族
W1725.14.1.1	太阳流出的血点变成星星	汉族
W1725.14.2	地母流产流出的血水变成星星	珞巴族 * ①［W0238］地母；②［W1511.3.1］地母生万物
W1725.14.3	神流出的血变成星星	彝族
W1725.14.4	青蛙的血变成星星	哈尼族
W1725.15	唾沫变成星星	
W1725.15.1	天神的唾沫变成星星	维吾尔族
W1725.16	饭粒飞到天上变成星星	拉祜族
W1725.17	毛发变成星星（毛发孔变成星星）	汉族 * ①［W1718.6.4］盘古的汗毛孔变星星；②［W1718.6.5］盘古的头发、胡须变成星星
W1725.17.1	火神的毛发变成星星	满族

W 编码	母题描述	关联项
W1725.17.2	宇宙大神的毛发变成星星	满族
W1725.18	针眼变成星星	汉族
W1725.18.1	盘古兄妹补天的针眼变成星星	汉族　＊〔W0725.2〕盘古的兄妹（盘古兄妹）
W1725.18a	线头变成星星	
W1725.18a.1	月亮撒落的线头变成星星	汉族
W1725.19	烟尘变成星星	瑶族
W1725.20	到天上的诸物变成星星	哈萨克族、赫哲族、苗族　＊①〔W1789.10〕天河中的诸物；②〔W1798〕天上的其他诸物
W1725.20.1	猎人的马与猎犬以及弓箭都变成了星星	柯尔克孜族
W1725.20.2	盘古的母亲目母婆甩裙上天形成星星	瑶族　＊〔W0725.1.2〕盘古的母亲
W1725.20.3	遮天衣衫上的碎花变成星星	汉族
W1725.20.4	补天的贝壳类变成星星	汉族　＊〔W1598.8〕贝壳变成月亮
W1725.20.5	牛郎掷掉的饭碗变成星星	汉族　＊〔W0766.3.1.1〕牛郎
W1726	**与变星星有关的其他母题**	
W1726.1	蛋壳变成星星	
W1726.1.1	盘古砸破鸡壳杂在清里的变成星星	汉族
W1726.2	特定的痕迹变成星星	
W1726.2.1	创世母亲的手印变成星星	基诺族
W1726.3	天的心肝变成星星	哈尼族　＊〔W1768.9〕星星是天的心肝五脏
W1727	**与星星产生有关的其他母题**	

W 编码	母题描述	关联项
W1727.0	星星产生的时间	
W1727.0.1	出现天地后产生星星	汉族 ＊ ［W1124］与天地产生有关的其他母题
W1727.0.2	龙年产生星星	彝族（阿细）
W1727.0.3	有了黑夜后产生星星	毛南族
W1727.1	神把星星安置在天上	【汤普森】A763.2；＊ 汉族、佤族、彝族（阿细） ＊ ［W4202］星星为什么是散布在空中
W1727.1.1	布星女神安置星星	满族
W1727.2	人的意愿产生星星	彝族
W1727.3	火球相撞产生星星	满族
W1727.4	星星产生前先产生影子	纳西族 ＊ ［W1518.1］万物源于影子
W1727.5	星星的成活	
W1727.5.1	造天时星星成活	造天时星星成活

1.5.2 特定星星的产生
【W1730 ~ W1754】

W 编码	母题描述	关联项
✿ W1730	特定星星的产生	【汤普森】A770
＊ W1731	北斗星（北斗七星）	
W1732	北斗星是造出来的（造北斗星）	
W1732.1	神造北斗星	

W 编码	母题描述	关联项
W1732.1.1	神用牛的牙齿做北斗星	哈尼族 ＊ ① ［W1724.3.4］牛的牙齿变成星星；② ［W1734.12］牛的牙齿变成北斗星
W1732.1.2	神在海里搅出北斗七星	珞巴族
W1732.1.3	北斗七星是夜神安排的夜眼	畲族
W1732.2	海水中搅出北斗星	珞巴族
W1733	**北斗星是生育产生的**	
W1733.1	斗姆生北斗星	汉族 ＊［W0768.18.1］斗姆是北斗七星的母亲
W1733.2	人感生北斗七星	
W1733.2.1	女子洗澡时感生北斗七星	汉族
W1733.3	日月婚生北斗星	哈尼族 ＊ ① ［W1713.2］日月婚生星星；② ［W1776.3.2］星星是日月的子女
W1734	**北斗星是变化产生的**	
W1734.1	神变成北斗星	柯尔克孜族
W1734.2	7 个英雄变成北斗星	蒙古族
W1734.3	女英雄变成北斗星	汉族
W1734.4	卵生的 7 子变成北斗星	朝鲜族
W1734.5	7 个盗贼上天后变成北斗星	汉族、柯尔克孜族 ＊［W1719.6.3］盗贼变成星星
W1734.6	7 个兄弟变成北斗星	汉族、黎族、蒙古族、藏族
W1734.7	7 个男孩变成北斗星	藏族
W1734.8	北斗星是七姐妹	鄂伦春族、黎族
W1734.8.1	七星是玉皇的 7 个女儿	壮族
W1734.8.2	七仙女变成北斗七星	① ［W0826.5.3］七仙女；② ［W1718.3］七仙女变成七星
W1734.8a	北斗星是七姊妹	藏族

W 编码	母题描述	关联项
W1734.9	其他特定的人变成北斗星	
W1734.9.1	被追的笨女婿变成北斗七星	赫哲族 * ［W7035.1］傻女婿（笨女婿）
W1734.9.2	天上的牧马人变成北斗星	柯尔克孜族
W1734.9.3	六仙女和一个寻找母亲的男孩变成北斗七星	彝族
W1734.10	灵魂变成北斗星	［W0887.3］灵魂（鬼魂）变形为其他物
W1734.10.1	祖先的灵魂变成北斗星	哈尼族
W1734.10.2	7 个兄弟的灵魂变成北斗星	汉族
W1734.11	金刚石变成北斗星	汉族
W1734.12	牛的牙齿变成北斗星	① ［W1724.3.4］牛的牙齿变成星星；② ［W1732.1.1］神用牛的牙齿做北斗星
W1734.12.1	牛的最大的牙齿变成北斗星	哈尼族
W1734.13	仓库升天变成北斗星	鄂伦春族
W1734.14	其他特定物变成北斗星	
W1734.14.1	北斗星是天上的木犁	黎族 * ［W1752.2b］犁把星
W1734.14.2	放物品的斗变成北斗星	汉族
W1734.14.3	北斗星由飞到天上的不同物件构成	鄂伦春族
W1735	**与北斗星有关的其他母题**	① ［W0287］北斗星神；② ［W1770.3.1.4］北方七宿组成龟形
W1735.0	北斗星主灾难	［W8028］与灾难的原因有关的其他母题
W1735.0.1	北斗星主水火	汉族、彝族
W1735.1	北斗星主生	汉族 * ① ［W1738.1］南斗星主生；② ［W2974.1.6］雷神主生死

W 编码	母题描述	关联项
W1735.2	北斗星主死	
W1735.2a	北斗星主人命	汉族 ＊〔W9482〕命运天定
W1735.2b	北斗七星是北方的星主	满族
W1735.3	北斗星有四角	
W1735.3.1	北斗星的四角是 4 根柱子	鄂伦春族
W1735.3.2	北斗星为什么有一个角是倾斜的	鄂伦春族
W1735.4	北斗星是仓库神	鄂伦春族 ＊〔W0550〕仓库神
W1735.4.1	北斗星为什么叫仓库	鄂伦春族
W1735.5	北斗星是长寿星	鄂伦春族、鄂温克族
W1735.5.1	北斗星象征长寿	鄂伦春族 ＊〔W9245〕自然物作为象征
W1735.6	北斗星是吉祥星	〔W1744.8〕启明星象征吉祥
W1735.6.1	北斗星是婴儿的吉祥星	达斡尔族 ＊〔W0443.8〕幼儿保护神
W1735.7	北斗星是太阳的哥哥	满族 ＊〔W1681.1〕太阳的兄弟
W1735.8	原来天上七星变成六星	黎族
W1735.9	北斗七星柄尾上的小星是星女	汉族
W1735.10	北斗七星是钩子	苗族
W1735.11	北斗七星移动的原因	〔W4963.3〕特定的星星的运行
W1735.11.1	北斗星移动是 7 兄弟需要到不同地方造房子	藏族 ＊〔W1444.2.2〕人到天上给天神盖房子
W1735.12	北斗星很勤劳	黎族
W1735.13	北斗星离地很远	苗族
W1735.14	北斗星在北方的来历	
W1735.14.1	补好北方的天后北斗星挂北方	阿昌族
W1735.15	七星是神下凡的桥	满族 ＊〔W1407〕连接天地的桥（天桥、通天桥）

W 编码	母题描述	关联项
W1735.16	七星中的小星	
W1735.16.1	七星中的小星是找妈妈的小孩	彝族
W1736	**北极星**	【汤普森】A744; * ［W1737］南极星
W1736.1	北极星是变化产生的	
W1736.1.1	人变成北极星	汉族 * ［W1719］人变成星星
W1736.1.1.1	一个老人变成北极星	满族
W1736.1.2	拴马桩变成北极星	哈萨克族、蒙古族
W1736.1.3	仙女变成北极星	哈萨克族
W1736.2	与北极星有关的其他母题	
W1736a	**扁担星**	
W1736a.1	2 个扁担星在银河两边	汉族
W1736a.1.1	直扁担星	汉族
W1736a.1.2	曲扁担星	汉族
W1736b	**参星**	
W1736b.1	特定的人物变成参星	
W1736b.1.1	高辛的大儿子阏伯变成参星	汉族 * ［W1719.6.4］高辛王的两个儿子变成参商二星
W1736c	**辰星**	
W1736c.1	辰星是北方神	汉族 * ［W0254］北方神
W1736d	**东斗四星**	满族
W1737	**南极星**	汉族 * ［W1736］北极星
W1737.1	南极老头变成南极星	汉族
W1738	**南斗星**	
W1738.1	南斗星主生	汉族 * ［W1735.1］北斗星主生
W1738.2	南斗星主死	汉族 * ［W1735.2］北斗星主死
W1738.3	南斗星主寿命	汉族
W1738.4	南斗六星	汉族、满族、彝族

W 编码	母题描述	关联项
W1738.4.1	南斗六司	彝族（撒尼）
W1739	**魁星**①	
W1739.1	魁星主文章	汉族 ＊ ［W1752.12.1］文星主文运
＊**W1740**	**启明星**	【汤普森】A781.1
W1741	**神或神性人物变成启明星**	
W1741.1	天上的仙女变成启明星	景颇族
W1741.2	英雄变成启明星	壮族
W1741.2.1	英雄的心变成启明星	壮族 ＊ ① ［W1719.6.10.1］兄妹俩的心变成星星；② ［W1741.3.1］盘古死后心变启明星
W1741.2.1.1	布伯的心飞到天上变成启明星	壮族 ＊ ［W0768.10］布伯
W1741.3	盘古的心变成启明星	
W1741.3.1	盘古死后心变成启明星	白族
W1742	**人变成启明星**	［W1719］人变星星
W1742.1	老人化为启明星	藏族
W1742.1.1	老人骑仙鹤升天化为启明星	藏族 ＊ ① ［W1432.3.3.2］人骑仙鹤上天；② ［W1744.4］启明星叫老人星的来历
W1742.1.2	启明星是一个老妇人	珞巴族
W1742.2	盗贼变成启明星	哈萨克族 ＊ ［W9950］偷盗
W1742.3	特定的女子变成启明星	哈萨克族
W1742.3.1	母女升天后母亲成为启明星	珞巴族
W1742.3.2	1 个小姑娘变成启明星	汉族
W1742.4	叫启明的人变成启明星	汉族
W1742.5	其他特定人物变成启明星	
W1742.5.1	寻找太阳的人变成启明星	［W9836］特定的人找太阳

---

① 魁星，又称作文魁夫子、大魁夫子、大魁星君、绿衣帝君、魁星爷等。

W 编码	母题描述	关联项
W1742.5.1.1	寻找太阳的刘春变成启明星	汉族
W1743	**珠宝变成启明星**	［W1725.3］宝珠变成星星
W1743.1	宝石变成北斗星	汉族 ＊［W9695.1］宝石
W1743.2	启明星是抛到天上的明珠	畲族
W1744	**与启明星有关的其他母题**	
W1744.1	牛牙变成启明星	①［W1724.3.4］牛的牙齿变成星星；②［W1734.12］牛的牙齿变成北斗星
W1744.1.1	牛的尖牙变成启明星	哈尼族
W1744.1.2	牛的偏牙变成启明星	哈尼族
W1744.1.3	牛的最粗的牙齿变成启明星	哈尼族
W1744.1.4	神牛的牙变成启明星	哈尼族
W1744.2	启明星为什么黎明时出现	哈萨克族
W1744.3	启明星白天值班	汉族
W1744.4	启明星叫老人星的来历	藏族 ＊［W1742.1］老人化为启明星
W1744.4.1	启明星叫老人星是因为它是老人变成的	汉族 ＊［W1737.1］南极老头变成南极星
W1744.5	启明星叫启明星的来历	
W1744.5.1	启明星叫启明星是因为它出来天就亮	
W1744.5.2	启明星叫大亮星的来历	
W1744.5.2.1	因启明星身上有发光的鳞片取名大亮星	汉族
W1744.6	启明星叫慌忙星的来历	
W1744.6.1	启明星因匆忙向东走取名慌忙星	汉族

W 编码	母题描述	关联项
W1744.6a	启明星叫过天星的来历	
W1744.6a.1	启明星叫过天星是因为它每天要把天过一遍	汉族
W1744.7	启明星是光明之神	鄂温克族 ＊ ［W0458］光明之神
W1744.8	启明星象征吉祥	鄂温克族
W1744.8.1	启明星预兆吉祥	畲族 ＊ ［W9235］好的征兆（祥兆）
W1744.9	启明星在东方	
W1744.9.1	启明星原来不在东方	汉族
W1744.10	启明星守护大地中层大门	蒙古族（布里亚特）＊ ［W1237b.2.2］地门有特定物看守
W1745	**金星**	【汤普森】A781
W1745.1	人变太白金星	［W0776］太白金星
W1745.1.1	头人的心飞到天上化为太白金星	壮族
W1745.2	仙女变成金星	哈萨克族
W1745a	**金石星**	
W1745a.1	金石星仗义	汉族
W1746	**彗星（扫把星、扫帚星、孛）**	【汤普森】A786；＊ 汉族
W1746.0	神造出彗星	［W1704］神或神性人物造星星
W1746.0.1	女神造出带灯的彗星	水族
W1746.0a	特定物变成彗星	
W1746.0a.1	扫帚变成扫帚星	
W1746.0a.1.1	伏羲女娲打狗的扫帚变成扫帚星	汉族 ＊ ［W1386.3.3］伏羲女娲兄妹补天
W1746.0a.2	女子死后变成孛（女子死后变成彗星）	汉族

W 编码	母题描述	关联项
W1746.1	彗星是天缝漏下的星星	汉族
W1746.2	彗星为什么有长尾巴	汉族 ＊ ［W1388.2.3.3.1］长尾巴星星做补天的针
W1746.2.1	牛的尾巴做扫星星的扫把星	哈尼族
W1746.2.1.1	神用神牛的尾巴造扫把星	哈尼族
W1746.3	彗星作为死亡征兆	汉族 ＊ ［W9237］死亡的征兆
W1746.4	彗星搬弄是非	汉族
W1746.5	与彗星有关的其他母题	［W6539.3a.1］彗星禁忌
W1746.5.1	鲸鱼死彗星出	汉族
W1746.5.2	扫帚星的妻子是葵花星	汉族
W1747	**猎户星**	
W1747.1	猎户星的产生	【汤普森】A772
W1748	**流星（贼星）**	【汤普森】A788
W1748.0	流星是特定的火星	
W1748.0.1	流星是吴刚伐桂砍出的火星	汉族
W1748.1	补天的石头化为流星	汉族 ＊ ［W1387.1］用石补天
W1748.2	流星是月亮落下的碎片	【汤普森】A788.1
W1748.3	流星是风神抛出的火石	【民族，关联】①
W1748.4	流星是星星射出的子弹	高山族
W1748.5	流星是星星的粪便	【汤普森】A788.4
W1748.6	与流星有关的其他母题	
W1748.6.1	流星可以使女人怀孕	【汤普森】A788.3；＊ ［W2273］感星孕生人
W1748.6.2	人身上的火变成了流星	维吾尔族
W1748.6.3	流星在 99 层云端	瑶族
W1748.6.4	流星是陨石神	傈僳族 ＊ ［W1866.1］陨石（雷石）

① 【民族】满族。【关联】❶ ［W1295.7.3］火石分开天地；❷ ［W1866.2a］火石；❸ ［W1867.1.7］燃石；❹ ［W6957］火种

W 编码	母题描述	关联项
W1748.6.5	流星是凶兆	维吾尔族 ＊［W9236］坏的征兆（凶兆）
W1748.6.6	流星陨落的原因	
W1748.6.6.1	流星因腐败陨落	彝族（俚颇）
W1748.6.6.2	流星从天缝中漏下来	汉族
W1749	**昴星（七女星）**	满族
W1749.1	昴星的产生	【汤普森】A773；＊哈萨克族
W1750	**木星（岁星）**	汉族
W1750.1	木星的产生	【汤普森】A782
W1750.2	木星在东方	汉族 ＊ ①［W0251］东方神；②［W4723］东方的管理
W1750.3	岁星主东方	汉族
W1750a	**水星**	
W1750a.1	水星的产生	
W1750a.2	水星有不同名称	哈萨克族
W1750b	**火星**	
W1750b.1	火星的产生	
W1750b.2	火星之精	汉族
W1751	**行星的产生**	【汤普森】A780
W1752	**其他一些特定星星的产生**	【汤普森】A779
W1752.1	毕星的产生	【汤普森】A775
W1752.2	大熊星座的产生	【汤普森】A771
W1752.2.1	特定人物变大熊星座	哈萨克族
W1752.2.2	天枢	汉族
W1752.2.2.1	日月山是天枢	汉族 ＊［W1852.6.112］日月山
W1752.2a	灯草星	
W1752.2a.1	特定的人变成灯草星	汉族

W 编码	母题描述	关联项
W1752.2a.1.1	银河中挑灯草的人变成灯草星	汉族
W1752.2a.2	灯草星为什么红色	
W1752.2a.2.1	灯草星红色是因为急红了眼睛	汉族
W1752.2b	犁把星	［W1734.14.1］北斗星是天上的木犁
W1752.2b.1	犁把飞上天变成犁把星	拉祜族
W1752.2c	犁底星	
W1752.2c.1	犁底飞上天变成犁底星	拉祜族
W1752.2d	磨子星	
W1752.2d.1	磨子星颜色暗淡	汉族
W1752.2e	石头星	
W1752.2e.1	特定的人变成石头星	汉族
W1752.2e.1.1	挑着石头的人变成石头星	汉族
W1752.3	天琴星的产生	【汤普森】A776
W1752.4	天蝎星的产生	【汤普森】A777
W1752.4a	天车星	汉族
W1752.4a.1	妯娌俩在天河上变成天车星	汉族
W1752.4b	天池（天池星、天渊）	【民族，关联】①
W1752.4c	天狼星	汉族
W1752.4c.1	天狼星在参星东	汉族 ＊ ［W1736b］参星
W1752.4c.2	天狼星主侵掠	汉族
W1752.4d	天牛星	
W1752.4d.1	天牛星做红娘	汉族
W1752.4e	天王星	汉族
W1752.5	七姊妹星的产生	藏族 ＊ ［W1749］昴星（七女星）
W1752.5.1	玉帝把 7 个到天上的姊妹化为七姊妹星	苗族 ＊ ［W1719.4.1］上天的 7 姐妹被玉帝吹仙气后化为七星

---

① 【民族】汉族。　　【关联】❶ ［W1794.0］天池；❷ ［W1852.6.130］天池（天池山）；❸ ［W1915.2.1］仙女舀天池的水造江河；❹ ［W1950.7］地上的天池

W 编码	母题描述	关联项
W1752.5.2	七姐妹星是 1 个老妇和 6 个女儿	珞巴族
W1752.5.3	七星姊妹是月亮的妹妹	瑶族
W1752.5a	儿女星	
W1752.5a.1	牵牛星两边两个小星是儿女星	汉族 ＊［W1752.11.2］牵牛星
W1752.6	五大行星的产生（五星）	
W1752.6.1	金、木、水、火、土五大行星是五兄弟	汉族
W1752.6.2	五星	
W1752.6.2.1	西斗五星	满族
W1752.6a	六星	［W1776.6］天上七星变成六星
W1752.6a.1	北方天空的六颗明亮的星星是六个仙女	彝族 ＊［W1734.8.2］七仙女变成北斗七星
W1752.7	三星	
W1752.7.1	一家 3 口变成三星	苗族 ＊［W1719.6.2］三个人变成三颗星
W1752.7.2	三胎星	
W1752.7.2.1	守护太阳的 3 兄弟变成三胎星	朝鲜族、汉族
W1752.7a	商星	［W1719.6.4］高辛王的两个儿子变成参商二星
W1752.7a.1	特定的人物变成商星	
W1752.7a.1.1	高辛的小儿子变成商星	汉族 ＊ ①［W0768.1.3］高辛王的 3 个女儿；②［W1719.6.4］高辛王的两个儿子变成参商二星
W1752.8	犁底星的产生	拉祜族
W1752.9	鸡窝星的产生	

W 编码	母题描述	关联项
W1752.9.1	鸡窝在天上变成鸡窝星	拉祜族
W1752.10	金牛星座	满族
W1752.11	牛郎星和织女星	［W1705.3］牛郎神造星星
W1752.11.1	牛郎织女变成牛郎星和织女星	汉族 ＊ ① ［W1725.20.5］牛郎掷掉的饭碗变成星星；② ［W0766.3.1］牛郎织女
W1752.11.2	牵牛星	［W1752.5a.1］牵牛星两边两个小星是儿女星
W1752.11.2.1	牵牛星是牛郎给织女的礼物	汉族
W1752.11.2.2	牵牛星在天河东南岸	汉族
W1752.11.3	织女星（天孙）	汉族 ＊ ［W1851.1.7.1］泰山又称天孙
W1752.11.3.1	织女星是天河西北岸最亮的星	汉族
W1752.12	文星（文昌星、文曲星）	
W1752.12.1	文星主文运	汉族 ＊ ［W1739.1］魁星主文章
W1752.13	咸池星	
W1752.13.1	咸池星是天池星	汉族 ＊ ［W1752.4b］天池（天池星、天渊）
W1752.14	曜星	汉族
W1752.14.1	狗变成曜星	汉族
W1752.14.2	七曜	汉族
W1752.15	镇星	
W1752.15.1	镇星居中央	汉族

1.5.3　星星的特征
【W1755 ~ W1769】

W 编码	母题描述	关联项
W1755	**星星的性别**	
W1755.1	星星有男女	藏族、壮族 ＊ ［W1530］万物的性别
W1755.2	星星是男孩	
W1755.3	星星是女孩	藏族
W1756	**星星的数量**	壮族
W1756.1	星星的数量众多	
W1756.1.1	星星数量数不清	汉族
W1756.1.2	星星有千万颗	汉族
W1756.2	星星为什么数量多	
W1756.2.1	星星多是因为月亮经常生星星	壮族 ＊ ［W1712］月亮生星星
W1756.2.2	星星多是撒了很多汗珠的缘故	畲族 ＊ ［W1725.12］汗珠变成星星
W1756.3	最早只有 1 对星星	布朗族
W1756.4	最早只有楼星和女星	仫佬族
✳ **W1757**	**星星是某种特殊的东西①**	
W1758	**星星是天上的人或动物的眼睛**	【汤普森】A761.5
W1758.1	星星是天上的姑娘	独龙族
W1758.2	神巨人用犀牛的眼做星星	布朗族 ＊ ［W1545.4.2］牛的眼睛变成日月

---

① 星星是某种特殊的东西，这类母题有时与"星星是变化产生的"母题中的一些特定物质变化为星星的情形有所杂糅，但仍可以做出细微区别。具体情况可对照《中国创世神话母题（W1）实例与索引》。

W 编码	母题描述	关联项
W1759	星星是天上戳出的洞眼	汉族
W1759.1	星星是筛子眼里看到的天	苗族
W1759.2	星星是天上的小圆孔	汉族、水族
W1760	星星是天眼	［W1168.10］天眼（天的眼睛）
W1760.1	星星是造天时留下的天眼	哈尼族
W1761	星星是钉子	苗族
W1761.1	星星是补天的钉子	汉族、土家族
W1761.1.1	星星是补天的宝石钉子	畲族 * ［W1725.6.3］补天的宝石变成星星
W1761.2	星星是钉子的发光	布依族、土家族
W1762	星星是石头	
W1762.1	星星是天上的石头	佤族 * ［W1499.3］天上落石头
W1762.2	星星是补天的石头	汉族
W1762.3	星星是天上的宝石	汉族 * ［W9695.1］宝石
W1763	星星是天上的珍珠	布依族、哈尼族、汉族
W1764	星星是牙齿	布依族、瑶族 * ［W1724］牙齿变成星星
W1764.1	星星是龙牙	哈尼族
W1765	星星是火星	［W1723］火星变星星
W1765.1	星星是两个太阳（火球）在天上撞碰出的火星	白族、满族
W1765.2	星星是射太阳是溅出的火星	布朗族、佤族 * ［W9790］射日月的结果
W1765.3	星星是太阳（月亮）抽烟冒出的火星	汉族
W1766	星星是月亮的外壳碎片	傈僳族

W 编码	母题描述	关联项
W1767	星星是天上的灵魂	鄂温克族 ＊［W1734.10.2］7 个兄弟的灵魂变北斗星
W1767.1	星星是人在天上的标志物	达斡尔族
W1768	**星星是其他特定的物**	
W1768.1	星星是小天神	门巴族
W1768.2	星星是梭罗树开的花	【民族，关联】①
W1768.3	星星是天上的果子	苗族
W1768.4	星星是天上的羊群	蒙古族
W1768.5	星星是日月的牛羊	裕固族
W1768.6	星星是烟灰	瑶族
W1768.7	星星是金钗玉坠	汉族
W1768.8	星星是手印	基诺族 ＊［W1726.2.1］创世母亲的手印变成星星
W1768.9	星星是天的心肝五脏	哈尼族（僾尼）
W1769	**与星星的特征有关的其他母题**	
W1769.1	星星原来住在地上	壮族 ＊［W1713.1.1］天地婚后地生星星
W1769.2	星星是天上人间的守卫者	赫哲族、壮族
W1769.2.1	星星是太阳的卫士	鄂伦春族
W1769.3	星星有一定的数量	
W1769.3.1	天上分布着二十八星宿	汉族
W1769.3.1.1	天上四方各有 7 个星宿	毛南族
W1769.4	星星具有魔力	【汤普森】D1291.2

① 【民族】彝族。　【关联】❶［W1514.3］梭罗树生万物；❷［W1544.4.3］梭罗树开花生日月；❸［W1545.5.3.2］日月是梭罗树开的花；❹［W3784］梭罗树

W 编码	母题描述	关联项
W1769.5	星星眨眼睛	
W1769.5.1	星星眨眼睛的原因	汉族、壮族 ＊〔W4201〕星星为什么眨眼睛
W1769.5.1.1	星星眨眼是在寻找亲人	高山族
W1769.5.1.2	神王规定星星眨眼	彝族
W1769.6	会说话的星星	【汤普森】F961.2.5；＊〔W1532〕以前万物会说话
W1769.6.1	天地第 5 次变化时的星星会说话	彝族
W1769.6.2	星星发声的消失	彝族
W1769.7	会变化的星星	〔W9576.5〕与无生命物变形有关的其他母题
W1769.7.1	星星变狗	仡佬族
W1769.7.2	星星变人	仡佬族
W1769.8	星星的颜色	
W1769.8.1	以前的星星是黄色的	哈尼族
W1769.8.2	白色的星星（白星）	汉族
W1769.8.2.1	银色的星星是逝去已久的死者的眼睛	高山族 ＊〔W1719.6.10.2〕人死升天眼睛变成星星
W1769.8.3	红色的星星（红星）	汉族
W1769.8.3.1	红色星星是刚逝死者的泪眼	高山族
W1769.8.4	黑色的星星（黑星）	羌族
W1769.9	发光的星星	
W1769.9.1	光亮的星星是祖先的慧眼	高山族
W1769.9.2	星光	彝族 ＊①〔W1548.9.1〕巨鸭啄天洞出现了日月星光；②〔W1761.2〕星星是钉子的发光
W1769.10	星星佩珠戴宝	水族

W 编码	母题描述	关联项
W1769.11	星星开花	彝族（俚颇） * ① ［W1534.11］万物会开花；② ［W1613.6］日月开花

1.5.4 与星星有关的其他母题
【W1770 ~ W1779】

W 编码	母题描述	关联项
W1770	**星座**	
W1770.1	玉帝的斧子变成星座	汉族
W1770.2	星座名称来历	汉族、基诺族
W1770.2.1	北斗七星星座的来历	［W1731］北斗星（北斗七星）
W1770.2.2	特定星座有不同名称	
W1770.2.2.1	北斗七星在民间也叫"斧子星"	汉族
W1770.3	与星座有关的其他母题	
W1770.3.1	不同方位的星座组成不同动物形状	
W1770.3.1.1	东方七宿组成龙形	毛南族
W1770.3.1.2	西方七宿组成虎形	毛南族
W1770.3.1.3	南方七宿组成鸟形	毛南族
W1770.3.1.4	北方七宿组成龟形	毛南族 * ［W1735］与北斗星有关的其他母题
W1771	**天上的星星对应地上的人**	【汤普森】A787； * 汉族、藏族
W1772	**星星是迁徙的带路者**	纳西族 * ［W5775］民族迁徙的指引着

W 编码	母题描述	关联项
W1773	**星星的消失**	
W1773.1	星星被父亲太阳吃掉	壮族
W1773.2	妖魔吞食星星（怪物吞食星星）	傣族
W1773.3	星星被带入地下	满族
W1773.4	星星消失是因为被吞吃	①［W1619.8.1］太阳吃掉自己的孩子星星；②［W1690.1］日月争吵是因为太阳要吃掉它们的孩子
W1773.4.1	风雨云雾之王吞掉星星	傣族
W1773.5	星星消失是因为被偷走	
W1773.5.1	偷星星	壮族 ＊［W9950.3］偷特定的物件
W1773.6	与星星消失有关的其他母题	
W1773.6.1	星星陨落	
W1773.6.1.1	星星落江中	汉族
W1773.6.2	星星被砸碎	蒙古族
W1774	**摘星星**	【民族，关联】①
W1774.1	以前人可以摘星星	壮族
W1774.2	猫头鹰摘星星	珞巴族
W1775	**星星代表灵魂**	［W1767］星星是天上的灵魂
W1775.1	星星是人的灵魂	［W0870］灵魂（鬼）
W1775a	**星星是神的使者**	满族 ＊ ①［W0171］神的使者；②［W1611.1］日月是天的使者（日月是天使）
W1776	**与星星有关的其他母题**	【关联】②
W1776.1	星星的居所	

① 【民族】珞巴族、壮族。【关联】❶［W1317］天地原来离得很近；❷［W1317.5.4］以前天地近得可以摘星抓云彩；❸［W1776.7］捉星星
② 【关联】❶［W6426］星星崇拜；❷［W7504］人与星星的婚；❸［W7537.2］星星与鸟婚

W 编码	母题描述	关联项
W1776.1.1	星星装在口袋中	满族
W1776.1.1.1	星星装在夜神的口袋	满族
W1776.2	星星的坠落	［W1746］彗星
W1776.2.1	星星被风吹落到地上	壮族
W1776.3	星星的亲属	
W1776.3.1	太阳、月亮和星星是一家人	汉族 ＊ ［W1683.3］太阳、月亮是一家
W1776.3.1.1	日月星原来是一家	汉族
W1776.3.1.2	太阳是父亲，月亮是母亲，星星是孩子	壮族
W1776.3.1.3	星星是日月的子女	汉族、壮族 ＊ ［W1713.2］日月婚生星星
W1776.3.2	星星是天地的子女	珞巴族 ＊ ［W1713.1］天地婚生星星
W1776.3.3	星星有 2 个女儿 1 个儿子	珞巴族
W1776.4	星星的朋友	
W1776.4.1	南极星和北极星是好朋友	汉族
W1776.4.2	星星是大地的伙伴	哈萨克族
W1776.4.3	星星是日月的朋友	瑶族 ＊ ① ［W1684.1］太阳的朋友；② ［W1689.1］月亮的朋友
W1776.5	星宿下凡	仡佬族 ＊ ［W0106］神下凡
W1776.6	星里有星	汉族
W1776.7	捉星星	独龙族 ＊ ［W1774］摘星星
W1776.8	星团	哈萨克族
W1776.9	星群	
W1776.9.1	七女星群	
W1776.9.1.1	七女星群为什么只有六颗星	汉族
W1776.9.2	星星七姐妹	瑶族 ＊ ［W1734.8］北斗星是七姐妹
W1776.10	星海	满族

1.6 天上其他诸物
【W1780 ~ W1799】

1.6.1 天河（银河）
【W1780 ~ W1789】

W 编码	母题描述	关联项
✿ **W1780**	**天河（银河）**	汉族
✳ **W1781**	**天河（银河）产生**	【汤普森】A778
W1782	**神造银河**	
W1782.1	天王造天河	侗族 ✳［W0204］天帝（天王、天皇、天君）
W1782.2	牛神开天河	壮族
W1782.3	神挖出银河	
W1782.3.1	神造天时挖出 2 条银河	哈尼族
W1782.4	神用肠造银河	［W1918.2］用肠造江河
W1782.4.1	神用龙牛的岔肠造银河	哈尼族
W1782.5	天母开天河	满族 ✳［W1784.5］王母娘娘用簪划出天河
W1783	**特定的物变成银河**	
W1783.1	头巾变成银河	瑶族
W1783.2	头帕变成银河	
W1783.2.1	巨人的头帕变成银河	布依族
W1783.2.2	女子的包头巾变成银河	苗族

W 编码	母题描述	关联项
W1783.3	星星形成天河	
W1783.3.1	星神撒星星变成天河	满族　∗　［W1708.1.1］神撒出星星
W1783.4	特定人物的肠子做银河	
W1783.4.1	神牛的大肠做银河	哈尼族　∗　［W1931.3.2.1］牛的大肠变成江河
W1784	**天河是特定的痕迹（银河是特定的痕迹）**	
W1784.1	天河是神缝补天时形成的痕迹（银河是神缝补天时形成的痕迹）	【汤普森】A778.4； ∗ ①［W1378］神或神性人物修补天地；②［W1386.7］神补天
W1784.1.1	龙皮缝天缝成为天河	汉族
W1784.2	天神踩出一条银河	阿昌族
W1784.3	祖先把蓝天踩成银河	布依族
W1784.3.1	男始祖遮帕麻造日月时踩出银河	阿昌族
W1784.4	天河（银河）是妇女洒出的乳汁	【汤普森】A788.5
W1784.4.1	女人的奶水形成银河	维吾尔族
W1784.5	王母娘娘用金簪划出天河	汉族　∗　［W1972.3.3］神奇的金簪划出温泉
W1784.5.1	王母娘娘为阻挡牛郎用金簪划出天河	汉族
W1784.5a	天公划出天河	
W1784.5a.1	天公为阻止太阳欺负星星划出天河	汉族
W1784.5b	牛郎用金簪划出天河	［W0766.3.1.1］牛郎
W1784.5b.1	牛郎为阻挡岳父追赶用金簪划出天河	汉族

W 编码	母题描述	关联项
W1784.6	天河（银河）是日月运行的足迹	【汤普森】A778.9； 　＊　①［W4875.2］日月住天河边； ②［W4881］日月的运行
W1784.7	天河是雪橇的痕迹	鄂温克族
W1784.7.1	银河是神鹿拉雪橇走出的印迹	鄂温克族
W1784.8	银河是炉水流成的痕迹	汉族
W1784.9	银河是人狩猎的痕迹	
W1784.9.1	银河是猎手捕捉神鹿滑过的路	鄂温克族
W1785	天河是天上的一条路（银河是天上的一条路）	【汤普森】A778.2
W1785.1	天河是天上的灵魂的路（银河是天上的灵魂的路）	【汤普森】A778.2.1； 　＊［W0910.1.1］灵魂升天
W1785.1.1	银河是给露水留的路	哈尼族
W1785.1.2	银河是给雨留的路	哈尼族　＊［W1366.10.6.1］天洞是用了下雨的地方
W1786	天河是天上的一条河（银河是天上的一条河）	【汤普森】A778.3
W1787	天河是鹊桥（银河是鹊桥）	【汤普森】A778.7
W1787.1	灵鹊渡银河成为桥	汉族
W1788	天河是天上的烟雾（银河是天上的烟雾）	【汤普森】A778.8
W1789	与天河有关的其他母题	①［W1426.6.1］人到天河； ②［W1897.14.1］水储存在天河中
W1789.0	天河的特征	
W1789.0.1	天河有特定的水	

W 编码	母题描述	关联项
W1789.0.1.1	天河的水是银（银河的水是银）	藏族 ＊〔W1982.4〕与银的产生有关的其他母题
W1789.0.1.2	天河水是长生不老水	蒙古族 ＊ ①〔W0959.3〕不老水；②〔W1972.9.3〕不老泉
W1789.0.1.3	天河的水是静止的	赫哲族
W1789.0.2	天河的长度	
W1789.0.2.1	天河是最长的河	蒙古族 ＊〔W1936.1.4〕与河道有关的其他母题
W1789.0.3	天河9道弯	汉族 ＊〔W1939〕河流弯曲的原因
W1789.0.4	天河的物产	
W1789.0.4.1	天河产粮米	布依族
W1789.0.4.2	天河有鱼虾	满族
W1789.0.5	天河与海相通	汉族 ＊ ①〔W1357.2〕以前水天相连；②〔W1896.2.6〕水流到天上
W1789.0.6	银河是黄河	汉族 ＊〔W1942.3〕与黄河有关的其他母题
W1789.1	天河的发源地	
W1789.1.1	天河水发源于太阳和月亮换位置的地方	蒙古族
W1789.1.2	天河水源于神葫芦	满族 ＊〔W1514.1〕葫芦生万物
W1789.1.3	天河水是从地河运来的	汉族
W1789.1.4	天河的源头是深潭	苗族
W1789.2	天河的支撑	
W1789.2.1	天柱顶着天河	〔W1337〕天柱的位置
W1789.2.1.1	天柱不周山的上端顶着天河	汉族
W1789.3	天河的位置	
W1789.3.1	银河在第6层天	布依族〔W1163.6.1.1〕第6层天是银河

W 编码	母题描述	关联项
W1789.3.2	天河在天边	哈萨克族
W1789.3.3	天河在南天门外	汉族 ＊［W1168.21.1.2］南天门
W1789.3.4	天河是天界	汉族 ＊［W1166］天边（天的边际）
W1789.4	天河的数量	
W1789.4.1	2 条天河	满族
W1789.5	天河的看守	［W1719.1.1］到天上看守天河的人变成星星
W1789.5.1	人到天上看守天河	赫哲族
W1789.5.2	神羊看守天河	纳西族（摩梭）
W1789.5a	天河上的人物	
W1789.5a.1	银河上有做生意的仙女	布依族 ＊［W0222.1］天女住天河边
W1789.6	天河的其他名称（银河的其他名称）	
W1789.6.1	天汉	汉族
W1789.6.2	明河	汉族
W1789.7	天河漏水	
W1789.7.1	神的争斗造成天河漏水	汉族
W1789.8	补天河	［W1388］与补天有关的其他母题
W1789.8.1	雷兵补天河	壮族 ＊ ①［W0353］雷神的从属；②［W8739.1.2］雷兵
W1789.9	天河的闸门	
W1789.9.1	天河的铜闸门	壮族
W1789.10	天河中的诸物	［W1725.20］到天上的诸物变成星星
W1789.10.1	天河中的云兽	满族
W1789.11	银河开花	彝族（俚颇）

1.6.2 天宫与天堂
【W1790 ~ W1794】

W 编码	母题描述	关联项
✻ **W1790**	**天宫**①	汉族、壮族 ＊ ［W1071］上界（天堂）
W1790a	**天宫的产生**	
W1790a.1	天神造天宫	彝族
W1790a.1.1	天神用金银造天宫	彝族
W1790a.2	天母率徒造天宫	满族 ＊ ［W0207］天母
W1790a.3	始祖造天宫	
W1790a.3.1	女始祖为生天地造天宫	侗族 ＊ ［W1113］特定的神或神性人物生天地
W1790a.4	与天宫的产生有关的其他母题	
W1790Aa.4.1	重造天宫	满族
W1791	**天宫的特征**	
W1791.0	天宫很大	
W1791.0.1	九霄十分广阔	塔吉克族
W1791.1	天宫金碧辉煌	高山族
W1791.1.1	天宫金碧辉煌美丽如梦	高山族
W1791.1a	天宫庄严豪华	彝族 ＊ ［W1696.5.1］月宫很华丽
W1791.2	天宫在特定的天层	［W1792.4a.1］33层天上的水晶宫殿
W1791.2.1	天宫是第1层天	满族 ＊ ［W1163.1a.1］第1层天
W1791.2.2	17层天的天宫	布朗族 ＊ ① ［W1067.5.1］宇宙分17层；② ［W1129.5.1］天17层地9层

---

① 天宫，指"天上的宫殿"，有时也可以指神住的"天堂"。

W 编码	母题描述	关联项
W1791.3	天宫的位置	
W1791.3.1	天宫在天的上方	门巴族
W1791.3.2	天宫在云中	汉族
W1791.3.2.1	天宫在瑞气祥云之中	黎族
W1791.3.2.2	天宫彩云缭绕	汉族
W1791.3.3	天宫在第 1 层天	满族
W1791.3.4	天宫在天的最高层	蒙古族 ＊ ［W1163.15.3］天的最高层
W1791.4	天宫像云悬浮在天空中	门巴族
W1791.5	天宫的数量	
W1791.5.1	天宫八部	满族
W1791.5.2	天有 9 宫	汉族
W1791.5.3	33 座天宫	汉族
W1791.5.4	72 重宝殿	汉族
W1791.6	天宫有特定的门	［W1168.21］天门
W1791.6.1	天宫有 12 层门	彝族
W1791.6.2	天阿是众神进出天宫的门户	汉族
W1791.7	天宫的墙	
W1791.7.1	天宫的云墙	纳西族（摩梭）
W1791.7.2	天宫白玉为墙	侗族
W1792	**与天宫有关的其他母题**	① ［W1414.3.1］天宫与人间有白银梯子和黄金攀绳相连； ② ［W1897.15.1］水逃向天宫
W1792.0	天庭①	汉族
W1792.0.1	天神在光中造出天庭	哈尼族
W1792.0.2	天庭景象迷人	苗族
W1792.0.3	天庭金光闪闪	珞巴族

---

① "天庭"，又称"大微"或"太微"，如《楚辞·远游》中有"问大微之所居"之说。

W 编码	母题描述	关联项
W1792.0.4	天庭是神的世界	哈尼族 * ① ［W098.2］神住天堂；② ［W0233.2］地神住天宫
W1792.1	天宫的花园（天上的花园）	汉族、水族
W1792.1.1	神在天上花园种花草	塔吉克族
W1792.2	天上的蟠桃园	汉族 * ① ［W0983.4.1］王母娘娘蟠桃会；② ［W3774］蟠桃树
W1792.3	灵霄宝殿	汉族
W1792.4	九龙殿	
W1792.4.1	九龙殿在天地之间	彝族（阿细）
W1792.4a	水晶宫殿	
W1792.4a.1	33 层天上的水晶宫殿	蒙古族
W1792.4b	人间天宫	
W1792.4b.1	麦积山有个人间天宫	汉族
W1792.4c	天国	
W1792.4c.1	天国由爱神主宰	纳西族
W1792.4c.2	天国里的万物迅速成长	纳西族 * ［W1534.2.4.2］以前万物生长很快
W1792.5	天宫的造访者	［W1426.2］人王拜访天王
W1792.5.1	黄帝到天宫	汉族 * ［W0698］与黄帝有关的其他母题
W1792.5.2	凡人不能进天宫	汉族
W1792.6	天宫的守护者	［W1793.4］天堂的守护者
W1792.6.1	神鹰是天宫守护者	纳西族（摩梭） * ［W0924.6.1］神鹰
W1792.6.2	4 只神鹰守护天宫	满族
W1792.6.3	9 条巨蟒守护天宫	满族
W1792.7	天宫中的差役	
W1792.7.1	动物是天宫的差役	彝族

W 编码	母题描述	关联项
W1792.8	天宫中的物件	［W1252.3.1.1］天庭有息壤
W1792.8.1	天宫中的树	满族
W1792.8.2	天宫中的房屋	哈尼族
W1792.8.3	紫微宫	汉族 ＊［W1168.21.5.1］天门是居紫微宫门
W1792.8.4	天宫的亭台楼阁	壮族
W1792.9	天宫被骚扰（闹天宫）	
W1792.9.1	乱神闹天宫	傣族（水傣）
W1792.10	天宫的倒塌	①［W1339.2］天柱的倒塌（天柱的消失）；②［W8571］天塌（天的陷落）
W1792.10.1	天宫被山刺塌	鄂温克族 ＊［W1702.1］动物的角刺破天后产生星星
W1792.11	天宫的重建	
W1792.11.1	战后重建天宫	满族
W1793	**天堂**	①［W095］神的居所；②［W1071］上界（天堂、天界）
W1793.1	天堂的产生	
W1793.1.1	真主造天堂	回族
W1793.2	天堂的建筑	［W6208.5］特定的建筑物
W1793.2.1	天堂有镶玉的巨柱	纳西族
W1793.2.2	天堂到处是金砖银瓦的房子	撒拉族
W1793.3	天堂很美好	撒拉族、维吾尔族 ＊①［W1057.3］最早的世界很美好；②［W1972.4a.1］天堂里的泉水很甜
W1793.4	天堂的守护者	［W1792.6］天宫的守护者
W1793.4.1	特定的神守护天堂	
W1793.4.2	特定的动物守护天堂	

W 编码	母题描述	关联项
W1793.4.2.1	公驼、鹰等动物守护天堂	哈萨克族
W1793.5	升入天堂的方法	［W1429］上天的方法
W1793.5.1	通过宗教仪礼可以进天堂	哈萨克族
W1794	**天上的其他建筑物**	
W1794.0	天池	［W1964.4.9.9.1］冥海即天池
W1794.0.1	南冥	汉族
W1794.1	瑶池	汉族　＊ ①［W0758.3］西王母居住瑶池；②［W1850.3.1］昆仑山的瑶池
W1794.1.1	瑶池即淫水	汉族
W1794.1.2	瑶池在昆仑山上	汉族　＊［W1850.3.1］昆仑山的瑶池
W1794.2	天牢	白族　＊ ①［W8974］关押；②［W8975.7.1］牢房
W1794.2.1	天牢的制造者	
W1794.2.2	天牢中的关押者	
W1794.2.2.1	魔鬼锁在天牢中	
W1794.2.2.2	人被关进天牢	彝族
W1794.3	天上的库房	
W1794.3.1	天上的粮仓	
W1794.3.2	天上粮仓的管理者	汉族
W1794.3.3	天上库房的守护者	
W1794.3.3.1	蜘蛛看守天上的库房	傣族
W1794.4	天上的村寨	［W5239］与村寨有关的其他母题
W1794.4.1	天上有十寨九河	布依族
W1794.5	灵霄宝殿	汉族

1.6.3　天上其他诸物
【W1795 ~ W1799】

W 编码	母题描述	关联项
W1795	**天门**①	汉族、苗族、土家族 ＊ ［W1168.21］天门
W1795.1	天有 4 门	彝族 ＊ ［W1168.21.1］4 个天门
W1795.1.1	神造四道天门	哈尼族
W1795.2	天门是天神进出的路口	哈尼族
W1795.3	天门的守护者	［W1168.21.3］天门的看守（司天门者）
W1795.3.1	天门由神守护	① ［W1168.21.3.1］雷母娘娘看守天门；② ［W1168.21.3.5］女神看守天门
W1795.3.2	天门由神兽守护	① ［W1168.21.3.3］神狗看守天门；② ［W1168.21.3.4］神虎豹看守天门
W1795.3.3	天门由蛇守护	
W1795.3.4	天门由吴刚守护	汉族 ＊ ［W1168.21.1.2.6］吴刚把守南天门
W1795.3.5	天门的其他特定的守护者	
W1795.3.6	与天门守护者有关的其他母题	
W1796	**天上的动物**②	
W1796.1	天狗	

① 天门，在神话中的天门有时并不是确指，有时说的是天门，有时可能指 "天上宫殿的门"、"天堂的门"、"天神住处的门" 等。在此统一表述为 "天门"，具体情况参看《中国创世神话母题（W1）实例与索引》。

② 天上的动物，一般可以视为动物神，相关内容可参见《中国创世神话母题（W1）实例与索引》。

W 编码	母题描述	关联项
W1796.1.1	人变成天狗	汉族
W1796.1.2	天狗咬太阳	［W4213.1］天狗吞食太阳形成日食
W1796.1.3	天狗咬月亮	［W4199.5］天狗吃月亮来历
W1796.2	天狼	汉族
W1796.3	三足乌	［W1571.2］太阳是三足乌
W1797	**天上的植物**	【关联】①
W1797.1	天上的树	【汤普森】A652.3
W1797.1.1	天上的蟠桃树	［W1792.2］天上的蟠桃园
W1797.1.2	月亮上的树	苗族　＊［W4165］月亮中的影子
W1798	**天上的其他诸物**	［W1839.11.2］山巅是天的一部分
W1798.1	天幕	
W1798.1.1	杀死的犀牛皮变成天幕	布朗族
W1798.1.2	特定人物装饰天幕	［W1548.10.1］安拉在天幕上钉上日月星辰
W1798.1.2.1	老人把宝珠镶嵌在天幕	藏族
W1798.1.3	天幕五光十色	怒族
W1798.1.4	天幕的升高	
W1798.1.4.1	天柱支天时天幕升高	怒族
W1798.1.5	天幕的开合	［W1313.2］提天帐把天升高
W1798.1.5.1	狂风吹开天幕的四边	阿昌族
W1798.1a	天蓬	
W1798.1a.1	特定人物扯起天蓬	
W1798.1a.1.1	大汉立天柱扯天篷	侗族
W1798.1a.2	天篷像伞	侗族
W1798.1b	天板（天花板）	
W1798.1b.1	射日月射掉天板	苗族　＊［W1365］天塌

---

① 【关联】❶［W1482］通天树（特定的天梯通天树）；❷［W3607］植物天降；❸［W4197］月亮中的树

W 编码	母题描述	关联项
W1798.2	天锁	彝族
W1798.3	天衣	
W1798.3.1	用云粉做天的衣裳	布朗族
W1798.4	天泉	［W1972.1］神奇的泉
W1798.4.1	天泉在天地的尽头	藏族
W1798.5	天街	
W1798.5.1	天街的灯火	汉族
W1798.6	天上的河流	布依族
W1798.7	天上的山脉	
W1798.7.1	天上的鬼山	独龙族
W1798.8	天上最早只有天神	拉祜族（苦聪）

1.7　山石
【W1800 ~ W1869】

1.7.1　山的产生
【W1800 ~ W1824】

W 编码	母题描述	关联项
✿ **W1800**	**山的产生**	【汤普森】A960
W1800a	**山产生的原因**	
W1800a.1	以前没有山	白族、哈尼族、苗族、普米族、彝族
W1800a.1.0	以前没有山河	哈尼族、彝族
W1800a.1.1	特定的山原来不存在	汉族、黎族
W1800a.1.2	真主创世时没有山	塔吉克族
W1800a.1.3	产生天地后没有山	彝族（阿细）
W1800a.2	因世界荒凉造山	彝族
W1800a.3	为压地造山	塔吉克族 ＊［W1376.3］压住大地把地变稳
W1801	**山来源于某个地方**	
W1801.1	山从天降	
W1801.1.1	神从天上撒下山	
W1801.1.1.1	山从云上被射下来	鄂伦春族
W1801.2	山源于水	藏族
W1801.3	山从远处飞来	汉族 ＊［W1852.6.41a］飞来山
W1801.4	山从远处赶来	［W9687.2.4］赶山鞭赶山（石头）

W 编码	母题描述	关联项
W1801.4.1	神仙从远方赶来山	苗族
W1802	**山自然产生**	
W1802.1	山是支撑大地的脊背高的部分	
W1802.2	洪水落后出现山	哈尼族、藏族
W1802.2.1	海水干后形成山	鄂温克族、佤族
W1802.3	开天辟地后出现山	汉族
W1802.3.1	盘古开天辟地后 1 个月产生山	汉族
W1802.4	地上最早出现山	汉族　*［W1376.3.2.3］最早出现的一座山压地
＊ **W1803**	**山是造出来的（造山）**	
W1803a	**造山的原因**	
W1803a.1	为挡风造山	瑶族
W1803a.2	因地太平造山	黎族
W1804	**神或神性人物造山**	【汤普森】A962
W1804.0	神造山	汉族
W1804.0.1	神用泥土沙石造山	侗族
W1804.1	天神造山	
W1804.1.1	天神犁出山	傣族、哈尼族
W1804.1.2	天神用手指在地上划出山	拉祜族
W1804.1.3	天神撒沙石成山	羌族
W1804.1.4	天神捏神土造山	珞巴族　*［W1810.1.3］用神土造山
W1804.1.5	天神巨手一挥造出山	彝族
W1804.2	地神造山	①［W1915.1.1.1］地神造河；②［W1953.2］地神造海
W1804.2.1	地王造山岭	侗族
W1804.2.2	地神堆出山	佤族　*［W1845.1.4.1］天神推出山谷

W 编码	母题描述	关联项
W1804.2.3	地神捏出山	佤族
W1804.2a	山神造山	瑶族
W1804.3	造地者造山	哈尼族、景颇族
W1804.3.1	造地者的不认真造成高山	壮族
W1804.3.2	造地者拉拢风道口时形成山河	哈尼族 ＊［W1915.1.7］造地者造河
W1804.4	上帝造山	哈萨克族
W1804.5	大力神造山	黎族
W1804.6	造物主造山	柯尔克孜族
W1804.7	英雄造山	【汤普森】≈A962.7
W1804.7.1	英雄用剑劈出山	［W1804.9.2］仙子劈出山
W1804.8	祖先造山	壮族 ＊［W1851.5.2］女始祖造恒山
W1804.8.1	祖先犁出高山	布依族
W1804.8.2	始祖造山河	壮族 ＊［W1902.1.1］始祖造江河湖海
W1804.8.3	祖先的战争形成山	【汤普森】A964
W1804.9	神仙造山	
W1804.9.1	仙女造山	水族
W1804.9.2	仙子劈出山	彝族 ＊［W1809.9］劈砍形成山
W1804.9.3	仙子平整地面打造出山	彝族
W1804.10	巨人造山	汉族
W1804.10a	巨神造山	苗族
W1804.11	鬼造山	
W1804.11.1	魔鬼造山	【汤普森】A969.9
W1804.11.2	天鬼造山	景颇族
W1804.12	其他神或神性人物造山	
W1804.12.1	男神女神共同造山河	苗族

W 编码	母题描述	关联项
W1804.12.2	神灵把泥土堆成山	珞巴族
W1804.12.3	无极造山	苗族 ＊ ① ［W1504.9.5］无极造万物；② ［W1983.4.5.1］无极造铁山
W1804.12.4	神人犁出大山	哈尼族
W1805	**特定的神或神性人物造山**	
W1805.1	盘古造山	汉族、壮族 ＊ ［W1505.1］盘古造万物
W1805.1.1	盘古用泥造山	瑶族
W1805.2	女娲造山	汉族 ＊ ［W0710］女娲
W1805.3	真主造山	
W1805.3.1	真主造出 7 座大山	塔吉克族
W1805.4	喇嘛造山	蒙古族
W1805.5	其他特定的神或神性人物造山	景颇族、蒙古族、土家族、壮族
W1805.5.1	混沌造山	毛南族 ＊ ① ［W1057.1］混沌（浑沌、昆屯、混沌卵）；② ［W1843.6.3］混沌捏泥造岭
W1805.5.2	诰恩造山	瑶族
W1806	**人造山**	
W1806.1	女子造山	壮族
W1806.2	其他特定的人造山	
W1807	**动物造山**	
W1807.1	鸟造山	
W1807.1.1	鸟用嘴掘地造山	塔吉克族
W1807.1.2	鸟拍打出山	【汤普森】A961.1
W1807.2	独角兽造山	满族
W1807.2.1	独角神兽造山	满族
W1807.3	乌龟造山	汉族

W 编码	母题描述	关联项
W1807.4	蛇造山	佤族
W1807.4a	龙造山	彝族
W1807.5	与动物造山有关的其他母题	
W1807.5.1	鱼潜水取泥造山	［W1179.4.2］鱼潜水取土造地
W1807.5.2	虾用杂草树叶造山	珞巴族
W1807.5.3	猪拱出山	彝族 ＊ ① ［W1285.6.2］猪拱开天地；② ［W1845.1.7］拱出山谷
W1807.5.3.1	野猪拱出山	彝族 ＊ ［W1916.6.1］野猪拱出河
W1807.5.4	蚂蚁造山	彝族 ＊ ［W1916.5］蚂蚁造江河
W1808	**其他人物造山**	
W1808.1	风造山	
W1808.1.1	风用土石造山	彝族（阿细）
W1809	**造山的方法**	
W1809.1	推压大地形成山	哈尼族、佤族、藏族 ＊ ① ［W1843.1］推压大地形成丘陵；② ［W1845.1.5］挤压出山谷
W1809.2	缩地时的褶皱形成山	白族、傣族、仡佬族、汉族、傈僳族、壮族 ＊ ［W1902.3.4］修整大地时整出的褶皱成为江河湖海
W1809.2.1	抓地形成山脉	景颇族
W1809.2.2	没拉平地脉形成山	怒族 ＊ ［W1238］地脉（地维、地筋）
W1809.2.3	盘古缩地时的褶皱形成山	汉族
W1809.2.4	盘古的弟弟盘生缩地时的褶皱形成山	白族 ＊ ① ［W0725.3.1］盘古和盘生两兄弟；② ［W1505.5.1］盘古的弟弟盘生造万物
W1809.2.5	神修整天地产生的褶皱形成山	苗族
W1809.2.6	长蛇缩地形成山河	彝族（罗鲁泼） ＊ ［W1393.1.6a］蛇缩地

W 编码	母题描述	关联项
W1809.3	缩地时凸起的地方形成山	傣族、仡佬族 ＊〔W1845.1.9.2〕修整大地时凹下的地方成为山谷
W1809.3.1	神用斧子撞击大地时凸起的地方形成山	
W1809.3.2	大地因寒冷冷缩出山	壮族 ＊〔W1393.1〕地的缩小（缩地）
W1809.3.3	大地缩身体时鼓出的地方变成山	珞巴族
W1809.4	积土成山	汉族、傈僳族、佤族、瑶族 ＊①〔W1265.3.4〕积土成岛；②〔W1821.5〕泥土变成山
W1809.4.1	动物堆出山	①〔W1257.2〕鸟衔石堆出平地；②〔W1265.3.6〕神堆出岛
W1809.4.2	独角神兽堆石为山	满族 ＊〔W3599.4〕独角兽
W1809.4.3	水中积土成山	景颇族
W1809.4.4	尘土堆积成山	蒙古族 ＊〔W1821.5.3〕尘土变成山
W1809.4.4.1	巨人修天落到地上的粉尘聚成山	苗族
W1809.4.5	神挑的土落地成山	彝族
W1809.4.6	泥巴堆积成山	汉族、瑶族（布努）
W1809.4.7	始祖挑土造山	基诺族
W1809.4a	积沙成山	〔W1843.5.4〕积沙成岭
W1809.4a.1	二郎神倒的鞋中沙子形成山	汉族
W1809.4a.2	女子沙袋中漏的沙子形成山	蒙古族
W1809.4a.3	积沙成为沙山	汉族
W1809.4b	积灰成山	【关联】①

① 【关联】❶〔W1196.4〕水面鸟巢上堆积灰尘变成地；❷〔W1197.6〕积灰成地；❸〔W1250.10〕水上生的微尘成为土；❹〔W1809.4.4〕尘土堆积成山

W 编码	母题描述	关联项
W1809.4b.1	二郎神留下的灰堆变成山	汉族
W1809.5	积石成山（堆石造山）	侗族、满族
W1809.5.1	动物堆石成山	黎族
W1809.5.2	女子垒石成山	汉族
W1809.5.3	神抛石成山	傣族 ＊［W1821.4.3 射日者抛的石头变成山
W1809.6	赶石成山	汉族 ＊［W1867.3.1］天神赶石形成石林
W1809.7	潜水取泥造山	①［W1179.4］潜水取土造地；②［W1807.5.1］鱼潜水取泥造山
W1809.8	击打形成山	羌族
W1809.8.1	神击打出山	景颇族
W1809.8.2	神在地上顿斧头形成山	土家族
W1809.8.3	用锤敲击大地形成山	纳西族、彝族
W1809.9	劈砍形成山	①［W1804.7.1］英雄用剑劈出山；②［W1804.9.2］仙子劈出山
W1809.9.1	英雄用剑劈出山	【汤普森】A962.7
W1809.9.2	劈坏地面形成山	佤族
W1809.10	犁出山	布依族 ＊①［W1845.1.3］犁出山谷；②［W1935.1］犁出江河
W1809.10.1	天神犁出山	傣族、哈尼族
W1809.10.2	牛耙出高山	哈尼族
W1809.10.3	天牛犁地犁出高山	哈尼族
W1809.10.4	犀牛犁地形成高山	布依族
W1809.11	山是刻出来的	
W1809.11.1	神刻出山	汉族
W1809.12	山是画出来的	汉族 ＊［W1935.4.6］画地成河
W1809.13	山是挑来的	汉族、黎族

W 编码	母题描述	关联项
W1809.13.1	二郎神担山追日时挑来山	汉族 ＊〔W9867.2〕二郎神担山追杀太阳
W1809.14	山是踩出来的	〔W1917.2〕造地者踩出江河
W1809.14.1	神在地上行走时踩出了山	彝族
W1809.15	山是抛撒出来的	汉族、黎族
W1809.15.1	天神向地上撒金子、石头、泥巴，撒得多的地方变成山	羌族 ＊〔W1821〕自然物或无生命物变化成山
W1809.16	其他造山方法	
W1809.16.1	神捏出山	佤族
W1809.16.1a	神人捏出山	土家族
W1809.16.2	神抓出山	〔W1265.3.7〕抓地成岛
W1809.16.3	神造地时用斧子打得重的地方成为高山	景颇族 ＊〔W1809.3.1〕神用斧子撞击大地时凸起的地方形成山
W1809.16.4	搬山治水形成山水	汉族
W1810	**与造山有关的其他母题**	
W1810.0	最初没有造山	塔吉克族
W1810.1	造山的材料	〔W1804.0.1〕神用泥土沙石造山
W1810.1.1	用牛骨头造山	哈尼族 ＊〔W1859.2.5〕牛的骨头变成石头
W1810.1.2	用牛肋造高山	哈尼族
W1810.1.3	用土造山	黎族 ＊〔W1823.6.1.1〕积土形成土山
W1810.1.3.1	用神土造山	珞巴族 ＊〔W1804.1.4〕天神捏神土造山
W1810.1.4	用乳房造山	彝族 ＊ ①〔W1819.9〕乳房变成山；②〔W1844.1.2.1〕神用乳房造山峰

W 编码	母题描述	关联项
W1810.1.5	用泥造山	汉族 * ［W1805.1.1］盘古用泥造山
W1810.1.5.1	神用泥块造山	瑶族
W1810.1.5.2	神人用泥土捏山	土家族
W1810.1.6	用污垢造山	
W1810.1.6.1	神用身上的污垢造山	拉祜族
W1810.1.7	用珍珠垒山	蒙古族
W1810.1.8	用多种物质造山	
W1810.1.8.1	人用泥巴、石头和沙粒造山	哈尼族
W1810.2	山是水冲刷出来的	汉族、蒙古族
W1810.2.1	洪水造成高山	傈僳族
W1810.2.2	大雨冲出山川	【民族，关联】①
W1810.2.3	水的流动冲出山川	侗族 * ［W1934a.7］水的流动形成江河
W1810.3	拉天缝地形成山脉	瑶族
W1810.4	争斗时形成山	① ［W1258.3］争斗的痕迹形成平地；② ［W1845.1.11.2］人妖争斗时脚蹬出沟
W1810.4.1	青牛斗火神时形成山	柯尔克孜族
W1810.4.2	天神斩魔鬼形成山	满族
W1810.5	铺地不平形成山	畲族
❋ **W1811**	**山是生育产生的**	
W1812	**神或神性人物生山**	
W1812.1	山是神的儿女	【汤普森】A962.9
W1812.2	巨人生山川	彝族
W1812.3	神的种子种出山	羌族

---

① 【民族】汉族、彝族。【关联】❶ ［W1843.6.5］大雨在平原上冲出丘陵；❷ ［W1845.3.3.1］大雨在平原上冲出沟壑；❸ ［W1935.2.2］大雨冲出江河

W 编码	母题描述	关联项
W1812.4	神婚生山	
W1812.4.1	昆仑山女神与玉龙雪山神婚生山	普米族
W1813	**卵生山**	
W1813.0	神的卵生山	
W1813.0.1	神的卵生大山和小山	珞巴族
W1813.1	精灵的卵生山	
W1813.1.1	精灵感水珠生的蛋中生出山	珞巴族
W1813.2	鸟卵生山	汉族
W1814	**与生育产生山有关的其他母题**	
W1814.0	地生山	［W1515.1］地生万物
W1814.0.1	地因为打赌失败长出山	珞巴族
W1814.1	山是大地的孩子	【汤普森】A969.6
W1814.2	地的裂缝中生出山	【汤普森】A969.8
W1814.3	木火土铁水五种元素中产生山	纳西族 ＊［W1947.3］木火土铁水五种元素中生出湖
※ **W1815**	**山是变化产生的**	
W1816	**神或神性人物变化为山**	
W1816.1	巨人变成山	【汤普森】A969.1； ＊［W1844.1.3.1］巨人变成山峰
W1816.1.1	巨人的身体变成山	汉族
W1816.1.1.1	巨人夸父的尸体变成山	汉族 ＊［W1852.6.72.1］夸父的尸体变成夸父山
W1816.2	盘古变成山	汉族 ＊［W1852.6.1.1］盘古死后左脚变成苍山
W1816.2.1	盘古的手足四肢变成山	白族、汉族

W 编码	母题描述	关联项
W1816.2.2	盘古的两只角变成山	汉族
W1816.2.3	盘古死后骨架变成山	苗族
W1816.3	仙女变成山	满族、水族
W1816.3.1	天女变成山	满族
W1816.4	龙女变成山	彝族
W1816.5	神或神性人物的尸体变成山	汉族、满族、怒族
W1816.5.0	水神的石头变成山	珞巴族
W1816.5.1	神灵死后肉变成山	珞巴族
W1816.5.2	祖先化身为山岗	佤族
W1816.5.3	英雄死后变成山	满族
W1816.6	神物变成山	藏族
W1816.7	神的孩子变成山	［W0155］神的子女
W1816.7.1	女山神的后代变成特定的山	普米族
W1817	**人变成山（人变成山峰）**	［W9530］人的变形
W1817.1	世界上最早的人死后的肉变山	珞巴族
W1817.2	1 对夫妻变成山	仡佬族
W1817.2a	1 对兄妹变成山	
W1817.2a.1	1 对托日月升天的兄妹变成山	汉族
W1817.3	特定的人死后变成山	
W1817.4	小伙变成山	水族
W1817.5	姑娘变成山	
W1817.5.1	寻找太阳的女子变成山	彝族
W1817.6	人被火炼成山	
W1817.6.1	莫拉被大火炼成红石山	裕固族
W1818	**动物或动物肢体变化成山**	【汤普森】A961；　* ［W1983.2］动物变成铁
W1818.1	牛变成山	布依族

W 编码	母题描述	关联项
W1818.2	鱼背露出水面变成山	【汤普森】A961.2；　＊ 高山族（曹人）
W1818.3	蛇变成山	【汤普森】A961.4；　＊ 汉族
W1818.3.1	马鬃蛇的背脊变成山	佤族
W1818.4	鸟变成山	彝族、藏族　＊ ［W1852.6.122］石鸡山
W1818.5	其他动物变成山	普米族、藏族　＊ ［W1852.5.1］蜈蚣精化为九华山
W1818.5.1	骆驼变成山	蒙古族
W1818.5.2	蜂的尸体堆积成山	畲族
W1818.5.3	马鹿的心肝肺变成山	普米族
W1818.5.4	骡子变成狮子山	彝族
W1818.5.4a	狮子变成狮子山	纳西族
W1818.5.5	凤凰公主变成山	彝族
W1819	**特定的肢体变成山**	
W1819.1	神或神性人物的肢体变成山	【汤普森】A962.1
W1819.1.0	神的乳房变成山	彝族
W1819.1.1	地母的两个乳房变成山	阿昌族
W1819.1.2	祖先死后奶头变成大山	彝族
W1819.1.2.1	男始祖的乳房变成山	阿昌族
W1819.2	骨骼变成山	① ［W1859.2］骨头变为石头； ② ［W1980.2.2］骨骼变成金属
W1819.2.1	天女的骨头变成山	汉族
W1819.2.2	星星的骨骼变成山	珞巴族
W1819.2.3	最早的人死后骨骼变成山	珞巴族
W1819.2.4	精灵的骨骼变成山	珞巴族

W 编码	母题描述	关联项
W1819.2.5	龙骨变成山	汉族
W1819.2.6	巨人杀死后的骨骼变成山	【汤普森】A961.5；＊汉族
W1819.3	头颅变成山	
W1819.3.1	神的头颅变成山	【汤普森】A962.8
W1819.3.2	盘古的头变成四岳	汉族
W1819.4	鼻子变成山	
W1819.4.1	盘古死后鼻子变成笔架山	白族
W1819.5	毛发变成山	
W1819.5.1	头发变成山	汉族
W1819.5.2	毛发和胡子变成山	汉族
W1819.5a	指甲变成山	
W1819.5a.1	巨人的指甲变成山	傣族
W1819.6	四肢变成山	白族、汉族
W1819.7	手变成山	
W1819.7.0	神或神性人物的手变成山	【汤普森】A962.2
W1819.7.1	盘古死后手变成鸡足山	白族
W1819.7.2	盘古的手臂变成山	汉族
W1819.8	拳头变成山	汉族、苗族
W1819.9	乳房变成山	阿昌族、彝族
W1819.10	心变成山	普米族
W1819.11	胆变成山	
W1819.11.1	鹿胆变成山	普米族
W1819.12	皮变成山	
W1819.12.1	鹿皮变成山	普米族
W1819.13	筋络变成山	藏族
W1819.13.1	鸟的筋络变成山	彝族
W1819.14	生殖器变成山	

W 编码	母题描述	关联项
W1819.14.1	女始祖的阴部变成山	壮族
W1819.15	其他特定肢体变成山	
W1819.15.1	角变成山	汉族
W1819.15.2	脚趾手指变成山梁	彝族
W1820	**植物变成山**	［W1524］植物变成万物
W1820.1	树枝变成山峰	珞巴族
W1820.2	茶叶铺地最厚的地方成为高山	德昂族
W1820.3	神草变成山	彝族
W1821	**自然物或无生命物变化成山**	
W1821.1	天柱变成山	彝族　＊ 1332.5］用山做天柱
W1821.2	地变成山	珞巴族
W1821.3	金银变成山	彝族
W1821.4	石头变成山（山脉）	【汤普森】A963；　＊ 汉族
W1821.4.1	不断增大的宝石变成山	汉族　＊［W1865.2］石头会长
W1821.4.2	夸父支锅的石头变成山	汉族
W1821.4.3	射日者抛的石头变成山	傣族
W1821.5	泥土变成山	①【汤普森】A963.3；② A963.9；＊ 汉族 ＊ ①［W1805.1.1］盘古用泥造山；②［W1809.4］积土成山
W1821.5.1	神撒的土块变成山	朝鲜族、满族
W1821.5.2	烧的泥变成山	汉族
W1821.5.3	尘土变成山	汉族　＊［W1809.4.4］尘土堆积成山
W1821.5.4	鼓出的地变成山	珞巴族
W1821.5.4.1	神捶地凸起的地方成为山	景颇族　＊［W1809.8.3］用锤敲击大地形成山

W 编码	母题描述	关联项
W1821.5.4.2	神拖地凸起的地方成为山	苗族
W1821.5.4.3	神推地成山	珞巴族
W1821.5.5	人撒的黄泥变成山	汉族
W1821.5.6	造地时翻出的土堆成为山	哈尼族
W1821.6	天上的落物变成山	汉族
W1821.6.1	落到地上的天梭变成山	普米族
W1821.6.2	太阳被射落后变成山	羌族
W1821.7	水凝固变成山	【汤普森】A969.5
W1821.8	气变成山	汉族
W1821.8.1	魔气化成山	满族
W1821.9	排泄物变成山	［W1859.5.5］排泄物变成石头
W1821.9.1	粪便变成山	汉族　＊　［W1833.8.2］特定人物的粪便变成群山
W1821.9.1.1	神的粪便变成山	珞巴族
W1821.9.1.2	巨人排泄肚子中的土与水变成山	朝鲜族
W1821.9.1.3	祖先屙屎变成山	布依族
W1821.9.1.4	鸟的粪便变成山	汉族
W1821.10	其他无生命物变成山	［W1809.15.1］天神向地上撒金子、石头、泥巴，撒得多的地方变成山
W1821.10.1	扁担变成山	白族
W1821.10.1a	神棍变成山	傣族
W1821.10.2	地与天打赌比输后变丑形成山	珞巴族
W1821.10.3	4 根顶天柱变成 4 座高山	彝族
W1821.10.4	焚烧的残余物变成山	
W1821.10.5	岛变成高山	白族
W1821.10.6	水中的沫变成山	傣族

W 编码	母题描述	关联项
W1822	与变成山有关的其他母题	
W1822.1	蛋壳变成山	藏族 * ［W1859.5.2］蛋壳变成石头
W1822.2	特定的混合物变成山	汉族
W1822.3	特定的地方变成山	
W1822.3.1	仙女自尽的火坑变成山	水族
W1823	与山的产生有关的其他母题	【汤普森】A969
W1823.0	水消失后形成山	
W1823.0.1	大水退去出现高山	白族
W1823.0.2	海水退去出现高山	佤族
W1823.0.2.1	海水退去形成山川	鄂伦春族
W1823.0.3	海水干后形成山	鄂温克族
W1823.1	特定事件形成山	
W1823.1.1	大火导致山的产生	【汤普森】A969.3
W1823.1.2	地震形成山	阿昌族
W1823.1.3	山崩形成特定的山	汉族
W1823.1.4	塌的一块天堆成山	汉族
W1823.1.5	填湖成山	达斡尔族
W1823.1.6	山是神博斗的痕迹	柯尔克孜族 * ［W1810.4］争斗时形成山
W1823.2	种出山	［W1812.3］神的种子种出山
W1823.2.1	天神给下凡的女儿山的种子	羌族
W1823.2a	影子中产生山	［W1518.1］万物源于影子
W1823.2a.1	山影中产生山	彝族 * ［W1957.5］影子中产生海
W1823.2a.1.1	山的前身是山的影子	纳西族
W1823.3	地面隆起形成山	哈尼族

W 编码	母题描述	关联项
W1823.3.1	突然冒出山	哈萨克族
W1823.4	土的增长形成山	［W1821.3］泥土变成山
W1823.4.1	土日日长，地日日沉形成山	满族
W1823.5	山产生的时间	汉族
W1823.5.1	最早产生的 1 座山	纳西族（摩梭） ＊［W1376.3.2.3］最早出现的一座山压地
W1823.5.2	世界最早只有 1 座山	德昂族 ＊［W1055］最早的世界是山
W1823.5.3	最早产生的 3 座山	
W1823.5.3.1	最早的 3 座山是太阳山、月亮山和地面山	彝族
W1823.6	土山	
W1823.6.1	土山的产生	
W1823.6.1.1	积土形成土山	白族 ＊［W1810.1.3］用土造山
W1823.6.1.2	祖先造土山	布依族
W1823.6.2	与土山有关的其他母题	
W1823.6.2.1	土堆	
W1823.6.2.1.1	凤凰堆	汉族 ＊［W6892.3］以动物命名的山
W1823.6.2.1.2	振履堆	汉族
W1823.6a	土丘	
W1823.6a.1	会长的土丘	维吾尔族
W1823.7	有关联的两座山	
W1823.7.1	两座山同时产生	汉族

1.7.2　山的特征
【W1825 ~ W1834】

W 编码	母题描述	关联项
W1825	**山的大小（山的高低）**	［W1835.1］会成长的山（会增长的山）
W1825.0	山为什么大小不同	
W1825.0.1	山的大小与造山的材料有关	
W1825.0.1.1	山大小不一是因为造山的骨头大小不同	哈尼族
W1825.1	巨大无比的山（高山）	【汤普森】≈ F750；＊ ［W1404］连接天地的山
W1825.1.1	能挡住神出行的高山	鄂温克族
W1825.2	高不可攀的山	
W1825.2.1	特定的山高于日月	汉族
W1825.3	山为什么高矮不同	
W1825.3.1	有的山矮是被踢断的结果	黎族
W1825.3.2	最高的山	蒙古族 ＊ ① ［W1437.3b］通过高的地方上天；② ［W1852.6.155.2］须弥山是地上最高的山
W1825.3.2.1	岜赤山是最高的山	壮族
W1825.3.2.2	珠穆朗玛峰是最高的山	佤族 ＊ ［W1852.6.149］喜马拉雅山
W1825.3.3	最矮的山	
W1825.3.3.1	矮山	汉族 ＊ ［W1835.3］山的变低（山的变小）

W 编码	母题描述	关联项
W1825.3.3.1.1	最早造出的山都是矮山	鄂温克族 ＊ ［W1835.2］山的升高（山的变大）
W1825.4	大山	【民族，关联】①
W1825.5	小山	［W1813.0.1］神的卵生大山和小山
W1825.5.1	祖先用鞭子打出很多小山	壮族
W1825.5.2	最早的山很小	苗族 ＊ ［W1850.3.2］昆仑山原来很小
W1826	**山的颜色**	
W1826.1	红色的山	
W1826.1.1	山的红色是血液染成的	壮族 ＊ ［W1252.4.1.2］血染出红土地
W1826.1.1.1	山的红色是火龙的血染成的	汉族
W1826.1.2	红土山	［W1252.4.1］红土（红泥）
W1826.1.2.1	二郎神吐血染出红土山	汉族
W1826.2	黄色的山	
W1826.2.1	黄龙化成的山是黄色	仡佬族
W1826.2.2	木火土铁水五种元素生金黄色的山	纳西族 ＊ ［W1814.3］木火土铁水五种元素中产生山
W1826.3	黑色的山（黑山）	
W1826.3.1	黑龙化成的山是黑色	仡佬族
W1826.4	白色的山（白山）	
W1826.5	绿色的山	
W1826.6	有多种颜色的山	
W1826.6.1	五色山	汉族
W1826.7	会变色的山	汉族 ＊ ［1864.6］会变色的石头（变色石）

---

① 【民族】汉族、苗族。【关联】❶ ［W1804.12.4］神人犁出大山；❷ ［W1819.1.2］祖先死后奶头变大山；❸ ［W1850.1.4.1］昆仑山是真主造的七座大山的后代

W 编码	母题描述	关联项
W1827	**山的位置的确定**	
W1827.0	山的方位	
W1827.0.1	山的方位自然产生	蒙古族
W1827.1	山的放置	
W1827.1.1	天神定排山的位置	傣族
W1827.1.2	山神定排山的位置	瑶族
W1827.1.3	盘古把山放在天地的西南角	仫佬族
W1827.2	以前的山在云与天堂之间	鄂伦春族
W1827.3	大山总是居于水与大地之上	柯尔克孜族
W1828	**会行走的山**	【民族，关联】①
W1828.1	以前山会行走的	【汤普森】F775.6；【民族，关联】②
W1829	**会飞的山**	【汤普森】F755.3； ＊ ① ［W1839.0］奇特的山； ② ［W1852.6.162］夜飞山
W1829.1	会飞的山被砍掉翅膀	【汤普森】A1185
W1829.2	会飞的山被射落在现在的地方	汉族
W1829.3	会飞的山失去行走能力	汉族
W1830	**山不相连的原因**	
W1830.1	山被劈为几段	［W1852.6.18］半边山
W1830.1.1	特定的人物把山劈开	
W1830.1.1.1	神把山劈成 3 截	鄂温克族
W1830.1.1.2	龙把山劈成两半	水族
W1830.1.1.3	始祖把山劈成两半	壮族
W1830.1.1.3.1	布洛陀用鞭把山劈开	壮族 ＊ ［W1318a.3.3］布洛陀通过升天削山把天地距离增大

① 【民族】汉族、瑶族（布努）。【关联】❶ ［W1533.1］以前柴草会行走；❷ ［W1839.0］奇特的山；❸ ［W9687.2.4］赶山鞭赶山（石头）

② 【民族】纳西族（摩梭）。【关联】❶ ［W1091.8.1］以前有个河水会说话，大山会走路的时代；❷ ［W9687.2］赶山鞭

W 编码	母题描述	关联项
W1830.1.1.4	大禹用脚把山蹬成两半	汉族
W1830.1.1.5	山被神砍为三截	鄂温克族 * ［W1845.1.2.1］劈山形成山谷
W1830.1.1.6	山被扁担压成三截	汉族
W1830.1.2	山腰被斩断	傣族
W1830.1.2.1	山腰被砍成三截	汉族
W1830.2	山争吵后不再相连	
W1830a	**山与山相连**	［W1850.2.4］昆仑山山山相连
W1830a.1	山川在地下有孔相连	汉族
W1831	**山多石头多的来历**	
W1831.1	神的耙子坏齿造成山多石头多	黎族
W1831.2	有些地方为什么山多	
W1831.2.1	有些地方山多是赶山造成的	壮族
W1832	**山的形状**	
W1832.1	山形是特定的痕迹	
W1832.1.1	山形是神的指头痕迹	汉族
W1832.2	山为什么是尖的	［W1839.11］山尖
W1832.2.1	特定人物把山弄尖	
W1832.2.1.1	金姑娘用金棍子把山擀尖	彝族（阿细）
W1832.3	有的山圆形的来历	
W1832.3.1	特定人物把山变圆	
W1832.3.1.1	金姑娘用金棍子把山擀圆	彝族（阿细）
W1832.4	山的形状与特定人物有关	
W1832.4.1	二郎担山时造成山的凸起	汉族
W1833	**与山的特征有关的其他母题**	
W1833.0	山的性别	① ［W1865.0］山头的性别； ② ［W1893］水的雌雄

W 编码	母题描述	关联项
W1833.0.1	山的雌雄的产生	
W1833.0.1.1	为造人分出山的雌雄	彝族（阿细）
W1833.0.2	雌山（女山）	
W1833.0.2.1	雌山有像乳房的山头	彝族（阿细）
W1833.0.2.2	女山为白色	纳西族
W1833.0.2.3	女山叫将姆	藏族
W1833.0.2.4	美女山	纳西族
W1833.0.3	雄山（男山）	
W1833.0.3.1	雄山有尖尖的山头	彝族（阿细）
W1833.0.3.2	男山为黑色	纳西族
W1833.0.3.3	男山叫将莫	藏族
W1833.0.3.4	粗犷的男山	纳西族
W1833.1	神奇之山（魔力之山）	【汤普森】①D932；②F754；* ［W1829］会飞的山
W1833.1.1	有生命的山	【汤普森】F755；* 鄂温克族
W1833.1.2	会复原的山	鄂温克族 * ［W9380］复原
W1833.2	山的寿命	
W1833.2.1	山为什么不会老	纳西族
W1833.3	山的温度	
W1833.3.1	山由热变凉	汉族
W1833.3.2	寒冷的高山	哈尼族
W1833.4	通天的山	【汤普森】F55；* ［W1450］山为天梯
W1833.5	无影山	汉族 * ［W1839.9］山的影子
W1833.6	可以居住人的山	
W1833.7	宝山	汉族
W1833.7.1	喷火的宝山	彝族 * ［W1840］火山
W1833.8	群山	

W 编码	母题描述	关联项
W1833.8.1	缩地时推出群山	珞巴族
W1833.8.2	特定人物的粪便变成群山	珞巴族 ＊ ［W1821.9.1］粪便成为山
W1833.8.3	山脉	
W1833.8.3.1	造山者为山分支脉	水族
W1833.8.3.2	神或神性人物造山脉	
W1833.8.3.2.1	神造山脉	傈僳族
W1833.8.3.2.2	天神撒土形成山脉	珞巴族 ＊ ［W1265.3.5］撒土成岛
W1833.8.3.2.3	神拍地指缝凸出来山脉	傈僳族
W1833.8.3.3	筋络变成山脉	汉族
W1833.8.3.3.1	鸟的筋络变成山脉	藏族
W1833.8.3.4	骨骼变成山脉	
W1833.8.3.4.1	神牛的骨头变成山脉	珞巴族
W1833.8.3.5	特定人物的五官变成山脉	
W1833.8.3.5.1	盘古的耳鼻变成山脉	白族
W1833.8.3.6	大山生出山脉	塔吉克族
W1833.9	山为什么是直立的	
W1833.9.1	神把山拉直	苗族
W1833.10	有的山为什么倾斜	
W1833.10.1	山被特定人物撬斜	壮族
W1833.10.2	山思念恋人变倾斜	藏族
W1833.10.3	山因斗气变倾斜	藏族
W1833.11	有的山为什么秃（山秃的来历）	
W1833.11.1	因在山顶撒灰山变秃	羌族
W1833.11.2	大火烧成秃山	瑶族

1.7.3　与山有关的其他母题
【W1835 ~ W1854】

W 编码	母题描述	关联项
W1835	**山的变化**	【关联】①
W1835.1	会成长的山（会增长的山）	【汤普森】F755.4； ＊ 汉族 ＊ ［W1839.0］奇特的山
W1835.1.1	山在洪水中长高	汉族
W1835.1.2	山每年长高五丈	汉族
W1835.1a	山为什么不会增长	汉族
W1835.2	山的升高（山的变大）	
W1835.2.0	特定人物把山变高	
W1835.2.0.1	萨满把山变大	鄂温克族
W1835.2.1	天升高造成山的升高	傈僳族、珞巴族 ＊ ［W1300］天的升高
W1833.2.2	山停止长高	
W1833.2.2.1	鸡叫后山不再增高	汉族
W1833.2.2.2	山下埋了巨人尸体后不断升高	蒙古族
W1835.3	山的变低（山的变小）	① ［W1421.1］把山锯矮绝地天通； ② ［W1825.3.3.1］矮山
W1835.3.0	山变小的原因	
W1835.3.0.1	祖先因地上人变多把山变小	壮族
W1835.3.1	山被砸低	汉族
W1835.3.2	山被削低	
W1835.3.2.1	祖先把山削低削小	壮族

---

① 【关联】❶ ［W1498.1.3.1］高山变成海，海变成山；❷ ［W1833.2］山为什么不会增长；
❸ ［W9575.3］山（石）变动物

W 编码	母题描述	关联项
W1835.3.3	山被砍低	
W1835.3.3.1	雷公把山砍矮	苗族
W1835.3.4	山被挖低	
W1835.3.4.1	人取石把山变矮	满族
W1835.3.5	山被踩低	［W1809.14］山是踩出来的
W1835.3.5.1	二郎神把山踩低	汉族
W1835.4	山的移动	① ［W1265.3.3］移山成岛； ② ［W9687.2］赶山鞭
W1835.4.1	神移山	黎族
W1835.4.1.1	天神移山	鄂温克族
W1835.4.2	佛祖移山	汉族
W1835.4.3	二郎担山	汉族 ＊ ［W9867.2］二郎神担山追杀太阳
W1835.4.4	人移山	
W1835.4.4.1	人担山移山	仫佬族
W1835.4.4.2	大禹移山	汉族
W1835.4.5	负山之龟移山	汉族
W1835.4.6	山的移动的停止	
W1835.4.6.1	罗汉镇山后山不再移动	汉族
W1835.5	山的变软	
W1835.5.1	洪水后山变软	傈僳族
W1835.6	山变凉爽	
W1835.6.1	龙居山中使山凉爽	
W1836	**山的倒塌**	
W1836.1	山被撞倒	
W1836.1.1	火神把山撞倒	藏族
W1836.1.2	水神把山撞倒	藏族

W 编码	母题描述	关联项
W1836.2	山被撒上死亡的种子后开始会倒塌	彝族
W1836a	**山的裂缝**	
W1836a.1	神劈出山的裂缝	［W1970.3］劈山出泉
W1836a.1.1	神用开天斧劈出雪山的裂缝	纳西族
W1837	**山的丫口的来历**	
W1837.1	山的丫口是踩出来的	拉祜族
W1838	**一山分两界**	纳西族
W1839	**与山有关的其他母题**	【关联】①
W1839.0	奇特的山	［W1897.1］神奇的水（奇特的水）
W1839.0.1	怪山	
W1839.0.1.1	怪山压杀多人	汉族
W1839.0.2	横断山	
W1839.0.2.1	神斧劈出横断山	藏族 ＊［W0962］神斧
W1839.0.3	魔力掌控着山	【汤普森】D2152
W1839.1	圣山	满族 ＊ ①［W0956］神山；②［W1852.4.2］长白山是圣山
W1839.1a	仙山	［W1852.6.5.2］峨眉山是仙山
W1839.1a.1	五座仙山	
W1839.1a.1.1	五座仙山是岱舆、员峤、蓬莱、瀛洲、方丈	汉族 ＊ ①［W1852.6.107］蓬莱山（蓬邱）；②［W1852.6.146.1］五神山即岱舆、员峤、方壶、瀛洲、蓬莱
W1839.2	山是神（仙）的使者	汉族
W1839.3	山是地钉	苗族
W1839.4	定山针	汉族
W1839.5	顶山柱	

---

① 【关联】❶［W0391］山神；❷［W0906.3］山灵（山鬼、山妖）；❸［W1845］山谷（沟壑、峡谷、山洼）

W 编码	母题描述	关联项
W1839.5.1	山作为顶山柱	撒拉族
W1839.6	镇山石	
W1839.6a	定水石	［W1964.2.1］定海神针
W1839.6a.1	神女用定水石定水	汉族
W1839.7	山上的景物	［W1850.2.9］昆仑山的景物
W1839.7.1	山上的印迹	
W1839.7.1.1	山上的巨人的脚印	汉族 ＊ ［W1862.1］岩石上的凹痕是人留下的脚印
W1839.7.1.2	山腰一圈白色的来历	纳西族
W1839.7.2	山的阶梯	
W1839.7.2.1	神砍出山的阶梯	藏族（嘉绒）
W1839.8	高山与流水的分野	汉族
W1839.9	山的影子	彝族 ＊ ［W1833.5］无影山
W1839.10	山冈	
W1839.10.1	山冈的产生	
W1839.10.2	特定的山冈	
W1839.10.2.1	金牛冈	汉族
W1839.11	山尖（山顶、山巅）	
W1839.11.1	特定山尖的来历	
W1839.11.1.1	山尖是特定人物造成的	汉族
W1839.11.2	山巅是天的一部分	独龙族
W1839.12	山门	
W1839.12.1	山的石门	满族
W1839.12.2	特定的山的山门	
W1839.12.2.1	果洛山有 6 个门	藏族
W1839.12.3	开山的钥匙	仡佬族 ＊ ［W9698.1.3］打开特定宝藏的钥匙
W1839.12a	山口	

W 编码	母题描述	关联项
W1839.12a.1	特定物变成山口	
W1839.12a.1.1	碓柱变成山口	苗族
W1839.13	山峡	
W1839.13.1	伊阙	
W1839.13.1.1	伊阙即龙门	汉族
W1839.13.2	三门峡	
W1839.13.2.1	大禹凿出三门峡	汉族 ＊ ① ［W1915.3.3］大禹造河；② ［W1919.4.2］大禹开山成河
W1839.13.2.2	三门峡有神门、鬼门和人门三门	汉族
W1839.13.2.3	三门峡又称三门山	汉族
W1839.13.3	长江三峡	
W1839.13.3.1	瑶姬劈出长江三峡	汉族
W1839.13.4	错开峡	汉族
W1839.13.5	虎跳峡	汉族
◎	『常见的山类型或山体』	
W1840	**火山**	【汤普森】F753
W1840.1	火山的产生	【汤普森】A966； ＊ 汉族
W1840.1.1	盗天火时扔的火种形成火山	苗族
W1840.1.2	太阳落地形成火山	汉族
W1840.1.2.1	太阳的碎片形成火山	汉族
W1840.1.3	火魔吐火形成火山	汉族
W1840.2	火山的特征	
W1840.2.1	火山昼夜不息	汉族
W1840.2.2	火山常年喷火	哈萨克族
W1840.3	与火山有关的其他母题	① ［W1236.4.3］地心冒火；② ［W1833.7.1］喷火的宝山

W 编码	母题描述	关联项
W1840.3.1	火山在特定的地方	布依族
W1840.3.2	地下有1万零1座火山	德昂族
W1841	**火焰山**	维吾尔族
W1841.1	火焰山产生	汉族、蒙古族、维吾尔族
W1841.2	火焰山的特征	
W1841.2.1	火焰山温度极高	
W1841.2.1.1	火焰山能把飞鸟化为灰烬	藏族
W1841.2.1.2	火焰山能烧化金子	汉族
W1841.2.2	火焰山越扇火越旺	汉族
W1841.2.3	火焰山有八百里火焰	汉族
W1841.3	与火焰山有关的其他母题	
W1841.3.1	火焰山在遥远的地方	
W1841.3.1.1	火焰山在遥远的西方	布依族
W1841.3.1.2	西方火焰山	回族
W1841.3.1.3	火焰山在西天边	回族
W1841.3.2	炎火山	汉族
W1841.3.2.1	炎火山在南方	汉族
W1842	**雪山**	
W1842.1	雪山是变成产生的	
W1842.1.1	头顶变成雪山	
W1842.1.1.1	大地死后头顶变成雪山	珞巴族
W1842.1.2	白石变成雪山	羌族
W1842.1.3	特定的人物变成雪山	
W1842.1.3.1	雨神被泼水盖雪后变成雪山	普米族
W1842.2	有的山为什么终年有积雪	
W1842.2.1	山终年积雪是山神的满头白发	普米族
W1842.2.2	雪山的白雪是仙女的白发	塔吉克族
W1842.3	与雪山有关的其他母题	

W 编码	母题描述	关联项
W1842.3.1	雪山拔地而起	藏族
W1842a	**冰山**	
W1842a.1	冰山的产生	
W1842a.1.1	眼泪结成冰山	塔吉克族
W1842a.2	冰山的特征	
W1842a.3	与冰山有关的其他母题	【关联】①
W1842a.3.1	冰山之父	塔吉克族
W1843	**丘陵（山岭、山丘、山地）**	［汤普森］A967
W1843.0	造山岭	
W1843.0.1	女娲抓出山岭	汉族
W1843.0.2	文化英雄挑山造山岭	壮族
W1843.1	推压大地形成丘陵	［W1845.1.5］挤压出山谷
W1843.1.1	造地者推压大地形成丘陵	哈尼族
W1843.1.2	祖先缩地时的褶皱成为山岭	彝族（俚颇）
W1843.1.3	修整大地时鼓出的地方形成山岭	汉族
W1843.2	抛撒物变成丘陵	
W1843.2.1	神从天上撒石沙（金银、泥巴等），不均匀的地方成为丘陵	满族
W1843.2.2	天神抛物治水时撒得不多的地方变成丘陵	羌族
W1843.2.3	茶叶铺地厚的地方成为山丘	德昂族
W1843.2.4	天女撒土变成丘陵	满族 ＊ ①［W1833.8.3.2.2］天神撒土形成山脉；②［W1845.1.11.5］神撒土不均形成山谷

---

① 【关联】❶［W1082.6.6］地狱的冰山（阴间的冰山）；❷［W1498.1.7］冰山原来没有冰雪；❸［W1955.16］冰川变成海

W 编码	母题描述	关联项
W1843.3	撒漏的泥沙形成山丘	
W1843.3.1	神造山时筐里漏下来的泥沙形成山丘	黎族
W1843.4	敲打大地形成丘陵	
W1843.4.1	神用棍棒敲打大地形成丘陵	
W1843.4.2	人敲土成丘陵	苗族
W1843.4.3	特定人物锤出山地	
W1843.4.3.1	文化英雄锤地不认真形成山地	彝族
W1843.5	特定的物（肢体）变成丘陵	
W1843.5.1	脊背变丘陵	珞巴族
W1843.5.1.1	鱼的脊背变丘陵	高山族（曹人）
W1843.5.1.2	地死后的脊骨变成丘陵	珞巴族
W1843.5.2	神或神性人物的尸体变成山岭	
W1843.5.2.1	盘古的尸体化成山丘	汉族
W1843.5.2.2	恶神的尸体变成山岭	满族
W1843.5.2.3	国王的尸体变成山岭	朝鲜族
W1843.5.3	骨骼变成山岭	
W1843.5.3.1	盘古的骨头变成山丘	汉族　*　［W1980.2.2.2］盘古的骨骼变成金属
W1843.5.4	积沙成岭	汉族　*　①［W1809.4a］积沙成山；②［W1809.4a.3］积沙成为沙山
W1843.6	与山岭的产生有关的其他母题	［W1804.2.1］地王造山岭
W1843.6.1	脊骨变成丘陵	
W1843.6.1.1	大地死后脊骨变成丘陵	珞巴族
W1843.6.2	补地时形成山岭	土家族
W1843.6.3	混沌捏泥造岭	毛南族　*　［W1057.1］混沌（浑沌、昆屯、混沌卵）
W1843.6.4	扁担变成山岭	［W1821.10.1］扁担变成山

W 编码	母题描述	关联项
W1843.6.4.1	二郎神的扁担变成山岭	汉族 ＊［W1809.4b.1］二郎神留下的灰堆变成山
W1843.6.4.1.1	杨二郎的扁担变成山岭	汉族
W1843.6.4.2	李二郎的扁担变成山岭	汉族
W1843.6.5	大雨在平原上冲出丘陵	彝族
W1843.6.6	洪水冲出山岭	苗族 ＊［W8540］洪水的结果
W1843.6.6.1	洪水退去出现丘陵	高山族
W1843.6.7	海浪冲大地后高处成为山岭	白族
W1843.6.8	天塌形成山岭	汉族
W1843.7	特定名称的山岭	
W1843.7.1	赤岭	汉族
W1843.7.2	大兴安岭	满族
W1843.7.3	凤凰岭	
W1843.7.4	金鸡岭	
W1843.7.5	七指岭	黎族 ＊［W1852.3］五指山
W1843.7.6	秦岭	
W1843.8	特定名称的山丘	
W1843.8.0	九丘	汉族
W1843.8.1	平丘	汉族
W1843.8.2	轩辕丘	汉族 ＊ ①［W0696.1］黄帝轩辕氏；②［W1852.6.156］轩辕山
W1843.8.2.1	轩辕丘无草木	汉族
W1843.8.3	珠丘	
W1843.8.3.1	舜墓名珠丘	【民族，关联】①
W1843.8.4	卫丘	汉族
W1844	**山峰**	

① 【民族】汉族。【关联】❶［W0739.5］与舜有关的其他母题；❷［W1852.6.125］舜哥山（舜王山）；❸［W1978.5.1.8］舜井（舜泉）

W 编码	母题描述	关联项
W1844.1	山峰的产生	
W1844.1.1	山峰自然产生	黎族
W1844.1.2	山峰是造出来的	
W1844.1.2.1	神用乳房造山峰	阿昌族 ＊ ① ［W1810.1.4］用乳房造山；② ［W1819.9］乳房变成山
W1844.1.2.2	始祖用泥团造山峰	壮族
W1844.1.2.3	创世母亲挑土造山峰	基诺族
W1844.1.3	特定人物变成山峰	
W1844.1.3.1	巨人变成山峰	蒙古族 ＊ ［W1816.1］巨人变成山
W1844.1.3.2	罗汉变成山峰	满族
W1844.1.3.3	女子化为山峰	仫佬族
W1844.1.3a	特定物变成山峰	珞巴族
W1844.1.3a.1	土块变成山峰	朝鲜族
W1844.1.3a.1.1	天神抛的泥团变成山峰	傈僳族
W1844.1.3a.2	蛋壳化为山峰	藏族
W1844.1.3a.3	射落的日月的碎片变成山峰	瑶族
W1844.1.3a.4	掉落的星星变成山峰	满族
W1844.1.3a.5	坠落的陨石变成山峰	哈尼族 ＊ ［W1866.1］陨石
W1844.1.3a.6	蛟龙的尸骨变成山峰	汉族
W1844.1.3a.7	树枝变成山峰	珞巴族
W1844.1.3a.8	烟凝结成山峰	彝族
W1844.1.3a.9	神射的箭变成山峰	藏族
W1844.1.4	与山峰产生有关的其他母题	布朗族
W1844.1.4.1	神犁天耙天时把漏的地方形成山峰	哈尼族
W1844.1.4.2	叠山成峰	壮族 ＊ ［W1820.1］树枝变成山峰
W1844.1.4.3	山被水冲刷出山峰	白族
W1844.2	山峰特征的来历	

W 编码	母题描述	关联项
W1844.2.1	很高的山峰	[W1437.3b] 通过高的地方上天
W1844.2.1.1	山峰挡住神的出路	鄂温克族
W1844.2.2	最高的山峰	
W1844.2.2.1	最高的山峰在 3 万座大山的东方	瑶族
W1844.3	与山峰有关的其他母题	
W1844.4	特定名称的山峰	
W1844.4.1	飞来峰	汉族 ＊ [W1852.6.41a] 飞来山
W1844.4.2	雷祖峰	汉族
W1844.4.3	华山峰	汉族
W1844.4.4	玉女峰	汉族
W1844.4.5	丈人峰	汉族 ＊ [W1852.6.174] 丈人山
W1844.4.6	祝融峰	汉族 ＊ [W0767.7] 与祝融有关的其他母题
W1844.4.7	上霄峰	汉族
W1845	**山谷（沟壑、峡谷、山洼、山沟）**	【汤普森】A983
W1845.1	山谷的产生	
W1845.1.1	造出山谷	
W1845.1.1.1	始祖创造高山深谷	景颇族
W1845.1.1.2	鸟用嘴掘地造山谷	塔吉克族
W1845.1.1.3	神仙为流水造出沟壑	彝族
W1845.1.1.4	巨人抓出山沟	拉祜族（苦聪）
W1845.1.1.5	天鬼造山谷	景颇族
W1845.1.2	劈出山谷（砍出山谷）	[W1836a.1] 神劈出山的裂缝
W1845.1.2.1	劈山形成山谷	水族 ＊ [W1830.1.1.5] 山被神砍为三截
W1845.1.2.2	人劈坏地面形成山谷	佤族

W 编码	母题描述	关联项
W1845.1.2.3	一位母亲砍出山沟	羌族
W1845.1.3	犁出山谷	［W1809.10］犁出山
W1845.1.3.1	神犁出山谷	哈尼族
W1845.1.3.2	神人犁出山谷	哈尼族
W1845.1.3.3	犀牛犁地形成沟壑	布依族
W1845.1.3.4	地神犁出的地沟变成峡谷	哈尼族
W1845.1.4	推出山谷	
W1845.1.4.1	天神推出山谷	佤族
W1845.1.4.2	地神推出山谷	佤族
W1845.1.5	挤压出山谷	哈尼族、藏族 ＊［W1843.1.1］造地者推压大地形成丘陵
W1845.1.5.1	创世母亲挤压出山谷	基诺族
W1845.1.5.2	天老爷挤地挤出山谷	藏族（白马）
W1845.1.6	用鞭抽出山沟	
W1845.1.6.1	神鞭抽出山沟	汉族 ＊［W9687.4］神鞭
W1845.1.7	拱出山谷	汉族
W1845.1.8	地的褶皱变为山谷	基诺族
W1845.1.8.1	地神缩地的褶皱成为沟壑	汉族
W1845.1.8.2	盘古缩地的褶皱形成山谷	汉族
W1845.1.8.3	造地者缩地的褶皱形成山谷	傈僳族
W1845.1.9	地的凹陷处变为山谷	柯尔克孜族 ＊［W1976.1.2］地神造地时凹陷的地方成为水塘
W1845.1.9.1	缩地时低的地方形成峡谷	傈僳族
W1845.1.9.2	修整大地时凹下的地方成为山谷	汉族、藏族、壮族 ＊［W1936.2.4.1］修整大地时凹下去的地方形成河谷
W1845.1.9.2.1	1 对公婆捏地时凹下的地方成为山谷	汉族

W 编码	母题描述	关联项
W1845.1.9.2a	大地缩身体时低陷的地方变成峡谷	珞巴族
W1845.1.9.2b	地陷形成峡谷	珞巴族 ＊［W8573］地陷（地的塌陷）
W1845.1.9.3	神整地时锤出沟壑	彝族
W1845.1.9.4	神仙锤出沟壑	彝族
W1845.1.10	动物变成山谷	
W1845.1.10.1	牛的小肠变成井沟	彝族 ＊［W1931.3.2.2］神牛的小肠变成江河
W1845.1.10.2	马鹿的心肝肺变成峡谷	普米族
W1845.1.11	特定的行为形成山谷	
W1845.1.11.1	神钻地形成山谷	鄂伦春族
W1845.1.11.2	人妖争斗时脚蹬出沟	蒙古族 ＊［W1258.3］争斗的痕迹形成平地
W1845.1.11.3	神箍地时箍出沟壑	仡佬族
W1845.1.11.4	龙钻出裂沟	苗族 ＊［W1935.7］龙的脚印形成江河
W1845.1.11.5	神撒土不均形成山谷	珞巴族 ＊ ①［W1833.8.3.2.2］天神撒土形成山脉；②［W1843.2.4］天女撒土变成丘陵
W1845.1.11.5a	天神抛泥坨形成峡谷	傈僳族
W1845.1.11.6	雷神用天枪插地形成山谷	苗族
W1845.1.11.7	大力神用脚踢出山谷	黎族 ＊［W0131.2］大力神
W1845.1.11.8	野猪神划出山谷	满族
W1845.1.12	山谷产生的其他方式	
W1845.1.12.1	箭射开山形成峡谷	水族
W1845.1.12.2	地震形成山沟	阿昌族 ＊［W8569］与地震有关的其他母题

W 编码	母题描述	关联项
W1845.1.12.3	神踩脚形成山谷	纳西族
W1845.1.12.4	神挡石形成峡谷	瑶族（布努）
W1845.2	山谷的特征	
W1845.2.1	山谷为什么很深	汉族
W1845.2.1.1	无底山谷	汉族
W1845.3	与山谷（沟壑、峡谷）有关的其他母题	
W1845.3.0	奇特的山谷	
W1845.3.0.1	神秘谷	汉族
W1845.3.1	沟是砍出来的	
W1845.3.1.1	沟是天女砍出来的	羌族
W1845.3.2	沟是敲打出来的	羌族
W1845.3.3	沟是冲出来的	汉族、蒙古族
W1845.3.3.1	大雨在平原上冲出沟壑	保安族、彝族
W1845.3.3.2	洪水造成沟壑	羌族
W1845.3.4	沟是挑出来的	
W1845.3.4.1	空行母用拐杖挑出沟	门巴族
W1845.3.5	沟是挖出来的	
W1845.3.5.1	天神挖出大沟	纳西族
W1845.3.5.2	天神挖水沟	拉祜族
W1845.3.6	沟壑是堆出来的	
W1845.3.6.1	地神用泥堆出深谷	佤族
W1845.3.7	渠	
W1845.3.7.1	李二郎担山造渠	汉族 ＊ ［W9867.2］二郎神担山追杀太阳
W1845.3.8	山箐	
W1845.3.8.1	巨人开辟山箐	苗族
W1845.3.8.2	野猪拱出山箐	彝族

W 编码	母题描述	关联项
W1845.3.8.3	山箐的影子生山箐	彝族 ＊ ［W1515.6.2］影子生万物
W1845.4	特定名称的沟壑	
W1845.4.1	归墟	汉族
W1845.4.1.1	归墟是无底之谷	汉族
W1845.4.2	蒙谷（昧谷）	汉族
W1845.4.3	汤谷（旸谷、阳谷）	
W1845.4.3.1	汤谷是日出之地	汉族
W1845.4.3.2	汤谷上有扶木	汉族
W1845.4.3.3	汤谷水热	汉族
W1845.4.3.4	汤谷即温源谷	汉族
W1845.4.4	禺谷（虞渊）	
W1845.4.4.1	虞渊是日落之所	汉族
W1845.4.5	飞谷	汉族
W1845.4.6	天门郡仙谷	汉族
W1846	**山洞**	
W1846.1	特定的人物挖出山洞	
W1846.1.1	山洞是螃蟹挖出来的	苗族 ＊ ［W1919.2.6］螃蟹挖河
W1846.1.2	雷公电母劈山为洞	汉族
W1846.1.2.1	雷神凿出山洞	纳西族（摩梭）
W1846.1.3	虎神刨出山洞	纳西族（摩梭） ＊ ① ［W0502］虎神；② ［W1266.1.1.1］虎神刨土形成盆地
W1846.1.4	神钻出山洞	
W1846.1.4.1	神为捉妖钻出山洞	满族
W1846.1.5	龙开出山洞	
W1846.1.5.1	神龙为排水开山洞	彝族
W1846.1.6	英雄戳出山洞	
W1846.1.6.1	莫一大王用伞把戳出山洞	壮族

W 编码	母题描述	关联项
W1846.1.7	神造山时造出岩洞	
W1846.1.7.1	神造山时用扁担穿出岩洞	瑶族（布努）
W1846.2	特定物变成山洞	
W1846.2.1	嘴巴变成山洞	
W1846.2.1.1	神死后嘴变山洞	仡佬族
W1846.2.2	女祖先的阴道变成山洞	壮族 ＊ ［W0654.3.3］祖先的巨大生殖器
W1846.2a	石头融化形成岩洞	毛南族
W1846.2b	岩洞是山神挑山的痕迹	瑶族
W1846.3	与山洞有关的其他母题	［W1244.4］地洞
W1846.3.1	山洞是地的嘴	仡佬族
W1846.3.2	石洞（石穴、岩洞）	［W1863］岩石上的洞
W1846.3.2.1	石户	汉族
W1846.3.2.2	梦幻石穴	汉族
W1846.3.2.3	九女闭	汉族
W1846.3.3	溶洞	［W1244.4］地洞
W1846.3.3.1	山被烧出溶洞	
W1846.4	特定名称的洞	
W1846.4.1	白龙洞	汉族
W1846.4.2	蝴蝶洞	汉族
W1846.4.3	华阳洞	汉族
W1846.4.4	罗汉洞	汉族
W1846.4.5	群仙洞	汉族
W1846.4.6	水帘洞	
W1846.4.6.1	水帘洞在华山	汉族
W1846.4.7	水母洞	汉族
W1846.4.8	通天洞	
W1846.4.8.1	龙王造通天洞	汉族

W 编码	母题描述	关联项
W1846.4.9	王母洞	汉族
W1846.4.9.1	西王母石室	汉族 ＊ ① ［W0755］西王母；② ［W0758.1］西王母穴居
W1846.4.10	无底洞	
W1846.4.10.1	龙洞是无底洞	汉族
W1846.4.11	仙猫洞	汉族
W1846.4.12	仙女洞	汉族
W1846.4.13	禹洞（禹穴）	汉族＊① ［W0751］禹（大禹）；② ［W1979.3.9.2］禹迹溪
W1846.4.14	玉女洞	汉族
W1846.4.15	张公洞	汉族
W1846.4.16	其他一些特定的洞穴	
W1846.4.16.1	金牛穴	汉族
W1846.4.16.2	神农窟（神农穴）	汉族 ＊ ① ［W0731］神农；② ［W0737.1］神农居天马山
W1846.4.16.3	熊穴	汉族
W1846.4.16.4	母猪神洞	怒族
W1846.5	奇特的洞	
W1846.5.1	能流出特定物的洞	
W1846.5.1.1	流出瓜叶的瓜穴	汉族
W1846.5.2	能穿越的洞	
W1846.5.2.1	马穿穴	汉族
W1847	**山坡**	汉族
W1847.1	山坡是造出来的	侗族
W1847.1.1	神或神性人物垒出山坡	
W1847.1.1.1	神垒出山坡	水族
W1847.1.1.2	熊公嫦婆垒出山坡	苗族
W1847.1.2	盘古造山坡	［W1505.1］盘古造万物

W 编码	母题描述	关联项
W1847.1.2.1	盘古用草造山坡	瑶族
W1847.1.2.2	盘古用斧子砍出山坡	汉族
W1847.1.3	祖先抓地皮造山坡	
W1847.1.3.1	布洛陀抓地皮缩地形成山坡	壮族 * ①［W1393.1.4.3］布洛陀抓地皮缩地；②1393.1.7.3］抓地皮做成山坡缩地
W1847.1.4	神整地时锤出坡	彝族
W1847.1.4a	仙人整地时锤出山坡	彝族
W1847.1.4a.1	仙人整地时打出山坡	彝族
W1847.1.5	文化英雄为生草造山坡	苗族
W1847.1.6	文化英雄架起炉来铸山坡	苗族
W1847.1.7	祖先用砂泥造山坡	布依族
W1847.2	特定的肢体变成山坡	
W1847.2.1	神死后手和脚变成山坡	仡佬族
W1847.2.2	文化英雄的胳膝和手腕变成山坡	
W1847.2.2.1	撑天者死后膝盖手腕变成山坡	布依族
W1847.2.3	神死后骨头变成坡头	仡佬族
W1847.3	鼓出的地方成为山坡	藏族 * ［W1821.5.4］鼓出的地变成山
W1847.4	与山坡有关的其他母题	
W1847.4.1	犁头变成山坡	苗族
W1847.4.2	碓嘴变成山坡	苗族
W1847.4.3	山坡的变小	苗族
W1848	**山峦的产生**	【汤普森】A968
W1849	**山的其他形态的形成**	
W1849.1	悬崖的产生（山崖的产生）	【汤普森】A965
W1849.1.1	特定物变成山崖	

W 编码	母题描述	关联项
W1849.1.1.1	神的耳朵变成悬崖	
W1849.1.1.2	火星落地变成山崖	瑶族（布努）
W1849.1.2	特定人物造出山崖	苗族
W1849.1.2.1	神撬出山崖	瑶族（布努）
W1849.1.2.2	悬崖峭壁是被特定人物砍出来的	哈尼族
W1849.1.3	山崖朝向的来历	
W1849.1.3.1	山崖思乡形成寻找的抽象	汉族
W1849.1.4	与山崖产生有关的其他母题	
W1849.1.5	山崖的特征	
W1849.1.5.1	山崖为什么险要	汉族
W1849.1.6	特定名称的山崖	
W1849.1.6.1	万佛崖	汉族
W1849.1.6.2	珠崖	汉族
W1849.2	山涧的形成	
W1849.2.1	拐杖划出山涧	汉族
W1849.2.1.1	神农以杖划地为涧	汉族
W1849.2.2	与山涧有关的其他母题	
W1849.2.2.1	神农涧	汉族
W1849.3	山坳的形成	
W1849.3.1	推压大地形成山坳	哈尼族
W1849.3.2	特定物变成山坳	
W1849.3.2.1	射落的太阳变成山坳	苗族 ＊ ［W9796］与射日月结果有关的其他母题
W1849.3.2.2	猛马变成山坳	苗族
W1849.3.2.3	牛轭变成山坳	苗族
W1849.3.3	特定人物砸出山坳	
W1849.3.3.1	巨人用锤在平地上砸出山坳	苗族

W 编码	母题描述	关联项
W1849.3.4	山坳像马鞍的来历	
W1849.3.4.1	山坳像马鞍是神造的结果	苗族
W1849.3.5	与山坳有关的其他母题	
W1849.3.5.1	垭口	彝族
◎	〖常 见 的 特 定 名 称 的 山〗	
W1850	昆仑山	
W1850.1	昆仑山的产生	
W1850.1.0	昆仑山是造出来的	
W1850.1.0.1	真主造昆仑山	塔吉克族
W1850.1.0.2	盘古踢出昆仑山	汉族
W1850.1.1	撒土成为昆仑山	
W1850.1.1.1	华胥撒土挡洪水时高的变成昆仑山	汉族
W1850.1.2	尸体变成昆仑山	
W1850.1.2.1	盘古的尸体变成昆仑山	汉族
W1850.1.2.2	浪荡子的五节尸体化成昆仑山	汉族
W1850.1.3	掉下的天梭变成昆仑山	普米族
W1850.1.4	特定的山生昆仑山	
W1850.1.4.1	昆仑山是真主造的七座大山的后代	塔吉克族
W1850.2	昆仑山的特征	① ［W1450.3］昆仑山是天梯； ② ［W1437.3.3］通过昆仑山上天
W1850.2.1	昆仑山有9层	汉族
W1850.2.2	昆仑山每层相隔万里	汉族
W1850.2.3	昆仑山的高度	【关联】①

---

① 【关联】❶ ［W1437.3.3］通过昆仑山上天；❷ ［W1450.3］昆仑山是天梯；❸ ［W1850.2.5.5］昆仑山通天

W 编码	母题描述	关联项
W1850.2.3.1	昆仑山高 2500 余里	汉族
W1850.2.3.2	昆仑山高 1 万 1 千余里	汉族
W1850.2.3.3	昆仑山高万仞	汉族
W1850.2.3a	昆仑山的方圆	
W1850.2.3a.1	昆仑山方圆 8 百里	汉族
W1850.2.4	昆仑山山山相连	汉族 * ［W1830a］山与山相连
W1850.2.5	昆仑山是神山	汉族
W1850.2.5.1	昆仑山有灵性	普米族
W1850.2.5.2	昆仑山生元气	汉族
W1850.2.5.3	昆仑山可朝圣	汉族
W1850.2.5.4	昆仑山是神的居所	汉族 * ① ［W1850.3.9］昆仑宫；② ［W1850.3.5］昆仑山是仙人居所
W1850.2.5.5	昆仑山通天	汉族
W1850.2.6	昆仑山的形状	
W1850.2.6.1	昆仑山呈五龙形	汉族
W1850.2.6.2	昆仑山会变形	普米族
W1850.2.7	昆仑山发光	汉族
W1850.2.8	昆仑山有多层	
W1850.2.8.1	昆仑山有三级	
W1850.2.8.1.1	昆仑山有樊桐、玄圃、天庭三级	汉族
W1850.2.9	昆仑山的景物	
W1850.2.9.1	昆仑山的疏圃	汉族
W1850.2.9.2	昆仑山有许多动物	汉族
W1850.2.10	昆仑山有多个门	
W1850.2.10.1	昆仑山有九门	汉族
W1850.2.11	昆仑山多冰	汉族 * ［W1387.7.4.2］女娲用昆仑山的冰补西北天

W 编码	母题描述	关联项
W1850.3	与昆仑山有关的其他母题	【关联】①
W1850.3.1	昆仑山的瑶池	［W1794.1.2］瑶池在昆仑山上
W1850.3.2	昆仑山原来很小	蒙古族
W1850.3.3	登昆仑山不死	
W1850.3.3.1	登昆仑之凉风山能不死	汉族
W1850.3.4	西王母治昆仑西北隅	汉族
W1850.3.5	昆仑山是仙人居所	汉族 * ［W1850.2.5.4］昆仑山是神的居所
W1850.3.6	昆仑山是天心地胆所在	【民族，关联】②
W1850.3.6.1	昆仑山在地中央	汉族 * ① ［W1237c］地的中央；② ［W1337.5.3］天柱立在昆仑山
W1850.3.7	有不同的昆仑山	汉族
W1850.3.7.1	特定的山叫昆仑山	鄂伦春族
W1850.3.7.2	西昆仑山	汉族
W1850.3.7.3	东昆仑山	汉族
W1850.3.7.4	东海方丈即昆仑山	汉族
W1850.3.8	昆仑竹山	汉族
W1850.3.9	昆仑宫	汉族
W1850.3.10	昆仑铜柱	
W1850.3.10.1	昆仑铜柱是天柱	汉族 * ［W1332.4.2a］用铜做天柱
W1850.3.11	昆仑山顶称县圃	汉族
W1851	**五岳**	
W1851.0	五岳的产生	

---

① 【关联】❶ ［W0678.3.1］伏羲居住昆仑山；❷ ［W0693.1］黄帝居住昆仑山；❸ ［W0717.2.2］女娲居住昆仑山；❹ ［W0812.5］群仙居住昆仑山；❺ ［W1252.3.2］息壤在昆仑山；❻ ［W1337.5.3］天柱立在昆仑山；❼ ［W1978.5.3.1］九井在昆仑

② 【民族】汉族。【关联】❶ ［W1165］天心；❷ ［W1165.2］天心在昆仑山的中心；❸ ［W1236a］地胆

W 编码	母题描述	关联项
W1851.0.1	盘古的四肢五体变成五岳	畲族 * ① ［W1167.2.2］盘古的四肢化为四极；② ［W1348.2.1.1］盘古的四肢变成地柱
W1851.0.2	盘古的头和四肢变成五岳	汉族
W1851.0.3	女始祖造五岳	
W1851.0.3.1	始祖婆伢俣造五岳	水族
W1851.1	泰山（东岳）	［W1236.2.1］泰山居地的中心
W1851.1.0	特定人物造泰山	
W1851.1.0.1	女始祖造泰山	水族
W1851.1.1	盘古的头化为东岳泰山	汉族 * ［W0720］盘古
W1851.1.2	泰山是地府	汉族
W1851.1.3	泰山五岳独尊的来历	
W1851.1.4	泰山奶奶的来历	［W0773］碧霞元君
W1851.1.5	泰山石敢当的来历	汉族
W1851.1.6	大小泰山	
W1851.1.6.1	小泰山称东泰山	汉族
W1851.1.6.2	泰山又称西泰山	汉族
W1851.1.7	泰山是天帝孙	
W1851.1.7.1	泰山又称天孙	汉族
W1851.1.8	泰山为什么神多	
W1851.1.8.1	泰山神多是因为集中了各地的神	汉族
W1851.1.9	泰山很高	［W1322.2.1］盘古在泰山上顶天
W1851.1.9.1	泰山顶通南天门	汉族
W1851.1.10	与泰山有关的其他母题	
W1851.1.10.1	福建的泰山	水族
W1851.1.10.2	泰山管人的灵魂	汉族
W1851.2	衡山（南岳）	汉族

W 编码	母题描述	关联项
W1851.2.0	特定人物造衡山	
W1851.2.0.1	女始祖造衡山	水族
W1851.2.1	盘古的左胳膊化为衡山	汉族
W1851.2.2	鸟化衡山	汉族
W1851.2.3	衡山五岳独秀的来历	
W1851.2.4	衡山为什么冬暖夏凉	
W1851.2.4.1	蛟龙使衡山冬暖夏凉	汉族
W1851.2.5	南海有衡山	汉族
W1851.3	嵩山（中岳）	
W1851.3.1	盘古的肚皮化生中岳嵩山	汉族 ＊ ［W1977.3.1］神死后肚皮变龙潭
W1851.3.2	始祖婆伢俣造中岳嵩山	水族
W1851.3.3	中岳泰室山	汉族
W1851.4	华山（西岳）	
W1851.4.1	盘古的脚化为西岳华山	汉族
W1851.4.2	盘古的脚趾化为西岳华山	汉族
W1851.4.3	与华山有关的其他母题	［W1844.4.3］华山峰
W1851.4.3.1	华山在燕国	水族
W1851.4.3.2	华山高 5 千仞	汉族
W1851.5	恒山（北岳）	
W1851.5.1	盘古的右胳膊化为北岳恒山	汉族
W1851.5.2	女始祖造恒山	水族 ＊ ［W1804.8］祖先造山
W1851.6	与五岳有关的其他母题	
W1851.6.1	五岳各放一国	水族
W1852	**其他特定的山**	［W9960］特定风物的来历
W1852.1	黄山	汉族
W1852.1.1	黄山的来历	汉族
W1852.1.2	黄山 36 峰	汉族

W 编码	母题描述	关联项
W1852.1.3	黄山因黄帝得名	①［W0690］黄帝；②［W6873］与神或神性人物命名有关的其他母题
W1852.1.3.1	因黄帝炼丹的黟山改名黄山	汉族 ＊［W0791.3.4］太上老君炼丹
W1852.1.3.2	因黄帝游黟山遂改名黄山	汉族
W1852.2	庐山	汉族
W1852.3	五指山	
W1852.3.1	海南五指山的来历	
W1852.3.1.0	海南以前没有五指山	黎族
W1852.3.1.1	五个兄弟的坟墓变成五指山	黎族
W1852.3.1.2	雷公的兄弟推出五指山	黎族
W1852.3.1.3	五指山是神的巨掌	黎族 ＊［W079.4］与神的手臂有关的其他母题
W1852.3.2	其他地区五指山的来历	
W1852.3.2.1	5个孩子变成五指山	壮族
W1852.3.3	与五指山有关的其他母题	［W1843.7.5］七指岭
W1852.3.3.1	以前没有五指山	黎族
W1852.4	长白山	［W5641.6］满洲起源于长白山某个特定的地方
W1852.4.0	特定人物造长白山	
W1852.4.0.1	禹王爷担石造9节长白山	汉族 ＊ ①［W0751］禹（大禹）；②［W1852.6.35.1］大禹造砥柱山
W1852.4.1	长白山是神山	满族 ＊［W0956］神山
W1852.4.2	长白山是圣山	满族 ＊［W1839.1］圣山
W1852.4.3	长白山为什么药材多	［W6240］与药的产生有关的其他母题
W1852.4.3.1	长白山药材多是仙女撒下的	满族
W1852.5	九华山	

W 编码	母题描述	关联项
W1852.5.1	蜈蚣精化为九华山	汉族 ＊ ［W0533］ 蜈蚣神（蜈蚣精）
W1852.6	其他特定的山的来历	
W1852.6.1	苍山	
W1852.6.1.1	盘古死后左脚变成苍山	白族 ＊ ［W1816.2］盘古变成山
W1852.6.2	骊山	汉族 ＊ ① ［W0768.6］骊山老母；② ［W1388.4.1.1］骊山老母补天的地方是骊山
W1852.6.3	九龙山	
W1852.6.3.1	9 条龙死后变成山叫九龙山	羌族
W1852.6.4	天山	
W1852.6.4.1	真主造天山	塔吉克族
W1852.6.5	峨眉山	
W1852.6.5.1	祖先化身为峨眉山	佤族
W1852.6.5.2	峨眉山是仙山	彝族（俚颇） ＊ ［W0956a］仙山
W1852.6.5.3	峨眉山离天三尺三	汉族
W1852.6.6	不死山	汉族 ＊ ［W0959.2］不死水
W1852.6.7	红石山	［W1864.1］ 红石
W1852.6.7.1	英雄变成一座红石山	裕固族
W1852.6.8	金山	汉族 ＊ ［W1981.4c.1］金子生金子
W1852.6.8.1	无极造金山	汉族、苗族 ＊ ［W1804.12.3］无极造山
W1852.6.8.2	金山有金子	汉族
W1852.6.9	银山	汉族
W1852.6.9.1	无极造银山	苗族 ＊ ① ［W1804.12.3］ 无极造山；② ［W1852.6.8.1］无极造金山
W1852.6.9.2	银山上全是白金	汉族 ＊ ［W1981.5.5］白金
W1852.6.10	麿鳌钜山	汉族

W 编码	母题描述	关联项
W1852.6.11	八宝山	汉族
W1852.6.12	八公山	汉族
W1852.6.13	白鹤山	汉族
W1852.6.14	白马山	汉族
W1852.6.15	白水山	汉族　＊［W1920.1.2］白水出白水山
W1852.6.16	百鸟山	汉族
W1852.6.17	百丈山	汉族
W1852.6.18	半边山	汉族　＊［W1830］山不相连的原因
W1852.6.19	笔架山	汉族
W1852.6.19.1	鼻子变成笔架山	白族　＊［W1819.4.1］盘古死后鼻子变成笔架山
W1852.6.20	不死山	汉族
W1852.6.20.1	不死山即员丘	汉族
W1852.6.21	不周山	【民族，关联】①
W1852.6.21.1	不周山在西北方	汉族
W1852.6.21.2	不周山名称的来历	汉族
W1852.6.22	常羊山（常阳山）	汉族
W1852.6.22.1	日月落常阳山	汉族　＊①［W1852.6.28.1］日月入大荒山；②［W4870］日月的居所
W1852.6.23	承筐山	汉族
	女娲生于承筐山	汉族
W1852.6.24	仇夷山	汉族
W1852.6.25	大别山	
W1852.6.26	大虫山	汉族
W1852.6.27	大翢山	汉族

---

① 【民族】汉族。【关联】❶［W1332.5.2.1］不周山是天柱；❷［W1339.2.4.1］共工撞倒天柱不周山；❸［W1789.2.1.1］天柱不周山的上端顶着天河

W 编码	母题描述	关联项
W1852.6.28	大荒山	汉族
W1852.6.28.1	日月入大荒山	汉族 ＊ ① ［W1852.6.22.1］日月落常阳山；② ［W4870］日月的居所
W1852.6.29	大明山	壮族
W1852.6.30	大凉山	彝族
W1852.6.31	大人之市（大人山）	汉族＊① ［W0660］巨人；② ［W5926］巨人国
W1852.6.32	大言山	汉族
W1852.6.33	丹山	汉族
W1852.6.34	狄山	汉族
W1852.6.35	砥柱	汉族
W1852.6.35.1	大禹造砥柱山	汉族 ＊［W0751.6］与禹有关的其他母题
W1852.6.36	吊鸟山	汉族
W1852.6.37	钓鱼山	汉族
W1852.6.38	东极山	汉族
W1852.6.39	独山	汉族
W1852.6.39.1	担山落得石头成为独山	汉族 ＊ ① ［W1258.4.1］人挑走大山形成平地；② ［W9779.6］担山射日
W1852.6.40	方丈（方壶）	汉族 ＊［W1244.2a.1］方丈洲
W1852.6.41	飞浮山	汉族
W1852.6.41a	飞来山	汉族 ＊ ① ［W1801.3］山从远处飞来；② ［W1844.4.1］飞来峰
W1852.6.42	风山	汉族
W1852.6.42.1	风山有风穴	汉族
W1852.6.43	封山	汉族

W 编码	母题描述	关联项
W1852.6.44	凤凰山	汉族 ＊ ① ［W1823.6.2.1.1］凤凰堆；② ［W6892.3］以动物命名的山
W1852.6.44.1	凤凰变成凤凰山	仫佬族
W1852.6.45	扶桑山	汉族
W1852.6.45.1	扶桑山有玉鸡	汉族
W1852.6.46	浮山	汉族 ＊ ［W1867.1.2］浮石
W1852.6.47	浮来山	汉族
W1852.6.48	覆船山	汉族
W1852.6.49	覆釜山	汉族
W1852.6.50	高骊山	汉族
W1852.6.51	姑射山	汉族
W1852.6.52	龟山	汉族
W1852.6.52.1	乌龟变成龟山	白族
W1852.6.52.2	山形似龟命名龟山	汉族
W1852.6.53	合虚山	汉族
W1852.6.54	壑明俊疾山	
W1852.6.54.1	日月出壑明俊疾山	汉族
W1852.6.55	花果山	汉族、羌族
W1852.6.56	会骸山	汉族
W1852.6.57	会稽山	汉族
W1852.6.57.1	会稽山即涂山	汉族
W1852.6.58	鸡笼山	汉族
W1852.6.59	鸡足山	白族
W1852.6.60	积石山	汉族
W1852.6.60.1	女娲堆出积石山	汉族
W1852.6.60.2	禹所积石山	汉族
W1852.6.61	稷王山	汉族
W1852.6.62	金华山	汉族

W 编码	母题描述	关联项
W1852.6.62.1	女山神的儿子变成金华山	普米族
W1852.6.63	金牛山	汉族
W1852.6.64	缙云山	汉族
W1852.6.65	九陇山	汉族
W1852.6.66	九嶷山（九疑山）	汉族
W1852.6.66.1	九嶷山的来历	汉族
W1852.6.66.2	九嶷山有 9 个峰	汉族
W1852.6.67	鞠陵于天山	
	鞠陵于天山是日月所出之山	汉族
W1852.6.68	君山	汉族
W1852.6.68.1	盘古的右脚变成老君山	白族
W1852.6.69	空桑山	汉族
W1852.6.70	崆峒（空同、空桐）	白族
W1852.6.71	孔子山	汉族
W1852.6.72	夸父山	汉族
W1852.6.72.1	夸父的尸体变成夸父山	汉族
W1852.6.73	昆吾山	汉族
W1852.6.73.1	昆吾山下多金	汉族
W1852.6.73.2	昆吾山出铜	白族　＊［W1984.1.2.1.1］昆吾山有铜
W1852.6.73.3	昆吾山在流洲	汉族　＊［W1244.2a.4］流洲
W1852.6.74	阆风	汉族　＊［W1852.6.153.1］县圃即阆风
W1852.6.75	离耆山	
W1852.6.75.1	离耆山为日月所出	汉族
W1852.6.76	黎母山	汉族
W1852.6.76.1	子孙们为纪念祖先黎母命名黎母山	黎族

W 编码	母题描述	关联项
W1852.6.77	历山	汉族
W1852.6.78	灵山	【民族，关联】①
W1852.6.78.1	捣衣山即灵山	汉族
W1852.6.79	灵台山	
W1852.6.79.1	灵台山即天柱山	汉族 ＊ ［W1852.6.135］天柱山
W1852.6.80	龙巢山	汉族
W1852.6.81	龙池山	汉族
W1852.6.82	龙门（龙门山）	汉族 ＊ ［W1839.13.1.1］伊阙即龙门
W1852.6.82.1	禹凿龙门	汉族
W1852.6.83	龙母山	汉族
W1852.6.84	龙盘山	汉族
W1852.6.85	龙山	［W1852.6.3］九龙山
W1852.6.85.1	龙山为日月所入	汉族 ＊ ［W1852.6.112.2］日月山为日月所入
W1852.6.85.2	青龙山	布依族、汉族
W1852.6.86	龙首山	汉族
W1852.6.87	龙穴山	汉族
W1852.6.88	庐山	汉族
W1852.6.88.1	庐山即匡山	汉族
W1852.6.89	螺峰山	汉族
W1852.6.89.1	螺峰山是天柱	白族
W1852.6.90	马当山	汉族
W1852.6.91	马迹山	汉族
W1852.6.92	马岭山	汉族
W1852.6.93	马穴山	汉族

---

① 【民族】汉族、纳西族。【关联】❶ ［W1374.1.1］神和佛造灵山稳固天地；❷ ［W1437.3.1］通过灵山上天；❸ ［W1450.5］灵山是天梯

W 编码	母题描述	关联项
W1852.6.94	孟门山	汉族
W1852.6.95	明星山	汉族
W1852.6.96	木客山	汉族
W1852.6.97	木枥山	汉族
W1852.6.98	木叶山	汉族
W1852.6.99	南山	汉族
W1852.6.99a	南极山	汉族
W1852.6.100	鸟山	汉族
W1852.6.101	女床山	汉族
W1852.6.102	女观山	汉族
W1852.6.103	女回山	汉族
W1852.6.104	女几山	汉族
W1852.6.105	女郎山	汉族
W1852.6.106	盘古山	汉族 ＊ ［W0720］盘古
W1852.6.106.1	为纪念盘古夫妻命名盘古山	汉族 ＊ ① ［W0725.4.1］盘古女娲是夫妻；② ［W0725.4.2］盘古爷盘古奶是夫妻
W1852.6.107	蓬莱山（蓬邱）	汉族
W1852.6.107.1	蓬莱山在海中	汉族
W1852.6.107.2	蓬莱山是仙人居所	汉族 ＊ ［W0812］仙的居所
W1852.6.107.3	蓬莱山在鳌鱼背上	汉族
W1852.6.108	桥山	汉族
W1852.6.109	青城山	汉族
W1852.6.109.1	青城山通昆仑山	汉族
W1852.6.110	青丘山	汉族
W1852.6.111	穷山	汉族
W1852.6.112	日月山	汉族 ＊ ［W1752.2.2.1］日月山是天枢

W 编码	母题描述	关联项
W1852.6.112.1	男始祖的两个乳房变成太阳山和月亮山	阿昌族 ＊［W1819.1.2.1］男始祖的乳房变成山
W1852.6.112.2	日月山为日月所入	汉族 ＊［W1852.6.85.1］龙山为日月所入
W1852.6.113	三尖山	汉族
W1852.6.113.1	3 个找太阳的姑娘化为三尖山	彝族
W1852.6.114	三清山	汉族
W1852.6.115	三神山	汉族
W1852.6.115.1	三神山即蓬莱、方丈、瀛洲	汉族 ＊［W1244.2a.7.1］瀛洲在东海
W1852.6.116	三天子都	汉族
W1852.6.117	三王山（三首山）	汉族
W1852.6.118	三危（三危山）	汉族
W1852.6.119	三峻山	汉族
W1852.6.120	少室山	汉族 ＊［W1983.0.2.1］少室山多铁
W1852.6.120a	韶山	汉族
W1852.6.121	石城山	汉族
W1852.6.122	石鸡山	汉族 ＊［W1818］动物或动物肢体变化成山
W1852.6.123	石燕山	汉族
W1852.6.124	双牙山	汉族
W1852.6.125	舜哥山（舜王山）	汉族 ＊①［W0739.5］与舜有关的其他母题；②［W1978.5.1.8］舜井（舜泉）
W1852.6.126	太行山	汉族
W1852.6.127	太姥山	汉族
W1852.6.127.1	太姥山有 36 峰	汉族

W 编码	母题描述	关联项
W1852.6.127.2	太姥山有 36 奇	汉族
W1852.6.128	太阳山	【民族，关联】①
W1852.6.128.1	太阳山高 10 万 8 千丈	阿昌族
W1852.6.128.2	太阳山很美	汉族
W1852.6.129	太阴山	阿昌族
W1852.6.130	天池（天池山）	汉族 ＊ ① ［W1752.4b］天池（天池星、天渊）；② ［W1794.0］天池
W1852.6.131	天耳山	汉族
W1852.6.132	天姥山	汉族
W1852.6.133	天神山	汉族
W1852.6.134	天坛山	汉族
W1852.6.135	天柱山	汉族 ＊ ［W1852.6.79.1］灵台山即天柱山
W1852.6.136	桐柏山	汉族
W1852.6.136.1	盘古造桐柏山	汉族
W1852.6.137	涂山	汉族 ＊ ［W0751.6.0.2.1］禹的妻子涂山氏
W1852.6.138	万户山	汉族
W1852.6.139	万花山	汉族
W1852.6.140	王屋山	汉族
W1852.6.141	望夫山	汉族 ＊ ① ［W7938.4］夫妻相见（夫妻重逢）；② ［W9553］人变山
W1852.6.142	委羽山	汉族
W1852.6.143	沃焦山（尾闾山）	汉族
W1852.6.143.1	尾闾山为海水聚集处	汉族
W1852.6.144	武当山	白族

---

① 【民族】阿昌族、汉族、景颇族。【关联】❶ ［W1823.5.2.1］最早的 3 座山是太阳山、月亮山和地面山；❷ ［W1852.6.112.1］男始祖的两个乳房变成太阳山和月亮山

W 编码	母题描述	关联项
W1852.6.145	五妇山	汉族
W1852.6.146	五神山	汉族
W1852.6.146.1	五神山即岱舆、员峤、方壶、瀛洲、蓬莱	汉族 ＊［1839.1a.1.1］五座仙山是岱舆、员峤、蓬莱、瀛洲、方丈
W1852.6.147	武夷山	汉族
W1852.6.148	西王母山	汉族 ＊［W1246.4.9.1］西王母石室
W1852.6.149	喜马拉雅山	［W1825.3.2.2］珠穆朗玛峰是最高的山
W1852.6.149.1	喜马拉雅山以前是洪水	藏族 ＊［W1498.1.3］高山以前是大海
W1852.6.149.2	喜马拉雅山以前被洪水包围	藏族
W1852.6.150	系舟山	汉族
W1852.6.151	仙鸡山	汉族
W1852.6.152	仙桃山	汉族 ＊［W0943］仙桃（神桃）
W1852.6.153	县圃（玄圃、玄圃、悬圃）	汉族
W1852.6.153.1	县圃即阆风	汉族 ＊［1852.6.74］阆风
W1852.6.154	星山	满族
W1852.6.155	须弥山	汉族
W1852.6.155.1	须弥山以前很小	蒙古族
W1852.6.155.2	须弥山是地上最高的高山	蒙古族 ＊［W1450.2］须弥山是天梯
W1852.6.156	轩辕山	汉族 ＊①［W0696.1］黄帝轩辕氏；②［W1843.8.2］轩辕丘
W1852.6.157	崦嵫（崣兹）	汉族
W1852.6.158	雁门山	汉族

W 编码	母题描述	关联项
W1852.6.159	羊飞山	汉族
W1852.6.160	尧山	汉族 ＊ ①［W0747.6］与尧有关的其他母题；②［W1978.5.1.12］尧井
W1852.6.160.1	立尧祠的山名尧山	汉族
W1852.6.161	猗天苏门山	汉族
W1852.6.161.1	猗天苏门山为日月所出	汉族
W1852.6.162	夜飞山	汉族 ＊［W1829］会飞的山
W1852.6.163	鱼山	汉族
W1852.6.164	羽山	汉族
W1852.6.165	雨母山	汉族 ＊［W0302.1］女雨神
W1852.6.166	玉女山	汉族
W1852.6.167	玉山（群玉山）	汉族
W1852.6.168	玉垒山	汉族
W1852.6.169	玉石山	满族
W1852.6.169.1	神丢的玉坠变成玉石山	满族
W1852.6.170	元天（元天山）	汉族
W1852.6.171	员丘山	汉族
W1852.6.171.1	员丘山上有不死树	汉族
W1852.6.172	云雨山	汉族
W1852.6.173	长右山	汉族
W1852.6.174	丈人山	汉族 ＊［W1844.4.5］丈人峰
W1852.6.175	钟山	汉族
W1852.6.175.1	钟山石首	汉族
W1852.6.175.2	钟山即春山	汉族
W1852.6.176	中天山	汉族 ＊［W1318a.4.1］中天山上的中天镇离天只有3尺

1.7.4 石头（岩石）
【W1855 ~ W1869】

W 编码	母题描述	关联项
✳ **W1855**	**石头的产生**	【汤普森】A970
W1855a	**石头产生的原因**	
W1855a.1	以前没有石头	
W1855a.1.1	世界刚形成时没有石头	藏族
W1855a.1.1.1	刚造出天地时没有石头	傣族
W1856	**石头来源于某个地方或自然产生**	
W1856.1	石头来源于天上	汉族
W1856.1.1	打开天门出现石头	彝族
W1856.1.2	神从天上取来石头	彝族
W1856.2	天神留下岩石	纳西族
W1856.3	与石头自然产生有关的其他母题	
W1856.3.1	开天辟地后自然出现岩石	苗族
W1857	**石头是造出来的**	
W1857.1	石头是神筛子中落下来的	【汤普森】A971
W1857.2	特定的人物造石头	
W1857.2.0	天神造石头	汉族、彝族
W1857.2.0.1	天神在山顶造石头	彝族
W1857.2.1	盘古造石头	壮族 ✳ ［W1505.1］盘古造万物
W1857.2.2	老鼠造石头	彝族
W1857.3	与造石头有关的其他母题	

W 编码	母题描述	关联项
W1858	**石头是生育产生的**	
W1858.1	神或神性人物生石头	
W1858.1.1	山神生石头	
W1858.1.1.1	石头是山神的儿子	白族
W1858.2	山生石头	
W1858.2.1	石头生石头	彝族 ＊〔W1865.13〕石头会繁殖
W1858.3	与生石头有关的其他母题	
W1858.3.1	人婚生的石头上生成岩石	珞巴族 ＊〔W1713.3〕人婚生星星
W1859	**石头是变化产生的**	
W1859.1	特定的人物变成石头	
W1859.1.1	神变成石头	布依族、汉族
W1859.1.2	神性人物变成石头	
W1859.1.2.1	巨人变成石头	【汤普森】A974.2
W1859.1.2.2	祖先变成岩石	佤族
W1859.1.2.3	盘古死后骨头变成岩石	白族、满族
W1859.1.2.4	山鬼被砍下的上半身变成巨石	藏族
W1859.1.2.5	妖魔的尸骨变成岩石	满族
W1859.1.3	人变成石头	【汤普森】A974；　＊ 汉族　＊〔W9554〕人变石头
W1859.1.3.1	1 家 3 口变成石头	汉族
W1859.1.3.2	兄弟 2 人化为石	汉族
W1859.1.3.3	争斗的人化为石	汉族
W1859.1.3.4	望夫的女子化为石	汉族
W1859.1.3.5	高辛氏之女化为石	汉族
W1859.1.4	动物变化为石头	
W1859.1.5	植物变化为石头	
W1859.1.6	与变化产生石头有关的其他母题	

W 编码	母题描述	关联项
W1859.2	骨头变成石头（骨骼变成岩石）	【民族，关联】①
W1859.2.0	神的骨骼变成石头	
W1859.2.0.1	山神的儿子死后骨骼变成石头	彝族
W1859.2.1	盘古死后骨头变成石头	白族、汉族 ＊［W0720］盘古
W1859.2.2	怪物的骨头变成石头	纳西族
W1859.2.2a	人的骨头变成石头	
W1859.2.2a.1	弟弟被哥哥杀死后骨头变成石头	珞巴族
W1859.2.3	兽的骨头变成石头	
W1859.2.3.1	巨兽的骨头变成石头	怒族
W1859.2.3.2	天地生的兽类的骨头变成石头	珞巴族
W1859.2.4	巨鸟的骨头变成石头	彝族
W1859.2.4.1	世上最早出现的巨鸟的骨头变成石头	藏族
W1859.2.5	牛的骨头变成石头	布朗族、哈尼族、珞巴族
W1859.2.5.1	犀牛骨变成石头	布朗族
W1859.2.5.1.1	巨人把犀牛骨头变成石头	布依族
W1859.2.5.2	龙牛的骨头化为石头	哈尼族
W1859.2.5.3	牛蹄趾变成石头	哈尼族
W1859.2.6	其他人物的骨头变成石头	哈尼族
W1859.2.6.1	大力士的骨头变成石头	布依族
W1859.2.6.2	巨人的骨头变成石头	布依族 ＊［W1980.2.2.1］巨人的骨骼化为金属
W1859.2.6.3	天父地母的儿子死后骨头变成石头	珞巴族
W1859.2.6.4	蛤蟆的骨头变成石头	怒族

① 【民族】布依族、汉族。【关联】❶［W1819.2］骨骼变成山；❷［W1864.1.2］牛的红骨变成红石

W 编码	母题描述	关联项
W1859.2.6.4.1	青蛙吐出的骨头变成石头	哈尼族
W1859.3	牙齿变成石头	① ［W1545.7.8］牙齿变成日月； ② ［W1724］牙齿变成星星
W1859.3.1	天神的牙齿变成石头	
W1859.3.2	盘古死后牙齿变成石头	白族
W1859.3.2.1	盘古的大牙变成石头	白族
W1859.3.3	妖魔的牙齿变成石头	
W1859.4	自然物变成石头	
W1859.4.1	星星变成石头	哈尼族、壮族
W1859.4.2	泥土变成石头	
W1859.4.2.1	盘古开天地时重的下沉变成石头	布依族
W1859.4.2.2	地母身上的泥化为山岩	满族
W1859.4.3	太阳的光变成石头	纳西族
W1859.4.3a	太阳残核变成石头	白族
W1859.4.4	海的泡沫变成石头	高山族（卑南）
W1859.4.5	金银变成岩石	彝族 ＊［W1821.3］金银变成山
W1859.5	其他特定的物体变成石头	【汤普森】≈A977.4
W1859.5.1	鳞甲变成石头	
W1859.5.1.1	龙的鳞甲化为石块	土家族
W1859.5.2	蛋壳变成石头	汉族
W1859.5.2.1	混沌卵的蛋壳碎后变成岩石	汉族
W1859.5.3	生殖器变成石头	
W1859.5.3.1	造物者的生殖器变成石头	白族
W1859.5.3a	心脏变成石头	
W1859.5.3a.1	祖先的心脏变成石头	彝族
W1859.5.4	粮食变成石头	汉族
W1859.5.5	排泄物变成石头	珞巴族

W 编码	母题描述	关联项
W1859.5.6	特定植物变成石头	
W1859.5.6.1	树干变成岩石	珞巴族
W1859.5.7	血变成石头	［W1725.14］血变成星星
W1859.5.7.1	龙血化为石头	汉族
W1859.5.8	雾变成石头	
W1859.5.8.1	重的雾下落变成石头	布依族
W1859.6	与变化产生石头有关的其他母题	
W1859.6.1	因惩罚变成石头	［W9906］惩罚
W1859.6.2	经演化变成石头	黎族
W1859.6.3	经吞吐变成石头	哈尼族
W1859.6.4	经沉淀变成石头	布依族
W1860	**与石头的产生有关的其他母题**	
W1860.1	岩石的产生源于惩罚	【汤普森】A973； ＊［W1859.6.1］因惩罚变石头
W1860.2	特定的石头的产生	
W1860.2.1	特定的石头是神移来的	藏族
W1860.3	魔法产生石头	
W1860.4	特定事件中产生岩石	
W1860.4.1	洪水造成岩石	傈僳族
＊W1861	**石头的特征（岩石的特征）**	
W1862	**岩石上的凹痕（岩石上的痕迹）**	
W1862.1	岩石上的凹痕是人留下的脚印	【汤普森】A972； ＊［W1839.7.1.1］山上的巨人的脚印

W 编码	母题描述	关联项
W1862.1.1	石头上的脚印是找太阳的人踩出来的	门巴族
W1862.2	岩石上的凹痕是仙人留下的脚印	【汤普森】A972.2
W1862.3	岩石上的凹痕是动物（马、牛等）的脚印	【汤普森】A972.4
W1862.4	岩石上的缺口是神刻出来的	【汤普森】A972.1
W1862.5	岩石上的缺口是巨人造成的	【汤普森】A972.6
W1862.6	岩石上的凹痕是神作战的痕迹	【汤普森】A972.3.1.1
W1862.7	石痕是被特定人物鞭抽的痕迹	彝族
W1862.8	与岩石痕迹有关的其他母题	
W1863	**岩石上的洞**	［W1846.3.2］石洞（石穴）
W1863.1	岩石上的洞是巨人戳的	【汤普森】A972.3
W1864	**岩石的颜色（石头的颜色）**	
W1864.1	红石	哈尼族 ＊［W1852.6.7］红石山
W1864.1.1	血染出红石	白族
W1864.1.2	牛的红骨变成红石	哈尼族 ＊［W1859.2］骨头变成石头（骨骼变成岩石）
W1864.1.3	鸡血石	汉族
W1864.1.4	红沙石	白族
W1864.2	黑石	
W1864.2.1	牛的黑骨变黑石	哈尼族
W1864.3	白石	［W1279.1］白石支天将天地分开
W1864.3.1	龙化身白石	藏族
W1864.4	绿石（碧石、绿松石）	①［W1138.15.5］用绿松石铺天；②［W1139.5.1］造天用绿石装饰
W1864.4.1	白天变化出碧石	纳西族

W 编码	母题描述	关联项
W1864.4.2	孔雀石的来历	［W1707.5.1］炼孔雀石造星星
W1864.4.3	绿松石的来历	
W1864.5	紫石	汉族　＊［W1867.4.14.2］紫色支机石
W1864.6	会变色的石头（变色石）	［W1826.7］会变色的山
1864.6.1	阴雨时变红色的石头	汉族
W1865	**与石头的特征有关的其他母题**	［W1243.10.1］岩石是地的骨头
W1865.0	石头的性别（石头的雌雄）	
W1865.0.1	雌石	彝族（阿细）
W1865.0.2	雄石	彝族（阿细）
W1865.0.2.1	尖的石头是雄石	彝族（阿细）
W1865.1	以前石头会变化	傈僳族
W1865.2	石头会生长	白族、白族（那马）、独龙族、傈僳族、彝族　＊［W1867.1.10］有生命的石头
W1865.2.1	以前石头会生长	黎族
W1865.3	石头会说话	【汤普森】F755.1；＊纳西族　＊［W1867.1.8］有耳目的石头
W1865.3.1	青色白石会说话	白族、白族（那马）
W1865.3.2	石头发出动物的叫声	水族
W1865.3a	石头为什么不会说话	
W1865.4	石头的寿命	
W1865.4.1	石头的寿命1万岁	哈尼族
W1865.4.2	石头不死	纳西族　＊［W1852.6.6］不死山
W1865.5	石头会喝水	哈尼族
W1865.6	石头会行走	【汤普森】D1641.2；＊［W9687.2.4］赶山鞭赶山（石头）

W 编码	母题描述	关联项
W1865.6a	会飞的石头	［W1829］会飞的山
W1865.6a.1	遇雨会飞的石头	汉族
W1865.7	石头为什么不能行走	拉祜族
W1865.7.1	天神规定不能乱动	彝族
W1865.8	石头会跳舞	【汤普森】D1646.4
W1865.8a	石头会爆炸	
W1865.8a.1	以前石头会爆炸	纳西族（摩梭）
W1865.9	石头为什么坚硬	
W1865.9.1	岩石为了避免被吃掉变硬	珞巴族
W1865.9.2	顽石	汉族
W1865.10	石头为什么腐烂	
W1865.10.1	腐石	彝族（俚颇）
W1865.11	石头的开裂	
W1865.11.1	滴血使石头开裂	满族
W1865.12	石头有灵魂	独龙族 ［W1534.5］万物有灵
W1865.13	石头会繁殖	彝族
W1865.14	石头以前很软	
W1865.14.1	岩石以前像烂泥	珞巴族
W1866	**特定名称的石头**	【汤普森】A977； * ①［W1168.21.7］天门石； ②［W6962］火石
W1866.1	陨石（雷石）	藏族 * ［W1748.6.4］流星是陨石神
W1866.1.1	陨石的产生	
W1866.1.1.1	陨石是从天上落下的神射出的箭	哈萨克族
W1866.1.1.2	陨石是星星屙的屎	
W1866.1.1.3	陨石是坠落的箭镞	哈萨克族

W 编码	母题描述	关联项
W1866. 1. 1. 4	陨石是天上掉下的泥	满族
W1866. 1. 2	陨石的特征	
W1866. 1. 2. 1	绿色的陨石	哈尼族
W1866. 1. 3	陨石的功用	
W1866. 1. 3. 1	陨石做巫师的法器	藏族
W1866. 2	火山石	
W1866. 2. 1	天降火山石	汉族 ＊［W1840］火山
W1866. 2a	火石	【关联】①
W1866. 2a. 1	水变成火石	苗族
W1866. 3	玛瑙（玛瑙石）	
W1866. 3. 1	神树生玛瑙	珞巴族
W1866. 4	玉石（玉、宝石）	［W9650］宝物
W1866. 4. 1	蛋变玉石	
W1866. 4. 1. 1	龙女生的神蛋变玉石	傣族
W1866. 4. 2	尸体（肢体）化生玉石	
W1866. 4. 3	骨骼化生玉石	汉族 ＊［W1985.2］特定人物的骨骼化为矿物
W1866. 4. 3. 1	盘古的骨头牙齿变成玉石	汉族 ＊①［W1866.4.4］牙齿化生玉石；②［W1980.2.2.2］盘古的骨骼变成金属
W1866. 4. 3a	精髓变作玉	
W1866. 4. 3a. 1	盘古的精髓变成玉	汉族
W1866. 4. 3a. 2	盘古用精髓造玉	畲族
W1866. 4. 3b	石头变成玉	
W1866. 4. 3b. 1	仙女挖的石头变成玉	白族
W1866. 4. 4	牙齿化生玉石	汉族

---

① 【关联】❶［W1295.7.3］火石分开天地；❷［W1748.3］流星是风神抛出的火石；❸［W1867.1.7］燃石；❹［W6957］火种

W 编码	母题描述	关联项
W1866.4.5	玉石的颜色	
W1866.4.5.1	白玉	汉族
W1866.4.5.1.1	白石变成白玉	白族
W1866.4.5.1.2	羊脂白玉	
W1866.4.5.1.3	青白玉	
W1866.4.5.2	青玉	
W1866.4.5.2.1	碧玉	
W1866.4.5.2.1.1	青石变成碧玉	白族
W1866.4.5.3	黄玉	
W1866.4.5.4	红玉（赤玉）	汉族
W1866.4.5.5	墨玉	
W1866.4.5.6	紫玉	
W1866.4.5.7	彩玉	
W1866.4.6	玉石的特征	
W1866.4.7	与玉石有关的其他母题	［W1387.1.4］用宝石补天
W1866.4.7.1	独玉	
W1866.4.7.2	和田玉	
W1866.4.7.3	唐玉	
W1866.4.7.4	蓝田玉	
W1866.4.7.5	岫玉（岫岩玉）	
W1866.4.7.6	观日玉	汉族
W1866.4.7.7	玉线	侗族
W1866.4.7.8	玉膏	汉族
W1866.4.7.8.1	玉膏如酒	汉族
W1866.4.7.9	玉荣	汉族
W1866.4.7.10	玉英	汉族
W1866.4.7.11	藻玉	汉族
W1866.4a	翡翠	［W1138.7.1］用翡翠做北边的天

W 编码	母题描述	关联项
W1866.4a.1	七星翡翠	满族
W1866.5	鹅卵石（鸭蛋石）	汉族
W1866.5.1	海岛上的圆石	纳西族
W1866.6	压地石	【民族，关联】①
W1866.7	金石	
W1866.7.1	用骨骼造金石	
W1866.7.1.1	盘古用牙齿和骨骼造金石	畲族
W1866.8	灵石	
W1866.8.1	白石是灵石	羌族
W1866.8.2	灵石即逃石	
W1866.8.2.1	因灵石会逃走称逃石	汉族
W1866.8.3	千年灵石	高山族（泰雅）
W1866.9	磁石	［W1867.1.11］有吸力的石头
W1866.9.1	磁石能吸铁	汉族
W1867	**与石头有关的其他母题**	①［W0915.3］石头代表灵魂； ②［W6377.5.1］石柱被作为男性生殖器受崇拜
W1867.1	不平常的岩石（奇特的石头）	【汤普森】F800； ＊【关联】②
W1867.1.1	怪石	
W1867.1.1.1	人化为怪石	汉族
W1867.1.1.2	恶魔化为怪石	彝族
W1867.1.2	浮石	白族 ＊［W1852.6.46］浮山
W1867.1.2.1	浮石随水涨落	汉族

---

① 【民族】彝族。　【关联】❶［W1242.4.4］地角石；❷［W1376.3.3.2］用压地石压地；
❸［W1839.6］镇山石；❹［W1839.6a］定水石

② 【关联】❶［W0957 神石；❷［1864.6］会变色的石头（变色石）；❸［W1865.3］石头会说话；
❹［W1865.5］石头会喝水；❺［W1865.6］石头会行走；❻［W1865.6a］会飞的石头；
❼［W1865.8］石头会跳舞；❽［W9038.31.5］能开合的石（山）

W 编码	母题描述	关联项
W1867.1.3	画马石	
W1867.1.3.1	画马石有马出入	汉族
W1867.1.4	雷击石	
W1867.1.4.1	雷击石能保健康	鄂温克族
W1867.1.4.2	雷击石能保平安	鄂温克族
W1867.1.5	流血石	白族、汉族
W1867.1.6	鸣石（叫石、响石）	汉族
W1867.1.7	燃石	汉族 ＊［W1866.2a］火石
W1867.1.7.1	燃烧的怪石	水族
W1867.1.8	有耳目的石头	纳西族
W1867.1.9	发光的石头（萤石）	白族
W1867.1.10	有生命的石头	彝族 ＊ ①［W1833.1.1］有生命的山；②［W1865.2］石头会生长
W1867.1.11	有吸力的石头	哈尼族 ＊［W1866.9］磁石
W1867.1.12	能出物品的岩石	
W1867.1.12.1	能出米的岩石	汉族
W1867.2	魔力可控制石头	【汤普森】D2153；＊ 布依族
W1867.2.1	魔法使石头增长	【汤普森】D931.0.1；＊［W9000］魔法
W1867.2.2	求雨石	蒙古族
W1867.3	石林的来历	彝族
W1867.3.1	天神赶石形成石林	彝族 ＊［W1809.6］赶石成山
W1867.3.2	撒特定物变成石林	
W1867.3.2.1	撒太阳给的菜籽变成石林	哈尼族
W1867.4	特定名称的石头	［W1168.21.7］天门石
W1867.4.1	巴林石	蒙古族
W1867.4.1a	巴子石	汉族
W1867.4.2	大理石	

W 编码	母题描述	关联项
W1867.4.2.1	玉女画稿变成大理石	白族
W1867.4.3	斧劈石	
W1867.4.3.1	神香救母形成斧劈石	汉族
W1867.4.3a	果老石	汉族
W1867.4.3b	黄牛岩	汉族
W1867.4.4	金鸡石	汉族
W1867.4.4.1	金鸡化为金鸡石	哈尼族
W1867.4.5	龙驹石	汉族
W1867.4.5a	龙王石	
W1867.4.5a.1	龙王石能浮在水上	白族
W1867.4.5b	龙像岩	汉族
W1867.4.6	罗刹封石	汉族
W1867.4.7	昆石（昆山石）	汉族
W1867.4.8	灵璧石	汉族
W1867.4.8a	马牙石	［W1138.9.3］用 3 颗马牙石造天
W1867.4.8a.1	妖精的骨头变马牙石	白族
W1867.4.8b	蟒猊石（魔鬼石）	鄂伦春族
W1867.4.8c	女娲石	汉族
W1867.4.9	启母石	汉族
W1867.4.9a	七星岩	汉族 ＊［W1977.4.3.7］七星潭
W1867.4.10	青田石	汉族
W1867.4.11	韶石	汉族
W1867.4.12	寿山石	汉族
W1867.4.13	试剑石	汉族
W1867.4.14	太湖石	汉族
W1867.4.15	望夫石	汉族
W1867.4.16	五彩石	汉族 ＊ ①［W1387.1.1］用五彩石补天；②［W1867.4.19］五色石

W 编码	母题描述	关联项
W1867.4.16.1	东海的五彩石	满族
W1867.4.17	五谷石	汉族
W1867.4.18	五块石	汉族
W1867.4.19	五色石	汉族
W1867.4.20	五羊石	汉族
W1867.4.21	洗石	汉族
W1867.4.21a	仙迹岩	汉族
W1867.4.22	阴阳石	汉族
W1867.4.23	鱼石	汉族
W1867.4.23.1	鱼王石是灵石	汉族
W1867.4.24	照石（镜子石）	汉族
W1867.4.25	贞女石	
W1867.4.25.1	人化贞女石	汉族
W1867.4.26	支机石	汉族
W1867.4.26.1	天河织女的支机石	汉族 ＊［W0766］织女
W1867.4.26.2	紫色支机石	汉族 ＊［W1864.5］紫石
W1867.4.27	走石	汉族 ＊［W1866.8.2］灵石即逃石
W1867.5	石匮（石柜）	汉族
W1867.6	石髓	
W1867.6.1	龙穴石髓	汉族
W1867.7	石胆	
W1867.7.1	凿石取石胆	彝族

1.8　江河湖海（水）
【W1870 ~ W1979】

1.8.1　水的概说
【W1870 ~ W1899】

W 编码	母题描述	关联项
✿ **W1870**	水的产生	
W1870.1	以前没有水	汉族、景颇族 ＊［W1057.7］最早的世界没有水
W1870.1.1	天地刚形成时没有水	珞巴族
W1870.1.1.1	混沌初开时地上没有水	珞巴族
W1870.1.2	以前中界没有水	壮族
W1870.1.2.1	以前地上没有水	彝族
W1870.1.2.2	最早地球上没有水	傣族
W1870.1.3	第二代人时没有水	彝族
✳ **W1871**	水来源于某个地方或自然存在	
W1872	水来源于天上	汉族、壮族 ＊［W1897.14.4］水在天上的金盆中
W1872.1	水从天泉流出来	藏族 ＊［W1798.4］天泉
W1872.2	水源于天河	
W1872.2.1	玉皇大帝放天河的水	彝族
W1872.2.2	文化英雄到天河取水	壮族

W 编码	母题描述	关联项
W1872.3	天神给下凡的女儿水的种子	羌族
W1872.4	天龙放水给人类	汉族
W1872.4.1	龙母赐水	白族
W1872.5	打开天门出现水	彝族
W1872.6	神从天上取来水	彝族
W1872.7	上界给人间水	壮族
W1872.7.1	上界用雨的形式给人间水	壮族
W1873	**水源于其他地方**	［W1894.3］水在西方
W1873.0	水源于地下	哈尼族　＊［W1884.0.0］地生水
W1873.1	水来源于深坑	【汤普森】A910.3
W1873.2	水源于石（山）	
W1873.2.1	雨神让儿子从岩石里取水	珞巴族
W1873.3	水源于特定的动物	蒙古族
W1873a	**与水来源于某个地方有关的其他母题**	
W1873a.1	水的源头	［W1942.3.1］黄河的源头
＊ **W1874**	**水是造出来的（造水）**	［W1914］江河是造出来的
W1875	**神或神性人物造水**	
W1875.1	神造水	
W1875.1.0	天神造水	
W1875.1.0.1	天神用万能的手创造水	彝族
W1875.1.1	女神造水	彝族
W1875.1.1.1	天神女侍从造水	满族
W1875.1.2	神抽陀螺地上冒出水	高山族
W1875.1.3	神用汗水造水	傣族　＊［W1886］汗变成水
W1875.1.4	神犁地犁出水	哈尼族
W1875.2	祖先造水	侗族
W1875.3	水王造水	蒙古族

W 编码	母题描述	关联项
W1875.4	造物主造水	柯尔克孜族
W1875.5	其他特定的人物造水	
W1875.5.1	伏羲造水	瑶族、壮族
W1875.5.2	盘古造水	瑶族 ＊［W1505.1］盘古造万物
W1875.5.3	神人江沽造水	汉族
W1876	**龙造水**	
W1876.1	龙造五湖四海	壮族
W1876.2	龙王造水	
W1876.2.1	龙王在第9层海打井造水	布依族
W1876.2.2	龙王为灭火造水	布依族
W1876a	**蛇造水**	
W1876a.1	蛇的活动产生水	彝族
W1877	**与造水有关的其他母题**	
W1877.1	创世的第一天造出水	【汤普森】A910.1
W1877.2	水是画出来的	
W1877.2.1	水是盘古的儿子盘生画出来的	汉族
W1877.3	魔鬼造出毒水	【汤普森】A63.7.1；＊［W1897.10］毒水
W1877.4	人造水	壮族
W1877.4a	人不会造水的原因	
W1877.4a.1	人因为不窥视没有获得造水方法	瑶族
W1877.5	鞭抽容器生水	
W1877.5.1	鞭抽瓮生水	汉族
W1877.6	神的意愿产生水	汉族
＊ **W1878**	**水是生育产生的**	
W1879	**神生水**	哈尼族

W 编码	母题描述	关联项
W1880	**神性人物生水**	
W1881	**动物生水**	
W1881.1	螃蟹生水	德昂族
W1881.2	龙马生水	汉族
W1882	**植物生水**	
W1882.1	砍树生出水	【汤普森】D927.1.1； * ［W1968.6.2］树下生泉
W1883	**卵生水**	
W1883.1	蛋炸出水	壮族
W1884	**与生水有关的其他母题**	
W1884.0	天地生水	
W1884.0.0	地生水	［W1875.1.4］神犁地犁出水
W1884.0.1	戳地出水	白族、汉族
W1884.0.2	缩地时产生水	汉族
W1884.0.3	神仙撬开天地产生水	彝族
W1884.0.4	神撬开地洞产生水	彝族
W1884.0.5	天生水	傣族
W1884.1	云生水	［W1912.2］江河源于云中
W1884.1.1	云母生水	汉族
W1884.2	石生水	白族 * ［W1920.2］石生江河
W1884.2.1	棒击岩石生出水	【汤普森】D1567.6
W1884.2a	山生水	① ［W1920.1］山生江河； ② ［W1968.2b］山生泉
W1884.2a.1	鸟山生三水	汉族
W1884.3	气生水	［W1515.5］气生万物
W1884.3.1	寒气生水	汉族
W1884.4	光生水	

W 编码	母题描述	关联项
W1884.4.1	天吐出的光中生水	哈尼族
W1884.5	婚生水	
W1884.5.1	水父和水母交配产生水	纳西族
W1884.6	水的影子中产生水	彝族
W1884.6.1	水的前身是水的影子	纳西族
✳ **W1885**	**水是变化产生的**	
W1886	**汗变成水**	汉族
W1886.1	天神的汗变成水	傣族
W1886.2	神性人物的汗变成水	
W1886a	**唾液变成水**	
W1886a.1	女神的唾液变成水	维吾尔族
W1887	**血变成水**	① ［W1904.1.2］血变成江河湖海； ② ［W1979.3.7］血形成溪
W1887.1	神的血变成水	藏族
W1887.1.1	鬼神死后血变成水	珞巴族
W1887.2	怪物的血变成水	珞巴族、纳西族
W1887.3	动物的血变成水	
W1887.3.1	犀牛的血变成水	布朗族
W1887.3.2	马鹿的血变成水	普米族
W1887.3.3	鸟的血液变成水	藏族
W1888	**尿变成水**	
W1888.1	神性人物的尿化成水	汉族
W1889	**眼泪变成水**	【汤普森】A911； ✳ ① ［W1904.1.3.3］动物的眼泪变成江河湖海；② ［W1979.3.6］眼泪化为溪

W 编码	母题描述	关联项
W1889.1	神的眼泪化成水	汉族
W1889.2	仙女的眼泪变成水	① ［W1897.2.1］仙女的眼泪变成冰；② ［W1926.2］仙女的眼泪形成江河
W1889.2.1	冰山仙女的眼泪变成水	塔吉克族
W1889.3	动物的眼泪变成水	
W1889.3.1	蟾的眼泪形成水	白族
W1890	**与变化为水有关的其他母题**	
W1890.0	石头变成水	
W1890.0.1	圆石的一半变成水	哈萨克族 ＊ ［W1891.5.1］圆石的一半变成火，一半变成水
W1890.1	混沌演变成水	彝族
W1890.1.1	混沌卵的一部分变成水	汉族 ＊ ［W1883.1］蛋炸出水
W1890.2	气变成水	
W1890.2.1	女天神呼出的气变成水	维吾尔族
W1890.2.2	寒气变成水	汉族
W1890.3	水是地母的乳汁	满族
W1890.4	魔法变出水	汉族
W1890.5	特定物变成特定的水	
W1890.5.1	骨骼变成水	珞巴族
W1890.6	雪化为水	藏族 ＊ ［W1920.1.1］雪山生江河
W1890.7	冰变成水	［W1955.16］冰川变成海
W1890.7.1	冰是水的源泉	塔吉克族
W1890.7	烟变成水	怒族
W1890.8	云雾变成水	彝族
W1891	**与水的产生有关的其他母题**	

W 编码	母题描述	关联项
W1891.0	水产生的时间	
W1891.0.1	开天辟地时产生水	彝族
W1891.1	水是大洪水剩下的	【汤普森】A910.4
W1891.2	宝瓶滴水	汉族
W1891.3	人不会造水的原因	瑶族 ＊ ［W1877.4］人造水
W1891.4	造物主创造了水泡	柯尔克孜族
W1891.5	水火同时产生	
W1891.5.1	圆石的一半变成火，一半变成水	哈萨克族
W1891.6	水的发现	
W1891.6.1	跟随特定动物发现水	
W1891.6.1.1	人跟着白头翁发现水	独龙族
＊ **W1892**	**水的特征**	【汤普森】A910
W1893	**水的雌雄**	【汤普森】A918； ＊ ［W1833.0］山的性别
W1894	**水的居所**	
W1894.1	天神定水的位置	傣族
W1894.2	水藏在地下	拉祜族 ＊ ［W1884.0.0］地生水
W1894.3	水在西方	汉族
W1895	**水的颜色**	
W1895.1	水的颜色的来历	哈尼族
W1895.2	白水	哈尼族、汉族 ＊ ［W1920.1.2］白水出白水山
W1895.2.1	白水即丹水	汉族
W1895.3	黑水	哈尼族
W1895.4	黄水	哈尼族
W1895.4.1	金黄色的水	彝族
W1895.5	绿水	

W 编码	母题描述	关联项
W1895.5.1	水姑娘穿玉衣形成水的绿色	哈尼族 ＊ ① ［W0405］特定的水神；② ［W0406.7］水姑娘
W1896	**与 水 的 特 征 有 关 的 其 他 母 题**	
W1896.1	水的味道	
W1896.1.1	水没有味道	
W1896.1.2	甜水	【民族，关联】①
W1896.1.3	苦水	
W1896.1.4	咸水	［W1972.4］咸的泉水
W1896.1.4.1	特定人物的骨骼变成咸水	珞巴族 ＊ ［W1890.5.1］骨骼变成水
W1896.1.5	酸水	
W1896.1.6	有酒味的水	独龙族
W1896.2	水的流动	［W1938］江河的流向
W1896.2.1	水为什么会流动	
W1896.2.1.1	天地分开后水有了流向	蒙古族
W1896.2.2	水流向四方	彝族
W1896.2.3	水为什么向东流	汉族、苗族 ＊ ① ［W1217.2］地西高东低；② ［W1938.2］河水为什么向东流
W1896.2.3.1	水向东流是因为巨人把东方的地踩低了	布依族
W1896.2.3.2	水向东流是因为地势西高东低	布依族
W1896.2.3.3	水向东流是因为犁地成河时由西向东犁地造成的	布依族
W1896.2.4	水为什么向西流	［W1938.3.1］山推着水向西流

---

① 【民族】汉族。 【关联】❶［W1950.0.2.2］有的湖水为什么甜；❷［W1962.3］海水是甜的；❸［W1972.4a］甜的泉水；❹［W1977.3.6.3］龙潭水有苦甜之分

W 编码	母题描述	关联项
W1896.2.5	水为什么向南流	藏族
W1896.2.5a	水为什么向东南流	
W1896.2.5a.1	水流向东南是因为东南塌陷	汉族
W1896.2.6	水流到天上	汉族 ＊［W1357.2］以前水天相连
W1896.2.6a	水流向天地相连处的天柱	珞巴族
W1896.2.7	水流入海洋	［W1957.4］百川汇海
W1896.2.7.1	原始大水流入海洋	基诺族
W1896.2.7a	水从落水洞落入大海	壮族
W1896.2.8	水流进特定的石洞	
W1896.2.8.1	天下江河湖海里多余的水都流进天边的山洞	苗族 ＊ ①［W1976.5.1］消水坑（消水洞）；②［W8520.1］通过消水洞退洪水
W1896.2.9	以前水会往高处流	纳西族（摩梭）＊［W1064］世界的错乱（颠倒的世界）
W1896.2.9a	水往低处流	白族
W1896.2.10	水为什么不倒流	珞巴族
W1896.3	水为什么能照出影子	
W1896.3.1	水能映像源于承诺	普米族
W1896.4	水的形态变化	
W1896.4.1	水气	
W1896.4.1.1	水受热形成水汽	蒙古族
W1897	**与水有关的其他母题**	【关联】①
W1897.1	神奇的水（奇特的水）	【关联】②
W1897.1.1	如意水	
W1897.1.1.1	如意水不受旱涝影响	土家族
W1897.1.2	回生水（使人死而复生的水）	

① 【关联】❶［W4974.1］水的秩序的建立；❷［W6429］水崇拜；❸［W8957.4］水与陆地之争
② 【关联】❶［W1845.4.3.3］汤谷水热；❷［W1897.7］能改变人的体征的水；❸［W1897.8］生命之水；❹［W9038.35］魔水

W 编码	母题描述	关联项
W1897.1.2.1	回生水在西天	纳西族 ＊ ［W1725.9.1］回生水溅到天上产生星星
W1897.1.2.2	特定的泉是回生水	纳西族 ＊ ［W1972.9.8.4］灵山脚下的甘泉有回生水
W1897.1.2.3	特定的井水是回生水	藏族 ＊ ［W1978.5.0］奇特的井
W1897.1.3	长生水（不死水）	汉族、蒙古族 ＊ ① ［W0959.2］不死水；② ［W1789.0.2］天河水是长生不老水
W1897.1.3.1	长生水的获得	汉族
W1897.1.4	忘情水	汉族
W1897.1.5	智慧水	
W1897.1.5.1	青蛙舅舅给人喝智慧水	普米族 ＊ ［W5152.2.1］人的动物舅舅
W1897.1.6	圣水	① ［W0959.1］神水；② ［W1955.11］圣水变成海
W1897.1.6.1	特定的湖中的水是圣水	藏族
W1897.1.6.2	特定的河水是圣水	鄂温克族 ＊ ［1944.2］奇特的河（神奇的河）
W1897.1.6a	仙水	
W1897.1.6a.1	仙水能把黑脸洗白	赫哲族
W1897.1.7	怀胎水	哈尼族 ＊ ① ［W1129.12.1］天和地吃了怀胎水后怀孕；② ［W2262］感水孕生人
W1897.1.7.1	鱼拨起的水花是怀胎水	哈尼族
W1897.1.8	没有浮力的水	汉族 ＊ ［W1943.6e.1］弱水鸿毛不浮
W1897.1.9	与神奇的水有关的其他母题	
W1897.1.9.1	神奇的水洞	【汤普森】D928

W 编码	母题描述	关联项
W1897.2	冰	
W1897.2.1	仙女的眼泪变成冰	塔吉克族 ＊ ［W1889.2］仙女的眼泪变成水
W1897.3	哑水	
W1897.3.1	神把露水、雨水、泥塘水作为哑水	壮族
W1897.3.2	哑水从天上带来	汉族
W1897.3.3	哑水比其他水清澈	汉族
W1897.3.4	哑水装在精美的容器里	彝族
W1897.3.5	哑水是神对人的惩罚	
W1897.3.6	失灵的哑水	
W1897.3.6.1	祭献水神后哑水失灵	景颇族
W1897.3.7	与哑水有关的其他母题	汉族、彝族 ＊ ① ［W1532a.1.1］万物因喝了哑水不会说话；② ［W3086.1］动物说话能力的丧失
W1897.4	能使人增长力量的水	［W8877.3］雷公喝水获得魔力后逃脱
W1897.4.1	喝石龙嘴里流出的水力量大增	汉族
W1897.5	能赋予语言能力的水	① ［W6701］语言的产生；② ［W6706］通过特定的水获得语言能力
W1897.5.1	使人获得语言能力的水	汉族 ＊ ［W6706］通过特定的水获得语言能力
W1897.5.2	能使动物说话的水	汉族
W1897.6	会唱歌的水	【汤普森】D1615.4
W1897.7	能改变人的体征的水	
W1897.7.1	使人返老还童的水	【汤普森】D1338.1.2； ＊ 彝族 ＊ ① ［W1972.1.1］使人返老还童的泉（返老还童泉）；② ［W2968.4］人的返老还童

W 编码	母题描述	关联项
W1897.7.2	使人变形的水	
W1897.7.2.1	天水使独眼人变成直眼人	彝族 ＊ ［W2831.3.2］独眼人变成直眼人
W1897.8	生命之水	【汤普森】E80；＊【关联】①
W1897.8.1	使植物长青的水（甘露）	蒙古族
W1897.9	生死之水	【汤普森】E82；＊［W1897.8］生命之水
W1897.9.1	死亡之水	【汤普森】E84；＊［W0959.2］不死水
W1897.10	毒水	①［W1877.3］魔鬼造出毒水；②［W1972.9.6］毒泉
W1897.10.1	人受野猿的启发认识了毒水	纳西族
W1897.10.2	毒水会把人变成石头	汉族 ＊ ①［W1387.1.10］人变成补天的石头；②［W9554］人变石头
W1897.11	水不能淹没大地的原因	【汤普森】A915
W1897.12	水中漩涡的产生	【汤普森】A1118
W1897.13	水的控制	
W1897.13.1	魔力掌控着水	【汤普森】D2151；＊［W9000］魔法
W1897.13.2	以前的水听人使唤	壮族
W1897.13.3	地上水的分配	
W1897.13.3.1	天神让鸭子分配地上的水	拉祜族
W1897.14	水的储存	
W1897.14.1	水储存在天河中	汉族 ＊ ①［W1780］天河（银河）；②［W1789］与天河有关的其他母题
W1897.14.2	水聚集到特定的地方	珞巴族

① 【关联】❶［W1897.9］生死之水；❷［W1972.1.9］生命之泉；❸［W9311］复活的条件（方法）

W 编码	母题描述	关联项
W1897.14.3	五湖四海的水盛在特定容器中	汉族
W1897.14.4	水在天上的金盆中	羌族
W1897.15	水的消失	
W1897.15.1	水逃向天宫	景颇族 ＊ ①［W1790］天宫；②［W1792］与天宫有关的其他母题
W1897.15.2	水被喝干	
W1897.15.2.1	河水被怪物喝干	汉族
W1897.15.2.2	地上水被水鹰吸干	汉族、畲族
W1897.15.2.3	河水被怪物喝干	汉族
W1897.15.3	水从地孔中流入地心	畲族 ＊［W1236］地的中心（地心）
W1897.15.4	水被晒蒸发	水族 ＊［W8514］晒干洪水（烤干洪水）
W1897.16	以前水与火是朋友	珞巴族 ＊［W1891.5］水火同时产生
W1897.16a	水与火是仇敌	［W1538.5.4.1.1］水火相克
W1897.16a.1	水为什么水火不相容	
W1897.16a.1.1	天帝规定以水治火，以火煮水	拉祜族
W1897.17	特定名称的水	
W1897.17.1	上池水	汉族
W1897.17.2	天水	［W1897.7.2.1］天水使独眼人变成直眼人
W1897.17.2.1	蓝色天水	蒙古族
W1897.17.3	地水（真水）	满族 ＊［W1515.3.1］地水生万物
W1897.17.4	玉水	
W1897.17.4.1	玉水专祭龙神	彝族 ＊ ①［W6500］祭品（牺牲）；②［W6501.1］特定的祭品是神规定的

W 编码	母题描述	关联项
W1897.18	水眼（水洞）	满族 ＊ ① ［W1897.1.9.1］神奇的水洞；② ［W1964.5.2.1］山脚的大石洞是海的水眼
W1897.19	水中的特定物	
W1897.19.1	水中的宫殿	朝鲜族 ＊ ［W1346.3.1］负载大地的巨龟住在海洋里的宫殿中

1.8.2 江河湖海
【W1900 ~ W1964】

W 编码	母题描述	关联项
✿ **W1900**	**江河湖海的产生**①	
W1901	**江河湖海自然存在**	
W1902	**江河湖海是造出来的**	
W1902.1	特定的人物造江河湖海	
W1902.1.1	始祖造江河湖海	瑶族 ＊ ① ［W1804.8.2］始祖造山河；② ［W1915.1.2］女始祖造河
W1902.1.2	真主造江河	回族
W1902.1.3	文化英雄造江河	布依族
W1902.1.4	地王造五湖四海	侗族 ＊ ［W0237］地王（地皇）
W1902.1.5	女娲挖出江河湖海	
W1902.1.5.1	女娲挖的洞眼溢水形成江河湖海	汉族
W1902.1.6	众神造出江河湖海	侗族

---

① 江河湖海的产生，在神话表述中关于"江河湖海产生"的母题一般原因相同，同时出现。为避免具体编码的重复，"江河湖海"母题中的共性部分在此处作出集中标示，下文只对"江河湖海"一些具有个体特色的母题加以列举。

W 编码	母题描述	关联项
W1902.2	砸出江湖河海	
W1902.2.1	湖海是砸出的坑	汉族、土家族
W1902.2.2	太阳落地砸出的大坑成为湖海	汉族、壮族
W1902.3	特定行为造江河湖海	
W1902.3.1	治水时形成江河湖海	［W4976.1］治水者
W1902.3.2	战争形成江河湖海	满族
W1902.3.2.1	河流湖泊是神搏斗的痕迹	柯尔克孜族 ＊ ［W8790］神之间的争战
W1902.3.3	缩地时形成江河湖海	
W1902.3.3.1	缩地时低洼处形成江河湖海	壮族
W1902.3.3.2	盘古缩地时形成江河海洋	【民族，关联】①
W1902.3.3.3	女始祖缩地时凹陷形成江河湖海	壮族
W1902.3.4	修整大地时整出的褶皱成为江河湖海	【民族，关联】②
W1902.3.4.1	神修整大地时整出的褶皱成为江河湖海	苗族
W1903	**江河湖海是生育产生的**	
W1904	**江河湖海是变化产生的**	
W1904.1	肢体化生为江河湖海	
W1904.1.1	肠胃化江河湖泊	汉族、彝族
W1904.1.2	血变成江河湖海	珞巴族 ＊ ［W1887］血变成水

---

① 【民族】汉族。【关联】❶［W1175.14］盘古造地；❷［W1264.1.5］盘古造田地；❸［W1392.2.1］盘古修补地

② 【民族】汉族。【关联】❶［W1845.1.9.1］缩地时低的地方形成峡谷；❷［W1809.3］缩地时凸起的地方形成山；❸［W1936.2.4］地的凹陷处变成河谷；❹［W1950.3.2］缩地时凹陷的地方形成海子；❺［W1979.1.1］造地时的褶皱变成沼泽

W 编码	母题描述	关联项
W1904.1.2.1	神或神性人物的血变成江河湖海	
W1904.1.2.1.1	盘古死后血变成江河湖海	汉族
W1904.1.2.1.2	山神的血变成江河湖泽	彝族
W1904.1.2.2	人的血变成江河湖海	
W1904.1.2.3	动物的血变成江河湖海	
W1904.1.3	眼泪变成江河湖海	① ［W1889］眼泪变成水； ② ［W1979.3.6］眼泪化为溪
W1904.1.3.1	神或神性人物的眼泪变成江河湖海	
W1904.1.3.1.1	天下婆的眼泪变成江河湖海	汉族 ＊ ［W1124.1.3.1］天地产生前有天下翁和天下婆两位老人
W1904.1.3.2	人的眼泪变成江河湖海	［W1969.2.4］女子的眼泪变成泉
W1904.1.3.3	动物的眼泪变成江河湖海	
W1904.1.3.4	其他特定物的眼泪变成江河湖海	
W1905	**与江河湖海产生有关的其他母题**	
W1905.1	大海退后形成河流湖泊	佤族 ＊ ① ［W1957.1.4］洪水退后出现海；② ［W1950.3.4.1］洪水退去留下山上的海子
W1905.1.1	海浪冲大地后低凹积水成为江河湖海	白族 ＊ ① ［W1964.11］与海浪有关的其他母题；② ［W1977.4.0.1］海溅出的浪花变成潭水
W1905.2	水滴聚成江河湖海	毛南族
W1905.3	雨形成江河湖海	白族 ＊ ［W4372］与雨有关的其他母题
W1905a	**与江河湖海有关的其他母题**	

W 编码	母题描述	关联项
W1905a.1	江河湖海的特征	
W1905a.1.1	江河湖海为什么守规矩	［W5991］规矩的产生
W1905a.1.1.1	吸引力使江河湖海变规矩	佤族　＊　［W4617.1］吸引力
◎	〖江河〗	
✿ **W1910**	江河的产生	【汤普森】A930
W1910.1	以前没有江河	
W1910.1.1	以前没有江	彝族
✳ **W1911**	江河自然产生	
W1912	河源于天上	满族
W1912.1	河是天上漏下的水	壮族　＊　［W8119］天河漏水形成洪水
W1912.2	江河源于云中	纳西族　＊　［W1884.1］云生水
W1912.3	从天神那里搬来江河	彝族
W1913	河流源于其他地方	①［W1920.1.1］江河是雪山之王的儿女；②［W1920.3.1］江河是湖的子女
W1913.1	天地的汇合处是河的来源	【汤普森】A659.3
W1913.2	河流从山的下面产生	纳西族
W1913.3	江源于山上的水潭	满族
✳ **W1914**	江河是造出来的（造江河）	［W1874］水是造出来的
W1914a	造江河的原因	
W1914a.1	为排洪水造河	①［W8500］洪水的消除；②［W8518］疏导洪水
W1914a.1.1	特定人物为排洪水造河	壮族
W1914a.2	撒土治水形成江河	
W1914a.2.1	天女撒土治水形成江河	满族

W 编码	母题描述	关联项
W1915	特定的人物造江河	
W1915.1	神或神性人物造江河	【民族，关联】①
W1915.1.0	神造河	
W1915.1.1	天神地神造河	哈尼族
W1915.1.1.1	地神造河	【民族，关联】②
W1915.1.2	女始祖造河	瑶族 ＊ ①［W1804.8.2］始祖造山河；②［W1902.1.1］始祖造江河湖海
W1915.1.3	女神造河	瑶族、彝族
W1915.1.4	雷神戳地成河	苗族
W1915.1.5	神的儿子造河	景颇族
W1915.1.6	造物主造江	［W1015］创世者（造物主）
W1915.1.6.1	造物主造出 9 条江	景颇族
W1915.1.7	造地者造河	哈尼族 ＊［W1178a］与造地者有关的其他母题
W1915.1.8	水神开辟江河	瑶族 ＊［W0404］水神的能力或职能
W1915.2	神仙造江河	
W1915.2.1	仙女舀天池的水造江河	【民族，关联】③
W1915.2.2	9 个仙子开河	彝族
W1915.3	特定的人造江河	布依族、侗族、汉族、瑶族、壮族
W1915.3.1	女人用手指抓出河	畲族
W1915.3.2	喇嘛造河	蒙古族

① 【民族】布朗族、景颇族、傈僳族、黎族、珞巴族、彝族。【关联】❶［W1919.2.1］神灵挖出河；❷［W1914a.2.1］天女撒土治水形成江河；❸［W1919.2.5］神用手挖出河；❹［W1919.4.1］神凿石开河

② 【民族】佤族。【关联】❶［W1804.2］地神造山；❷［W1915.1.1.1］地神造河；❸［W1953.2］地神造海

③ 【民族】朝鲜族。 【关联】❶［W1752.4b］天池（天池星、天渊）；❷［W1794.0］天池；❸［W1852.6.130］天池（天池山）

W 编码	母题描述	关联项
W1915.3.3	大禹造河	汉族 ＊ ① ［W0751］禹（大禹）；② ［W1919.4.2］大禹开山成河
W1916	**动物造江河**	
W1916.1	鱼扇动尾巴造出江河	哈尼族
W1916.2	最早出现的牛挖出河	【汤普森】A934.1
W1916.3	鸭子分水形成河	拉祜族
W1916.3.1	鸭子把地上的水分成 99 条大河	拉祜族
W1916.4	龙造江河	彝族 ＊ ① ［W1926.1］龙的泪水形成江河；② ［W1928.3］龙溅出的浪形成河流
W1916.4.1	水龙降水冲出河	汉族
W1916.4.2	龙王造江河	布依族
W1916.5	蚂蚁造江河	藏族 ＊ ① ［W1023.4.2］蚂蚁是创世者；② ［W1807.5.4］蚂蚁造山
W1916.6	猪拱出河	白族
W1916.6.1	野猪拱出河	彝族
W1916.6.2	箭猪拱出河	苗族
W1916.7	龙马造成河	汉族 ＊ ［W1881.2］龙马生水
W1916.7.1	龙马造成七里八河	汉族
W1916.8	其他动物造江河	［W1919.2.6］螃蟹挖河
W1916.8.1	巨兽造江河	苗族
W1917	**地面凹下去的地方成为江河**	
W1917.1	造地时的褶皱变成江河	傣族、基诺族、傈僳族、瑶族
W1917.2	造地者踩出江河	土家族 ＊ ① ［W1809.14］山是踩出来的；② ［W1976.4.1］神踩出水塘

W 编码	母题描述	关联项
W1917.3	地往下落形成江河	撒拉族
W1917.4	大地凹陷的地方成为江河	【关联】①
W1917.4.1	神修地时用石锤开沟造河	景颇族
W1917.4.2	众神拖地时形成河	苗族
W1918	**造河流的材料（造江河的工具）**	
W1918.1	用血造江河	
W1918.1.1	用牛血造河流	哈尼族
W1918.1.2	盘古用血液造江河	畲族
W1918.2	用肠造江河	① ［W1918.5］用肠子造河； ② ［W1931］肠子变成江河
W1918.2.1	用牛小肠造江河	哈尼族、藏族
W1918.2.2	用虎的小肠造河	彝族 ＊［W1931.3.3］虎的小肠变成河
W1918.2.3	用虎的大肠造江	彝族 ＊［W1931.3.4］虎的大肠变成江
W1918.3	用聚水瓶造江河	汉族
W1918.4	用葫芦造江河	汉族
W1918.5	用肠子造河	［W1931］肠子变成江河
W1919	**与造江河有关的其他母题**	
W1919.1	魔法造河	【汤普森】D915.1
W1919.2	挖出江河	汉族 ＊［W1845.3.5.2］天神挖水沟
W1919.2.1	神灵挖出河	珞巴族 ＊［W1915.1］神或神性人物造江河
W1919.2.2	野猫挖水沟形成河道	珞巴族

① 【关联】❶［W1845.1.9］地的凹陷处变为山谷；❷［W1976.1.2］地神造地时凹陷的地方成为水塘；❸［W1936.2.4］地的凹陷处变成河谷；❹［W1955.15］凹陷的地方变成海；❺［W1979.1.3］天上坠物砸出的凹陷成为沼泽

W 编码	母题描述	关联项
W1919.2.3	造人时挖土形成河	畲族
W1919.2.4	神的儿子挖出河	瑶族（布努）
W1919.2.5	神用手挖出河	瑶族
W1919.2.6	螃蟹挖河	拉祜族 ＊［W1846.1.1］山洞是螃蟹挖出来的
W1919.3	泼水成河	［W4344.2］天上泼水形成雨
W1919.3.1	两兄妹泼水成河	黎族 ＊［W1928.4.1］两兄妹的洗澡水变成河
W1919.3.2	两兄妹倒水成江	独龙族
W1919.3.3	两姐弟倒水成江	独龙族
W1919.3.4	人到天上泼水形成河	苗族
W1919.4	凿石开河	
W1919.4.1	神凿石开河	彝族
W1919.4.2	大禹开山成河	汉族 ＊［W0751.6］与禹有关的其他母题
W1919.5	击打成河	
W1919.5.1	神拍地形成河	傈僳族
W1920	**江河是生育产生的**	
W1920.1	山生江河	［W1884.2a］山生水
W1920.1.1	雪山生江河	［W1890.6］雪化为水
W1920.1.1.1	江河是雪山之王的儿女	门巴族
W1920.1.2	白水出白水山	汉族
W1920.1.3	白水出昆仑山	汉族
W1920.2	石生江河	［W1884.2］石生水
W1920.2.1	特定的石头生河	
W1920.2.1.1	老男子与丑女婚生的石头生出河流	珞巴族
W1920.3	湖海生江河	

W 编码	母题描述	关联项
W1920.3.1	江河是湖的子女	傣族
✳ **W1921**	**江河是变化形成的**	【汤普森】A934.11
W1922	**河是某物的化身**	【汤普森】Z118.3
W1923	**神或神性人物变成江河**	
W1923.1	女神变成江河	【汤普森】A934.11.3
W1923.2	蛇仙变成江河	独龙族
W1923.3	其他神或神性人物变成江河	汉族
W1924	**人变成江河**	【汤普森】A934.11.2
W1924.1	女子变成河	佤族
W1924.2	三姐妹变成江河	傈僳族
W1925	**动物变成江河**	［W1969.1］动物化泉
W1925.1	水龙变成江河	满族
W1926	**眼泪变成江河**	
W1926.0	神或神性人物的眼泪变成河	
W1926.0.1	盘古的眼泪变成河	汉族、苗族
W1926.0.2	女娲的眼泪形成江河	汉族
W1926.0.3	巨人妻子的泪水流成河	蒙古族
W1926.0.4	后土的泪水流成河	汉族
W1926.1	龙的泪水形成江河	景颇族
W1926.2	仙女的眼泪形成江河	满族 ✳ ［W1977.1.1.2］神仙的泪水形成潭
W1926.2.1	仙女幸福的眼泪形成河	塔吉克族
W1926.3	其他人物的眼泪形成江河	
W1926.3.1	兄妹的眼泪形成河	德昂族
W1927	**血液变成江河**	
W1927.1	盘古的血变成河流	苗族 ✳ ［W0720］盘古
W1927.1.1	盘古的血变成江河	汉族

W 编码	母题描述	关联项
W1927.1a	盘瓠的血化为河	苗族
W1927.2	牛的血变成江河	珞巴族
W1927.2.1	龙牛的血变成河	哈尼族
W1927.3	巨鸟的血变成江河	彝族
W1927.4	与血变成江河有关的其他母题	
W1927.4.1	射日时血流成江河	彝族
W1927.4.2	妖魔的血变成江河	彝族
W1928	**特定的水变成江河**	
W1928.1	汗水变成江河	汉族、黎族　＊［W1969.2a］汗水变成泉
W1928.1.1	神的汗水形成河	黎族、满族
W1928.1.2	巨人的汗水形成江河	傣族
W1928.2	海水溅的水珠成江河	普米族
W1928.3	龙溅出的浪形成河流	纳西族
W1928.4	洗澡水变成河	
W1928.4.1	两兄妹的洗澡水变成河	黎族
W1928.5	地下冒出的水形成江河	哈尼族　＊［W1934］泉水流成河
W1928.6	龙吐水形成江河	
W1928.6.1	水龙吐水形成江河	满族　＊［W1925.1］水龙变成江河
W1928.7	地褶皱处流出的水形成江河	
W1928.7.1	盘古缩地褶皱处流出的水形成江河	汉族
W1929	**排泄物变成江河**	
W1929.1	神的排泄物变成江河	朝鲜族
W1929.1a	神性人物的排泄物变成江河	
W1929.1a.1	巨人的排泄物变成河	朝鲜族

W 编码	母题描述	关联项
W1929.2	尿变成江河	【民族，关联】①
W1929.2.1	神的尿变成河流	壮族
W1929.2.1.1	女神的尿变成河	【汤普森】A933
W1929.2.2	始祖撒尿成河	布依族
W1929.2.3	天神夫妻的尿变成河	珞巴族
W1929.3	鼻涕变成江河	
W1929.3.1	龙神的鼻涕流成河	傈僳族
W1930	**植物的液汁变成江河**	
W1930.1	桃子烂后的水变成江河	苗族
W1930.2	树根烂后变成江河	哈尼族
W1930.3	葫芦中流出的水成为江河	
W1931	**肠子变成江河**	［W1918.5］用肠子造河
W1931.1	神或神性人物死后肠子变成江河	【民族，关联】②
W1931.1.1	盘古的肠子变成河	白族
W1931.1.1.1	盘古死后小肠变成河	白族
W1931.1.1.2	盘古死后大肠变成河	白族
W1931.2	人死后肠子变成江河	布依族
W1931.3	动物的肠子变成江河	
W1931.3.1	马鹿的肠子变成江河	普米族
W1931.3.1.1	马鹿的大肠变成江河	普米族
W1931.3.2	牛肠子变成河	藏族
W1931.3.2.1	牛的大肠变成江河	彝族 ＊［W1783.4.1］神牛的大肠做银河

① 【民族】汉族、珞巴族。【关联】❶［W1888］尿变成水；❷［W1948.6］尿变成湖；❸［W1955.12］尿变成海；❹［W1969.3］尿变成泉

② 【民族】仡佬族、汉族。【关联】❶［W1943.2a.1］撑天者死后大肠变成红水河；❷［W1943.5.1］撑天者死后小肠变成花江河；❸［W1955.3.1］肠子变成海

W 编码	母题描述	关联项
W1931.3.2.2	神牛的小肠变成江河	哈尼族 ＊ ［W1845.1.10.1］牛的小肠变成井沟
W1931.3.3	虎的小肠变成河	彝族
W1931.3.4	虎的大肠变成江	彝族
W1931.3.5	虎的肠胃化为江海	彝族
W1931.4	江河是地的肠子	仡佬族
W1931.5	脂膏变成为江河	汉族
W1932	**与变化为江河有关的其他母题**	
W1932.1	四肢变成江河	汉族
W1932.1.1	盘古的手臂变成江河	汉族
W1932.2	种子变成江河	彝族
W1932.3	湖变成江河	拉祜族
W1932.3.1	湖水决口变成江	门巴族
W1932.4	衣带变成江河	满族
W1932.5	其他特定物变成江河	普米族
W1932.5.1	筋络血液变成江河	汉族 ＊ ［W1927］血液变成江河
＊ **W1933**	**江河产生的其他方式**	【汤普森】A934
W1934	**泉水流成河**	【汤普森】A934.8； ＊ 拉祜族
W1934a	**特定的水流成河**	① ［W1928.5］地下冒出的水形成江河；② ［W1930.3］葫芦中流出的水成为江河
W1934a.1	洪水流成河	傈僳族
W1934a.2	山上流水形成河	佤族
W1934a.3	洞出水形成河	
W1934a.3.1	神射洞出水形成河	珞巴族 ＊ ① ［W1970.1］箭射出泉；② ［W1935.6］用箭射出江河
W1934a.4	雨水成河	彝族 ＊ ［W1952.2］雨水形成海

W 编码	母题描述	关联项
W1934a.5	回生水形成河	纳西族
W1934a.6	聚小流成江河	布依族
W1934a.7	水的流动形成江河	侗族
W1935	**江河是特定的痕迹**	
W1935.1	犁出江河	① ［W1809.10］犁出山； ② ［W1845.1.3］犁出山谷
W1935.1.1	天神犁出江河	傣族
W1935.1.2	神牛犁出河	壮族
W1935.1.3	犀牛犁出江河	布依族
W1935.2	冲刷出江河	
W1935.2.1	眼泪冲出江河	黎族
W1935.2.2	大雨冲出江河	彝族
W1935.3	砍出江河	
W1935.3.1	神用刀砍出河流	布朗族、羌族
W1935.3.2	盘古砍出江河	汉族
W1935.4	划出江河	
W1935.4.1	神划的痕迹变成江河	鄂温克族
W1935.4.2	神用剑划出江河	汉族
W1935.4.2a	神用棍棒划出河	土家族
W1935.4.2b	造地者用杖划出河	土家族
W1935.4.3	女人的五个手指抓出河	畲族
W1935.4.4	鱼划出的沟成为河流	藏族
W1935.4.5	王母娘娘用金簪划出河	汉族 ＊［W1784.5］王母娘娘用簪划出天河
W1935.4.6	画地成河	汉族 ＊［W1809.12］山是画出来的
W1935.4.6.1	方士画地成河	汉族
W1935.4.7	箭划出河	仫佬族
W1935.5	用棍棒扯拉出江河	【汤普森】≈A934.4

W 编码	母题描述	关联项
W1935.5.1	空行母用神杖挑出河流	门巴族
W1935.6	用箭射出江河	彝族
W1935.6.1	射神箭留下的痕迹成为江河	水族
W1935.7	龙的脚印形成江河	仫佬族、壮族 ＊ ① ［W1257.1］龙在地上滚出平地（龙在地上滚出坝子）；② ［W3578］龙的行走
W1935.8	地的裂缝形成河流	
W1935.8.1	火烧大地造成的裂缝形成河流	布朗族
W1935.9	特定人物的痕迹形成江河	满族
W1935.9.1	怪物的足迹形成江	满族
W1935.10	用鞭子抽出河	① ［W1845.1.6］用鞭抽出山沟；② ［W1979.3.1］鞭子抽出溪流
W1935.10.1	山神用鞭子抽出河	纳西族
W1935.11	雷电劈出河	珞巴族
W1936	**与河的产生有关的其他母题**	
W1936.1	河道的来历	
W1936.1.1	天神推出河道	佤族
W1936.1.2	地神推出河道	佤族
W1936.1.3	神凿开水道	彝族
W1936.1.4	与河道有关的其他母题	① ［W1789.0.2.1］天河是最长的河；② ［W1938.3.2］猪把河道拱得东高西低所以向西流
W1936.1.4.1	河流改道	纳西族
W1936.1.4.2	神人修整大地时留下水走的路	哈尼族
W1936.2	河谷的产生	
W1936.2.0	河谷是造出来的	
W1936.2.0.1	神造河谷	

W 编码	母题描述	关联项
W1936.2.0.2	人制造河谷	
W1936.2.1	推压大地产生河谷	
W1936.2.1.1	造地者推压大地形成河谷	哈尼族
W1936.2.2	犁出河谷	
W1936.2.2.1	天神犁出河谷	哈尼族
W1936.2.2.2	牛犁出河谷	哈尼族
W1936.2.2.2.1	天牛犁地犁出河谷	哈尼族
W1936.2.3	特定物变化产生河谷	
W1936.2.3.1	大地的脸变成河谷	珞巴族
W1936.2.4	地的凹陷处变成河谷	【关联】①
W1936.2.4.1	修整大地时凹下去的地方形成河谷	仡佬族
W1936.2.4.2	树倒掉时砸出河谷	哈尼族
W1936.2.5	洪水造成河谷	哈尼族
W1936.2.6	与河谷有关的其他母题	汉族
W1936.2.6.1	造山时山间留的空隙成为河谷	瑶族
W1936.3	河岸的产生	
W1936.3.1	河岸是巨兽拍打出来的	【汤普森】A951.1
W1936.4	河产生的时间	汉族
W1936.4.1	天地产生 2 个月后出现河流	汉族
✱ **W1937**	**江河的特征**	【汤普森】A938
W1938	**江河的流向**	［W1896.2.1.1］天地分开后水有了流向
W1938.0	河的流向自然产生	蒙古族
W1938.1	河水流向源于动物行为	
W1938.2	河水为什么向东流	

---

① 【关联】❶［W1845.1.9］地的凹陷处变为山谷；❷［W1976.1.2］地神造地时凹陷的地方成为水塘；❸［W1955.15］凹陷的地方变成海；❹［W1979.1.3］天上坠物砸出的凹陷成为沼泽

W 编码	母题描述	关联项
W1938.2.1	最早造出的河头在西方所以向东流	拉祜族 ＊ ［W1896.2.3］水为什么向东流
W1938.3	河水为什么向西流	
W1938.3.1	山推着水向西流	【汤普森】A914
W1938.3.2	猪把河道拱得东高西低所以向西流	汉族
W1938.4	河水往低处流	傈僳族
W1939	**河流弯曲的原因**	门巴族
W1939.1	神（人、龙）逃亡时造成河流弯曲	【汤普森】A931
W1939.2	动物造河时形成河湾	汉族
W1939.3	水龙摇摆形成河湾	白族
W1939.4	河流弯曲的其他原因	
W1939.4.1	因谎言造成河流转弯	门巴族
W1940	**与江河的特征有关的其他母题**	
W1940.1	河绕大地流淌	【汤普森】A872
W1940.2	会说话的河	【汤普森】D1610.35
W1940.3	最早的河很小	鄂温克族
W1940.4	河的变化	［W1955.17.1.2］河变成海
W1940.4.1	河的变宽	
W1940.4.1.1	萨满把河变宽	鄂温克族
W1940.5	隐藏在石头下的河	裕固族 ＊ ［W1944.6］阴河（暗河）
W1940.6	河与海相通	壮族 ＊ ［W1964.7］与海相通的通道
W1940.7	有的江为什么汹涌	
W1940.7.1	性格暴躁的江	门巴族
W1940.7.2	江水湍急是特定人物造成的	哈尼族

W 编码	母题描述	关联项
W1940.8	江河的颜色	【关联】①
W1940.8.1	江水白色是白石白水造成的	满族
W1940.8.2	江水为什么颜色不同	满族
W1940.8.2.1	江水颜色不同是因为变江河的动物喝的水颜色不同	满族
◎	[特定的江河的产生]	
W1941	**长江**	
W1941.1	长江的产生	
W1941.1.1	山的眼泪形成长江	
W1941.1.1.1	昆仑山的眼泪形成长江	普米族
W1941.1.2	长江是特定人物挖出来的	
W1941.1.2.1	禹挖出长江	汉族
W1941.2	长江的特征	
W1941.3	与长江有关的其他母题	
W1942	**黄河**	
W1942.1	黄河的产生	
W1942.1.1	黄河是特定人物造出来的	
W1942.1.1.1	禹劈出黄河	汉族
W1942.1.1.2	老君造黄河	汉族
W1942.1.2	黄龙游走的地方成为黄河	汉族
W1942.1.3	山的眼泪形成黄河	普米族
W1942.1.3.1	纳可穆玛山的泪水成为黄河	普米族
W1942.1.4	雪水汇成黄河	
W1942.1.4.1	黄河是雪山的女儿	藏族
W1942.2	黄河的特征	
W1942.2.1	黄河的水为什么是浑的	
W1942.2.1.1	黄河是被盘古搅浑的	汉族

① 【关联】❶［W1895］水的颜色；❷［W1950.0.1］湖的颜色；❸［W1960］海的颜色

W 编码	母题描述	关联项
W1942.2.2	黄河九曲	畲族
W1942.3	与黄河有关的其他母题	① ［W1789.0.6］银河是黄河； ② ［W1950.3.7.1］海子是黄河的儿子
W1942.3.1	黄河的源头	
W1942.3.1.2	黄河的源头是昆仑山上的泉	
W1942.3.2	黄河与白河是孪生姐妹	藏族
W1942.3.3	黄河泛滥	汉族 ＊ ［W8126.4］河水上涨造成洪水
W1942.3.4	不到黄河不死心的来历	布依族
W1942.3.5	黄河是人类的母亲	藏族
W1943	**其他特定的江河的产生**	
W1943.0	赤水	汉族
W1943.0.1	赤水出昆仑山东南	汉族
W1943.0a	丹水	汉族 ＊ ［W1895.2.1］白水即丹水
W1943.0a.1	丹水源于龙巢山	汉族 ＊ ［W1852.6.80］龙巢山
W1943.1	怒江	独龙族
W1943.1.1	神拍打出怒江	傈僳族
W1943.2	红河	布依族、壮族
W1943.2.1	男始祖开红河	壮族
W1943.2.2	红河水红色是被血染成的	哈尼族
W1943.2a	红水河	
W1943.2a.1	撑天者死后大肠变成红水河	布依族
W1943.2a.2	血染红的河成为红水河	壮族
W1943.2b	黑水（黑河）	
W1943.2b.1	黑水出幽都山	汉族
W1943.2c	黑龙江	满族
W1943.2c.1	黑龙造成黑龙江	满族

W 编码	母题描述	关联项
W1943.2d	寒暑之水	汉族
W1943.3	陇川河	景颇族
W1943.4	溱水	
W1943.4.1	玄嚣葫芦里流出的河叫溱水，昌意葫芦里流出的河叫洧水	汉族
W1943.5	花江河	
W1943.5.1	撑天者死后小肠变成花江河	布依族
W1943.6	淮河	
W1943.6.1	淮夷部落开淮河	汉族
W1943.6a	金沙江	［W1981.0.2.1］金沙江出金子
W1943.6a.1	龙引水走过的地方形成金沙江	藏族
W1943.6a.2	金沙江是特定的英雄射箭造成的	彝族
W1943.6a.3	金沙江时而汹涌时而平静是英雄的情绪变化造成的	彝族
W1943.6b	漓江	
W1943.6b.1	漓江九十九湾的来历	汉族
W1943.6c	牡丹江	满族
W1943.6d	若水	汉族
W1943.6e	弱水	汉族 ＊［W1950.6.16］弱水湖
W1943.6e.1	弱水鸿毛不浮	汉族
W1943.6f	松花江	满族
W1943.7	太阳河	满族
W1943.8	天马河	汉族
W1943.9	火焰河	哈萨克族
W1943.10	盐水	汉族
W1943.11	玉河	
W1943.11.1	血水变成玉河	彝族

W 编码	母题描述	关联项
W1943.12	夷水	汉族
W1943.13	淫水	汉族 ＊〔W1794.1.1〕瑶池即淫水
W1943.14	淄水	汉族
W1944	**与江河有关的其他母题**	〔W6430〕江河崇拜
W1944.1	神秘（魔力）之河	【汤普森】D915
W1944.2	奇特的河（神奇的河）	【汤普森】F715；＊〔W1405〕通天的河
W1944.2.1	热水河	彝族
W1944.2.1.1	远方有条热水河	珞巴族
W1944.2.1.2	龙女引出热水河	彝族
W1944.2.2	分水河	
W1944.2.2.1	分水河半边是浑水，半边是清水	汉族
W1944.2.3	血河	畲族
W1944.2.3.1	去阴间要经过血河	鄂温克族
W1944.2.4	与神奇的河有关的其他母题	〔W1897.1.6.2〕特定的河水是圣水
W1944.3	河沟	
W1944.3.1	河沟是砍出来的	羌族
W1944.4	魔力掌控着河	【汤普森】D2151.2
W1944.5	河流的关系	
W1944.5.1	江河是雪山之王的儿女	门巴族
W1944.5.2	兄弟关系的河	
W1944.5.2.1	娘江河、达旺河和普龙河是三兄弟	珞巴族、门巴族
W1944.6	阴河（暗河）	土家族 ＊〔W1940.5〕隐藏在石头下的河
W1944.6.1	水神造暗河	瑶族

W 编码	母题描述	关联项
W1944.7	冰河	回族
W1944.7.1	地下有 10001 条冰河	德昂族
W1944.8	河的渡口	
W1944.8.1	妒妇津	汉族
W1944.9	河床	
W1944.9.1	水神犁出河床	瑶族
W1944.10	河滩	
W1944.10.1	开河时形成滩	壮族
W1944.10.2	滩的特征	
W1944.10.3	特定名称的滩	
W1944.10.3.1	来斯滩	汉族
W1944.10.3.2	断犁滩	壮族
W1944.10.3.3	卧牛滩	壮族
◎	〖湖（湖泊）〗	
＊**W1945**	**湖的产生（湖泊的产生）**	【汤普森】A920.1
W1945a	**湖产生的原因**	
W1945a.1	以前没有湖泊	哈尼族
W1945a.2	为灌溉造湖	瑶族
W1946	**湖是造出来的（造湖）**	
W1946.1	耕地耕出湖	【汤普森】A920.1.9；　＊ 哈尼族
W1946.2	神或神性人物造湖	【汤普森】A920.1.10
W1946.2.0	神造湖	
W1946.2.0.1	神修地时造湖	侗族
W1946.2.1	地神挖出湖泊	汉族
W1946.2.2	女神造湖泊	傈僳族、维吾尔族、彝族
W1946.2.2a	神女造湖	藏族
W1946.2.3	雷公挑山砸出的坑形成湖泊	苗族
W1946.2.4	开天辟地者捅出湖泊	土家族

W 编码	母题描述	关联项
W1946.2.5	神敲击出的凹坑形成湖泊	彝族
W1946.2.6	女娲造湖泊	汉族
W1946.2.7	空行母造湖	珞巴族
W1946.2.8	天鬼造湖泊	景颇族
W1946.3	特定的人造湖	
W1946.3.1	大禹挖出湖	汉族
W1946.4	湖（泊）是挖出来的	【汤普森】A920.1.2
W1946.4.1	神挖地浅的地方形成湖	
W1946.4.2	用手在地上抓挖出湖	汉族
W1946.4.2.1	神用手在地上挖出湖	瑶族
W1946.5	用牛肚子造湖泊	哈尼族 ＊［W1977.3.3.1］龙牛的肚子成为龙潭
W1946.6	与造湖有关的其他母题	
W1946.6.1	人把水洒在地上造出湖	珞巴族
W1946.6.2	野猪大象拱出湖泊	彝族 ＊［W1916.6.1］野猪拱出河
W1946.6.3	在地中央造湖	侗族 ＊［W1953.10.2］在地脚旁造海
W1947	**湖是生育产生的**	
W1947.1	神或神性人物生育湖	【汤普森】≈A920.1.14
W1947.2	湖从露珠中产生	藏族
W1947.3	木火土铁水五种元素中生出湖	纳西族 ＊［W1814.3］木火土铁水五种元素中产生山
W1948	**湖是变化产生的**	
W1948.1	肝变成湖泊	
W1948.1.1	盘古死后肝变湖泊	白族
W1948.2	肺变成湖泊	
W1948.2.1	马鹿的肺变湖泊	普米族
W1948.3	四肢变成湖泊	

W 编码	母题描述	关联项
W1948.4	血变成湖泊	
W1948.4.1	青蛙的血变成湖泊	藏族
W1948.4.2	星星的血变成湖泊	珞巴族
W1948.4.3	鹿血变成湖泊	普米族 ＊〔W1977.3.5〕鹿血变成龙潭
W1948.5	眼泪变成湖泊	【汤普森】A920.1.5；＊ 汉族
W1948.5.1	太阳、月亮、星星的泪水落到地上汇成许多湖泊	珞巴族
W1948.6	尿变成湖泊	【汤普森】A920.1.6
W1948.6.1	神的尿变成湖泊	珞巴族
W1948.6a	汗水变成湖泊	①〔W1928.1〕汗水变成江河； ②〔W1955.9〕汗水变成海
W1948.6a.1	神的汗水变成湖泊	傣族
W1948.7	其他特定物变化为湖泊	
W1948.7.1	浸水的山谷变成湖泊	哈尼族
W1948.7.2	海水变成湖泊	蒙古族
W1948.7.3	龙溅出的浪形成湖泊	纳西族
W1948.7.4	卵的内部液汁变成白色湖	藏族
W1948.7.5	蛇尾变成五湖	汉族
W1948.7.6	眼睛变成湖泊	
W1948.7.6.1	盘古的眼睛变成湖泊	汉族
W1948.7.7	竹筒变成湖泊	珞巴族
W1948.8	与变化产生湖泊有关的其他母题	
W1948.8.1	太阳碎片变成湖水	藏族
W1949	**湖产生的其他方式**	
W1949.1	特定的水汇集成湖泊	
W1949.1.1	洒水成湖泊	珞巴族
W1949.1.2	地下冒水形成湖泊	藏族

W 编码	母题描述	关联项
W1949.1.3	汇四面八方之水成湖泊	门巴族
W1949.1.4	泉水形成湖泊	蒙古族（杜尔伯特）、藏族
W1949.1.5	海水退去出现湖泊	佤族
W1949.1.6	神修地时积水成湖泊	景颇族
W1949.2	海水溅的水珠成为湖泊	纳西族、普米族
W1949.3	低洼处形成湖泊	苗族、瑶族
W1949.3.1	火烧大地造成的低洼处形成湖泊	布朗族
W1949.3.2	铁弹子在地打出的凹处形成湖泊	彝族
W1949.3.3	神造地时踩出的脚印形成湖泊	侗族
W1949.4	山岭围水成湖泊	藏族
W1949.5	特定物的肚子做湖泊	
W1949.5.1	神牛的肚子造湖泊	哈尼族 ＊ ①［W1946.5］用牛肚子造湖泊；②［W1977.3.3.1］龙牛的肚子成为龙潭
W1949a	**与 湖 的 产 生 有 关 的 其他 母 题**	
W1949a.1	陷下去的地成为湖泊	珞巴族
W1950	**与湖有关的其他母题**	①［W1244.13.1］湖泊变成滩地；②［W6362.3］湖用来淹死不敬神的人
W1950.0	湖的特征	
W1950.0.1	湖的颜色	
W1950.0.1.1	蓝色的湖	纳西族
W1950.0.1.2	白色的湖	纳西族
W1950.0.1.3	金色的湖	纳西族
W1950.0.1.4	黑色的湖	纳西族

W 编码	母题描述	关联项
W1950.0.1.4.1	妖魔洗浴使湖水变成黑色	藏族
W1950.0.1.5	绿色的湖	纳西族
W1950.0.1.6	红色的湖	纳西族
W1950.0.2	湖的味道	
W1950.0.2.1	有的湖水为什么咸	［W1896.1.4］咸水
W1950.0.2.1.1	湖水变咸是妖魔的血造成的	蒙古族
W1950.0.2.2	有的湖水为什么甜	
W1950.0.2.2.1	神在湖中洗浴使湖水变甜	藏族
W1950.0.2.3	有的湖水为什么苦涩	
W1950.0.2.3.1	妖魔在湖中洗浴使湖水变苦涩	藏族
W1950.0.3	湖的分布	
W1950.0.3.1	神安排湖的分布	侗族
W1950.0.4	与湖的特征有关的其他母题	
W1950.0.4.1	湖泊是镜子	德昂族
W1950.0.4.2	湖中为什么有漂浮物	
W1950.0.4.2.1	湖中漂浮物源于神的行为	普米族
W1950.0.4.3	湖里的水满后流向大海	侗族　＊［W1896.2.7］水流入海洋
W1950.1	神秘之湖（有魔力的湖）	【汤普森】D921
W1950.1.1	魔湖	藏族
W1950.2	奇特的湖	【汤普森】F713；＊汉族
W1950.2.1	不生养生命的湖	土家族
W1950.2.2	有酒味的湖	
W1950.2.2.1	药撒湖中使湖有了酒味	独龙族
W1950.3	海子的来历	
W1950.3.1	龙王造海子	水族
W1950.3.2	缩地时凹陷的地方形成海子	藏族　＊［W1976.1.2］地神造地时凹陷的地方成为水塘
W1950.3.3	月亮落地变成海子	

W 编码	母题描述	关联项
W1950.3.3.1	射落的月亮变成海子	纳西族
W1950.3.4	洪水形成海子	
W1950.3.4.1	洪水退去留下山上的海子	羌族 ＊［W1905.1］大海退后形成河流湖泊
W1950.3.5	流血形成海子	普米族
W1950.3.6	其他特定物变成海子	
W1950.3.6.1	神的肚脐眼变海子	
W1950.3.6.2	巨人变成海子	藏族 ＊［W1816.1］巨人变成山
W1950.3.6.3	神流泪形成海子	藏族
W1950.3.7	与海子有关的其他母题	
W1950.3.7.1	海子是黄河的儿子	藏族
W1950.3.7.2	血形成红色的海子	藏族
W1950.4	世界正中央的湖	藏族
W1950.4a	山上的湖	
W1950.4a.1	特定人物造出山上的湖	瑶族（布努）
W1950.5	魔力掌控着湖	【汤普森】D2151.7
W1950.6	特定名称的湖	
W1950.6.1	洞庭湖	
W1950.6.2	鼎湖	
W1950.6.3	洪泽湖	
W1950.6.4	呼伦湖	
W1950.6.5	金水湖	
W1950.6.6	镜湖（鉴湖）	
W1950.6.7	镜泊湖	
W1950.6.7.1	天河水汇成镜泊湖	汉族
W1950.6.7.2	黑山神看守镜泊湖	汉族
W1950.6.8	九鲤湖	汉族
W1950.6.9	历阳湖	汉族

W 编码	母题描述	关联项
W1950.6.10	喀纳斯湖	
W1950.6.11	泸沽湖	
W1950.6.11.1	泸沽湖是虎神刨出来的	纳西族（摩梭）
W1950.6.12	纳木错湖	
W1950.6.13	女坟湖	汉族
W1950.6.14	鄱阳湖	
W1950.6.15	青海湖	
W1950.6.15.1	龙王发水形成青海湖	藏族
W1950.6.16	弱水湖	汉族
W1950.6.17	赛里木湖	
W1950.6.18	松花湖	
W1950.6.19	太湖	
W1950.6.20	微山湖	
W1950.6.21	兴凯湖	
W1950.6.22	银水湖	
W1950.6.23	与特定名称的湖有关的其他水体	
W1950.6.23.1	白洋淀	
W1950.6.23.2	巢湖	
W1950.6.23.3	滇池	
W1950.6.23.4	抚仙湖	
W1950.6.23.5	九寨沟	
W1950.6.23.6	居延海	
W1950.6.23.7	巨野泽	
W1950.6.23.8	千岛湖	
W1950.6.23.9	邛海	
W1950.6.23.10	五大连池	
W1950.6.23.10.1	五大连池有药泉	汉族　＊［W1972.1.10］药泉

W 编码	母题描述	关联项
W1950.6.23.11	西湖	
W1950.7	地上的天池	①〔W1752.4b〕天池（天池星、天渊）；②〔W1794.0〕天池
W1950.7.1	天池的产生	
W1950.7.1.1	雪水形成天池	满族
W1950.7.1.2	火山口形成天池	汉族
W1950.7.1.3	火山口注水成为天池	满族
W1950.7.1.4	雷神雨神造天池	蒙古族
W1950.7.1.5	天池的水为什么是凉的	
W1950.7.1.5.1	特定的事件造成池水变凉	蒙古族
W1950.7.1.6	天池的水为什么有热气	蒙古族
W1950.7.1.6.1	神让天池的水有热气	蒙古族
W1950.7.2	长白山天池	
W1950.7.3	天山天池	
W1950.7.4	天池的特征	
W1950.7.4.1	天池水面如镜	满族
W1950.8	五湖四海	①〔W1902.1.4〕地王造五湖四海；②〔W1876.1〕龙造五湖四海
W1950.8.1	地神造五湖四海	侗族
W1950.8.2	大禹率众挖出五湖四海	〔W0751.6〕与禹有关的其他母题
◎	〖海（海洋）〗①	
✻ **W1951**	**海的产生**	【汤普森】A920
W1952	**海自然产生**	藏族
W1952.1	海从地上的洞中出来	【汤普森】A924.4
W1952.1.1	海水地上的无底洞涌出	柯尔克孜族
W1952.2	雨水形成海	阿昌族、蒙古族
W1952.3	洪水形成海	哈尼族

① 海，"海"有时又可称为"洋"、"海洋"，为文中的简洁，此处一律表述为"海"。

W 编码	母题描述	关联项
W1952.3.1	洪水使地球变成海洋	羌族
W1953	**海是造出来的**	
W1953.1	天神造海	哈尼族
W1953.1.1	天神撒泥治水没撒到的地方变成海	羌族
W1953.1.2	天神用虎肚造海	彝族
W1953.2	地神造海	汉族 ＊［W1915.1.1.1］地神造河
W1953.3	女神造海	彝族
W1953.3.1	地母造海	汉族
W1953.3.2	女始祖造海	
W1953.4	巨人开辟海	水族
W1953.5	仙人踏出海	水族
W1953.6	特定的人造海	汉族
W1953.6.1	九官牵龙造海	毛南族
W1953.7	龙造海	
W1953.7.1	金龙造海	毛南族
W1953.7.2	龙神造海	藏族 ＊［W1979.3.9.1.1］龙神造龙溪
W1953.8	搬山造海	①［W1264.1.1.1］男神搬山造田；②［W9007.2］赶山填海
W1953.8.1	众人搬山造海	壮族
W1953.8.2	螃蟹搬山造海	白族
W1953.9	挖地成海	汉族 ＊［W1946.4.1］神挖地浅的地方形成湖
W1953.10	与造海有关的其他母题	
W1953.10.1	神破冰造海	侗族
W1953.10.2	在地脚旁造海	侗族 ＊［W1946.6.3］在地中央造湖

W 编码	母题描述	关联项
W1954	**海是生育产生的**	
W1954.1	海是天地之子	【汤普森】A921
W1955	**海是变化产生的**	
W1955.1	卵化生海	藏族
W1955.1.1	蛋清变成海	苗族
W1955.2	蛋的特定部分变成海	苗族、藏族
W1955.3	尸体化生为海（肢体变成海）	汉族
W1955.3.1	肠子变成海	
W1955.3.1.1	盘古死后大肠变成海	白族
W1955.3.2	肺变成海	
W1955.3.2.1	盘古死后肺变成海	白族
W1955.3.3	胃变成海	
W1955.3.3.1	神的胃化生海	彝族
W1955.3.4	心变成海	
W1955.3.4.1	马鹿的心变成海	普米族
W1955.3.5	虎肚变成海	彝族
W1955.3.6	盘古的腹部变成海	白族
W1955.3.7	浪荡子死后尸体化为海	汉族
W1955.3.8	蛇的尸体腐烂变成海	【汤普森】A924.2
W1955.4	海是某物的化身	【汤普森】Z118
W1955.5	雾气变成海	汉族、纳西族
W1955.5.1	云雾水气变成大海	哈尼族 ＊［W1890.8］云雾变成水
W1955.6	白露变成海	纳西族
W1955.6.1	3 滴白露变化成 3 个大海	纳西族
W1955.6.2	天地之气生的白露凝为海	纳西族
W1955.6.3	白云酿出的白露变成海	纳西族
W1955.6.4	雾露滚动形成海	哈尼族

W 编码	母题描述	关联项
W1955.7	霜落地上变成海	纳西族 ＊ ［W4539］与霜有关的其他母题
W1955.7.1	天上下的霜变成海	纳西族
W1955.8	血液变成海	【汤普森】A922
W1955.8.1	地母流的血变成大海	阿昌族
W1955.8.2	地母流产流出的血水变成海	珞巴族
W1955.8.3	虎血变成海	彝族（罗鲁波）
W1955.9	汗水变成海	① ［W1928.1］汗水变成江河； ② ［W1948.6a］汗水变成湖
W1955.9.1	神的汗水变海	佤族
W1955.9.2	神把汗水变成海	傣族
W1955.9.3	创世者的汗水变成海	【汤普森】A923
W1955.10	泪水变成海	汉族 ＊ ［W1977.1.1］泪水形成潭
W1955.10.1	人的泪水聚成海	德昂族
W1955.11	圣水变成海	珞巴族 ＊ ［W1897.1.6］圣水
W1955.12	尿变成海	【汤普森】A923.1
W1955.13	植物的液汁变成海	
W1955.13.1	桃子烂后的水变成海	苗族
W1955.14	排泄物变成海	汉族
W1955.15	凹陷的地方变成海	
W1955.15.1	盘古的眼窝变成海洋	汉族
W1955.15.2	天上坠物砸出海洋	畲族 ＊ ① ［W1499.3］天上落石头；② ［W1979.1.3］天上坠物砸出的凹陷成为沼泽
W1955.16	冰川变成海	蒙古族
W1955.17	与变化产生海有关的其他母题	
W1955.17.1	使用法术变出海	［W9155］通过巫术造物

W 编码	母题描述	关联项
W1955.17.1.1	观音用法术把牛肚子变成海	【民族，关联】①
W1955.17.1.2	河变成海	满族
W1956	**海的其他产生方式**	【汤普森】A924
W1956.1	堵河成海	汉族
W1956.1.1	河流被阻变成海	汉族 ＊［W8183］堵塞引发洪水
W1956.1.2	河被堵涨水成海	高山族
W1956.2	天河水形成海	汉族 ＊［W1897.14.1］水储存在天河中
W1956.2.1	天河漏水形成海	汉族
W1957	**与海的产生有关的其他母题**	①［W1964.8］海浪的产生（波浪的产生）；②［W1964.9］海浪的声音（涛声）
W1957.1	洪水使陆地变成海	朝鲜族、羌族 ＊［W8540］洪水的结果
W1957.1.1	洪水汇聚形成海	壮族
W1957.1.2	留下的一些洪水成为海	德昂族
W1957.1.3	抛物治水时没有撒到的地方变成海	羌族 ＊［W4976］水的治理
W1957.1.4	洪水退后出现海	傣族 ＊［W1950.3.4.1］洪水退去留下山上的海子
W1957.2	造地时留下海	汉族
W1957.3	赶水成海	［W1956.1］堵河成海
W1957.3.1	盘古赶江河水形成海	汉族
W1957.4	百川汇海	［W1896.2.7］水流入海洋
W1957.4.1	河流到低处汇成海	景颇族
W1957.4.2	江河汇集成海	傣族、汉族

① 【民族】彝族。【关联】❶［W1946.5］用牛肚子造湖泊；❷［W1949.5.1］神牛的肚子造湖泊；❸［W1977.3.3.1］龙牛的肚子成为龙潭

W 编码	母题描述	关联项
W1957.4.3	特定的水汇集成海	怒族
W1957.4.4	积水成海	汉族 ＊ ［W1979.1.4］ 积水形成沼泽
W1957.4.5	水东流成海	汉族
W1957.5	影子中产生海	彝族 ＊ ［W1546.3］ 日月产生前先产生影子
W1957.6	混沌集水成海	毛南族 ＊ ［W1057.1］ 混沌（浑沌、昆屯、混沌卵）
W1957.7	世界上最早产生的是海	藏族 ＊ ［W1053.1］ 最早的陆地是海洋
W1957.7.1	世界最早出现白海和白石	藏族
＊ **W1958**	**海的特征**	【汤普森】A925
W1959	**海的大小**	
W1959.1	海最初很小	蒙古族
W1959.2	以前的海没有边沿	白族、布朗族 ＊ ［W1964.14］ 海堤（海岸）
W1959.3	海的宽度	
W1959.3.1	海宽4万丈	布依族
W1959.4	海的深度	
W1959.4.1	海深3万丈	布依族
W1960	**海的颜色**	【汤普森】A925.2
W1960.1	海为什么是蓝的	【汤普森】A1119.1
W1961	**海的温度**	
W1961.1	海水为什么是温的	【汤普森】A1119.2
W1961.2	以前的海水像滚烫的开水	白族
W1961.2.1	太阳把海水烤得很热	白族

W 编码	母题描述	关联项
W1962	**海的味道**	
W1962.1	海水为什么是咸的	【汤普森】A1115； ＊ ① ［W1896.1.4］咸水； ② ［W1950.0.2.1］有的湖水为什么咸
W1962.1.1	海里的盐磨使海水变咸	【汤普森】A1115.2；＊ 朝鲜族、汉族
W1962.1.2	汗水把海水变咸	傣族、水族
W1962.1.3	海中洒进泪水变咸	高山族
W1962.2	海水是淡的	
W1962.2.1	海水以前是淡的	满族
W1962.3	海水是甜的	
W1962.3.1	海水原来是甜的	高山族
W1963	**与海的特征有关的其他母题**	
W1963.0	海的特定位置	［W1070.4.5］地的下面是海
W1963.0.1	海洋在九重天下	哈萨克族
W1963.0.2	海夹在天地中间	白族
W1963.1	海上为什么有泡沫	【汤普森】A1117
W1963.2	海有 12 层（12 层海）	布依族 ＊ ［W1083.8.1］地府在 12 层海
W1963.2.1	第 1 层海是虾的居所	布依族
W1963.2.2	第 2 层海是石蚌的居所	布依族
W1963.2.3	第 3 层海是鲤鱼的居所	布依族
W1963.2.4	第 4 层海是海螺的居所	布依族
W1963.2.5	第 5 层海是龙女的居所	布依族
W1963.2.6	第 6 层海是龙宫	布依族
W1963.2.7	第 7 层海是犀牛的居所	布依族
W1963.2.8	第 8 层海是鹅鸭的居所	布依族

W 编码	母题描述	关联项
W1963.2.9	第 9 层海是龙王造井、造水的地方	布依族
W1963.2.10	第 10 层海是龙女晾晒织物的地方	布依族
W1963.2.11	第 11 层海道路交错	布依族
W1963.2.12	第 12 层海是最深的海	布依族
W1963.2.13	海的其他层数	
W1963.3	海的气味	【汤普森】A925.3；　＊ 高山族
W1964	**与海有关的其他母题**	① ［W1498.1.3.1］高山变成海，海变成山；② ［W6431］海崇拜
W1964.0	海水	
W1964.0.1	海水的产生	
W1964.0.1.1	露珠变成海水	纳西族
W1964.0.1.2	虎血变成海水	彝族 ＊ ［W1955.8.3］虎血变成海
W1964.0.2	海水的特征	① ［W1961］海的温度；② ［W1962］海的味道
W1964.0.2.1	海水以前滚烫	汉族
W1964.0.3	与海水有关的其他母题	
W1964.0.3.1	海水被特定物吸引	佤族
W1964.0.3.2	海水为什么不淹陆地	高山族
W1964.0.3.3	撑天的山下有海水	彝族
W1964.0.3.4	海水的汇合	傣族
W1964.0.3.5	海水流入特定的山	汉族
W1964.1	海水干涸	【汤普森】H1142.2；　＊ ［W0663.2.2］巨人喝干海水
W1964.1.1	海为什么不会干	
W1964.1.1.1	海不会干是因为月华掉到了海里	汉族

W 编码	母题描述	关联项
W1964.2	海的稳定	
W1964.2.1	定海神针	汉族 ＊ ［W1839.6a］定水石
W1964.2.1.1	定海铁柱	
W1964.2.2	定海石	
W1964.2.3	制铁定海眼	汉族 ＊ ［W1964.5］海眼
W1964.2.4	海的支撑	
W1964.2.4.1	海底无数石柱支撑着海	布依族
W1964.3	奇特之海	【汤普森】F711
W1964.3.1	神秘之海（魔力之海）	【汤普森】D911
W1964.3.2	无风起浪的海	汉族
W1964.4	特定的海	
W1964.4.0	五大洋	
W1964.4.0.1	天神划出五大洋	傣族
W1964.4.0.2	出现四大洲后形成五大洋	傣族
W1964.4.0a	七大洋	
W1964.4.0a.1	七大汪洋来天外	藏族
W1964.4.1	地球上有四个海	
W1964.4.1.1	四海	汉族
W1964.4.1.2	四海即天下	汉族
W1964.4.1.3	四海之门	彝族
W1964.4.2	东海	
W1964.4.2.1	东海有东海龙王	满族
W1964.4.3	南海	
W1964.4.4	西海	
W1964.4.5	北海	
W1964.4.5.1	北海称北冥	汉族
W1964.4.6	黄海	汉族
W1964.4.7	渤海	汉族

W 编码	母题描述	关联项
W1964.4.8	洱海	
W1964.4.8.1	大海缩小变成洱海	白族
W1964.4.8.2	雨水汇成洱海	白族
W1964.4.8.3	洱海的出口	白族
W1964.4.9	其他特定名称的海	
W1964.4.9.1	毒海	纳西族
W1964.4.9.2	死海	
W1964.4.9.2.1	死海的产生	【汤普森】A920.1.15
W1964.4.9.3	金海	彝族
W1964.4.9.4	蓝海	彝族
W1964.4.9.5	绿海	彝族
W1964.4.9.6	红海	
W1964.4.9.7	黑海	
W1964.4.9.8	其他颜色的海	
W1964.4.9.9	冥海	汉族
W1964.4.9.9.1	冥海即天池	
W1964.4.9.10	紫泥海	汉族
W1964.4.9.11	天海	
W1964.4.9.11.1	3 个天海	彝族
W1964.4.9.11.2	九大天海	彝族
W1964.5	海眼	［W1964.2.3］制铁定海眼
W1964.5.0	海眼的产生	
W1964.5.0.1	特定人物凿出海眼	
W1964.5.1	一口井是通往海的海眼	汉族、藏族
W1964.5.2	特定的洞是海眼	鄂伦春族
W1964.5.2.1	山脚的大石洞是海的水眼	白族
W1964.5.3	海眼在特定的石头下	汉族
W1964.5.4	海眼的控制	

W 编码	母题描述	关联项
W1964.5.4.1	用钱镇海眼	汉族
W1964.5.5	海眼中的情形	
W1964.5.5.1	海眼中住着特定动物	纳西族
W1964.5.6	海眼喷出水柱	白族
W1964.5a	海心	白族
W1964.6	魔物（力）掌控着海	【汤普森】①D1545；②D2151.1
W1964.7	与海相通的通道	藏族
W1964.8	海浪的产生（波浪的产生）	【汤普森】①A925.1；②A1116
W1964.8.1	海浪是灵魂之所	【汤普森】A913.1
W1964.8.2	海浪是某物的化身	【汤普森】Z118.1
W1964.8.3	海浪是海神的马	【汤普森】①A1116.1；②Z118.2
W1964.8.4	丢到水里的碎物形成波浪	
W1964.8.4.1	向水中丢的木偶形成波浪	纳西族
W1964.8.5	特定人物的行动形成海浪	哈萨克族
W1964.9	海浪的声音（涛声）	【汤普森】A925.5
W1964.10	有魔力的波浪	【汤普森】D911.1
W1964.10.1	魔力掌控着海浪	【汤普森】D2151.3
W1964.11	与海浪有关的其他母题	①［W1905.1.1］海浪冲大地后低凹积水成为江河湖海；②［W1977.4.0.1］海溅出的浪花变成潭水
W1964.11.1	特定名称的浪	
W1964.11.1.1	三口浪	汉族
W1964.11.1.2	海中的气浪	傣族
W1964.11.2	海浪的平息	白族
W1964.11.3	海啸	①［W8672.9.1］世界末日海啸山崩；②［W8688］与天气灾害有关的其他母题

W 编码	母题描述	关联项
W1964.11.3.1	太阳落到海里形成海啸	白族 ＊ ［W9796.1］射落的日月掉进海里
W1964.12	潮汐	
W1964.12.1	潮汐的产生	【汤普森】A913
W1964.12.1.1	潮汐是妖魔呼吸形成的	【汤普森】A913.2
W1964.12.1.2	潮水应石鸡叫声涨落	汉族
W1964.12.2	涨潮	
W1964.12.2.1	涨潮是大地晃动造成的	鄂温克族 ＊ ［W8550.1］大地震动
W1964.12.2.2	涨潮是海龙王兴风作浪	鄂伦春族 ＊ ［W3581.4.0］海龙王
W1964.12.3	退潮	
W1964.12.3.1	射箭退潮	汉族
W1964.12.4	特定名称的潮	
W1964.12.4.1	钱塘潮	汉族
W1964.12.4.2	海潮	
W1964.12.4.2.1	9 万层海潮	白族
W1964.13	海峡	
W1964.13.1	海峡的产生	【汤普森】A920.2
W1964.14	海堤（海岸）	［W1959.2］以前的海没有边沿
W1964.14.1	海堤的产生	
W1964.14.1.1	地神推出海堤	佤族
W1964.15	海底	［W1964.2.4.1］海底无数石柱支撑着海
W1964.15.1	海底大无边	布依族
W1964.16	海中的生活	
W1964.16.1	海中晾晒衣物	布依族
W1964.16.2	海洋是水族的世界	哈尼族
W1964.17	海中的烟雾	
W1964.17.1	神鱼喷吐海中的烟雾	傣族

1.8.3　其他一些常见的水体
【W1965 ~ W1979】

W 编码	母题描述	关联项
◎	〖泉〗	
✳ **W1965**	泉的产生（泉水的产生）	【汤普森】A941
W1966	泉源于某个特定地方	
W1966.1	泉从天上流下来	壮族　✳〔W1971.8〕从天上取来泉水的种子
W1966.2	石裂生出泉水	布依族
W1966.3	树心流出泉水	达斡尔族
W1967	泉是造出来的	
W1967.0	神造泉	
W1967.0.1	水神造泉	壮族
W1967.1	天女造泉	水族
W1967.2	始祖造泉	壮族
W1967.3	仙人造泉	水族
W1967.3a	观音造泉	
W1967.3a.1	观音用净水瓶造泉	汉族
W1967.4	龙造泉	白族
W1967.4.1	龙吐泉水	白族、仫佬族、满族　✳〔W1972.9.2.1〕龙喝的水太多形成喷泉
W1967.4.2	龙王踏出的洞化作泉	纳西族

W 编码	母题描述	关联项
W1967.4.3	蛟龙造泉	壮族
W1967.5	螃蟹造泉	哈尼族 * ［W3434］与螃蟹的产生有关的其他母题
W1967.5.1	螃蟹爬进岩缝泉造出泉水	景颇族
W1967.6	鹅造泉	
W1967.6.1	神鹅造泉水	壮族
W1967.7	其他特定人物造泉	
W1967.7.1	喇嘛用拐杖在石崖上捅出泉水	门巴族
W1968	**泉是生出来的**	
W1968.0	神或神性人物生泉	
W1968.0.1	地神生泉	满族
W1968.1	龙生泉	汉族、纳西族、水族
W1968.1.1	埋龙头的地方流出泉	东乡族
W1968.1.2	龙女吐出清泉	哈尼族
W1968.2	地生泉	［W1970.4］戳地出泉
W1968.2.1	拳击地出泉	汉族
W1968.2.2	剑插地出泉	汉族
W1968.2a	石生泉	［W1884.2］石生水
W1968.2a.1	泉从岩石流出	苗族
W1968.2a.2	岩下生泉	汉族
W1968.2b	山生泉	［W1970.3］劈山出泉
W1968.2b.1	刺山生泉	汉族
W1968.2b.2	挖山出泉	汉族
W1968.3	埋妖魔眼珠的地方流出泉	鄂伦春族
W1968.4	金水钵生泉	汉族
W1968.5	坑洞生泉	纳西族
W1968.5.1	龙洞出泉水	土家族
W1968.6	其他特定的物生泉	壮族

W 编码	母题描述	关联项
W1968.6.1	葫芦生泉	纳西族
W1968.6.2	树下生泉	[W1882.1] 砍树生出水
W1968.6.2.1	泉隐藏在大树下	苗族
W1968.6.3	特定的坟上冒出泉水	仫佬族
W1969	**泉是变化产生的**	
W1969.0	特定人物变成泉	
W1969.0.1	好人死后变成泉水	白族
W1969.1	动物化泉	[W1925] 动物变成江河
W1969.2	眼泪变成泉	【汤普森】A941.2； * 佤族
W1969.2.1	猴的眼泪形成泉水	藏族
W1969.2.2	文化英雄的眼泪变成泉	满族
W1969.2.3	莲目老祖母的眼泪变成泉	彝族
W1969.2.4	女子的眼泪变成泉	汉族 * [W1904.1.3.2] 人的眼泪变成江河湖海
W1969.2a	汗水变成泉	【关联】①
W1969.2a.1	地母的汗水变成泉	满族
W1969.2b	鼻涕变成泉	
W1969.2b.1	山鬼的鼻涕变成泉	藏族
W1969.3	尿变成泉	
W1969.3.1	马的尿变成泉	【汤普森】A941.1.1
W1969.4	血变成泉	壮族 * ① [W1887] 血变成水；② [W1904.1.2] 血变成江河湖海
W1969.5	神的乳汁变成泉	【汤普森】A941.5.7
W1969.5.1	泉是山神的乳汁	彝族
W1969.6	灵魂变成泉	[W0916] 与灵魂（鬼、鬼魂）相关的其他母题
W1969.6.1	露水王的魂变成泉	仫佬族

① 【关联】❶ [W1928.1] 汗水变成江河；❷ [W1955.9] 汗水变成海；❸ [W1948.6a] 汗水变成湖

W 编码	母题描述	关联项
W1970	**特定的活动形成泉**	
W1970.1	箭射出泉	汉族
W1970.2	射树出泉	【汤普森】A941.7.2
W1970.3	劈山出泉	汉族 * ①［W1836a.1］神劈出山的裂缝；②［W1845.1.2］劈出山谷（砍出山谷）
W1970.4	戳地出泉	【民族，关联】①
W1970.5	龙溅出的水形成泉	纳西族
W1970.6	宝物中产生泉	
W1970.6.1	宝物温凉盏产生泉	苗族
W1970.7	砸地出泉	
W1970.7.1	宝珠落地砸出泉	满族 * ［W9686］宝珠
W1970.8	抽陀螺冒出泉	
W1970.8.1	天神在地上抽陀螺冒出泉	高山族（阿美）* ［W1875.1.2］神抽陀螺地上冒出水
W1971	**与泉的产生有关的其他母题**	
W1971.1	魔法造泉	【汤普森】①D925.1；②D927.1；③D1567.2
W1971.2	马的脚印形成泉	【汤普森】A941.1；* 保安族
W1971.3	插剑处形成泉	【汤普森】A941.3
W1971.4	神赐泉水	哈尼族、门巴族、壮族
W1971.5	神马带来泉水	保安族
W1971.6	变形后产生泉	
W1971.6.1	祈雨者变成石头后口中流出泉	汉族 * ［W6507］祭祀求雨（祈雨）

---

① 【民族】独龙族、汉族、门巴族、水族。【关联】❶［W1884.0.1］戳地出水；❷［W1915.1.4］雷神戳地成河；❸［W1968.2］地生泉

W 编码	母题描述	关联项
W1971.7	大雨造成泉	彝族
W1971.8	从天上取来泉水的种子	
W1971.8.1	英雄从天上取来泉水的种子	彝族（罗罗泼） * ［W3902.1］万物种子天上来
W1972	**与泉有关的其他母题**	【关联】①
W1972.1	神奇的泉	【汤普森】F716； * ① ［W9038.28］魔泉；② ［W9038.28.1］魔泉使人变老
W1972.1.1	使人返老还童的泉（返老还童泉）	【汤普森】D1338.1.1； * 【民族，关联】②
W1972.1.2	长命泉	傣族
W1972.1.3	能治病的泉水	鄂温克族
W1972.1.3a	能疗伤的泉水	鄂温克族 * ① ［W1972.1.9.1］生命泉能疗伤；② ［W1972.1.10.1 药泉能疗伤
W1972.1.3b	喝了能充饥的泉水	藏族
W1972.1.4	会行走的泉	【汤普森】D1641.1
W1972.1.5	能使人长翅膀的泉	满族
W1972.1.6	起死回生泉	① ［W0953］起死回生药；② ［W9300］复活
W1972.1.7	怪泉	
W1972.1.7.1	怪泉出物	汉族
W1972.1.8	神泉	保安族、汉族、塔吉克族 * ［W0958］神泉
W1972.1.8.1	神泉润万物	汉族
W1972.1.8.2	神泉水能使人长出翅膀	满族
W1972.1.9	生命之泉	达斡尔族

① 【关联】❶ ［W1798.4］天泉；❷ ［W1979.3.8］泉形成溪；❸ ［W8126.6］泉涌出造成洪水

② 【民族】哈萨克族。【关联】❶ ［W1897.7.1］使人返老还童的水；❷ ［W2968.4］人的返老还童

W 编码	母题描述	关联项
W1972.1.9.1	生命泉能疗伤	乌孜别克族 * ［W6235］药的产生（药的获得）
W1972.1.10	药泉	
W1972.1.10.1	药泉能疗伤	汉族
W1972.2	泉的涨落	
W1972.2.1	地龙呼吸造成泉水涨落	水族 * ［W3583.9］地龙
W1972.2.2	间歇泉	
W1972.2.2.1	间歇泉喷水是泉下龙咳嗽造成的	柯尔克孜族
W1972.2.3	喷泉	
W1972.2.3.1	龙喝的水太多形成喷泉	满族
W1972.3	温泉的产生（温泉）	【汤普森】A942
W1972.3.1	太阳被射落水中形成温泉	汉族 * ［W9790］射日月的结果
W1972.3.1.1	后羿射日形成温泉	汉族
W1972.3.2	太阳放在水中形成温泉	汉族
W1972.3.2a	太阳的照晒形成温泉	毛南族 * ［W4106］太阳的光与热
W1972.3.3	神奇的金簪划出温泉	水族 * ［W1784.5］王母娘娘用金簪划出天河
W1972.3.4	妖魔的眼泪变成温泉	白族
W1972.3.4a	温泉是女始祖的生殖器	壮族 * ［W0654.3.3］祖先的巨大生殖器
W1972.3.4a.1	温泉的温水是女始祖的尿	壮族
W1972.3.5	温泉热气如烟	汉族
W1972.3.6	浴温泉增精神	
W1972.3.6.1	黄帝浴温泉增精神	汉族
W1972.3.7	与温泉有关的其他母题	［W1977.4.5.1］温池
W1972.3.7.1	汤山温泉	

W 编码	母题描述	关联项
W1972.4	咸的泉水	【汤普森】A942.2； ＊ ① ［W1896.1.4］咸水； ② ［W1950.0.2.1］有的湖水为什么咸
W1972.4.1	特定地方的泉是咸的	门巴族
W1972.4a	甜的泉水	［W1977.4.4.2］甘渊
W1972.4a.1	天堂里的泉水很甜	维吾尔族 ＊ ［W1793］天堂
W1972.5	黄泉	［W1078］下界（阴间）
W1972.5.1	黄泉在地下	汉族
W1972.6	酒泉	［W6155］酒
W1972.6.1	天神造酒泉	拉祜族
W1972.6.2	酒泉流出的是酒	汉族、拉祜族
W1972.6.3	酒泉的酒使人长生不老	汉族 ＊ ［W0952.1.3］长生不老的水
W1972.7	魔力掌控着泉	【汤普森】D2151.6
W1972.8	泉水的消失	［W1244.4.2.1］地洞流干地上的水
W1972.8.1	龙把泉水吸干	① ［W3579.2］龙能降雨；② ［W8506.1］龙吸水消除洪水
W1972.8.2	龙王使泉水断流	汉族
W1972.9	其他特定名称的泉	
W1972.9.1	半阳泉	汉族
W1972.9.2	趵突泉	汉族
W1972.9.3	不老泉	仫佬族 ＊ ① ［W0959.3］不老水；② ［W1789.0.1.2］天河水是长生不老水
W1972.9.4	不歇泉	仫佬族
W1972.9.5	赤泉	汉族
W1972.9.5.1	饮赤泉不老	汉族 ＊ ［W0952.1.3］长生不老的水

W 编码	母题描述	关联项
W1972.9.6	毒泉	纳西族 * ［W1897.10］毒水
W1972.9.7	妒女泉（姤女泉）	汉族
W1972.9.7.1	妒女泉能兴风雨	汉族
W1972.9.8	甘泉（甘水）	汉族 * ［W1972.4a］甜的泉水
W1972.9.8.1	天上流下甘泉	壮族
W1972.9.8.2	甘水即醴泉	汉族 * ［W1972.9.12］醴泉
W1972.9.8.3	甘山出甘水	汉族
W1972.9.8.4	灵山脚下的甘泉有回生水	纳西族 * ［W1897.1.2.2］特定的泉是回生水
W1972.9.9	蝴蝶泉	
W1972.9.9.1	殉情化蝶的泉称谓蝴蝶泉	白族 * ［W7980.4］殉情化蝶
W1972.9.9.2	四月二十五日蝴蝶聚蝴蝶泉	白族
W1972.9.10	虎跑泉	汉族
W1972.9.11	九圣泉	汉族
W1972.9.12	醴泉	汉族
W1972.9.13	龙泉	汉族
W1972.9.13.1	灰龙泉	白族
W1972.9.14	吕泉（笑泉）	汉族
W1972.9.15	马跑泉	汉族
W1972.9.16	哭泉	汉族 * ［W2911a.3.1］人会哭的来历
W1972.9.17	羽泉	汉族
W1972.9.18	玉醴泉	汉族
W1972.9.18.1	玉醴泉使人长生不老	汉族 * ［W0952.1.3］长生不老的水
W1972.9.19	玉女泉	汉族 * ［W0764.5.2］玉女
W1972.9.20	一碗水泉	彝族
W1972.9.21	珍珠泉	

W 编码	母题描述	关联项
W1972.9.21.1	舜的妻子的泪珠化为珍珠泉	汉族 ＊［W0739.4］舜的妻子
＊ **W1975**	**其他水体的产生**	【汤普森】A940
W1976	**池塘（水坑、池、水池、水塘、鱼塘、泡子）**	
W1976.0	池塘自然存在	
W1976.0.1	古时地上有个大水塘	哈尼族
W1976.1	特定人物造池塘	
W1976.1.1	天神挖水塘	拉祜族
W1976.1.2	地神造地时凹陷的地方成为水塘	哈尼族 ＊［W1950.3.2］缩地时凹陷的地方形成海子
W1976.2	池塘是变化产生的	
W1976.2.1	女人化为水坑	【汤普森】A920.1.1
W1976.2.2	神的眼睛变水坑	仡佬族
W1976.2.3	英雄死后心变成鱼塘	布依族
W1976.3	特定的事件形成池塘	
W1976.3.1	天上落下的火球砸出水泡子	鄂伦春族
W1976.3.2	水坑是洪水的遗留	羌族
W1976.4	特定人物踩出池塘	
W1976.4.1	神踩出水塘	瑶族、瑶族（布努） ＊［1917.2］造地者踩出江河
W1976.4.2	英雄踏出池塘	壮族
W1976.4.3	马踏出池塘	苗族
W1976.4.4	龙踩下的脚窝成为水塘	彝族 ＊［W3578］龙的行走
W1976.5	与池塘有关的母题	
W1976.5.1	消水坑（消水洞）	①［W1896.2.8.1］天下江河湖海里多余的水都流进天边的山洞；②［W8520.1］通过消水洞退洪水
W1976.5.1.1	神死后眼睛变消水坑	仡佬族

W 编码	母题描述	关联项
W1976.5.2	积水成塘	苗族　＊〔W1244.2c.1.2〕积水成渚
W1976.5.3	特定名称的池塘	〔W1977.4.5.2〕汤池
W1976.5.3.1	咸池	汉族　＊〔W1695.6.2〕太阳浴于咸池
W1976.5.3.2	浴仙池	汉族　＊〔W0826.4.3〕仙女洗浴
W1976.5.3.3	龙池	苗族
W1976.5.3.4	芦塘	汉族
W1977	**潭**	
W1977.1	潭的产生	
W1977.1.1	泪水形成潭	高山族、纳西族　＊〔W1955.10〕泪水变成海
W1977.1.1.1	天神的泪水形成潭	高山族（阿美）
W1977.1.1.2	神仙的泪水形成潭	高山族　＊〔W1926.2〕仙女的眼泪形成江河
W1977.1.2	龙翻滚身体形成水潭	壮族
W1977.2	潭的特征	
W1977.2.1	潭水为什么不干	
W1977.2.2	潭与海底相通	壮族　＊〔W1080.10.1〕阴间各层有洞相通
W1977.3	龙潭的来历（龙潭）	
W1977.3.1	神死后肚皮变成龙潭	仡佬族　＊①〔W1194.3.2〕蛇的肚皮化为田地；②〔W1851.3.1〕盘古的肚皮化生中岳嵩山
W1977.3.2	龙潭是地的肚皮	仡佬族
W1977.3.3	用牛肚造龙潭	哈尼族　＊〔W1138.2a〕用牛皮造天
W1977.3.3.1	龙牛的肚子成为龙潭	【民族，关联】①

① 【民族】哈尼族。【关联】❶〔W1946.5〕用牛肚子造湖泊；❷〔W1949.5.1〕神牛的肚子造湖泊；❸〔W1955.17.1.1〕观音用法术把牛肚子变成海

W 编码	母题描述	关联项
W1977.3.4	用膀胱造龙潭	
W1977.3.4.1	用牛的尿泡做龙潭	哈尼族
W1977.3.4.2	神牛的膀胱做龙潭	哈尼族
W1977.3.5	鹿血变成龙潭	普米族 ＊［W1948.4.3］鹿血变成湖
W1977.3.6	与龙潭有关的其他母题	
W1977.3.6.1	龙潭有公母	佤族
W1977.3.6.2	龙潭的水门	哈尼族
W1977.3.6.3	龙潭水有苦甜之分	傈僳族 ＊［W1896.1.2］甜水
W1977.3.6.4	龙潭深不可测	汉族
W1977.4	与潭有关的其他母题	
W1977.4.0	潭水的来历	
W1977.4.0.1	海溅出的浪花变成潭水	纳西族 ＊［W1964.11］与海浪有关的其他母题
W1977.4.1	奇特的潭	
W1977.4.1.1	水取之不尽的潭	汉族
W1977.4.2	潭的消失	
W1977.4.3	特定名称的潭	
W1977.4.3.0	白龙潭	白族 ＊［W3583.15］白龙
W1977.4.3.1	百花潭	汉族
W1977.4.3.2	黑龙潭	白族、汉族
W1977.4.3.3	金锁潭（犀牛潭）	汉族
W1977.4.3.4	雷公潭	壮族 ＊ ①［W0305］雷神；②［W0328.9］雷公居水中
W1977.4.3.5	龙马潭	汉族
W1977.4.3.6	牛潭	汉族
W1977.4.3.7	七星潭	汉族 ＊［W1867.4.9a］七星岩
W1977.4.3.8	青龙潭	汉族 ＊［W3583.12］青龙

W 编码	母题描述	关联项
W1977.4.3.9	日月潭	高山族
W1977.4.3.10	天龙潭	汉族 ＊ ［W3074.2］天龙
W1977.4.3.11	羊龙潭	白族、汉族
W1977.4.4	渊	
W1977.4.4.1	从渊	汉族
W1977.4.4.2	甘渊	汉族 ＊ ① ［W1695.6.1.1］羲和为太阳儿子在甘渊洗浴；② ［W1972.4a］甜的泉水
W1977.4.4.3	深渊	汉族
W1977.4.4.4	虞渊（禹谷）	汉族
W1977.4.4.5	羽渊	汉族
W1977.4.5	水池	
W1977.4.5.1	温池	满族 ＊ ［W1972.3］温泉的产生（温泉）
W1977.4.5.2	汤池	
W1977.4.5.2.1	火放入水中形成汤池	满族
W1978	**井**	
W1978.1	井是造出来的（打井）	
W1978.1.1	神造井	汉族
W1978.1.1.1	神用手指戳出井	水族
W1978.1.2	神性人物造井	
W1978.1.2.1	仙女造水井	【民族，关联】①
W1978.1.2.2	百花仙子造井	汉族 ＊ ［W0827.1.3］百花仙子
W1978.1.2.3	舜掘地成井	汉族 ＊ ① ［W0739］舜；② ［W0739.5］与舜有关的其他母题
W1978.1.2.4	二郎神抠地成井	汉族 ＊ ［W0673］二郎神

---

① 【民族】汉族。【关联】❶ ［W0826］仙女；❷ ［W1175.10］仙女造地；❸ ［W1469.3.1］仙女撒种子长出天梯；❹ ［W1804.9.1］仙女造山

W 编码	母题描述	关联项
W1978.1.3	其他特定人物造井	
W1978.1.3.1	龙王在海里打井	布依族 ＊〔W3581.6〕龙王的能力（职能）
W1978.1.3.2	彩虹姑娘在天脚下打井。	布依族
W1978.1.3.3	稼用弓戳出井	汉族
W1978.1.3.4	金人以杵戳地成井	汉族 ＊〔W2807.3〕以前的人是金身（金人）
W1978.1.3.5	金人以杖撞地成井	汉族
W1978.2	井是变化产生的（特定物变成井）	
W1978.2.1	嘴巴变成水井	
W1978.2.1.1	神死后嘴巴变成水井	布依族
W1978.2.2	垂死化生为井	
W1978.2.2.1	仙女死后化为水井	布依族 ＊〔1978.1.2.1〕仙女造水井
W1978.3	与井的产生有关的其他母题	
W1978.3.1	龙涎精滴出龙井	水族 ＊〔W3584〕与龙有关的其他母题
W1978.4	井的特征	
W1978.4.1	很深的井	哈萨克族
W1978.4.1.1	接多条绳子不能到井底	
W1978.5	与井有关的其他母题	
W1978.5.0	奇特的井	〔W1897.1.2.3〕特定的井水是回生水
W1978.5.0.1	能生风雨的井	汉族 ＊〔W4260〕风雨的产生
W1978.5.0.2	能生金银的井	汉族 ＊ ①〔W1981〕金的产生；②〔W1982〕银的产生
W1978.5.1	特定名称的井	

W 编码	母题描述	关联项
W1978.5.1.1	八角井	汉族
W1978.5.1.2	厄井	汉族
W1978.5.1.3	金井	汉族
W1978.5.1.4	金鸡井	汉族 ＊［W3350.10.1］金鸡
W1978.5.1.4a	龙井	汉族
W1978.5.1.5	倾井（扳倒井）	汉族
W1978.5.1.6	拳扠井	汉族
W1978.5.1.7	石井	汉族
W1978.5.1.8	舜井（舜泉）	汉族 ＊ ①［W0739.5］与舜有关的其他母题；②［W1978.1.2.3］舜掘地成井
W1978.5.1.9	文君井	汉族
W1978.5.1.10	巫支祈井（无支祈井）	汉族
W1978.5.1.11	仙人井	汉族
W1978.5.1.12	尧井	汉族 ＊［W0747.6］与尧有关的其他母题
W1978.5.1.13	银井	汉族
W1978.5.1.14	禹井	汉族 ＊［W0751.6］与禹有关的其他母题
W1978.5.2	井槛	
W1978.5.2.1	玉为井槛	汉族
W1978.5.3	九井	汉族
W1978.5.3.1	九井在昆仑	汉族 ＊［W1850］昆仑山
W1978.5.3.2	九井即老子井	汉族
W1978.5.3.3	九井即神农井	汉族
W1978.5.3.4	九井井水相连	汉族
W1978.5.4	九十九井	
W1978.5.4.1	周仙王开九十九井	汉族

W 编码	母题描述	关联项
W1979	**与水体有关的其他母题**	
W1979.1	沼泽的产生	
W1979.1.1	造地时的褶皱变成沼泽	汉族
W1979.1.2	用牛的血造沼泽	哈尼族
W1979.1.2.1	杀神牛的血槽变成沼泽	哈尼族
W1979.1.3	天上坠物砸出的凹陷成为沼泽	哈尼族 *〔W1499.3〕天上落石头
W1979.1.4	积水形成沼泽	哈尼族
W1979.1.4.1	泪水形成沼泽	藏族
W1979.1.5	混沌是沼泽	汉族 *〔W1057.1.6〕与混沌有关的其他母题
W1979.1.6	特定名称的泽	
W1979.1.6.1	大泽	汉族
W1979.1.6.1.1	大泽方圆千里	汉族
W1979.1.6.2	稷泽	汉族
W1979.1.6.3	雷泽（震泽）	汉族
W1979.1.6.4	青邱泽	汉族
W1979.2	瀑布的产生	【汤普森】A935
W1979.2.1	剪水形成瀑布	
W1979.2.1.1	剪水形成瀑布	布依族
W1979.3	溪流的产生	
W1979.3.0	特定人物造溪	
W1979.3.0.1	盘古挖出溪流	汉族
W1979.3.1	鞭子抽出溪流	苗族
W1979.3.2	小溪是海的孩子	
W1979.3.3	小溪是尿的痕迹	
W1979.3.3.1	日月婚生的儿子撒尿成溪	珞巴族
W1979.3.4	特定的人物化为溪流	

W 编码	母题描述	关联项
W1979.3.4.1	祖先化身为溪流	佤族
W1979.3.5	宝珠化为溪	①［W9686］宝珠；②［W9686.1.3］泪水变珍珠
W1979.3.5.1	仙女投到山上的宝珠化为溪	汉族
W1979.3.6	眼泪化为溪	①［W1889］眼泪变成水；②［W1904.1.3］眼泪变成江河湖海
W1979.3.6.1	五兄弟的泪水化为 5 条溪	黎族
W1979.3.6.2	日月星的眼泪成为溪流	珞巴族
W1979.3.7	血变成溪	【关联】①
W1979.3.7.1	星星的血液变成溪流	珞巴族
W1979.3.8	泉形成溪	汉族
W1979.3.9	特定名称的溪	
W1979.3.9.1	龙溪	汉族
W1979.3.9.1.1	龙神造龙溪	汉族　＊［W1953.7.2］龙神造海
W1979.3.9.2	禹迹溪	汉族　＊［W0751.6］与禹有关的其他母题
W1979.3.9.3	玉妃溪	汉族
W1979.4	水坝的产生	
W1979.4.1	用牛尾做水坝	哈尼族

---

① 【关联】❶［W1887］血变成水；❷［W1904.1.2］血变成江河湖海；❸［W1969.4］血变成泉

1.9 其他物质与生物
【W1980～W1999】

1.9.1 金属①
【W1980～W1984】

W 编码	母题描述	关联项
W1980	**金属的产生（金属的获得）**	【汤普森】A1432； ＊［W6108.2］冶炼
W1980.0	金属自然存在或源于特定地方	
W1980.0.1	金属源于特定的方位	［W1981.0］金源于天上
W1980.0.1.1	金银来自西方	苗族 ＊［W3907.1］种子在西方
W1980.0.1.2	金银在东方龙王处	苗族
W1980.0.2	金属源于水中	［W1980.5.3a］水生金
W1980.0.2.1	金银在水中龙王那里	苗族 ＊［W3581.11.4］龙王是福神
W1980.0.2.2	金银源于水塘中	苗族
W1980.0.3	特定动物体内有金属	
W1980.0.3.1	鱼内脏中有金银	珞巴族 ＊［W1513.2］鱼生万物
W1980.0.4	金属源于山中	纳西族
W1980.0.4.1	金银源于特定的山	汉族
W1980.0.4.2	金银在山崖高处	苗族

---

① 金属，该类母题在神话中有性质不同的两类表述，其中，关于自然呈现或一般性产生的金属列入此类母题；而诸如"金属的制造、发明"等与人类的有意识活动相关的母题，列入"有形文化"母题，具体情况参见《中国文化起源神话母题（W6）实例与索引》。

W 编码	母题描述	关联项
W1980.0.5	金属源于岩石下面	
W1980.0.5.1	通过撬岩得到金银	苗族
W1980.0.6	金属源于岩洞中	
W1980.0.6.1	金银源于岩洞中	苗族
W1980.0.7	金属源于地下	
W1980.0.7.1	铜铁埋在地下	彝族
W1980.0.7.2	月亮上有金银	汉族 ＊ ［W4199.2］月亮中的宫殿
W1980.1	特定的人物给人类金属	
W1980.1.1	龙王给人金银铜铁	哈尼族 ＊ ［W3581.11.4］龙王是福神
W1980.1.1.1	龙王送金银种子	哈尼族
W1980.1.2	神赐金银	藏族
W1980.1.2.1	有了金属神后产生金属	哈尼族 ＊ ［W0468］金属神
W1980.1.2.2	天神将金银带到人间	傣族
W1980.2	特定的肢体变成金属	
W1980.2.1	神或神性人物的肢体变成金属	【汤普森】A978.1； ＊ 汉族
W1980.2.1.1	盘古的牙齿、骨头、骨髓等变成金属	汉族
W1980.2.2	骨骼变成金属	① ［W1819.2］骨骼变成山； ② ［W1859.2］骨头变为石头
W1980.2.2.1	巨人的骨骼变成金属	汉族
W1980.2.2.2	盘古的骨骼变成金属	汉族 ＊ ① ［W1843.5.3.1］盘古的骨头变成山丘；② ［W1982.1.1.1］盘古的骨头和牙齿化银
W1980.2.3	牙齿变成金属	【关联】①
W1980.2.3.1	盘古的牙齿变成金银	汉族、瑶族

---

① 【关联】❶ ［W1545.7.8］牙齿变成日月；❷ ［W1724］牙齿变成星星；❸ ［W1859.3］牙齿变成石头

W 编码	母题描述	关联项
W1980.2.4	血液变成金属	
W1980.2.4.1	神的血变成金属	彝族
W1980.2.4.2	盘古的血变成金银铜铁锡	彝族
W1980.2.5	皮变成金属	
W1980.2.5.1	龙的皮变成金属	汉族 ＊ ①［W3566］龙的鳞（龙鳞）；②［W3568.3］龙壳
W1980.2.6	血脉变成金属	
W1980.2.6.1	巨兽的血脉变成金银铜铁	怒族
W1980.3	卵变成金银铜铁锡	纳西族
W1980.4	屎变成金银铜铁锡	布依族、傣族 ＊［W9995.3］屙金子
W1980.5	金属产生的其他方式	
W1980.5.1	气变成金属	
W1980.5.1.1	始祖的灵气变成金银铜铁锡	回族
W1980.5.2	造金属（炼金属）	［W6108.2］冶炼
W1980.5.2.1	用动物的血造金银铜铁	
W1980.5.2.1.1	用的蛤蟆的血造金银铜铁	怒族
W1980.5.2.2	烧炼金银	苗族 ＊［W1981.4b.2］炼金
W1980.5.2.3	山神造金银	彝族 ＊ ①［W0391］山神；②［W0395］山神的职能
W1980.5.3	打开地户冒出金银铜铁	汉族
W1980.5.3.1	地生金银	彝族 ＊［W1515.1］地生万物
W1980.5.3.2	土生金银	彝族
W1980.5.3a	水生金	汉族 ＊ ①［W1980.0.2.2］金银源于水塘中；②［W1981.0.2］金源于水中（金源于江中）
W1980.5.4	砍宝树得金银	纳西族
W1980.5.5	龙献金银铜铁	哈尼族

W 编码	母题描述	关联项
W1980.6	与金属产生有关的其他母题	
W1980.6.1	特定人物发现了金属	［W1983.4.2］特定的人物发现铁
W1980.6.1.1	神发现了金属	
W1980.6.2	祖先寻找金银	哈尼族 ＊［W9930］寻找
W1980.6.3	播种金银	
W1980.6.3.1	在岩石中播种金银	苗族
W1980a	**金属的特征**	
W1980a.1	金属坚硬	［W1332.4］用金属做天柱
W1980a.1.1	世上金银最硬	苗族
W1980a.2	金属为什么金光闪闪	
W1980a.3	金属为什么藏土中（金属为什么在地下）	【关联】①
W1980a.3.1	神把金属埋在地下	羌族 ＊［W1985a.1.1］神把矿石埋在地下
W1980a.3.2	仙人把金属埋在地下	
W1980a.3.2.1	仙人把金银铜铁埋在地下	羌族 ＊［W1980.0.7.1］铜铁埋在地下
W1980a.4	与金属特征有关的其他母题	
W1980a.4.1	奇特的金属	
W1980a.4.1.1	会行走的金银	
W1980a.4.1.1.1	金银飞到天上	苗族 ＊［W1980.0.7.2］月亮上有金银
W1980a.4.1.2	金银铜铁晚上出来	哈尼族
◎	‖ **常见金属的产生** ‖②	

---

① 【关联】❶［W1981.5.1］黄金埋在地下的原因；❷［W1984.3］金属在地下与泥巴混在一起；❸［W1984.3.1］金银因为做错了事住在地下

② 常见金属的产生，常见金属包括金、银、铜、铁、锡等，这几种金属的产生方式大同小异，为避免母题繁杂，此处只对一些需要个别强调的母题单独编码，相同之处采用了合并表述的方法。具体金属的产生情况可参见《中国创世神话母题（W1）实例与索引》。

W 编码	母题描述	关联项
W1981	金的产生	【汤普森】A1432.2；＊［W1978.5.0.2］能生金银的井
W1981.0	金源于特定地方	
W1981.0.1	金源于天上	苗族
W1981.0.2	金源于水中（金源于江中）	［W1980.5.3a］水生金
W1981.0.2.1	金沙江出金子	彝族
W1981.1	真主降黄金	撒拉族
W1981.2	龙产生金	
W1981.2.1	龙皮变成黄金	汉族　＊［W1980.2.5.1］龙的皮变金属
W1981.2.1.1	黄龙的皮变成黄金	汉族　＊① ［W3568.3］龙壳；② ［W3583.13］黄龙
W1981.2.2	龙屎变成金	景颇族
W1981.3	骨髓变成金	
W1981.3.1	虎的骨髓变金子	彝族　＊［W1982.1.1.2］虎的骨头变成银
W1981.4	黄色金蛋变成金	藏族
W1981.4a	其他特定物变成金	
W1981.4a.1	唾液变成黄金	① ［W1123.3.1］天帝的唾液化生天地；② ［W1196.3］吐在水中的唾液变成地
W1981.4a.1.1	鸡的唾液变成黄金	汉族
W1981.4a.2	牙齿变成金石	汉族　＊［W1866.7］金石
W1981.4b	金是造出来的	
W1981.4b.1	用清气与浊气造金	① ［W4572.1］清气的产生；② ［W4572.2］浊气的产生
W1981.4b.1.1	天神用清气与浊气造金	彝族
W1981.4b.2	炼金	苗族

W 编码	母题描述	关联项
W1981.4b.3	特定人物吐金子	［W9995.3］屙金子
W1981.4b.3.1	吃了金雀的人能吐金	藏族
W1981.4c	金是生出来的（生金子）	
W1981.4c.1	金子生金子	
W1981.4c.1.1	金山上的金子埋到地里会生金子	汉族 ＊［W1852.6.8］金山
W1981.5	与金有关的其他母题	［W1376.3.4.1］神用黄金镇地
W1981.5.1	黄金埋在地下的原因	撒拉族
W1981.5.2	以前遍地黄金	撒拉族
W1981.5.2.1	太阳出来的地方遍地黄金	鄂伦春族
W1981.5.3	金片的产生	苗族
W1981.5.4	狗头金	
W1981.5.4.1	狗头金是神撒到人间的	满族
W1981.5.5	白金	［W1852.6.9.2］银山上全是白金
W1982	**银的产生**	
W1982.0	银源于特定的地方	
W1982.0.1	银源于河底	苗族 ＊［W1515.3］水生万物
W1982.0.2	银源于江中	彝族
W1982.1	特定的物变成银	
W1982.1.1	骨头和牙齿化为银	
W1982.1.1.1	盘古的骨头和牙齿化银	汉族 ＊［W1980.2.2.2］盘古的骨骼变成金属
W1982.1.1.2	虎的骨头变成银	彝族 ＊［W1981.3.1］虎的骨髓变金子
W1982.1.1.2.1	虎的小骨变成银	彝族
W1982.2	生育产生银（生银）	
W1982.2.1	石生银	［W1515.2］石生万物
W1982.2.1.1	银的父母是石头	苗族

W 编码	母题描述	关联项
W1982.3	造银	
W1982.3.1	银是造天柱剩下的碎料	苗族　∗　［W1332.4.2］用银做天柱
W1982.3.2	神用清气与浊气造银	彝族
W1982.4	与银的产生有关的其他母题	①　［W1789.0.1.1］天河的水是银（银河的水是银）；②　［W1978.5.0.2］能生金银的井
W1982a	**银的特征**	
W1982b	**与银有关的其他母题**	
W1983	**铁的产生**	【汤普森】A1432.1
W1983.0	铁源于特定地方	
W1983.0.1	从特定的山上滚下铁	彝族
W1983.0.2	铁在特定的山上	彝族
W1983.0.2.1	少室山多铁	汉族　∗　［W1852.6.120］少室山
W1983.0.3	铁源于地下	彝族
W1983.0.4	土里为什么有铁	
W1983.0.4.1	土里有铁是射日时融化的箭头造成的	畲族
W1983.1	铁是造出来的	
W1983.1.1	特定的人物造铁	
W1983.1.1.1	雷神打铁	彝族　∗　［W0305］雷神
W1983.1.2	用浊气造铁	彝族　∗　［W4572.2］浊气的产生
W1983.1a	特定人物变成铁	
W1983.1a.1	特定人物的肉变成铁	
W1983.1a.1.1	鬼死后的肉变成铁	珞巴族
W1983.2	动物变成铁	壮族　∗　［W1818］动物或动物肢体变化成山
W1983.2.1	黑虎被击成的碎片变成铁	壮族
W1983.2.2	虎肝变成铁	彝族

W 编码	母题描述	关联项
W1983.3	植物变成铁	【汤普森】≈ A978.2；＊〔W1524〕植物变成万物
W1983.4	与铁的产生有关的其他母题	
W1983.4.1	铁的获得	
W1983.4.1.1	特定的扫帚能扫出铁	彝族
W1983.4.2	特定的人物发现铁	珞巴族
W1983.4.2.1	啄木鸟拣铁	彝族 ＊〔W3383〕与啄木鸟有关的其他母题
W1983.4.2.2	两兄弟找到铁矿	珞巴族 ＊〔W9932〕寻找特定的物
W1983.4.3	泥里都夹有铁砂	畲族
W1983.4.4	开发铁矿	
W1983.4.4.1	神开铁矿	彝族
W1983.4.5	铁山	
W1983.4.5.1	无极造铁山	【民族，关联】①
W1984	**与金属有关的其他母题**	〔W1387.5〕用金属补天
W1984.1	铜的产生	【汤普森】①A1432.3；②A1432.4
W1984.1.1	特定人物给予铜	
W1984.1.1.1	铜神献铜	汉族
W1984.1.2	铜在某个地方	壮族
W1984.1.2.1	铜在深山中	彝族
W1984.1.2.1.1	昆吾山有铜	汉族 ＊〔W1852.6.73〕昆吾山
W1984.1.2.2	岩石中有青铜	彝族
W1984.1.3	炼造产生铜	〔W6108.2〕冶炼
W1984.1.3.1	采石炼铜	汉族
W1984.1.3.2	神人炼铜	彝族

---

① 【民族】苗族。 【关联】❶〔W1804.12.3〕无极造山；❷〔W1852.6.8.1〕无极造金山；❸〔W1852.6.9.1〕无极造银山

W 编码	母题描述	关联项
W1984.1.3.3	用清气造铜	彝族 ＊ ［W1983.1.2］用浊气造铁
W1984.1.4	变化产生铜	
W1984.1.4.1	虎肺变成铜	彝族 ＊ ［W1572.3］肺变成太阳
W1984.1.5	铜的特征	
W1984.1.5.1	青铜	汉族
W1984.1.5.2	红铜	汉族
W1984.1.6	与铜有关的其他母题	
W1984.1.6.1	神开铜矿	彝族
W1984.2	锡的产生	
W1984.2.1	犀牛死后化为锡	汉族 ＊ ［W1194.2.1］犀牛的肉变成地
W1984.2.2	虎腱变成锡	彝族
W1984.a	钢	
W1984.2a.1	钢是一个懒汉	苗族
W1984.3	金属在地下与泥巴混在一起	
W1984.3.1	金银因为做错了事住在地下	佤族
W1984.3.2	天神把金子、石头、泥土夹在一起撒在地下	羌族
W1984.4	金属的采集	
W1984.4.1	动物采金银	［W9941］与寻找有关的其他母题
W1984.4.1.1	鹅鸭采金银	彝族
W1984.5	金属的保存	
W1984.5.1	金银的保存	
W1984.5.1.1	用青苔包金银	苗族

1.9.2　矿物
【W1985 ~ W1989】

W 编码	母题描述	关联项
W1985	矿物的产生	〖汤普森〗A978
W1985.1	文化英雄垂死化生矿物	〖汤普森〗A978.1
W1985.2	特定人物的骨骼化为矿物	汉族 ＊ ［W1866.4.3］骨骼化生玉石
W1985.3	特定人物的皮肤变成矿物	
W1985.4	与矿物产生有关的其他母题	
W1985.4.1	动物死后化为矿物	［W1984.2.1］犀牛死后化为锡
W1985.4.2	宝藏	
W1985.4.2.1	盘古的皮肤和汗毛变成宝藏	汉族 ＊ ［W3624.1.1］盘古的毛发变成植物
W1985.4.2.2	一对天神死后内脏变成宝藏	景颇族
W1985a	矿物的特征	
W1985a.1	矿物在地下	
W1985a.1.1	神把矿石埋在地下	傣族 ＊ ［W1980a.3.1］神把金属埋在地下
W1985a.1.1.1	矿石	傣族
W1985b	矿物的数量	
W1985b.1	矿物 1200 种	彝族
◎	［常见矿物的产生］	
W1986	煤的产生	〖汤普森〗A1431
W1986.1	煤是神留给人间的	汉族
W1986.2	特定的物变成煤	
W1986.2.1	铁变成煤	彝族

W 编码	母题描述	关联项
W1986.2.2	太阳的神狗毛变煤	水族　*　［W1684.2］太阳的从属
W1986.2.3	火盆的残渣变煤	汉族
W1986.2.4	铸造日月的炉子变成煤	苗族
W1986.3	造日月的剩料形成煤	汉族
W1986.4	煤是特定的人物埋在地下的	
W1986.4.1	神地下埋煤	汉族
W1986.4.2	煤是老君埋下的	汉族　*　①［W0791］太上老君；②［W0791.3.4］太上老君炼丹
W1986.5	与煤的产生有关的其他母题	
W1986.5.1	特定的人发现了煤	汉族
W1987	**炭的产生**	
W1987.1	神地下埋炭	
W1987.2	木人被火烧成炭	
W1987.3	与炭有关的其他母题	
W1988	**与矿物有关的其他母题**	①［W1866.7］金石；②［W6108.1］矿藏的发现
W1988.1	翡翠的产生	①［W1866.4］玉石（玉、宝石）；②［W9650］宝物
W1988.2	磁石的产生	汉族
W1988.3	朱砂的产生	
W1988.4	金石的产生	
W1988.4.1	齿骨变成金石	汉族

1.9.3　生命（生物）
【W1990 ~ W1999】

W 编码	母题描述	关联项
✳ **W1990**	生命的产生（生物的产生）	
W1990a	以前没有生命（以前没有生物）	汉族、彝族　＊　① ［W1057.9］最早的世界没有生命；② ［W1068.8.1］最早的世界因为没有生命静悄悄
W1990a.1	太古时没有生命	彝族
W1990a.2	洪荒时代没有生命	纳西族　＊［W1091.1］世界经历洪荒时代
W1990a.3	以前地上没有生命	独龙族
W1990a.4	世界混沌时没有生物	汉族
W1991	自然出现生命	柯尔克孜族
W1991.1	有了地后自然产生生物	壮族　＊　① ［W1199］与地的产生有关的其他母题；② ［W1515.1］地生万物
W1992	生命是造出来的	
W1992.1	神制造生命	汉族、蒙古族、彝族
W1992.1.1	姆六甲造生命	壮族　＊　① ［W0705.5］姆洛甲是创世大神；② ［W1396.3.3.2.1］姆六甲修整天地
W1992.1.2	女神用海底的五彩泥捏出生物	傣族
W1992.2	兄妹造生命	【关联】①

---

① 【关联】❶ ［W1103.8.3］1 对巨人兄妹造天地；❷ ［W1543.3.6.2］兄妹造日月；❸ ［W2074.2］兄妹造人

W 编码	母题描述	关联项
W1992.2.1	兄妹用泥土捏生物	傈僳族
W1992.3	其他特定人物造生命	
W1992.4	与造生命有关的其他母题	
W1992.4.1	造生物时先做试验	傣族
W1993	**生命是生育产生的**	
W1993.0	大地孕育生命	侗族　＊［W1515.1.1］地孕育万物
W1993.1	天地婚生生灵	珞巴族　＊［W7532］天地婚
W1993.2	卵生生命	
W1993.2.1	卵的粘液中生生命	藏族
W1993.3	草里生出生灵	哈萨克族
W1993.4	日月婚生生命	①［W1516.1］日月交配生万物（日月婚生万物）；②［W7533］日月婚
W1993.4.1	日月交配产生生物	独龙族
W1993.5	葫芦孕育生命	
W1993.5.1	神的金葫芦中产生生命	傣族
W1993.6	天神撒下生命的种子	彝族　＊［W3998.1.4］生命的种子
W1993.7	雪生生命	彝族　＊①［W2208.2］雪生人；②［W3139.8］雪生猿猴
W1994	**生命是变化产生的**	
W1994.1	神变出生命卵	纳西族
W1994.2	雪变成生物	彝族
W1994.3	气变成生命	①［W1051］最早的世界是气；②［W1127.2］最初的天地是气
W1994.3.1	分开天地时浊气下沉化为生灵	毛南族　＊［W1197.9.2］浊气下沉变成地
W1995	**与生命的产生有关的其他母题**	
W1995.0	生命源于火	

W 编码	母题描述	关联项
W1995.0.1	火是生命之源	彝族（撒尼）
W1995.0a	生命源于水	［W1515.3］水生万物
W1995.0a.1	水是生命之源	汉族
W1995.1	生命源于气	［W1994.3］气变成生命
W1995.2	生命生于卵	［W1997.3］生命卵
W1995.3	万物生命源于日月运动	彝族
W1995.4	生命产生的特定时间	［W2010］人产生的时间
W1995.4.1	神降生人间时产生了生灵	蒙古族
W1995.4.2	洪水后出现生命	达斡尔族
W1995.4.2a	洪水后生物再生	壮族　＊［W2530～W2559］洪水后人类再生
W1995.4.3	天地分开后出现生命	珞巴族
W1995.5	生命的获得	
W1995.5.0	创世主赋予万物生命	哈萨克族
W1995.5.0a	女神赋予万物生命	满族
W1995.5.0b	生命源于神的意愿	① ［W1179.8.7］凭意念造出地；② ［W1251.1］神的意志产生土
W1995.5.1	神赋予特定物生命	黎族
W1995.5.2	洗涤后产生生物	独龙族　＊①［W1534.0.1.1］水洗涤出万物的区别；②［W2107.4］从万物中洗出人类
W1995.6	生命产生的方式	
W1995.6.1	卵生、胎生、暖生和化生生命	藏族
W1996	**最早产生的生命**	
W1996.0	世界最早产生的生命是混沌	独龙族　＊［W1057.1.0］混沌的产生
W1996.1	世界最早产生的是人	独龙族　＊［W2021］世上出现的第1个人

W 编码	母题描述	关联项
W1996.1.1	世界最早产生 1 对男女	独龙族
W1996.1.2	世界最早产生 1 个宗教人物	［W6455］宗教神职人员
W1996.1.2.1	世界最早产生 1 个聪明的师父	瑶族
W1996.2	世界最早产生的是动物	鄂温克族、汉族 ＊ ①［W3001］动物的产生；②［W3147.8］原来世上只有猴子
W1996.2.1	世界最早产生的是鱼	【民族，关联】①
W1996.2.1.1	世界最早产生的是大金鱼	哈尼族
W1996.2.2	世界最早产生的是青蛙	羌族
W1996.2.3	世界最早产生的是鸭	汉族 ＊［W1136.6.1］巨鸭啄开天
W1996.2.4	世界最早产生的是犀牛	布朗族
W1996.2.5	世界最早产生的是鸟	哈尼族 ＊［W1020.8.2］神鸟是创世者
W1996.2.5.1	世界最早产生的是三白乌	汉族
W1996.2.5.2	世界最早出现的是一只人面大鸟	藏族
W1996.2.6	世界最早产生的是虫子	［W3450］昆虫的产生
W1996.2.6.1	世界最早产生的是硬壳虫	高山族（布农）
W1996.2.6.2	世界最早产生 2 条虫子	高山族（布农）、藏族（白马）
W1996.2.6.3	世界最早产生一些大爬虫	汉族
W1996.2.6.4	世界最早产生 1 只蜘蛛	侗族 ＊［W3476］蜘蛛的产生
W1996.2.7	世界最早是其他特定动物	
W1996.2.7.1	世界最早产生的是蛇	汉族 ＊ ①［W1023.5.1］蛇是创世者；②［W1392.3.3］蛇补地
W1996.2.7.2	世界最早产生的生命是鹿	汉族、蒙古族

---

① 【民族】傣族、哈尼族。　【关联】❶［W1116.1］鱼生天地；❷［W1513.2］鱼生万物；
　❸［W1544.3.2］鱼生日月

W 编码	母题描述	关联项
W1996.2.7.3	世界最早产生的是蚯蚓	汉族 ＊ ① ［W0687.4.1］洪钧老祖是蚯蚓；② ［W0723.2.7］盘古是蚯蚓精
W1996.2.7.4	世界最早出现的是鸟和鱼	藏族 ＊ ① ［W1020.8.2］神鸟是创世者；② ［W1106.4.2］鱼造天地
W1996.2.7.4.1	世界最早出现是 1 只鸟和 1 条鱼	汉族
W1996.3	世界最早产生的是植物	
W1996.3.1	世界最早出现的是树	［W1235.18］以前地上都是森林
W1996.3.1.1	世界最早只有一棵大树	珞巴族
W1996.3.1.2	世界最早出现的是森林	藏族 ＊ ［W1235.18.1］远古时的大地是荒凉的森林
W1996.3.1.3	世界最早出现的是水中生的神树	满族
W1996.3.2	世界最早出现的是葫芦	傈僳族 ＊ ［W3889］葫芦的产生
W1996.3.3	世界最早出现的是树和草	哈尼族、汉族
W1996.3.4	地上最早产生的是草	拉祜族（苦聪）
W1996.3.5	世界最早出现的是花	
W1996.3.5.1	世界最早出现的 1 朵鲜花	汉族
W1996.4	世界最早产生的是动物和植物（世界最早产生的是动植物）	布朗族、满族、蒙古族、藏族 ＊ ① ［W3001］动物的产生；② ［W3600］植物的产生
W1996.5	世上产生最早的其他生命	
W1996.5.1	世界最早只有神（世界最早只有仙）	傣族（水傣）、哈萨克族、汉族、回族、门巴族、普米族、裕固族
W1996.5.1.1	世界最早只有树精夫妻（精灵）	珞巴族
W1996.5.1.2	以前，地上只有 1 个人外，其余都是神灵	珞巴族

W 编码	母题描述	关联项
W1996.5.1.3	世界最早出现1个神	傈僳族
W1996.5.1.3.1	世界最早出现1个女神	水族 ＊ ① ［W066］女神的产生；② ［W068.12］宇宙只有一个女神
W1996.5.1.4	世界最早出现2个神	哈尼族、羌族
W1996.5.1.4.1	世界最早出现太阳神和月亮神	白族
W1996.5.1.4.2	世界最早出现田公和地母	德昂族 ＊ ［W0147.4］田公地母
W1996.5.1.5	世界最早只有创世主	哈萨克族 ＊ ［W1020.0］创世神创世（创世主创世）
W1996.5.1.6	世界最早只有神仙	普米族
W1996.5.1.7	世界最早产生男性神仙	苗族
W1996.5.1.8	世界最早产生天神、地神和魔鬼	哈尼族
W1996.5.1.9	世界最早出现的巨人只有肺	汉族
W1996.5.2	世界最早是怪物	汉族 ＊ ［W0861.3］与怪物的产生有关的其他母题
W1996.5.2.1	世界最早出现1个怪物	基诺族
W1996.5.2.2	世界最早出现人面鸟身的鸟	藏族
W1996.5.3	世界最早只有地神和植物	布朗族
W1996.5.4	世界最早只有盘古和狗	汉族 ＊ ① ［W0721］盘古的产生；② ［W3105］狗的产生
W1996.5.5	世界最早只有鬼神	
W1996.5.5.1	世界最早只有几个鬼神	景颇族
W1996.5.5.2	世界最早只有妖魔鬼怪	满族
W1996.5.6	世上最早出现的是巨人	满族 ＊ ① ［W0660］巨人；② ［W0661.3.4］混沌中生巨人
W1996.5.7	世界最早只有水族、土族、木族三族	蒙古族
W1997	**与生命有关的其他母题**	

W 编码	母题描述	关联项
W1997.1	生命的特征	
W1997.1.1	生命能传递	［W9350］转世（托生、转生）
W1997.1.1.1	生命可以通过树传递	汉族
W1997.1.2	生命可以感知	藏族
W1997.1.3	生命不一定只在体内	藏族 ＊ ［W0870］灵魂（鬼）
W1997.1.4	生命各异的来历	
W1997.1.4.1	因怀孕的部位不同使生命各异	哈尼族（僾尼） ＊ ［W2586］特殊的怀孕形式
W1997.2	生命的种类	① ［W3080］动物的种类；② ［W3688］植物的种类
W1997.2.1	生物类别的产生	独龙族
W1997.2.2	生灵有 6 类	蒙古族
W1997.2.3	生灵有 12 类	苗族
W1997.2.4	生灵有 100 类	苗族
W1997.3	生命卵	纳西族 ＊ ① ［W1517］卵生万物；② ［W1994.1］神变出生命卵
W1997.4	生命的根本（命根）	［W0851.2］妖魔的命门
W1997.4.1	特定物是命根	黎族
W1997.4a	生命的关联物	① ［W9240］象征物；② ［W9996.1］生命的替代物
W1997.4a.1	天上的特定物关联着万物生命	① ［W1789.10］天河中的诸物；② ［W1798］天上的其他诸物
W1997.4a.1.1	天上的梭罗树关联着地上万物的生命	彝族 ＊ ① ［W3784］梭罗树；② ［W3798.1］生命树
W1997.5	特定的神管天下的生命	苗族
W1997.6	生命力	
W1997.6.1	生命力存在于生命物的各个器官	蒙古族（布里亚特） ＊ ［W0916.1］万物有灵

附录 1

《中国神话母题 W 编目》10 大类型简目①

0 神与神性人物 （W00 ~ W0999）

0.1 神的概述（W00 ~ W0179）

0.1.1 神的产生（W00 ~ W059）

0.1.2 神的特征（W060 ~ W089）

0.1.3 神的生活（W090 ~ W0119）

0.1.4 神的地位与性质（W0120 ~ W0129）

0.1.5 神的能力（W0130 ~ W0134）

0.1.6 神的工具与武器（W0135 ~ W0139）

0.1.7 神的关系（W0140 ~ W0174）

0.1.8 神的寿命与死亡（W0175 ~ W0179）

0.2 与方位相关的神（W0180 ~ W0269）

0.2.1 天神（W0180 ~ W0229）

0.2.2 地神（W0230 ~ W0239）

0.2.3 冥神（W0240 ~ W0249）

0.2.4 其他方位神（W0250 ~ W0269）

0.3 与自然现象（物）有关的神（W0270 ~ W0419）

0.3.1 日月星辰神（W0270 ~ W0289）

0.3.2 与天气有关的神（W0290 ~ W0389）

0.3.3 与自然物有关的神（W0390 ~ W0419）

0.4 与职能、行业相关的神（W0420 ~ W0499）

0.4.1 创造神与破坏神（W0420 ~ W0429）

0.4.2 与管理或保护有关的神（W0430 ~ W0449）

0.4.3 与功能或行业有关的神（W0450 ~ W0499）

0.5 与具体的物相关的神（W0500 ~ W0559）

0.5.1 动物神（W0500 ~ W0539）

0.5.2 植物神（W0540 ~ W0549）

0.5.3 无生命物神（W0550 ~ W0599）

---

① 本简目中只列举了《中国神话母题 W 编目》10 大类型中主要的母题类型。借此可以帮助读者了解本书创世神话母题（代码 W1000 ~ W1999）之外其他 9 个神话母题类型及编目范围，以便于关联母题及母题实例的查找和对叙事结构的总体了解。

4 自然现象与自然秩序（W4000 ~ W4999）

5 社会组织与社会秩序（W5000 ～ W5999）

9　其他母题
（W9000～W9999）

附录 2

汤普森母题类型表^①

序号^②	代码	编号范围	名称	基本类型示例^③
1	A	A0 – A2899	神话	造物主、三界神、半神、文化英雄、世界起源、世界灾难、自然秩序、人类起源、动植物起源，等。
2	B	B0 – B899	动物	神话中的动物、特异的动物、有人的特征的动物、友好的动物、人与动物婚、想象的动物，等。
3	C	C0 – C999	禁忌	与超自然有关的禁忌、性的禁忌、饮食禁忌、视听禁忌、接触禁忌、等级禁忌、奇特的禁律、犯禁受罚，等。
4	D	D0 – D2199	魔法	变形、魔力的消除、法宝、魔力及表现，等。
5	E	E0 – E799	死亡	复活、鬼与幽灵、再生、灵魂，等。
6	F	F0 – F1099	奇异	到另一个世界、奇异的灵怪、奇异的人、奇异的地点、奇异的物质、奇异的事情，等。
7	G	G0 – G699	妖魔	妖魔的种类、吃人和吃同类的妖魔、陷身魔网、战胜妖魔，等。
8	H	H0 – H1599	考验	识别身份、检验真假、考验婚姻、考验智勇、考验能力，等。
9	J	J0 – J2799	聪明与愚蠢	智慧的获得、聪明与愚蠢的表现、智者与傻瓜，等。

---

① 汤普森母题类型表，此表译自 Stith Thompson, *Motif-index of Folk-literature: A Classification of Narrative Elements in Folktales, Ballads, Myths, Fables, Mediaeval Romances, Exempla, Fabliaux, Jestbooks, and Local Legends*（V1 – 6），Bloomington, Indiana Universty Press, 1989。

② 序号，原书中并无序号，此处是本书根据表述的需要增加的，以便读者观察汤氏母题类型的次序。

③ 因汤普森母题分类设计的每一个大类之下的基本类型较为庞杂，此处只采取示例的方法，选取一些具有代表性的类目加以说明。

序号	代码	编号范围	名称	基本类型示例
10	K	K0 – K2399	欺骗	靠欺骗获胜、靠欺骗逃生、骗取财物、骗婚、骗子自食其果，等。
11	L	L0 – L499	命运颠倒	幼者胜出、败势逆转、谦卑得赏、弱者获胜、倨傲遭贬，等。
12	M	M0 – M499	注定未来	命运天定、誓言、协议、承诺、预言、咒语，等。
13	N	N0 – N899	机遇与命运	运气博弈、走运与倒运、幸运的事情、意外遭遇、帮助者，等。
14	P	P0 – P799	社会	皇室贵族、社会各界、家庭亲缘、行业工艺、政府、习俗，等。
15	Q	Q0 – Q599	奖励与惩罚	受奖的行为、奖赏的性质、受罚的行为、惩罚的类型，等。
16	R	R0 – R399	被俘与逃脱	身陷囹圄、营救、逃脱与追捕、避难、第二次被捉，等。
17	S	S0 – S499	残虐	残忍的亲属、谋杀与残害、残酷的祭献、抛弃与残害童孩、虐待，等。
18	T	T0 – T699	性（婚爱）	爱情、婚姻、贞洁与禁欲、不正当的性关系、怀孕与生育、照管童孩，等。
19	U	U0 – U299	生命的本性	人的不同本性的来历、动物的不同本性的来历、贫贱及罪恶等本性，等。
20	V	V0 – V599	宗教	神职人员、宗教仪式、宗教场所、宗教信仰、施舍与戒律，等。
21	W	W0 – W299	品格	优秀的品格、恶劣的品格、其他。
22	X	X0 – X1899	笑话	关于困窘的笑话、身体残障的笑话、社会各界笑话、性笑话、醉酒笑话、骗子笑话。
23	Z	Z0 – Z599	其他母题	规则母题、象征母题、英雄母题、特例母题、历史地理生物类母题、恐怖故事母题。